高等学校项目管理规划教材

现代工程项目管理

（第3版）

王祖和　王永萍　代春泉　王扬 ◎ 编著

电子工业出版社
Publishing House of Electronics Industry
北京·BEIJING

内 容 简 介

本书从工程项目全局出发，针对工程项目特点和国内外工程项目管理现状及发展趋势，就工程项目管理的科学原理与科学方法，工程项目组织，工程项目策划，以及工程项目采购、进度、费用、质量、安全、生产要素、范围、风险、沟通与信息、冲突、现场与环境管理等内容进行了较为详细、全面的阐述。本书具有较强的理论性、科学性、系统性、针对性和适用性。本次修订，在第2版的基础上根据工程项目管理的最新发展进行了较大修改、完善，增加了项目组合管理、项目群管理、PPP模式、PBS、BIM技术、干系人管理等一些新的内容，使本书的逻辑更清晰，内容更丰富、新颖，可读性、适用性更强。

未经许可，不得以任何方式复制或抄袭本书之部分或全部内容。
版权所有，侵权必究。

图书在版编目（CIP）数据

现代工程项目管理 / 王祖和等编著. —3版. —北京：电子工业出版社，2020.3
高等学校项目管理规划教材
ISBN 978-7-121-38331-1

Ⅰ. ①现… Ⅱ. ①王… Ⅲ. ①工程项目管理－高等学校－教材 Ⅳ. ①F284

中国版本图书馆CIP数据核字（2020）第021943号

策划编辑：姜淑晶
责任编辑：苏颖杰　　特约编辑：曹尊颖
印　　刷：北京七彩京通数码快印有限公司
装　　订：北京七彩京通数码快印有限公司
出版发行：电子工业出版社
　　　　　北京市海淀区万寿路173信箱　邮编　100036
开　　本：787×1 092　1/16　印张：20　字数：512千字
版　　次：2007年1月第1版
　　　　　2020年3月第3版
印　　次：2023年12月第3次印刷
定　　价：68.00元

凡所购买电子工业出版社图书有缺损问题，请向购买书店调换。若书店售缺，请与本社发行部联系，联系及邮购电话：（010）88254888，88258888。
质量投诉请发邮件至zlts@phei.com.cn，盗版侵权举报请发邮件至dbqq@phei.com.cn。
本书咨询联系方式：（010）88254199，sjb@phei.com.cn。

代序

项目管理学位教育呼唤高质量的项目管理教材

"当今社会，一切都是项目，一切也都将成为项目"，这种泛项目化的发展趋势正逐渐改变着组织的管理方式，使项目管理成为各行各业的热门话题，受到前所未有的关注。项目管理学科的发展，无论在国外还是国内，都达到了一个超乎寻常的发展速度。国际上两大权威机构即国际项目管理协会（IPMA）和美国项目管理协会（PMI）的项目管理知识体系越来越完善、专业资质认证越来越普及就是佐证之一，目前仅在美国就有100多所大学开设了项目管理专业或课程方案（Programme），进行学士、硕士或博士学位教育，其中有20多所大学的Programme得到了PMI全球项目管理认证中心（GAC）的认证。

在我国，有关项目管理的研究和项目管理学科的建设也正在积极进行中，大量项目管理书籍层出不穷，甚至有一些专家根据现代项目管理的广义性提出了创建"项目学"的倡议……这些都是项目管理学科逐渐走向成熟的标志。

特别值得一提的是我国项目管理学位教育的发展。目前，我国已经有200余所院校设立了工程管理本科专业，在教育部本科专业目录中其英文名称为Project Management（项目管理），该专业分布在不同类型的院校之中。虽然其内涵和课程设置上仍偏重于工程项目管理，但由于各院校面向不同的行业领域，有着不同的培养方向，其行业覆盖面还具有项目管理的广泛性。2004年，中央财经大学经国家教委批准，自主设置了项目管理本科专业并正式招生，标志着国内最早的真正意义上的项目管理本科学位教育的诞生。2006年7月起，经全国自学考试办公室批准，福建省和天津市又分别开设了高等教育自学考试项目管理专业（独立本科段），分别由福州大学、厦门大学和天津理工大学担任主考学校并对合格者授予项目管理学士学位，使项目管理本科学位教育又向前迈进了一步。

早在世纪之交前后，我国许多高等院校就在管理学科与工程一级学科或其他学科下设置了项目管理方向，开始了硕士与博士研究生的培养。而从2003年国务院学位办和全国工程硕士专业学位教育指导委员会批准清华大学和北京航空航天大学试办、2004年72所高校正式开办项目管理领域工程硕士专业学位教育（我国首个真正意义上的项目管理研究生学位教育）以来，我国项目管理学位教育发展更为迅猛。2005年10月项目管理领域工程硕士的报考人数已达到12 083人，录取人数达到5 752人，均居全国38个工程硕士领域的第一位；目前全国已经有96所高校具有项目管理领域工程硕士培养权，发展形势令人鼓舞。这一方面表明了社会和市场对项目管理人才的旺盛需求，另一方面也说明了项目管理学科的价值，同时也给相关培养单位和教育工作者提出了更高的要求，即如何在社会需求旺盛的条件下提高培养质量，以保持项目管理学位教育的稳定和可持续发展。因此，各培养单位之间以及与国外同行之间就培养方案、课程设置、教学大纲和教学管理等的研讨和交流就显得非常重要，教材建设和师资培训更是重中之重。

提高教学质量，教材要先行。近几年来，国内项目管理领域的出版物增长极快，一年的出版物可以等于甚至超过过去十几年的出版总量，但真正适用于项目管理学位教育的教材还比较少，尤其是项目管理领域工程硕士专业学位教育仍处于起步但高速发展阶段，既涵盖项目管理知识体系又能满足项目管理应用实际要求的教材更为缺乏。针对这些问题，电子工业出版社策划和组织了本系列教材的编写，他们在组织编写之前还广泛征求了各方面的意见，并得到了积极的响应。参加本系列教材编写的专家来自不同的院校和不同的学科领域，提高了教材在不同院校、不同领域和不同培养方向上的广泛适用性，希望能够解决目前项目管理学位教育师生的燃眉之急。

本系列教材共有20册，分为专业基础课、专业核心课和专业选修课三大类。在课程体系设计上既有反映项目管理共性知识的专业主干课程，也有面向不同培养方向的专业应用课程。

本系列教材最突出的特点是与国际项目管理专业资质认证（IPMP）的融合性。本系列教材依托目前我国唯一的跨行业项目管理专业学术组织——中国（双法）项目管理研究委员会（PMRC），并由 IPMA 副主席、PMRC 常务副主任、IPMP 中国首席认证师、西北工业大学钱福培教授担任编委会主任，编委会成员和作者大都是各高校项目管理学位教育负责人和教学一线的教师，同时又是 IPMP 培训师和评估师，因此本系列教材的内容更能体现 IPMP 培训与认证的思想和知识体系，更符合在与国际接轨的同时体现我国项目管理特色的内容，为项目管理工程硕士专业学位教育与专业资质认证的成功合作提供了有力的保证。

编写项目管理学位教育系列教材是一个新课题，虽然编委会和电子工业出版社做出了很大的努力，但项目管理是一门新兴的并正在快速发展的学科，其理论、方法、体系和实践应用还在不断发展和完善之中，加之专业局限性和写作时间的限制，本系列教材肯定会有不尽如人意之处，衷心希望全国高等院校项目管理专业师生在教学实践中积极提出意见和建议，并及时反馈给出版社，以便对已经出版的教材不断修订、完善，与大家一起共同探讨我国项目管理学位教育的特点，不断提高教材质量，完善教材体系，为社会奉献更多、更好、更新、更切合我国项目管理教育的高质量的教材。

清华大学建设管理系暨清华大学国际工程项目管理研究院教授、博导、副院长
全国项目管理领域工程硕士教育协作组组长
中国（双法）项目管理研究委员会副主任
中国对外承包工程商会专家
中国建筑业协会工程项目管理委员会专家委员会副主任
美国项目管理协会（PMI）全球项目管理鉴定中心中国专家委员会副主席

前 言

工程项目，是以建筑物或构筑物为交付成果，有明确目标要求并由相互关联的活动组成的特定过程。工程项目是项目的一种类型，具有项目的所有特点，但又具有其特殊性。这种特殊性体现在项目的规模大、周期长、综合性强、风险大、约束性强等方面。这些特点决定了对工程项目必须进行有效、科学和精细管理，而非经验、粗放管理。

工程项目管理是项目管理的一大类，是指为了使项目取得成功，采用系统的观念、理论和方法，发挥计划、组织、控制、协调和监督职能的作用，有序、全面、科学地进行管理。

工程项目管理是科学管理，其科学性体现在依据科学原理，采用科学方法对项目进行管理。工程项目管理以系统论为基本原理，以控制论为基本理论，以目标管理为基本方法，以 PDCA 循环为基本活动，以执行力为基础。这些构成了工程项目管理的科学理论框架。工程项目管理离不开科学方法的支持，包括计划编制方法、偏差分析方法和控制方法等，如 WBS 方法、网络计划技术、甘特图方法和挣值法等。

工程项目管理涉及众多利害相关方和人员，因此，项目组织问题就显得尤为重要。要有效管理工程项目，就应采用合理的承发包方式、合理的项目管理模式、合理的项目组织形式，就应有效地进行沟通管理和解决项目实施过程中所存在的冲突。

工程项目管理具有很强的实践性和全面性。就管理的时间范畴而言，涉及从项目的立项到项目运营的全生命周期。就管理要素而言，涉及项目采购，项目的范围，项目的时间、费用、质量和安全，项目的风险，项目的生产要素，项目的信息，项目的现场和项目文化等众多要素，以及可行性研究，项目评价。就管理的过程而言，涉及项目管理规划和各种计划的编制、项目管理规划和计划的实施、项目管理过程的监控等。

本书从工程项目全局出发，针对工程项目特点和当前国内外工程项目管理现状及发展趋势，就上述问题进行了较为详细的阐述，具有较强的理论性、科学性、系统性、针对性和适用性。

本书在第 2 版的基础上进行了修改、完善，调整了结构，增加了一些新的内容。

本书第 1~3 章由王祖和撰写，第 4、5 章由王扬撰写，第 6 章由代春泉撰写，第 7 章由王永萍撰写，第 8 章由王永萍、代春泉、王扬撰写。全书由王祖和策划、统稿。

在此，对为本书付出辛勤劳动和提供帮助的所有人员深表谢意！

王祖和

目 录

第 1 章 现代工程项目管理导论 ... 1

引导案例 ... 1
本章学习目标 ... 1
1.1 项目与工程项目 ... 2
　　1.1.1 项目 ... 2
　　1.1.2 工程项目 ... 3
1.2 项目管理与工程项目管理 ... 6
　　1.2.1 项目管理 ... 6
　　1.2.2 工程项目管理 ... 8
1.3 工程项目管理的类型 ... 12
　　1.3.1 按管理层次划分 ... 12
　　1.3.2 按管理范围和内涵划分 ... 13
　　1.3.3 按管理主体划分 ... 13
　　1.3.4 不同类型项目管理之间的关系 ... 17
1.4 工程项目融资模式 ... 18
　　1.4.1 BOT 模式 ... 18
　　1.4.2 ABS 模式 ... 19
　　1.4.3 PFI 模式 ... 20
　　1.4.4 PPP 模式 ... 20
1.5 工程项目承发包模式 ... 24
　　1.5.1 工程项目承发包 ... 24
　　1.5.2 设计-施工分离模式 ... 24
　　1.5.3 工程项目总承包模式 ... 26
1.6 工程项目管理模式 ... 31
　　1.6.1 业主自行组织工程项目管理机构进行管理的模式 ... 31
　　1.6.2 委托咨询公司协助业主进行项目管理的模式 ... 31
　　1.6.3 建筑管理模式 ... 31
　　1.6.4 委托项目管理模式 ... 32
　　1.6.5 工程代建制模式 ... 33

1.6.6　设计-管理模式 ································· 33
　　1.6.7　伙伴合同模式 ··································· 34
1.7　项目群管理与项目组合管理 ························· 34
　　1.7.1　项目群与项目组合 ······························ 35
　　1.7.2　项目群管理 ······································ 36
　　1.7.3　项目组合管理 ··································· 36
本章小结 ·· 38
复习思考题 ··· 38

第2章　工程项目管理基础理论 ··················· 40

引导案例 ·· 40
本章学习目标 ·· 40
2.1　工程项目管理的基本原理——系统论 ··········· 41
　　2.1.1　系统和工程项目管理系统 ···················· 41
　　2.1.2　系统方法 ·· 43
　　2.1.3　工程项目系统分析 ······························ 45
2.2　工程项目管理的基本理论——控制论 ··········· 51
　　2.2.1　控制的定义 ······································· 51
　　2.2.2　控制论的应用 ···································· 51
2.3　项目成功的推动力——项目执行力 ·············· 54
　　2.3.1　项目执行力的定义 ······························ 54
　　2.3.2　影响项目执行力的主要因素 ·················· 54
　　2.3.3　提高项目执行力的途径 ························ 55
　　2.3.4　项目执行力的评价 ······························ 55
2.4　工程项目管理的基本活动——PDCA循环 ····· 56
　　2.4.1　PDCA循环的基本内容 ························· 57
　　2.4.2　PDCA循环在工程项目管理中的应用要点 ··· 58
2.5　工程项目管理的基本方法——目标管理 ········ 59
2.6　工程项目管理的流程化 ····························· 61
本章小结 ·· 63
复习思考题 ··· 64

第3章　工程项目管理方法论 ······················· 65

引导案例 ·· 65
本章学习目标 ·· 65
3.1　工程项目分解与工作分解方法 ···················· 66
　　3.1.1　工程项目分解结构 ······························ 66
　　3.1.2　工程项目工作分解结构 ························ 67

        3.1.3 PBS 与 WBS 的区别与联系 ················· 72
　3.2 里程碑计划编制方法 ······················ 73
　3.3 甘特图计划编制方法 ······················ 74
　3.4 网络计划技术 ························· 75
        3.4.1 网络计划技术概述 ···················· 75
        3.4.2 双代号网络计划 ····················· 76
        3.4.3 双代号时间坐标网络计划 ················ 90
        3.4.4 单代号网络计划 ····················· 93
        3.4.5 单代号搭接网络计划 ··················· 99
        3.4.6 网络计划优化 ······················ 109
        3.4.7 关键链法 ························ 114
　3.5 偏差分析方法 ························· 115
        3.5.1 挣值分析方法 ······················ 115
        3.5.2 实际进度前锋线分析方法 ················ 119
        3.5.3 S 形曲线分析方法 ···················· 119
        3.5.4 切割线分析方法 ····················· 120
　本章小结 ······························· 121
　复习思考题 ····························· 121

第 4 章　工程项目组织论 ······················ 123

　引导案例 ······························· 123
　本章学习目标 ···························· 123
　4.1 工程项目管理组织概述 ···················· 124
　4.2 工程项目组织形式 ······················ 125
        4.2.1 职能制 ·························· 125
        4.2.2 项目制 ·························· 126
        4.2.3 矩阵制 ·························· 127
　4.3 工程项目经理 ························· 128
        4.3.1 工程项目经理的定义和分类 ··············· 128
        4.3.2 工程项目经理的地位和作用 ··············· 128
        4.3.3 项目经理与企业职能部门经理的区别 ·········· 129
        4.3.4 项目经理的素质 ····················· 129
        4.3.5 项目经理的责任和权力 ················· 131
        4.3.6 项目经理责任制 ····················· 135
        4.3.7 项目经理的培养和培训 ················· 136
　4.4 工程项目团队 ························· 136
        4.4.1 项目团队的概念和特征 ················· 136
        4.4.2 项目团队的任务和目标 ················· 137
        4.4.3 项目团队的组建 ····················· 137

        4.4.4 项目团队的建设 …………………………………………… 141
    4.5 工程项目人力资源管理 ……………………………………………… 145
        4.5.1 人力资源的特点 …………………………………………… 145
        4.5.2 项目人力资源管理的定义和特点 ………………………… 146
        4.5.3 项目人力资源管理的主要内容 …………………………… 147
    本章小结 …………………………………………………………………… 149
    复习思考题 ………………………………………………………………… 149

第 5 章　工程项目策划 …………………………………………………… 151

    引导案例 …………………………………………………………………… 151
    本章学习目标 ……………………………………………………………… 151
    5.1 策划 ………………………………………………………………… 152
        5.1.1 策划的定义与作用 ………………………………………… 152
        5.1.2 策划的内容 ………………………………………………… 152
        5.1.3 策划的方法 ………………………………………………… 153
    5.2 工程项目可行性研究 ……………………………………………… 154
        5.2.1 项目可行性研究概述 ……………………………………… 154
        5.2.2 可行性研究的步骤 ………………………………………… 155
        5.2.3 可行性研究的内容 ………………………………………… 155
        5.2.4 可行性研究的方法 ………………………………………… 156
    5.3 工程项目经济评价方法 …………………………………………… 158
        5.3.1 经济评价指标体系 ………………………………………… 158
        5.3.2 静态评价指标 ……………………………………………… 159
        5.3.3 动态评价指标 ……………………………………………… 161
    5.4 工程项目管理策划 ………………………………………………… 162
        5.4.1 工程项目管理策划概述 …………………………………… 162
        5.4.2 项目管理规划 ……………………………………………… 163
        5.4.3 项目管理规划的编制 ……………………………………… 164
        5.4.4 项目管理配套策划 ………………………………………… 165
    本章小结 …………………………………………………………………… 166
    复习思考题 ………………………………………………………………… 167

第 6 章　工程项目采购管理 ……………………………………………… 168

    引导案例 …………………………………………………………………… 168
    本章学习目标 ……………………………………………………………… 168
    6.1 工程项目采购管理概述 …………………………………………… 169
        6.1.1 工程项目采购管理定义 …………………………………… 169
        6.1.2 工程项目采购管理的主要过程 …………………………… 169

6.1.3 采购计划……170
6.2 工程项目采购……171
　6.2.1 工程采购……171
　6.2.2 服务采购……172
　6.2.3 货物采购……174
6.3 工程项目招投标……175
　6.3.1 招投标的概念……175
　6.3.2 招投标的方式……176
　6.3.3 招投标的程序……177
　6.3.4 招标……180
　6.3.5 投标……181
6.4 合同管理……184
　6.4.1 概述……184
　6.4.2 合同的订立……187
　6.4.3 合同的履行与管理……188
　6.4.4 合同示范文本……195
本章小结……196
复习思考题……197

第7章 工程项目进度、费用、质量与安全管理……198

引导案例……198
本章学习目标……199
7.1 进度管理……199
　7.1.1 概述……199
　7.1.2 进度计划……200
　7.1.3 计划执行与控制……204
7.2 费用管理……216
　7.2.1 概述……216
　7.2.2 投资控制……217
　7.2.3 项目成本管理……220
7.3 质量管理……224
　7.3.1 概述……224
　7.3.2 质量计划……225
　7.3.3 质量控制……226
　7.3.4 质量保证……234
7.4 安全管理……236
　7.4.1 概述……236
　7.4.2 实施安全管理……238
本章小结……244

复习思考题 245

第8章 工程项目综合管理 246

引导案例 246
本章学习目标 246

8.1 生产要素管理 247
8.1.1 生产要素管理概述 247
8.1.2 生产要素的优化配置 247
8.1.3 生产要素的动态管理 249
8.1.4 工程项目物流管理 256

8.2 范围管理 257
8.2.1 概述 257
8.2.2 规划范围管理 258
8.2.3 收集需求 260
8.2.4 定义范围 261
8.2.5 创建WBS 263
8.2.6 确认范围 264
8.2.7 控制范围 264

8.3 风险管理 267
8.3.1 概述 267
8.3.2 风险管理计划 272
8.3.3 风险识别 272
8.3.4 风险评估 274
8.3.5 风险应对 277
8.3.6 风险监控 279

8.4 沟通管理与项目信息管理 281
8.4.1 沟通管理 281
8.4.2 项目信息管理 284

8.5 项目干系人管理 290
8.5.1 项目干系人管理过程 290
8.5.2 识别干系人 290
8.5.3 规划干系人管理 291
8.5.4 管理干系人参与 292
8.5.5 控制干系人参与 293

8.6 项目冲突管理 293
8.6.1 冲突的定义 293
8.6.2 冲突产生的原因 293
8.6.3 冲突的解决 294

8.7 现场管理及环境管理与文明施工 294

  8.7.1 现场管理 …………………………………………………………… 294
  8.7.2 环境管理与文明施工 …………………………………………… 299
8.8 项目文化建设 …………………………………………………………… 301
本章小结 …………………………………………………………………… 303
复习思考题 ………………………………………………………………… 303

参考文献 ……………………………………………………………………… 305

第1章

现代工程项目管理导论

引导案例

某发电厂是国家重点建设期间规划的大型火力发电项目之一。该发电厂规划发电容量为120万千瓦，安装2×30万千瓦燃煤发电机组，工程建设内容包括新增4台30万千瓦发电机组。其中的锅炉、汽轮机、发电机三大主机均采用先进的机组，同时配套新建主厂房、循环冷却系统和电气系统，并采用直接空冷技术，配备高效脱硫装置和除尘装置。工程建成后，将对缓解某地区缺电状况、满足电力增长起到促进作用。

该工程项目总投资15亿元，计划于某年1月1日开始建设，工期要求3年。

如何在规定的时间和投资额内完成该工程项目建设，并满足项目功能、质量和安全等方面的要求，这是现代工程项目管理所要解决的问题，也是本书将要介绍的内容。

本章学习目标

（1）掌握项目与工程项目的概念和特征。
（2）掌握项目管理与工程项目管理的概念和特点。
（3）熟悉工程项目管理的类型。
（4）熟悉工程项目融资模式。
（5）掌握工程项目承发包模式。
（6）熟悉工程项目管理模式。
（7）了解项目群管理与项目组合管理。

1.1 项目与工程项目

1.1.1 项目

在社会生产实践中存在两种不同的活动：运作和项目。项目是具有特定目标的一次性任务；运作是循环往复、周而复始地进行的活动。两者有许多共同的特征，例如，需要由人来完成；受到有限资源的限制；需要计划、执行和控制。运作与项目最根本的不同在于，运作具有连续性和重复性，而项目则具有时限性和唯一性。

基于对项目的不同理解，有多种关于项目的定义。本书基于国际项目管理协会的 ICB（IPMA Competence Baseline）对项目的定义：项目是一个特殊的将被完成的有限任务，是在一定时间内满足一系列特定目标的多项相关工作的总称。

项目具有以下主要特征。

（1）一次性。项目不是周而复始的工作任务，也不是永无终止的职能，而是一次性任务，每个项目都有明确的起点和终点。当项目的目标已经达到时，该项目就结束了，或者当可以确定项目的目标不可能达到时，该项目就会被中止。项目的一次性决定了项目的生命周期属性。

（2）单件性。任何项目都具有自身的特点，不可能有两个完全相同的项目存在。因此，在项目管理实践中，应针对项目的独特性进行策划，形成有针对性的项目管理方案。

（3）生命周期属性。项目从开始到完成需要经过一系列过程，包括启动、规划、实施、结束等，这一系列过程称为生命周期。根据所包含的过程，项目的生命周期可分为局部生命周期和全生命周期。项目的局部生命周期如图 1-1 所示。项目的全生命周期如图 1-2 所示。

（4）目标的明确性。任何项目都有其明确的目标，而项目的目标至少应从三个维度来思考：成果性目标、约束性目标和相关方的满意度。

① 成果性目标。成果性目标是项目的来源，也是项目的最终目标即项目的交付物。例如，工程设计项目的交付物是设计文件，工程施工项目的交付物是工程实体和相关资料。通常，项目的成果性目标被分解为项目的功能性要求。成果性目标是项目的主导目标。项目管理者应对项目的成果性目标进行识别，形成成果性目标清单。

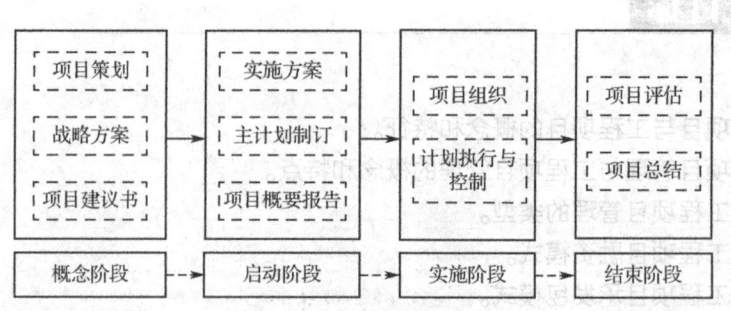

图 1-1 项目的局部生命周期

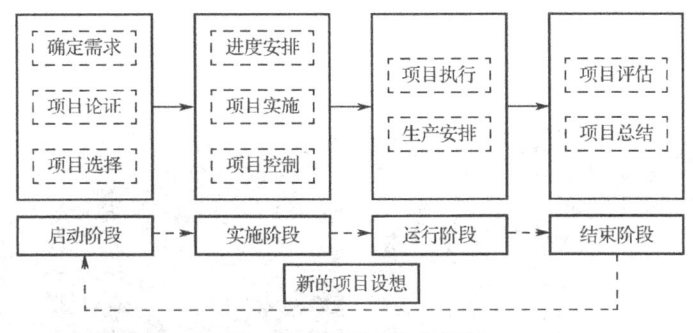

图 1-2 项目的全生命周期

② 约束性目标。约束性目标是指受相关方面制约的目标。任何项目都受到来自各方面的约束，不同的项目其约束源、约束方式及约束内容也有所不同，项目管理者必须加以明确。例如，工程承包项目的约束性就其性质而言主要包括两个方面：明示的和必须履行的。明示的是指明文规定的，如招标文件、合同文件、设计文件、上级要求等；必须履行的是指相关的法律法规、标准、条例、规程、规范所要求的，如建筑法、合同法、招投标法、工程质量管理条例、工程安全管理条例等。工程承包项目的约束性就其来源而言主要包括五个方面：业主方、监理方、设计方、政府、上级领导等。以上各方面共同构成了对项目的约束，这些约束主要体现在时间目标、质量目标、费用目标、安全目标、健康目标、环境目标、发展目标、节能减排目标等方面。

③ 相关方的满意度。相关方的满意度是指与项目有关的相关方或干系人的满意程度，既包括外部相关方的满意度，也包含内部相关方的满意度。

（5）动态性。项目的动态性体现在两个方面。一方面，项目在其生命周期内的任何阶段都会受到各种外部和内部因素的干扰和影响，项目的变化是必然发生的。因此，在项目进行之前应充分分析可能影响项目的各种因素；在项目进行时应进行有效的管理和控制，并需要根据变化不断加以调整。另一方面，项目生命周期内各阶段的工作内容、工作要求和工作目标均不相同，因此在不同阶段的项目组织和工作方式也不尽相同。

（6）系统性。项目是一个系统，由各种要素组成，这些要素不是孤立存在的，它们之间既相互联系又相互制约。项目在形成过程中有些因素是可知的，有些因素是未知的；有些因素是可以预测的，但有些因素是难以预测的。因此，可以说项目是一个灰色系统，对项目的管理应具有系统思维。

1.1.2 工程项目

工程项目以建筑物或构筑物为交付成果，有明确目标要求并由相互关联的活动所组成，包括策划、勘察、设计、施工、试运行、竣工验收和考核评价等。例如，建一栋大楼、修一座桥梁、建一个电厂、修一条铁路等都属于工程项目。我国著名的长江三峡工程（见图 1-3）和港珠澳大桥项目（见图 1-4）就是典型的工程项目。

1. 工程项目的特点

工程项目是项目的一种类型，所以具有项目的所有特点，但工程项目又具有其特殊性，这种特殊性体现在以下几个方面。

图1-3 长江三峡工程

图1-4 港珠澳大桥项目

（1）规模大。任何一个工程项目都由大小不同的子项目组成，而每个子项目又会包含若干小项目。所以，可以认为一个工程项目总是若干项目的组合。一个工程项目可能由若干单项工程组成，一个单项工程又可能由若干单位工程组成，一个单位工程可能由若干分部工程组成，而一个分部工程又可能由若干分项工程组成，一个分项工程又包含若干工序、活动和要素。

（2）周期长。工程项目从概念阶段到结束阶段需要经过较长的时间，少则数月，多则数年，有的长达数十年。如果考虑项目的运营，即全生命周期，则时间更长。由于周期长，所以可变因素多，动态性更强，管理更复杂。

（3）综合性强。工程项目是通过人、材料、机械设备、工艺方法、技术、资金、时间、环境等生产要素的有机结合和转化而形成的。工程项目既包含由工程实体所组成的有形产品，又包含为顾客服务，使顾客满意等无形产品。工程项目的最终产品有其特定的功能和用途，而这些功能和用途在概念阶段策划并决策，在设计阶段具体确定，在实施阶段形成，在收尾阶段交付。所以，工程项目是一个综合性很强的产品。

（4）风险大。工程项目实体体型庞大，投入的资源多，生命周期长，需要的资金多，影响因素多而复杂，这些都加大了工程项目的风险。

（5）约束性强。工程项目在时间、资源、资金、质量和安全等众多约束条件下，以形成固定资产为特定目标。尤其在质量与安全方面，要求非常严格。

2. 工程项目的类型

工程项目有各种不同的类型，也有不同的分类方法。表1-1列出了我国目前工程项目的几种主要分类方法和类型。

表1-1 我国目前工程项目的几种主要分类方法和类型

分类方法	类　型
按性质分类	基本建设项目、更新改造项目
按专业分类	建筑工程项目、土木工程项目、安装工程项目、装修工程项目
按用途分类	生产性工程项目、非生产性工程项目
按投资主体分类	政府投资项目、企业投资项目、私人投资项目、联合投资项目

分类方法	类型
按工作阶段分类	预备项目、筹建项目、实施工程项目、收尾工程项目
按管理主体分类	建设项目、设计项目、施工项目、监理项目
按规模分类	大型项目、中型项目、小型项目

3. 工程项目的生命周期

工程项目与其他所有项目相同，具有全生命周期和局部生命周期的属性。工程项目的全生命周期是指从工程项目的设想开始到工程项目最终报废为止的全过程，包括工程项目的概念阶段、启动阶段、实施阶段、结束阶段、运营阶段和报废阶段。工程项目的局部生命周期是指从工程项目的概念阶段开始到结束阶段为止的全过程。我国用建设程序界定了工程项目的局部生命周期，包括项目建议书、可行性研究、规划设计、建设准备、建设实施、竣工验收交付使用6个阶段。建设程序与项目生命周期四阶段之间的对应关系如表1-2所示。

表1-2 建设程序与项目生命周期四阶段之间的对应关系

项目生命周期四阶段	建设程序
概念阶段	项目建议书
	可行性研究
启动阶段	规划设计
实施阶段	建设准备
	建设实施
结束阶段	竣工验收交付使用

（1）项目建议书阶段。项目建议书是项目发起人向有关部门提出的要求建设某一工程项目的建议文件，是对建设项目的轮廓设想，主要考虑拟建项目的必要性和可能性，包括建设规模、建设地点的初步设想；建设条件的初步分析；投资估算和资金筹措设想；项目的进度安排；经济效果和社会效益的初步估计等。项目建议书实际上是机会研究和初步可行性研究的结果。

（2）可行性研究阶段。工程项目的可行性研究主要从项目的技术、经济、商业、环境和管理等方面进行分析与研究，为项目的决策提出科学依据。

（3）规划设计阶段。规划设计阶段一般分为扩大初步设计阶段和施工图设计阶段。技术比较复杂的项目进行三阶段设计，即初步设计、技术设计、施工图设计。扩大初步设计或初步设计是根据可行性研究报告的要求所做的工程项目的具体实施方案，并通过对工程项目的基本技术经济规定，编制项目总概算。技术设计是针对某些重大工程项目或特殊项目为进一步解决具体技术问题，或确定某些技术方案而进行的设计。施工图设计完整表现了工程外形、内部空间分割、结构体系和构造状况，以及建筑群的组成和周围环境的配合，具有详尽的构造尺寸，并包括各种运输、通信、管道系统和建筑设备的设计。在工艺方面，应具体确定各种设备的型号、规格和各种非标准设备的制造加工图等。在施工图设计阶段，应编制施工图预算。

（4）建设准备阶段。工程项目开工前需要进行必要的准备工作，其目的是使项目具备开工条件。准备过程中的主要工作包括征地、拆迁和场地平整，完成施工用水、电的准备，组织设备、材料订货，准备必要的施工图纸，组织施工招标等。建设准备工作完成并具备开工条件后，项目即可组织开工。

（5）建设实施阶段。工程项目从开工建设便进入了建设实施阶段。开工建设的时间，是指工程项目设计文件中规定的任何一项永久性工程第一次破土开槽的日期。不需要开槽的，正式开始打桩日期就是开工日期。铁路、公路和水库等需要大量土、石方工程的，以土、石方工程开始日期作为正式开工日期。分期建设的项目，分别按各期工程开工的日期计算。

（6）竣工验收交付使用阶段。工程项目按设计文件规定的内容全部施工完成后，即可组织验收。竣工验收是建设过程的最后一个阶段，是承包人向发起人交付成果的重要过程。

1.2 项目管理与工程项目管理

1.2.1 项目管理

美国项目管理协会（PMI）在《项目管理知识体系指南》（*Project Management Body of Knowledge*，PMBOK）中对项目管理所下的定义是：项目管理就是把各种知识、技能、手段和技术应用于项目活动之中，以达到项目的要求。项目管理是通过应用和综合诸如启动、规划、实施、监控和结束等项目管理过程来进行的。

管理一个项目包括下述主要过程：
- 识别要求；
- 确定清楚而又能够实现的目标；
- 权衡质量、范围、时间和费用方面互不相让的要求；
- 使技术规定说明书、计划和方法适合于各种各样利害关系者的不同需求与期望。

"中国项目管理知识体系"对项目管理所下的定义是：项目管理就是以项目为对象的系统管理方法，通过一个临时性的、专门的柔性组织，对项目进行高效率的计划、组织、指导和控制，以实现项目全过程的动态管理和项目目标综合协调与优化。全过程的动态管理是指：在项目生命周期内，不断进行资源的配置和协调，不断做出科学决策，从而使项目执行全过程处于最佳的运行状态，产生最佳的效果。项目目标的综合协调与优化是指项目管理应综合协调好时间、费用和功能等约束性目标，在较短的时间内成功实现特定的成果性目标。

1. 项目管理的客体

项目管理的客体即项目管理的对象。项目管理对象是项目或按项目进行管理的"运作"。无论是项目还是运作都是由若干要素所组成的，都应将其看作一个系统、一个有机整体。

2. 项目管理的主体

项目管理的主体是指项目的管理者。一个项目的管理者涉及项目的各相关方，各方都应有与其管理内容相适应的管理组织和管理机制。

3. 项目管理的目的

项目管理的目的是在多变而复杂的项目环境中成功完成项目，实现项目预期目标。

4. 项目管理的基本职能

项目管理具有一般管理的所有职能，即计划、组织、指挥、协调、控制和监督六大职能，但其最基本的职能是计划、组织和控制三大职能。

（1）计划职能。任何项目的管理都应从计划的编制开始，计划系统地确定了项目的任务、进度和完成任务所需要的资源等。计划的主要作用在于为项目的进行提供指南，为项目的偏差分析提供依据。项目的成败在很大程度上取决于项目计划工作的质量。

（2）组织职能。一个项目往往会涉及很多相关方和干系人，组织就显得非常重要。项目管理的组织，是指为进行项目管理而进行的项目组织机构的建立、组织运行与组织调整等组织活动。项目管理的组织职能包括组织设计、组织联系、组织运行、组织行为和组织调整。项目组织是实现项目计划、完成项目目标的必要条件。

（3）控制职能。项目在实施过程中，由于受到各种因素的干扰，变化是经常发生的。及时发现变化、及时处理变化是控制的主要任务。项目管理的控制职能就是通过控制机制，根据项目实施中的实际状况及时做出判断和调整，最终使得项目目标得以实现。

5. 项目管理的要素

项目管理涉及各种要素，包括项目的范围、组织、需求和目标、资源、环境等。

（1）范围。项目范围管理是确保成功完成项目所需的全部工作和完成工作的各个过程，包括范围规划、范围定义、制作工作分解结构、范围核实和范围控制。

① 范围规划是指制订项目范围管理计划，记载如何确定、核实与控制项目范围，以及如何制定与定义工作分解结构（WBS）。

② 范围定义是指制定详细的项目范围说明书，作为将来项目决策的根据。

③ 制作工作分解结构是指将项目大的可交付成果与项目工作划分为较小和更易管理的组成部分。

④ 范围核实是指正式验收已经完成的项目可交付成果。

⑤ 范围控制是指控制项目范围的变更。

上述过程不仅彼此之间交互作用，而且与其他知识领域过程交互作用。

（2）组织。组织是项目管理的一项基本职能，包括与之相关的人和资源，及其相互关系。

（3）需求和目标。项目利害相关方的需求通常表现为两类，即必须满足的基本需求和隐含的期望。

① 必须满足的基本需求包括项目的范围、功能、质量、安全、费用和时间等，这些需求有的通过合同和设计文件等加以表述，有些通过国家的法律法规和标准条例等加以规定。

② 隐含的期望是指组织、顾客和其他相关方的惯例或一般做法，所考虑的需求或期望是不言而喻的。

上述两类需求和期望都可以用项目目标加以表述。

（4）资源。项目中所涉及的人、机械设备、材料、方法工艺、环境、资金、时间和信息等都属于项目资源。上述资源是有形的，可以称为有形资源。除此以外，项目还存在无形资源,如信誉、关系、知识和文化等。资源的优化配置和动态管理是项目管理的重要内容。

(5) 环境。项目的环境包括内部环境和外部环境。

① 内部环境是指项目内部所存在的环境因素,如组织、机制、管理、文化、规章制度和领导行为等。内部环境可以通过项目相关方的行为加以改善。

② 外部环境是指存在于项目外部的环境因素,如国家政策、地方法规、项目所在地周边硬环境和软环境等。外部环境通常可以通过相关方的行为加以适应。

项目的内部环境和外部环境是一个相对的概念,在一定的条件下,两者是可以互相转化的。

6. 项目管理的知识领域

依据美国标准《项目管理知识体系指南》(PMBOK),将项目管理分为十大领域:范围管理、采购管理、风险管理、沟通管理、资源管理、整合管理、质量管理、成本管理、进度管理和干系人管理。其框架如图 1-5 所示。

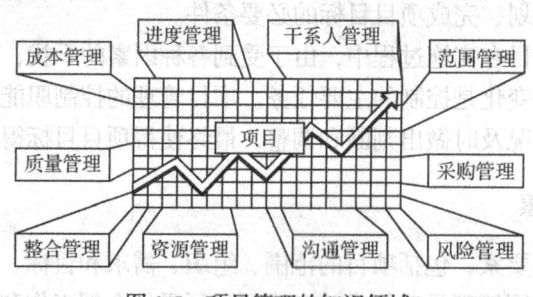

图 1-5 项目管理的知识领域

1.2.2 工程项目管理

工程项目管理是指运用系统的理论和方法,对工程项目进行的计划、组织、指挥、协调和控制等专业化管理活动。

可以从以下几方面对工程项目管理加以理解。

1. 工程项目管理的客体

工程项目管理的客体是具有明确目标的工程项目,其中有些目标是项目本身所要求的,有些目标是项目相关方所期望的,这些目标需要项目管理者加以识别或确定。

工程项目是一个复杂的系统,包含许多相互关联又相互矛盾的要素,受到许多因素的影响和干扰,需要经过许多过程与环节,需要通过许多相关方的共同努力才能完成。

2. 工程项目管理的主体

(1) 多主体。工程项目涉及建设单位、承包商、咨询单位、供应商、用户、政府、金融机构、公用设施(服务)和社会公众等众多利害相关方,如图 1-6 所示。

工程项目最直接的相关方包括建设单位、承包商、咨询单位、供应商和政府,这些相关方需要对相关部分进行管理。建设单位需要对建设项目进行管理,简称"建设项目管理(OPM)";设计单位需要对设计项目进行管理,简称"设计项目管理(DPM)";施工单位需要对施工项目进行管理，简称"施工项目管理（CPM）"；供应商需要对供应项目进行管理，简称"供应项目管理（SPM）"；咨询单位需要对咨询项目进行管理，简称"咨询项目管理"；政府需要对工程项目实施监督管理，简称"政府监督管理"。所以，可以认为工程项目管理是一个多主体的项目管理。图 1-7 为多主体的工程项目管理示例，其中涉及了多个主体。

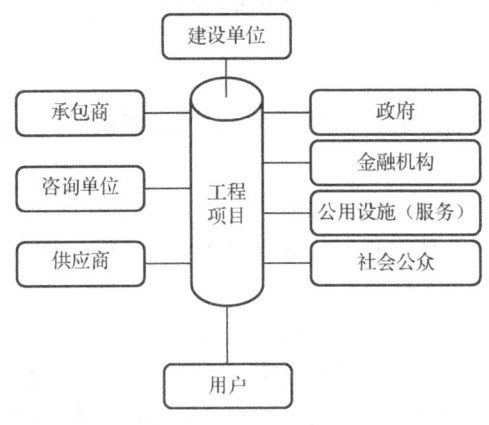

图 1-6　工程项目利害相关方

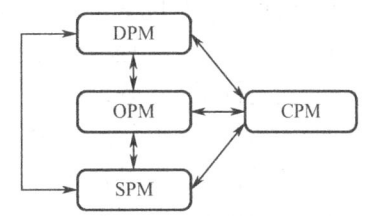

图 1-7　多主体的工程项目管理示例

（2）分层次。就某一个主体而言，有直接管理层，如项目管理团队，简称"PM 层"；有间接管理层，如公司决策层、公司职能管理部门等。

3. 工程项目管理的目的

工程项目管理的目的是实现工程项目的预期目标，包括工程项目的时间、费用、质量和安全等目标，并使项目利害相关方都满意。

4. 工程项目管理的职能

工程项目管理有八大职能：策划、决策、计划、组织、控制、协调、指挥、监督。

（1）策划职能。将意图转化为系统活动的过程就称为策划。策划是工程项目管理的主要工作之一，这项工作贯穿项目进展全过程。

（2）决策职能。工程项目进展过程中的每个阶段、每个过程、每个环节、每项活动在开始以前，或在实施过程中，都存在这样或那样的决策问题。正确决策、及时决策是项目成功的重要保证，也是决策职能的最好体现。

（3）计划职能。计划职能决定项目的实施方案、方法、流程、目标和措施等。计划是工程项目实施的指南，也是进行偏差分析的依据。

（4）组织职能。组织职能是合理利用资源、协调各种活动，使工程项目的生产要素、相关方能有机结合起来的机能和行为，是项目管理者进行项目控制的依托和手段。

（5）控制职能。控制和计划是有机的整体，控制的作用在于按计划执行，并在执行过程中收集信息，进行偏差分析，根据偏差采取对策，以保证项目按计划进行并实现项目的目标。

（6）协调职能。工程项目涉及复杂的相关方、众多的生产要素、多变的环境因素，这就需要在项目实施过程中理顺关系、解决冲突、排除障碍，使工程项目管理的其他职能有效发挥作用。所有这些都需要及时、有效地加以协调。

（7）指挥职能。工程项目管理的顺利进行需要强有力的指挥，项目经理就是实现指挥职能的重要角色。指挥者需要将分散的信息变为指挥意图，用集中的指挥意图统一项目管理者的步调，指导管理者的行动，集合管理力量。指挥职能是管理的动力和灵魂。

（8）监督职能。工程项目管理的机制是自控和监控相结合，自控是管理者自我控制，而监控则是由其他相关方实施的。无论是自控还是监控，实现的主要方式都是监督。

5．工程项目管理的环境

工程项目处于一个复杂的环境中，工程项目管理者必须对所处的环境加以识别，以便对工程项目管理环境有清醒的认识。

项目管理者应从以下几个重要方面对项目所处环境进行识别。

（1）自然环境。工程项目的地理位置、交通、地质和气象等自然环境是客观存在的，项目管理者应进行深入了解，以使项目适应所处的自然环境。

（2）组织环境。项目经理部和项目指挥部等工程项目管理班子一般属于更高层次的组织。在项目管理过程中，项目管理班子毫无疑问要受到上级组织的影响。因此，项目管理班子必须认识到自身在项目管理中的责、权、利，同时必须对上级组织和相关部门就本项目的管理职能有明确的认识。

（3）社会环境。经济、文化、政治、法律、标准规范、规则等社会环境的现状和发展趋势将会对工程项目产生影响，有时这种影响也许是深远的。工程项目管理人员必须对项目所处的社会环境进行识别，以使项目实施与社会环境相适应。

6．工程项目管理的生命周期

工程项目具有生命周期属性决定了工程项目管理也具有生命周期属性。工程项目管理的全生命周期包括项目的决策阶段、实施阶段和使用阶段，如图1-8所示。而项目的实施阶段包括设计前准备阶段、设计阶段、施工阶段、动用前准备阶段和保修阶段。

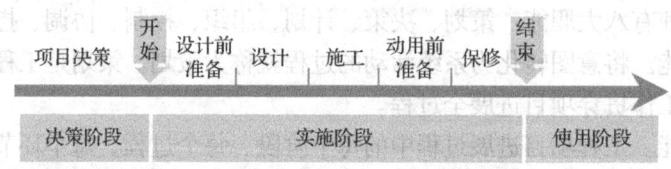

图1-8 工程项目管理的全生命周期

7．工程项目管理的主要领域

依据《建设工程项目管理规范》，工程项目管理涉及以下主要领域。

（1）范围管理。对项目工作范围进行的定义、计划、控制和变更等活动。

（2）采购管理。对项目的勘察、设计、施工、监理、供应等产品和服务的获得工作进行的计划、组织、指挥、协调和控制等活动。

（3）合同管理。对项目合同的编制、订立、履行、变更、索赔、争议处理和终止等各类活动。

（4）设计与技术管理。对项目设计和技术工作所进行的计划、组织、指挥、协调和控制等活动。

（5）进度管理。为实现项目的进度目标所进行的计划、组织、指挥、协调和控制等活动。

（6）质量管理。为确保项目的质量特性满足要求而进行的计划、组织、指挥、协调和控制等活动。

（7）成本管理。为实现项目成本目标而进行的预测、计划、控制、核算、分析和考核等活动。

（8）安全生产管理。为使项目实施人员和相关人员规避伤害及影响健康的风险而进行的计划、组织、指挥、协调和控制等活动。

（9）绿色建造与环境管理。为实施绿色设计、绿色施工、节能减排、保护环境而进行的计划、组织、指挥、协调和控制等活动。

（10）资源管理。对项目所需人力、材料、机具、设备和资金等进行的计划、组织、指挥、协调和控制等活动。

（11）信息与知识管理。对项目信息和知识的收集、整理、分析、处理、存储、传递和使用等活动。

（12）沟通管理。对项目内外部关系的协调及信息交流所进行的策划、组织和控制等活动。

（13）风险管理。对项目风险进行识别、分析、应对和监控的活动。

（14）收尾管理。对项目的收尾、试运行、竣工结算、竣工决算、回访保修、项目总结等进行的计划、组织、协调和控制等活动。

8. 工程项目管理的特点

（1）明确的目标。工程项目管理的对象是具有明确目标的项目。工程项目目标繁多，有总目标和子目标；有功能性目标和过程性目标，过程性目标包括进度、费用、质量和安全目标等；有总体性目标和阶段性目标。工程项目的目标是一个完整的体系，目标之间存在着既相互联系又相互对立的关系，即对立统一的关系。例如，要提高工程质量就得增加成本，这是对立的；但当工程质量达到一定程度时，既可以减少返工、减少维修、减少质量事故，又可以降低成本，这又是统一的。

（2）管理的系统性。工程项目管理的对象是一个系统，该系统是由若干既相互联系又相互制约的要素组成的。要实现工程项目的目标，就必须进行项目的整体管理，用统筹的、全局的思维对待每一个局部和个体。对各子系统之间、各目标之间关系的处理应遵循系统法则，既考虑独立性，又考虑它们是同处于一个大系统中的，应将其有机地联系在一起，以使总体实现最优。

（3）管理的规范性。工程项目的实施过程存在一定的规律性，既有程序上的规律性，又有技术上的规律性，还有管理上的规律性。遵循其规律性进行管理则行之有效，违反其规律性进行管理则难以奏效。工程项目管理是针对工程项目的客观规律所形成的一门科学，有与其相适应的理论、原理、方法、内容、规则和规律，已经被人们所公认、熟悉和应用，形成了规范和标准，被广泛应用于项目管理实践，使工程项目管理成为专业性的、规律性的、标准化的管理。所以，工程项目管理是规范化的管理。

（4）管理的专业性。工程项目管理具有丰富的专业内涵，涉及工程项目组织、决策、采购、目标、范围、风险、生产要素、信息和现场等专业内容，这些决定了工程项目管理是专业化管理。

（5）管理的特殊性。工程项目与IT项目、活动项目、研发项目等相比有相似之处，但又存在很大的区别。这种特殊性体现为工程项目管理必须根据工程项目的自身特点，采用与之相适应的理论体系、方法体系和知识体系。

1.3 工程项目管理的类型

工程项目管理可按照四种不同的方法进行分类，即按管理层次划分、按管理范围和内涵划分、按管理主体划分、按管理对象划分，如表1-3所示。

表1-3 工程项目管理的类型

分类方法	类型	
按管理层次划分	宏观项目管理	
	微观项目管理	
按管理范围和内涵划分	全过程项目管理	
	分阶段项目管理	
按管理主体划分	业主方项目管理	
	咨询方项目管理	全过程项目管理
		阶段性咨询服务
		工程设计监理
		工程施工监理
	承包方项目管理	设计方项目管理
		施工方项目管理
		供应方项目管理
		总承包方项目管理
按管理对象划分	单项目管理	
	项目群（集）管理	
	项目组合管理	

下面按部分划分标准对工程项目管理的类型进行详细介绍。

1.3.1 按管理层次划分

按项目管理层次，工程项目管理可分为宏观项目管理和微观项目管理。

1. 宏观项目管理

宏观项目管理是指政府作为主体对工程项目活动所进行的管理。

宏观项目管理的对象是某一类或某一地区的项目，而不是某一个具体项目。

宏观项目管理所追求的是国家或地区的整体利益，而不是某一个具体项目的利益。

宏观项目管理利用行政、法律和经济等手段实施项目管理，包括制定和贯彻相关的法律法规、政策；调控项目资源要素市场；制定与贯彻项目实施程序、规范和标准；监督项目实施过程和结果等。

2. 微观项目管理

微观项目管理是指项目的主要参与方对项目所进行的管理，包括业主对建设项目的管理、承包商对承包项目的管理、供应商对供应项目的管理等。微观项目管理就是一般意义上的项目管理。

微观项目管理的对象是管理主体所承担的项目。例如，业主的管理对象是建设项目；施工单位管理的对象是施工项目；设计单位管理的对象是设计项目。

微观项目管理所追求的是项目的整体利益和相关方自身的利益。

微观项目管理的手段包括项目管理的方法、工具和技术。

1.3.2 按管理范围和内涵划分

按管理范围和内涵的不同，工程项目管理可分为全过程项目管理（总体项目管理）和分阶段项目管理（局部项目管理）。

1. 全过程项目管理

全过程项目管理也称总体项目管理，是指从项目的投资意向、项目建议书、可行性研究、建设准备、设计、施工、竣工验收、项目后评价到项目运营的全过程管理，其实质是全生命周期管理。

全过程项目管理的主体是业主。

全过程项目管理所追求的是项目全生命周期整体最优，而不是一时一事的得失。

2. 分阶段项目管理

分阶段项目管理也称局部项目管理，是指将项目全生命周期的某阶段或若干阶段作为一个项目管理对象进行管理。

分阶段项目管理的主体是与项目管理对象所对应的相关方。

分阶段项目管理所追求的是项目阶段性目标。

1.3.3 按管理主体划分

工程项目涉及众多的相关方和干系人，不同的相关方对同一个工程项目承担着不同的任务和责任。因此，就形成了不同相关方的项目管理：业主方项目管理、咨询方项目管理、承包方项目管理。

1. 业主方项目管理

（1）业主方项目管理的概念。业主方项目管理是指由项目业主或委托人对工程项目建设全过程所进行的管理，是业主为实现其预期目标，运用所有者的权力，组织或委托有关单位对工程项目进行策划和实施计划、组织、协调、控制等过程。

业主方项目管理的主体是业主或代表业主利益的咨询方。项目业主泛指项目的所有出资人，包括以资金、技术和其他资产入股等出资人。但项目业主实质上是指项目在法律意义上的所有人，是指各投资主体依照一定法律关系所组成的法人形式。目前我国所实施的项目法人责任制中的项目法人就是业主方项目管理的主体之一。

业主方是工程项目实施过程的总集成者——人力资源、物资资源和知识的集成者，业主方也是工程项目实施过程的总组织者。所以，业主方的项目管理是工程项目管理的核心。

根据项目法人责任制的规定，新上项目的项目建议书确认后，由投资方派代表组建项目法人筹备组，具体负责项目法人的筹建工作，待项目可行性研究报告批准后，正式确定项目法人，由项目法人对项目的策划、资金筹措、建设实施、生产经营、债务偿还和资产的保值增值等实行全过程负责，依照国家有关规定对建设项目的建设资金、工期、质量和安全等进行严格管理。项目法人可以聘任项目总经理或其他高级管理人员，由项目总经理组织编制项目初步设计文件，组织设计、施工、材料设备采购的招标工作，组织工程建设的实施，负责控制工程项目的目标，对项目建设各参与方进行监督和管理。项目总经理可以由项目董事会成员兼任或由董事会聘任。项目总经理代替项目法人行使项目管理职权。项目法人和项目经理对建设项目所进行的管理构成了业主方项目管理。

（2）业主方项目管理的目标。业主方项目管理是为业主方的利益服务的，同时服务于其他相关方的利益。业主方对工程项目管理的根本目的在于实现项目的安全目标、投资目标、进度目标和质量目标，实现投资者的期望。

① 安全目标。安全目标是指项目建设期间对人和物的安全性要求。安全目标是业主方项目管理最重要的目标。工程项目的实施过程必须保证项目操作者的安全，控制影响工作场所内员工、临时工作人员、合同方人员、来访者和其他相关人员安全的条件与因素，避免安全事故的发生。

② 投资目标。投资目标是指项目建设所需总费用的限值，业主总是期望在尽量少的投资状态下完成项目。工程项目建设通常需要较大的投入，而影响投资的因素又是不确定的，所以超支的可能性很大，因此必须对工程项目投资进行有效的控制，使工程项目投资控制在预定或可接受的范围之内。

③ 进度目标。进度目标是指项目动用的时间目标，即项目交付使用的时间目标。业主为了尽早收回项目投资，期望在比较短的时间内完成项目。

④ 质量目标。质量目标是指对项目的功能和质量方面所提出的要求，包括设计质量、材料质量、设备质量、施工质量和影响项目进行的环境质量等。业主总是期望项目的质量越高越好。

⑤ 相关方满意。项目在预期的目标下实现，使得业主方满意，这是业主所追求的。但同时应关注项目其他相关方的利益，使得其他相关方也满意，实现共赢。这也应是业主所追求的。

（3）业主方项目管理的特点。业主方在工程项目中的特殊地位决定了业主方的项目管理具有以下主要特点。

① 业主方对工程项目的管理体现了所有投资方对项目的要求。业主是工程项目各投资方在工程项目上的最终代表，业主对工程项目的管理集中反映了各投资方对工程项目的利益要求。

② 业主是工程项目管理的中心。业主既是工程项目的决策者又是工程项目实施的主持者，也是项目的最终受益者。项目的成败与业主的利益直接相关，项目成功了，业主是最直接的受

益者；项目失败了，业主也是最直接的受害者。所以，业主是工程项目管理的中心。

③ 业主所采用的管理方式多为监控而非直接控制。业主通常采用委托的方式，将工程项目的各项任务委托给其他相关方，而业主的主要工作是协调、监督和控制。

（4）业主方项目管理的主要任务。业主方项目管理贯穿项目进展全过程和各阶段，其主要任务因项目的不同阶段而异，如表1-4所示，但总体可归纳为"三控、三管、一协调"。

表1-4 业主方项目管理的主要任务

阶段	概念阶段	设计阶段	施工阶段	竣工验收阶段	保修阶段
安全管理	设定安全目标 策划安全管理方案	提出安全设计要求 监督设计方案的安全性	提出安全管理要求 明确安全管理责任 监督安全管理过程	进行安全评估	
投资控制	估算项目总投资 明确投资控制目标 制定投资控制方案	提出投资控制要求 监督投资控制的有效性	提出费用控制要求 控制项目变更和索赔 控制进度款的支付	进行费用结算和决算	界定保修责任
进度控制	确定工期目标 制定进度控制方案	提出设计进度要求 监督、控制设计进度	提出施工进度和工期要求 监督、控制施工进度	及时组织验收	
质量控制	进行质量策划 明确质量目标 制定质量控制方案	提出质量设计要求 明确质量标准 监督、控制设计质量	提出施工质量要求 监督、控制施工质量状态	严格进行质量验收和评价	解决所出现的质量问题
合同管理	策划合同结构 制定合同管理方案	签订合同 合同跟踪和管理	签订合同 合同跟踪和管理	合同终止 总结评估	
信息管理	策划信息管理方案	采集和处理相关信息	采集和处理相关信息	资料收集与归档，总结评估	记录保修信息
组织协调	建立项目管理组织 确定项目发包方式 确定项目管理模式	招标 监督 控制和协调	招标 监督 控制和协调	组织验收	协调

① "三控"：投资、进度和质量。

② "三管"：安全、合同和信息。

③ "一协调"：组织和协调。

2. 咨询方项目管理

咨询单位受委托对工程项目的某一个阶段或某一项内容进行管理。例如，受业主委托进行设计监理或施工监理；受业主委托进行招标代理；受业主委托进行项目的可行性研究等。也可以就项目的若干阶段进行管理或承担全部管理工作。例如，受业主委托进行管理总承包。咨询方可以受业主的委托从事项目管理工作，也可以受承包方的委托从事项目管理工作。目前，我国工程领域的咨询单位主要是受业主的委托从事项目管理工作。咨询单位所从事的最主要的项目管理工作就是监理。

（1）咨询方项目管理的目的。

① 保障委托方实现工程项目的预期目标。咨询方按照委托合同的要求，运用其知识和经

验，保障委托方实现工程项目的预期目标。

② 按合同规定获得合法收入。咨询方根据委托合同提供咨询服务，为委托方创造价值，并按合同规定取得合法收入。

③ 创造良好的社会信誉。咨询方依靠自身素质为委托方提供服务并创造价值，同时也为自身赢得良好的社会信誉。

（2）咨询方项目管理的特点。

① 属于智力密集型的工作。咨询方进行项目管理依靠的是咨询工程师自身所具备的知识、经验、能力和素质，是集工程、经济、管理等各学科知识和项目管理经验于一体的管理活动。所以，咨询方项目管理是智力密集型工作。

② 管理内容与委托内容相一致。咨询方根据委托合同从事项目管理工作，管理的内容与委托内容一致，不应超越委托范围从事无关的管理咨询活动。

③ 咨询的本质是提供规范服务。咨询方一般不直接从事工程项目实体的建设工作，而只是提供阶段性或全过程的咨询服务。

④ 职业的规范性。咨询方有其独立的行业管理组织、规范的市场准入规则、执业规则和道德准则；在执业过程中，受政府和有关管理组织的监督。

（3）监理制度。《中华人民共和国建筑法》规定："国家推行建筑工程监理制度。""建筑工程监理应当依据法律、行政法规及有关的技术标准、设计文件和建筑工程合同，对承包单位在施工质量、建设工期和建设资金使用等方面，代表建设单位实施监督。"由此可见，国家从法律上明确了监理制度的法律地位。

① 监理的定义。建设工程监理是指监理单位受项目法人的委托，依据国家批准的工程项目建设文件，有关工程建设的法律、法规和工程建设监理合同及其他工程建设合同，对工程建设实施的监督管理。监理单位是建筑市场的主体之一，建设监理是一种高智能的有偿技术服务。监理单位与项目法人之间是委托与被委托的合同关系，与被监理单位之间是监理与被监理关系。从事工程建设监理活动，应当遵循守法、诚信、公正、科学的准则。

我国的建设工程监理属于国际上业主方项目管理的范畴。

② 推行建设工程监理制度的目的。确保工程建设质量和安全，提高工程建设水平，充分发挥投资效益。

③ 工程建设监理的主要内容。控制工程建设的投资、建设工期、工程质量；进行安全管理、工程建设合同管理；协调有关单位之间的工作关系，即"三控、两管、一协调"。

建设工程监理按监理阶段可分为设计监理和施工监理。设计监理是在设计阶段对设计项目所进行的监理，其主要目的是确保设计质量和时间等目标满足业主的要求；施工监理是在施工阶段对施工项目所进行的监理，其主要目的在于确保施工安全、质量、投资和工期等满足业主的要求。

3. 承包方项目管理

（1）承包方项目管理的概念。承包方项目管理是指承包商为完成业主委托的设计、施工或供货任务所进行的计划、组织、协调和控制的过程。其目的是实现承包项目的目标并使相关方满意。

承担工程项目设计、施工、供应任务的相关主体都属于承包方，通常称为承包商。

（2）不同类型的承包方项目管理。根据承包方所承担的任务不同，承包方项目管理包括设计项目管理、施工项目管理、供应项目管理和总承包项目管理。

① 设计项目管理。设计单位受业主委托承担工程项目的设计任务，以设计合同所界定的目标及其责任义务对设计项目所进行的管理称为设计项目管理。设计项目管理主要在设计阶段进行。设计项目管理的主要目标包括设计项目的成本、进度、质量和安全目标，以及项目的投资目标和相关方的满意度目标等。设计项目管理的主要任务包括与设计工作有关的安全管理；设计成本控制和与设计工作有关的工程造价控制；设计进度控制；设计质量控制；设计合同管理；设计信息管理；与设计工作有关的组织协调，即"三控、三管、一协调"。

② 施工项目管理。施工单位为履行工程合同和落实企业的生产经营方针和目标，在项目经理负责制的条件下，依靠企业技术和管理的综合实力，对工程施工全过程进行计划、组织、指挥、协调、控制和监督的系统管理活动，称为施工项目管理。施工项目管理主要在施工阶段进行。施工项目管理的主要目标是施工项目的成本、质量、安全和进度目标，以及相关方的满意度目标等。施工项目管理所关注的是项目的整体利益和施工单位自身的利益。施工项目管理的主要任务可以归纳为"四控、四管、一协调"。其中，"四控"是指施工安全控制、施工质量控制、施工成本控制、施工进度控制；"四管"是指施工信息管理、施工生产要素管理、施工合同管理和现场管理；"一协调"是指与施工有关的组织和协调。

③ 供应项目管理。工程材料和设备等物资供应是工程项目实施的一个子系统，有明确的任务和目标、明确的约束条件，并与工程项目实施系统存在着密切的内在联系。所以，工程物资供应具有项目的所有要素，可以按项目进行管理。供应项目管理是指工程项目物资供应方，以供应项目为管理对象，以供应合同所界定的范围和责任为依据，以项目的整体利益和供应方自身的利益为宗旨所进行的管理活动。供应项目管理主要在施工阶段进行。供应项目管理的主要目标是供应的安全目标、成本目标、进度目标、质量目标和相关方的满意度目标等。供应项目管理的主要任务也可归纳为"三控、三管、一协调"。其中，"三控"是指供应成本控制、进度控制和质量控制；"三管"是指供应安全管理、合同管理和信息管理；"一协调"是指与供应有关的组织和协调。

④ 总承包项目管理。工程总承包方根据总承包合同的要求，对总承包项目所进行的计划、组织、协调、控制、指挥和监督的管理活动就称为总承包项目管理。总承包项目管理一般涉及工程项目实施阶段全过程，即设计前准备阶段、设计阶段、施工阶段、动用前准备阶段和保修期。其性质是全面履行工程总承包合同，以实现总承包企业承建工程的经营方针和目标，取得预期经营效益为动力而进行的工程项目自主管理。总承包项目管理所追求的是总承包项目的整体利益和承包方自身的利益。总承包项目的主要目标是项目的总投资目标、成本目标、进度目标、安全目标和质量目标，以及相关方的满意度目标等。总承包项目管理的主要任务包括"四控、四管、一协调"。其中，"四控"是指安全目标控制、投资控制和总承包成本控制、进度控制、质量控制；"四管"是指信息管理、合同管理、生产要素管理、现场管理；"一协调"是指与工程项目总承包有关的组织和协调。

1.3.4 不同类型项目管理之间的关系

每种类型的工程项目管理都是在特定的条件下，为实现工程项目的总目标，从不同的角度、不同利益出发，对项目实施过程进行管理的一个子系统。但不同类型的项目管理，其管理主体、管理目标、管理方式、管理范围、管理内容和管理所涉及的时间范畴都有所不同。

不同类型的工程项目管理既相互联系又相互制约，构成一个工程项目管理的完整体系。工程项目的总目标受到不同类型项目管理目标的影响，只有不同类型的项目管理目标实现了，项目的总体目标才可以实现，否则项目的总体目标就会受到影响。

1.4 工程项目融资模式

工程项目融资是一种融资手段，是以项目的名义筹措资金，以项目营运收入承担债务偿还责任的融资形式。工程项目融资模式主要有 BOT、ABS、PFI、PPP 等。

1.4.1 BOT 模式

BOT（Build-Operate-Transfer），即建造-运营-移交模式，是依靠私人资本进行基础设施建设的一种融资和管理方式，是指政府通过招标选择私营企业，通过特许协议授予其在一定期限的基础设施的专营权，许可其融资建设和经营特定的基础设施，并准许其通过向用户收取费用或出售产品，以清偿贷款，回收投资并获取利润。特许专营期满，整个项目由项目公司无偿或以极低的名义价格移交给东道国政府。国内外投资人或财团作为项目发起人，从地方政府获得基础设施项目的建设和运营的特许权，然后组建项目公司，负责项目建设的融资、设计、建造和运营。BOT 模式如图 1-9 所示。

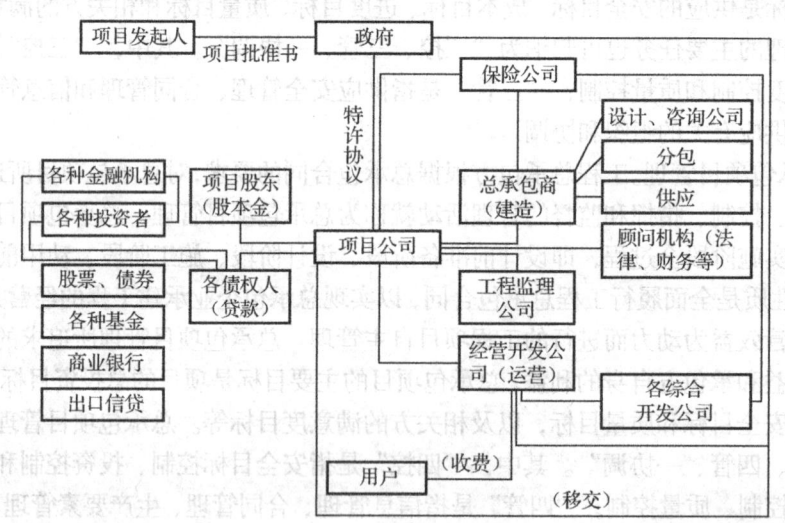

图 1-9 BOT 模式

BOT 模式解决了工程项目建设资金短缺的困难，能通过收取费用确保投资者和经营者的投资回报，使各方受益，也给私营企业提供了良好的投资机会。

BOT 投资方式主要用于建设收费公路、发电厂、铁路、废水处理设施和城市地铁等基础设施项目。BOT 运作全过程可分为 3 个阶段：准备阶段、实施阶段和项目移交阶段。

1. BOT 的实施步骤

（1）项目发起人成立项目公司，项目公司与有关政府部门达成项目特许协议。

（2）项目公司与建设承包商签署建设合同，并得到设备供应商的保险公司的担保。项目公司与项目运营承包商签署项目经营协议。

（3）项目公司与商业银行签订贷款协议或与出口信贷银行签订买方信贷协议。

（4）进入经营阶段后，项目公司把项目收入转移给一个担保信托公司。担保信托公司再用这部分收入偿还银行贷款。

2. BOT 的衍生模式

BOT 有很多衍生模式，比较常见的有以下几种模式。

（1）BOO 模式（Building-Owning-Operation）。BOO 模式，即建设-拥有-经营，是承包商根据政府赋予的特许权，建设并经营某项产业项目，但是并不将此项基础产业项目移交给公共部门。它与 BOT 的主要区别就在于 BOT 中项目公司在特许期结束后必须将项目设施交还给原始权益人，而在 BOO 中，项目公司有权不受任何时间限制地拥有并经营项目设施。

（2）BOOT 模式（Building-Owning-Operation-Transfer）。BOOT 模式，即建设-拥有-经营-转让，是私人企业或某国际企业融资建设基础产业项目，项目建成后，在规定的期限内拥有所有权并进行经营，在规定的期限届满后移交给当地政府部门。与 BOT 相比，运用 BOOT 模式投资的项目，投资企业拥有的项目价值增加了产权价值。

（3）BT 模式（Building-Transfer）。BT 模式，即建设-转让，是业主通过公开招标的方式确定建设方，由建设方负责项目的资金筹措和工程建设，项目建成竣工验收合格后由业主回购，并由业主向建设方支付回购价款的一种融资建设方式。与传统的投资建设方式相比，BT 模式可为项目业主筹措建设资金，缓解建设期间的资金压力，还可以降低工程实施难度，降低业主的投资建设风险，降低工程造价，提高建设投资效率等。

（4）TOT 模式（Transfer-Operate-Transfer）。TOT 模式，即转让-经营-转让，是国际上较为流行的一种项目融资方式，通常是指政府部门或国有企业将建设好的项目的一定期限的产权或经营权有偿转让给投资人，由其进行运营管理；投资人在约定的期限内通过经营收回全部投资并得到合理的回报，双方合约期满之后，投资人再将该项目交还政府部门或原企业的一种融资方式。

1.4.2 ABS 模式

ABS 模式（Asset-Backed-Securitization），即资产收益证券化融资。它是以项目资产可以带来的预期收益为保证，通过一套提高信用等级计划在资本市场发行债券来募集资金的一种项目融资方式。

具体运作过程如下。

（1）组建一个目标公司。

（2）目标公司选择能进行资产证券化融资的对象。

（3）以合同、协议等方式将政府项目未来现金收入的权利转让给目标公司。

（4）目标公司直接在资本市场发行债券募集资金或者由目标公司信用担保，由其他机构组织发行,并将募集到的资金用于项目建设。

(5)目标公司通过项目资产的现金流入清偿债券本息。很多国家和地区将 ABS 融资方式重点用于交通运输部门的铁路、公路、港口、机场、桥梁、隧道建设项目,能源部门的电力、煤气、天然气基本设施建设项目,公共事业部门的医疗卫生、供水、供电和电信网络等公共设施建设项目,并取得了很好的效果。

1.4.3 PFI 模式

PFI(Private Finance Initiative),英文原意为"私人融资活动",在我国被译为"民间主动融资",是英国政府于1992年提出并在一些西方发达国家逐渐兴起的一种新的基础设施投资、建设和运营管理模式。PFI 的根本在于政府从私人处购买服务,目前这种方式多用于社会福利性质的建设项目。PFI 是对 BOT 项目融资的优化,政府部门根据社会对基础设施的需求,提出需要建设的项目,通过招投标,由获得特许权的私营部门进行公共基础设施项目的建设与运营,并在特许期(通常为30年左右)结束时将所经营的项目完好地、无债务地归还政府,而私营部门则从政府部门或接受服务方收取费用以收回成本。

PFI 与 BOT 相比具有以下几个特点。

(1)项目主体单一。PFI 的项目主体通常为本国民营企业的组合,体现出民营资金的力量。而 BOT 模式的项目主体则为非政府机构,既可以是本国私营企业,也可以是外国公司,所以,PFI 模式的项目主体较 BOT 模式单一。

(2)项目管理方式开放。PFI 模式对项目实施开放式管理。首先,对于项目建设方案,政府部门仅根据社会需求提出若干备选方案,最终方案则在谈判过程中通过与私人企业协商确定;其次,对于项目所在地的土地提供方式及以后的运营收益分配或政府补贴额度等,都要综合当时政府和私人企业的财力、预计的项目效益及合同期限等多种因素而定,不同于 BOT 模式对这些问题事先都有框架性的文件规定。

(3)实行全面的代理制。PFI 模式实行全面的代理制,这也是与 BOT 模式的不同之处。作为项目开发主体,BOT 公司通常自身就具有开发能力,仅把调查和设计等前期工作和建设、运营中的部分工作委托给有关的专业机构。而 PFI 公司通常自身并不具有开发能力,在项目开发过程中,广泛地应用各种代理关系,而且这些代理关系通常在投标书和合同中即加以明确,以确保项目开发安全。

(4)合同期满后项目运营权的处理方式灵活。PFI 模式在合同期满后,如果私人企业通过正常经营未达到合同规定的收益,则可以继续拥有或通过续租的方式获得运营权,这是在前期合同谈判中需要明确的;而 BOT 模式则明确规定,在特许权期满后,所建资产将无偿地交给政府拥有和管理。

1.4.4 PPP 模式

PPP(Public Private Partnership)模式中,政府与私人组织之间,为了提供某种公共物品和服务,以特许权协议为基础,彼此之间形成一种伙伴式的合作关系,并通过签署合同来明确双方的权利和义务,以确保合作的顺利完成,最终使合作各方达到比预期单独行动更为有利的结果。PPP 模式将部分政府责任以特许经营权方式转移给社会主体(企业),政府与社会主体建立起"利益共享、风险共担、全程合作"的共同体关系，政府的财政负担减轻，社会主体的投资风险减小。

我国财政部相关文件对PPP的定义：PPP是政府和社会资本的合作模式，是在基础设施及公共服务领域建立的一种长期合作关系。通常模式是由社会资本承担设计、建设、运营、维护基础设施的大部分工作，并通过"使用者付费"及必要的"政府付费"获得合理投资回报；政府部门负责基础设施及公共服务价格和质量监管，以保证公共利益最大化。

1. PPP模式的内涵

（1）PPP是一种新型的项目融资模式。项目PPP融资是以项目为主体的融资活动，是项目融资的一种实现形式，主要根据项目的预期收益、资产以及政府扶持措施的力度而不是项目投资人或发起人的资信来安排融资。项目经营的直接收益和通过政府扶持所转化的效益是偿还贷款的资金来源，项目公司的资产和政府给予的有限承诺是贷款的安全保障。

（2）PPP融资模式可以使民营资本更多地参与到项目中，以提高效率，降低风险。这也正是现行项目融资模式所欠缺的。政府的公共部门与民营企业以特许权协议为基础进行全程的合作，双方共同对项目运行的整个周期负责。PPP方式的操作规则使民营企业参与到项目的确认、设计和可行性研究等前期工作中来，这不但降低了民营企业的投资风险，而且能将民营企业在投资建设中更有效率的管理方法与技术引入项目中来，还能有效地实现对项目建设与运行的控制，从而有利于降低项目建设投资的风险，较好地保障国家与民营企业各方的利益。这对缩短项目建设周期、降低项目运作成本甚至资产负债率都有值得肯定的现实意义。

（3）PPP模式可以在一定程度上保证民营资本"有利可图"。私营部门的投资目标是寻求既能够还贷又有投资回报的项目，无利可图的基础设施项目是吸引不到民营资本的投入的。而采取PPP模式，政府可以给予私人投资者相应的政策扶持作为补偿，从而很好地解决了这个问题，如税收优惠、贷款担保、给予民营企业沿线土地优先开发权等。通过实施这些政策可提高民营资本投资项目的积极性。

（4）PPP模式减轻了政府初期建设投资负担和风险。在PPP模式下，公共部门和民营企业共同参与项目的建设和运营，由民营企业负责项目融资，有可能增加项目的资本金数量，进而降低资产负债率，而且不但能节省政府的投资，还可以将项目的一部分风险转移给民营企业，从而减轻政府的风险。同时双方可以形成互利的长期目标，更好地为社会和公众提供服务。

2. PPP模式的实施流程

PPP模式实施总流程如图1-10所示。

图1-10　PPP模式实施总流程

（1）项目识别阶段。政府判定一个公共基础设施及公共服务类项目能否采用PPP模式。政府应当评价该项目是否符合"投资规模大、需求稳定、价格调整机制灵活、市场化程度高、公共服务型强"等条件。这一阶段的工作流程如图1-11所示。

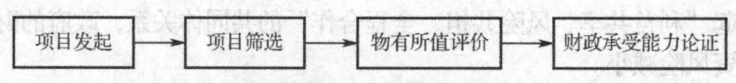

图 1-11 项目识别阶段的工作流程

① 项目发起。根据 PPP 项目的发起人不同，PPP 项目分为政府发起和社会资本发起。

政府发起：由财政部门负责向住建、交通、教育、医疗等公共服务行业主管部门征集需要政府和社会资本合作的建设项目。财政部门可以从征集来的规划新建项目、改建项目或存量公共资产中遴选适合政府和社会资本合作建设的项目。

社会资本发起：社会资本方以项目建议书的形式向财政部门推荐适合政府和社会资本合作建设的项目。项目建议书主要内容包括：项目概况、项目必要性、项目规划、项目建设环境考察及分析、项目融资方案等。

② 项目筛选。确定备选项目，项目发起人提交资料，制作项目简介。

③ 物有所值评价。财政部门根据项目筛选得到的最终项目从定性和定量两方面展开物有所值评价工作。其中包括：

定性评价：能否增加供给、优化风险分配、提高运营效率、促进创新和公平竞争等方面的评价。

定量评价：对项目全生命期内政府支出成本现值与政府传统采购模式进行数据比较，计算项目的物有所值量，判断 PPP 项目能否降低全生命周期成本。

最终形成《项目物有所值评价报告》，内容包括物有所值定性分析和定量分析、物有所值评价结论等。

④ 财政承受能力论证。为保证资金长期可维持，财政部门应根据 PPP 项目全生命周期的财政支出、债务等因素对政府付费和政府补贴的部分展开财政承受能力论证，要求每年政府付费和补贴等支出不得超过当年财政收入的一定比例。通过论证，形成《项目财政承受能力论证报告》，其主要内容包括：项目基本信息、项目投资估算及资金筹措、项目产出说明、项目回报机制、政府运营补贴支出、风险承担支出等。

（2）项目准备阶段。项目准备阶段的工作流程如图 1-12 所示。

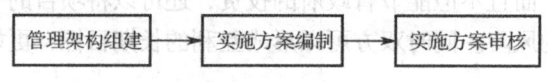

图 1-12 项目准备阶段的工作流程

① 管理架构组建。县级及以上地方政府建立专门的协调机制小组，负责项目的评审、协调和监督等工作。为实现简化审批流程、提高工作效率，政府安排相关职能部门或事业单位作为项目实施机构，负责项目准备阶段的采购、监管工作。

② 实施方案编制。项目实施机构组织成员编制项目实施方案。实施方案的主要内容包括：项目概况、风险分配基本框架、项目运作方式、交易结构、合同体系、监管架构、采购方式选择等。

③ 实施方案审核。实施方案编制完成后上报给政府审核部门审核，通过审核后可以进入采购阶段，未通过审核的则需要调整方案重新验证，仍不通过的则不得采用 PPP 模式。

（3）项目采购阶段。项目采购阶段的工作流程如图 1-13 所示。

第1章 现代工程项目管理导论

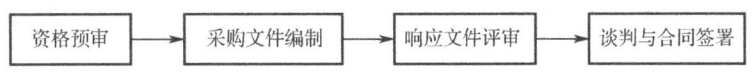

图 1-13 项目采购阶段的工作流程

① 资格预审。项目实施机构应根据项目需要准备资格预审文件,发布资格预审公告,邀请社会资本和与其合作的金融机构参与资格预审,验证项目能否获得社会资本响应和实现充分竞争,并将资格预审的评审报告提交财政部门(政府和社会资本合作中心)备案。

② 采购文件编制。项目采购文件应包括采购邀请,竞争者须知(包括密封、签署、盖章要求等),竞争者应提供的资格、资信及业绩证明文件,采购方式,政府对项目实施机构的授权、实施方案的批复和项目相关审批文件,采购程序,响应文件编制要求,提交响应文件截止时间,开启时间及地点,强制担保的保证金缴纳数额和形式,评审方法,评审标准,政府采购政策要求,项目合同草案及其他法律文本等。

③ 响应文件评审。项目 PPP 运作需要建立方案评审小组,对响应文件进行评审。

④ 谈判与合同签署。项目实施机构应成立专门的采购结果确认谈判工作组,按照候选社会资本的排名,依次与候选社会资本及与其合作的金融机构就合同中可变的细节问题进行合同签署前的确认谈判,率先达成一致的即为中选者。

(4)项目执行阶段。项目执行阶段的工作流程如图 1-14 所示。

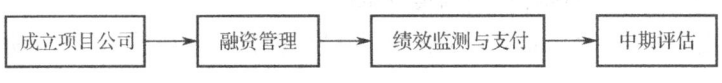

图 1-14 项目执行阶段的工作流程

① 成立项目公司。社会资本可依法设立项目公司。

② 融资管理。项目融资由社会资本或项目公司负责。

③ 绩效监测与支付。社会资本项目实施机构应根据项目合同约定,监督社会资本或项目公司履行合同义务,定期监测项目产出绩效指标,编制季报和年报,并报财政部门(政府和社会资本合作中心)备案。项目合同中涉及的政府支付义务,财政部门应结合中长期财政规划统筹考虑,纳入同级政府预算,按照预算管理相关规定执行。

④ 中期评估。项目实施机构应每 3~5 年对项目进行中期评估,重点分析项目运行状况和项目合同的合规性、适应性和合理性;及时评估已发现问题的风险,制定应对措施,并报财政部门(政府和社会资本合作中心)备案。

(5)项目移交阶段。项目移交阶段的工作流程如图 1-15 所示。

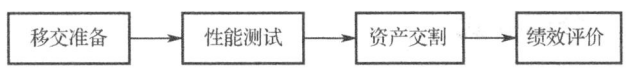

图 1-15 项目移交阶段的工作流程

① 移交准备。项目移交时,项目实施机构或政府指定的其他机构代表政府收回项目合同约定的项目资产。项目实施机构或政府指定的其他机构应组建项目移交工作组,根据项目合同约定与社会资本或项目公司确认移交情形和补偿方式,制定资产评估和性能测试方案。

② 性能测试。由项目实施机构组建的项目移交工作组根据合同约定对移交项目进行资产评估和性能测试。

③ 资产交割。社会资本或项目公司应将满足性能测试要求的项目资产、知识产权和技术法律文件，连同资产清单移交项目实施机构或政府指定的其他机构，办妥法律过户和管理权移交手续。社会资本或项目公司应配合做好项目运营及平稳过渡相关工作。

④ 绩效评价。项目移交完成后，财政部门（政府和社会资本合作中心）应组织有关部门对项目产出、成本效益、监管成效、可持续性、政府和社会资本合作模式应用等进行绩效评价，并按相关规定公开评价结果。

1.5 工程项目承发包模式

1.5.1 工程项目承发包

工程项目承发包亦称工程招标承包制，指通过招标、投标的一定程序建立工程买方与卖方、发包与承包的关系。招标是卖方的活动，投标是买方的活动。通过招标承包制使买方通过竞争来获得工程，使卖方选择适当的买方单位。

基于承发包范围（内容）划分，工程项目承发包的基本模式如图1-16所示。

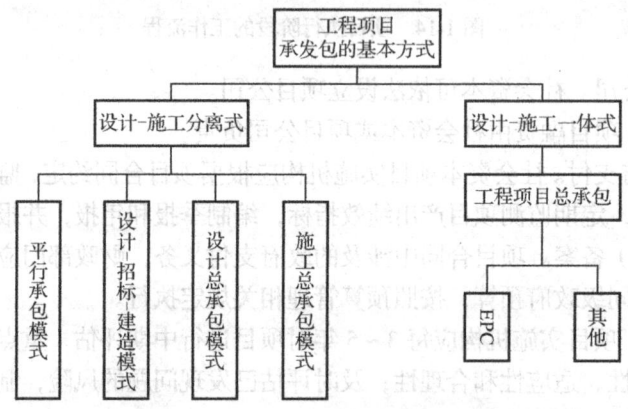

图1-16 工程项目承发包的基本模式

1.5.2 设计-施工分离模式

设计-施工分离模式是指工程项目的设计和施工分开发包，有平行承包模式、设计-招标-建造模式、设计总承包模式和施工总承包模式。

1. 分阶段分专业的平行承包模式

业主通过招标方式分别选择咨询、设计、勘察、施工和供应等众多单位承担相应的工作任务，如图1-17所示。这种模式的优点在于，业主可以根据不同性质的建设任务选择最合适的承包者,可以对每个重要环节加以监管。其存在的主要问题是,招标次数多,协调难度大,总投资要到任务全部发包完成才能确定。

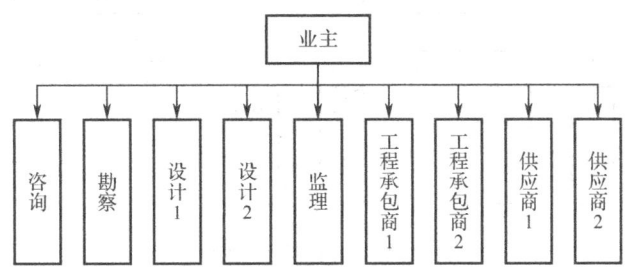

图 1-17 分阶段分专业的平行承包模式

2. 设计-招标-建造模式

设计-招标-建造(Design-Bid-Build,D-B-B)模式的运作方式:业主与咨询工程师或建筑师签订专业服务合同,委托其进行前期的各项有关工作,如进行可行性研究等,待工程项目评估立项后再进行设计。在设计阶段,设计人员除完成设计工作外,还要准备施工招标文件,在设计工作全部完成后,协助业主进行施工招标工作,选择、确定施工总承包商,根据需要,施工总承包商选择分包商和供应商。施工过程中,业主代表、施工总承包商、监理工程师一起对工程项目进行成本、进度、质量和安全控制与管理,而工程设计人员则担任重要的监督角色。D-B-B 模式如图 1-18 所示。

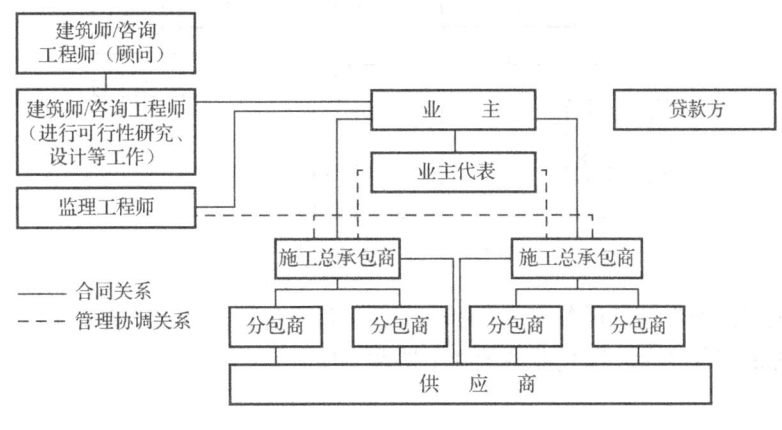

图 1-18 D-B-B 模式

D-B-B 模式是一种传统模式,其显著特点是,工程项目的实施按顺序进行,一个阶段结束后,下一个阶段才能开始。因此,该模式的工程建设周期长,业主管理费用高,设计、施工之间的冲突多。

3. 设计总承包模式

业主通过招标的方式选择一家设计单位承包一项工程项目中所包含的所有设计任务。该设计总承包单位可以承担全部设计任务,也可将一部分设计任务分包出去,如图 1-19 所示。

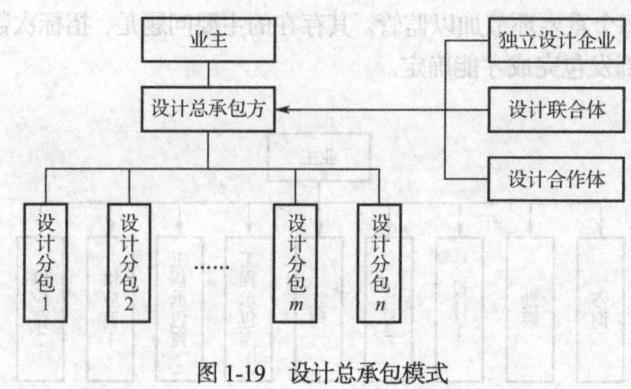

图 1-19 设计总承包模式

设计总承包方可以是一家独立的设计企业,也可以是设计联合体或设计合作体。设计总承包方对所有的设计项目承担责任,有利于设计的优化和设计项目总体目标的实现,简化了业主的设计协调工作。

4. 施工总承包模式

业主通过招标的方式选择一家施工单位承包工程项目的所有施工任务。该施工总承包单位可以独立承担所有的施工任务,也可以将部分施工任务分包出去。施工总承包方可以是一家独立的施工企业,也可以是施工联合体或施工合作体,如图 1-20 所示。

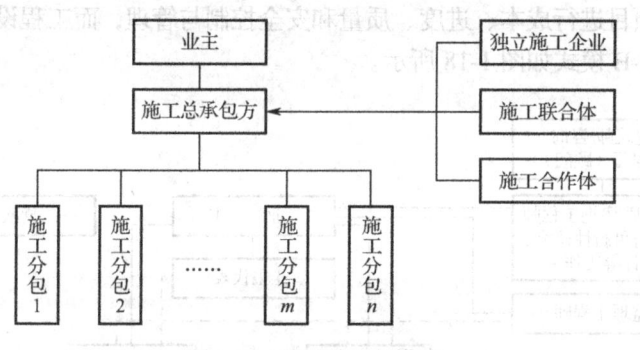

图 1-20 施工总承包模式

将工程项目的所有施工任务集成,由施工总承包方负责,有利于施工项目的系统管理和项目总体目标的最优实现,简化业主的施工协调工作。

1.5.3 工程项目总承包模式

国家标准《建设项目工程总承包管理规范》(GB/T 50358—2017)关于工程项目总承包的定义:依据合同约定对建设项目的设计、采购、施工和试运行全过程或若干阶段的承包。工程总承包企业按照合同约定对工程项目的质量、工期和造价等向业主负责。工程总承包企业可以依法将所承包工程中的部分工作发包给具有相应资质的分包商;分包商按照分包合同的约定对总承包商负责,所有的设计、施工分包工作都由总承包商对业主负责。工程总承包有多种模式:交钥匙总承包模式、设计-采购-施工总承包模式、设计-建造总承包模式、设计-采购总承包模式、采购-施工总承包模式等,如表 1-5 所示。

第1章 现代工程项目管理导论

表1-5 工程总承包模式

总承包模式	项目程序						
	项目决策	初步设计	技术设计	施工图设计	材料设备采购	施工安装	试运行
交钥匙总承包模式		——	——	——	——	——	——
设计-采购-施工总承包模式		——	——	——	——	——	——
设计-建造总承包模式		——	——	——		——	
设计-采购总承包模式		——	——	——	——		
采购-施工总承包模式					——	——	
施工总承包模式						——	

1. 设计-采购-施工总承包模式

设计-采购-施工总承包（Engineering-Procurement-Construction，EPC）模式，是指工程总承包企业按照合同约定，承担工程项目的设计、采购、施工和试运行服务等工作，并对承包工程的质量、安全、工期和造价全面负责，如图1-21所示。

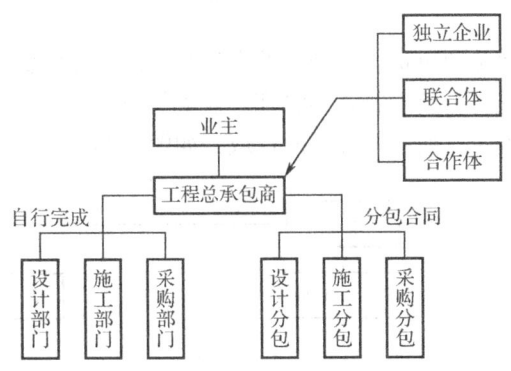

图1-21 EPC模式

EPC模式下总承包商的主要责任包括：
（1）按合同完成设计、采购、施工和试运行服务等工作；
（2）招标选择分包商；
（3）对工程进行管理、控制和协调；
（4）对合同实施效果负责，承担风险和经济责任。

EPC模式下业主的主要责任包括：
（1）选择业主代表或项目管理承包商；
（2）提出业主要求；
（3）招标选择总承包商；
（4）审批分包商；
（5）监督和验收。

EPC模式主要适用于：
（1）设计、施工、采购、试运行交叉，协调关系密切的项目；
（2）采购工作量大、周期长的项目；

（3）承包商拥有专利、专有技术或丰富经验的项目；

（4）业主缺乏项目管理经验，项目管理能力不足的项目。

根据业主的不同要求和项目的不同特点，EPC有以下几种不同模式。

（1）EPCm。承包商负责工程项目的设计和采购，并负责施工管理。施工承包商与业主签订承包合同，但接受EPCm承包商的管理，如图1-22所示。

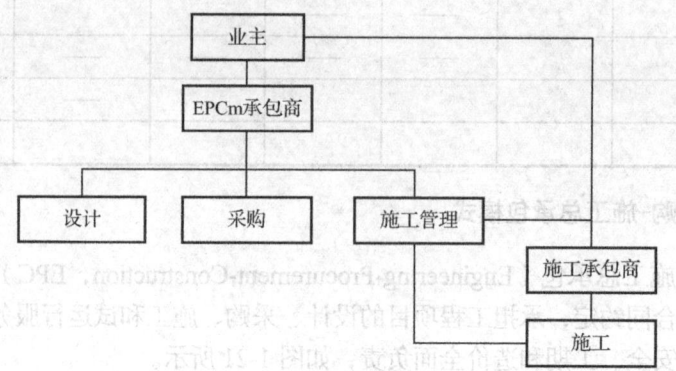

图 1-22　EPCm 模式

（2）EPCs。EPCs承包商负责工程项目的设计和采购，并监督施工承包商按照设计要求的标准和操作规程进行施工，负责物资的管理。业主与施工承包商签订合同，并进行施工管理。监理费不含在承包价中，按照实际工时计取，如图1-23所示。

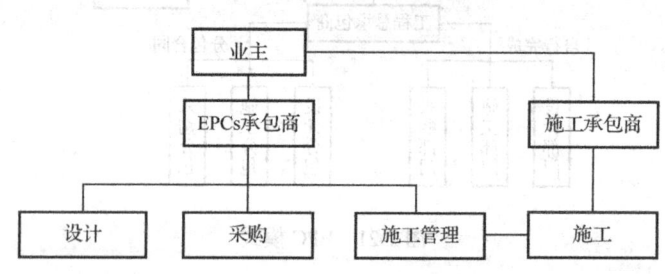

图 1-23　EPCs 模式

（3）EPCa。EPCa承包商负责工程项目的设计和采购，并在施工阶段向业主提供咨询服务。施工咨询费不含在承包价中，按实际工时计取。业主与施工承包商签订合同，并进行施工管理，如图1-24所示。

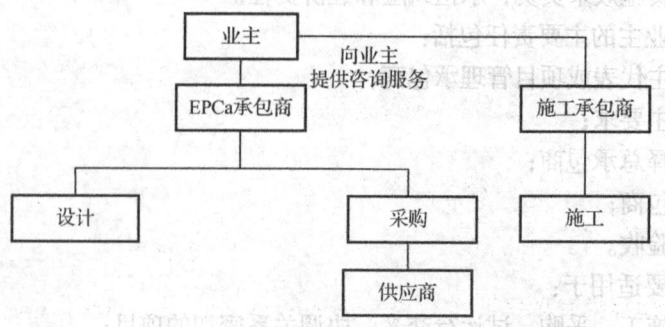

图 1-24　EPCa 模式

2. 交钥匙总承包模式

交钥匙（Turnkey）总承包模式是设计、采购、施工工程总承包向两头扩展延伸而形成的业务和责任范围更广的总承包模式，其中总承包商不仅承包工程项目的建设实施任务，还提供建设项目前期工作和运营准备工作的综合服务。

交钥匙总承包模式与 EPC 模式的主要不同点在于：承包范围更大，工期更稳定，合同总价更固定，承包商风险更大，合同价相对较高。

交钥匙总承包商应承担的主要责任与 EPC 模式下的类似，此外还应承担以下责任：

（1）按合同约定完成工程总承包项目的可行性研究、项目立项、设计、采购、施工和试运行；

（2）按合同工期和固定的价格交付工程；

（3）完成对业主人员的培训等生产前的准备工作。

交钥匙模式下业主的主要责任包括：

（1）提出业主要求；

（2）选择交钥匙总承包商；

（3）检查验收。

交钥匙模式适用于以下几种情况：

（1）业主更加关注工程按期交付使用；

（2）业主只关心交付的成果，不想过多介入项目实施过程；

（3）业主希望承包商承担更多的风险，同时愿意支付更多的风险费用；

（4）业主希望收到一个完整配套的工程项目。

3. 设计-建造总承包模式

设计-建造（Design Build，DB）总承包模式是对 D-B-B 模式的一种变革，是为了解决 D-B-B 模式所存在的主要问题而产生的一种模式，如图 1-25 所示。

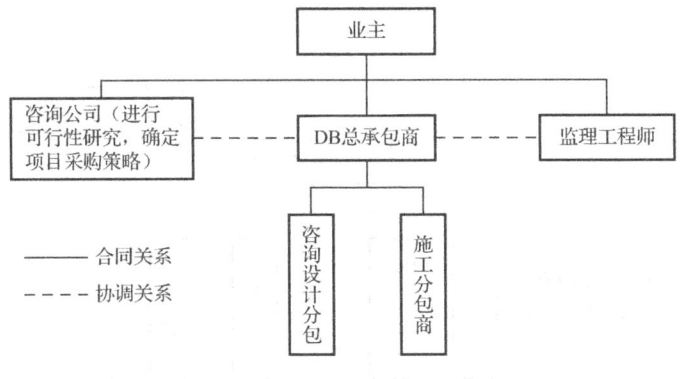

图 1-25　DB 模式

DB 模式的运作方式：业主根据项目的要求和原则选定设计-建造承包商（DB 承包人），DB 承包人可以自行完成全部设计和施工任务，也可以竞争性招标方式选择分包商，完成设计和部分施工任务。DB 模式有效地避免了设计与施工分离所产生的建设周期长、不利于设计优化、设计不考虑施工的可行性、施工者按图施工等弊端，有利于设计优化、节省投资、缩短工期、提高效益。

DB 模式中存在的主要问题是业主一般不能直接参与设计分包和施工分包商的选择，对设计效果缺乏控制力。

DB 模式的基本出发点是促进设计与施工的早期结合，以便有可能充分发挥设计和施工双方的优势，提高项目的经济性。DB 模式一般适用于建筑工程项目。

根据承包起点时间不同，DB 模式有四种类型（见表1-6）。

表1-6 DB 模式的类型

DB 模式的类型	项目程序						
	项目决策	方案设计	初步设计	技术设计	施工图设计	施工安装	竣工验收
DB1		████	████	████	████	████	████
DB2			████	████	████	████	████
DB3				████	████	████	████
DB4					████	████	████

（1）从方案设计到竣工验收总承包（DB1）；
（2）从初步设计到竣工验收总承包（DB2）；
（3）从技术设计到竣工验收总承包（DB3）；
（4）从施工图设计到竣工验收总承包（DB4）。

DB 承包商承包的时间越早，承包商的风险越大；承包的时间越晚，设计与施工结合而产生的优势就越弱。

4．设计-采购总承包模式

设计-采购（Engineering Procurement，EP）总承包模式将设计与采购相结合，由 EP 总承包商承包，如图1-26 所示。

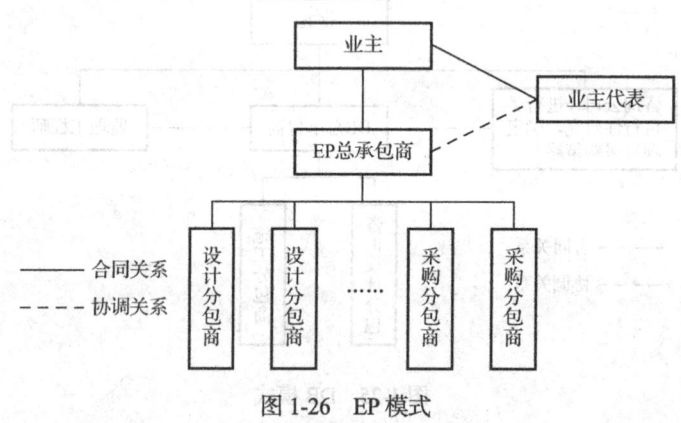

图1-26 EP 模式

5．采购-施工总承包模式

采购-施工（Procurement Construction，PC）总承包模式将采购与施工结合，由 PC 总承包商承包，如图1-27 所示。

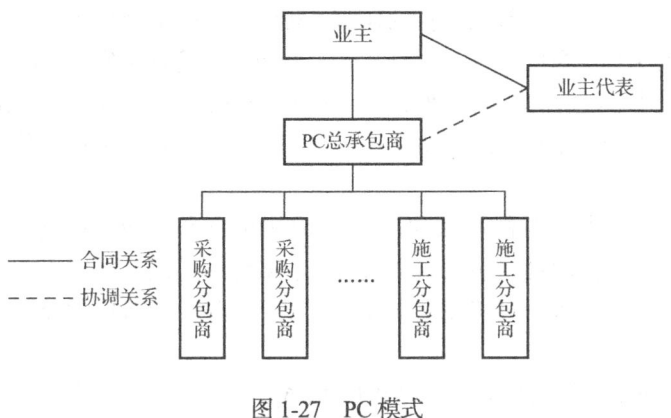

图 1-27　PC 模式

1.6　工程项目管理模式

1.6.1　业主自行组织工程项目管理机构进行管理的模式

业主自行组织工程项目管理机构进行全过程项目管理，项目完成后，项目管理机构即解散。由于项目管理机构是临时的，所以缺乏经验，不利于项目目标的实现。

1.6.2　委托咨询公司协助业主进行项目管理的模式

业主委托咨询工程师进行前期的各项有关工作。例如，进行机会研究、可行性研究等。项目实施过程中，业主委托咨询工程师或监理工程师进行工程监督管理。咨询工程师或监理工程师长期从事工程项目的咨询与管理工作，具有丰富的经验。因此，该模式有利于保证工程项目质量和工期，有利于节省投资。这是我国目前最常用的模式。

1.6.3　建筑管理模式

建筑管理（Construction Management，CM）模式是由美国人 Charles B. Thomsen 在研究如何加快设计与施工的速度及改进控制方法时提出的。该模式的基本特征是将设计工作分为若干阶段完成，每一阶段的设计工作完成后，就组织相应工程内容的施工招标，如图 1-28 所示。

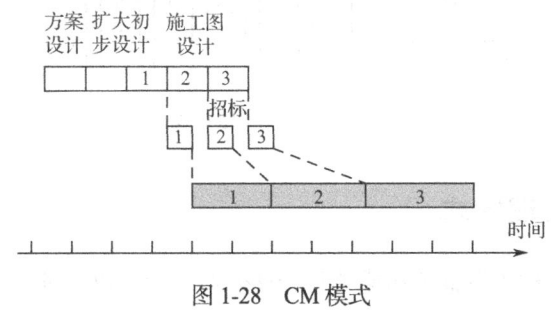

图 1-28　CM 模式

在该模式下，发包人、发包人委托的建筑工程经理（CM 经理）、工程设计人员组成联合小组，共同负责工程项目的规划、设计和施工的组织与管理工作。CM 单位的服务内容主要包括：对设计技术、经济的咨询；施工前期和施工阶段进度控制；施工费用（造价）控制；分包施工质量控制；施工单位管理与协调；工程信息档案资料管理；零星工程和业主指定的临时工作等。

由于 CM 单位的参与，工程项目不需要在全部设计工作完成后再进行招标、施工，通过CM 单位的协调，可以阶段性发包，这样就可以有效缩短工期。但由于在工程招标前，发包人对工程项目的具体设计等不可能完整掌握，所以不利于工程造价的控制，存在工期和质量风险。

CM 模式有两种最常用的形式：代理型 CM（Agency CM）和风险型 CM（At-Risk-CM）。

（1）代理型 CM。CM 单位是发包人的咨询单位，CM 经理是发包人的咨询和代理。发包人与 CM 单位签订咨询服务合同，与承包人签订施工合同。CM 单位与设计单位、施工单位和供应单位之间是协调管理关系，如图 1-29 所示。CM 经理可只提供某一阶段的服务，亦可提供全过程的服务。

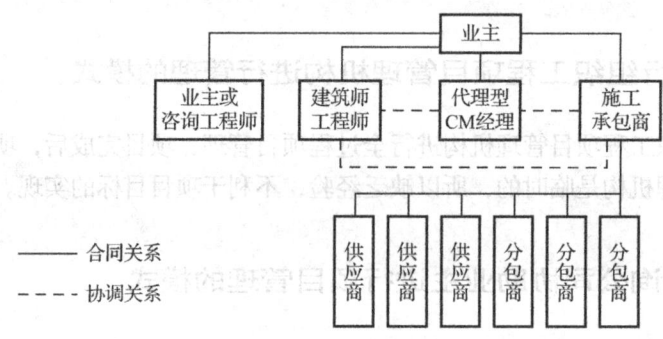

图 1-29 代理型 CM

（2）风险型 CM（At-Risk-CM）。CM 单位同时担任施工总承包人的角色，CM 单位与专业承包人之间是合同关系，如图 1-30 所示。

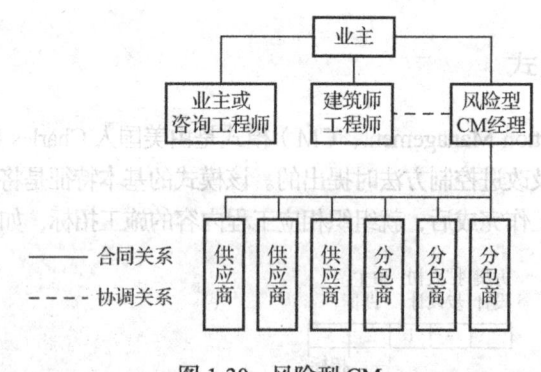

图 1-30 风险型 CM

1.6.4 委托项目管理模式

由业主委托专业机构（咨询公司或项目管理公司）代表业主进行项目管理，这种方式就是委托项目管理方式。这是国际工程项目管理的一种新趋势。专业机构具有丰富的项目管理经验,弥补了业主管理经验不足的弱点,有利于提高项目管理效果。委托项目管理的方式主要有两种。

(1)项目管理服务。项目管理服务(Project Management,PM)是指工程项目管理企业按照合同约定,在工程项目决策阶段,为业主编制可行性研究报告,进行可行性分析和项目策划;在工程项目实施阶段,为业主提供招标代理、设计管理、采购管理、施工管理和试运行(竣工验收)等服务,代表业主对工程项目进行质量、安全、进度、费用、合同、信息等管理和控制。工程项目管理企业一般应按照合同约定承担相应的管理责任。工程项目管理企业受业主委托,代表业主对工程项目的组织实施进行全过程或若干阶段的管理和服务。

(2)项目管理承包。项目管理承包(Project Management Contractor,PMC)是指工程项目管理企业按照合同约定,除完成项目管理服务的全部工作内容外,还可以负责完成合同约定的工程初步设计等工作。当然,需要完成工程初步设计工作的工程项目管理企业应具备相应的工程设计资质。

PMC模式是PM模式的延伸和发展,在PM模式的基础上增加了工程初步设计等工作,工作范围更加广泛,对PMC承包人的能力要求更高。

1.6.5 工程代建制模式

工程代建制是指政府投资的项目通过招标方式,选择专业化的项目管理公司,负责项目的投资管理和建设组织实施工作,项目建成后交付使用单位。代建制是建设工程项目管理方式在政府投资项目上的一种具体运用模式和管理制度。

代建单位的工作性质是工程项目管理和咨询,赢利模式是收取代理费、咨询费,从节约的投资中提成,承担相应的管理和咨询风险,不承担具体的工程风险。

政府项目采用代建制模式,通过市场化运作,选择有经验、讲信誉的专业化队伍,与业主签订代建合同,确立了投资者和建设者之间的相互关系,使得投资、建设、管理、运营"四分开",有效地加强了政府对投资项目的管理,规范了投资建设程序,建立了投资责任约束机制,有效保证了资金的使用效益和工程质量。

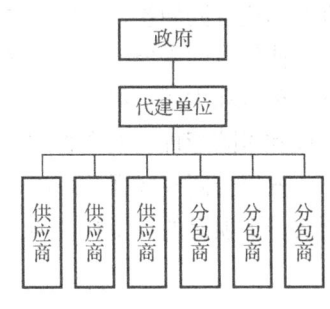

图1-31 常见的代建制组织模式

常见的代建制组织模式如图1-31所示。

1.6.6 设计-管理模式

采用设计-管理(Design-Manage,DM)模式,承包人向发包人提供设计和施工管理服务,承包人通常是设计机构与施工管理企业的联合体,发包人与承包人之间需要签订既包含设计又包含施工管理服务的合同。DM模式有两种形式:DM1和DM2,如图1-32所示。

(1)DM1。发包人与DM经理、施工总承包人分别签订合同,由DM经理负责设计并对工程项目的施工进行管理。

现代工程项目管理（第3版）

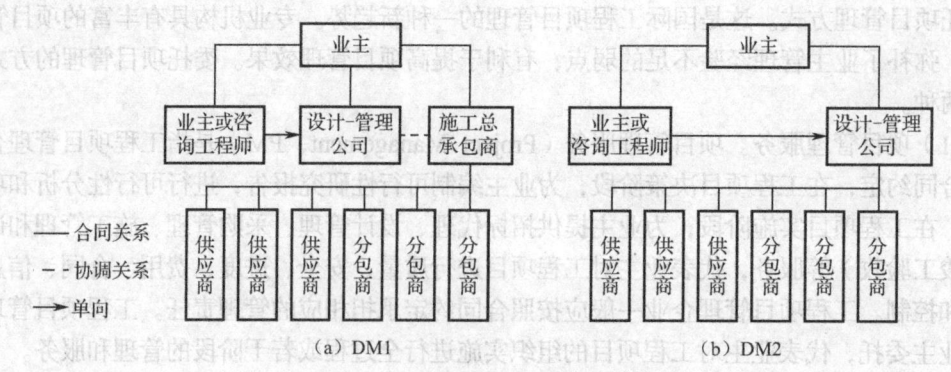

图 1-32 DM 模式

（2）DM2。发包人与 DM 经理签订合同，DM 经理分别与承包人签订合同。

DM 模式与 CM 模式类似，DM 模式中的设计-管理公司的作用相当于 CM 公司，但 DM 公司还需要承担项目的设计任务。

1.6.7 伙伴合同模式

伙伴合同模式也称合作管理模式，是指两个或两个以上的组织之间为了获取特定的商业利益，充分利用各方资源而相互做出的承诺。工程项目管理中的伙伴合同模式建立在发包人与参与各方的相互信任、资源共享的基础上，构成基本的伙伴或同盟关系。伙伴合同模式并不能作为一种独立的工程项目管理模式，而是与其他模式结合采用的。

伙伴合同模式以确保项目的成功和相互利益为共同的目标，订立联合方式的基本合同，并围绕回避合同纠纷，确定一些具体的解决程序和方法。

伙伴合同需要工程项目参与各方共同签署，包括发包人、总承包商、分包商、设计单位、咨询单位和主要材料设备供应单位等。伙伴合同一般围绕工程项目的主要目标及工程变更、争议和索赔管理、安全管理、信息沟通和管理、公共关系等问题做出规定。

伙伴合同模式强调理解、合作和信任，有利于发包人的投资、进度和质量控制；伙伴合同改善了项目的环境和参与工程建设各方的关系，有利于减少索赔和诉讼的发生。

1.7 项目群管理与项目组合管理

案例：某海外投资公司在海外电站建设项目中采用"投融资、建设、运营一体化"（投建运一体化）项目群管理模式，建立了"投建运一体化"项目群管理机制、管理流程和管理体系，协同发展投融资、建设管理、运营管理主要业务，最大限度地发挥集团全产业链资源优势，带动集团产业升级。

1.7.1 项目群与项目组合

1. 项目群

（1）项目群定义。项目群是指经过协调统一管理以便获取单独管理时无法取得的效益和控制的一组相互联系的项目。项目群中的项目需要共享组织的资源，需要进行项目之间的资源调配。

从组织（团队）的角度来看，项目群是为了协调、指导、监督一组相互关联的项目和活动的实施而创建的一个临时的、灵活的组织，而这些相互关联的项目和活动与公司的战略目的密切相关。

从内容的角度来看，项目群是为实现公司战略目标而相互关联的多个项目和活动，项目群管理关注的是最终的结果和效果，也就是当这些项目和活动完成时公司所达到的最终状态。

从管理目标来看，项目群管理通过对组成项目群的项目和活动进行整体管理，以获得比对这些项目进行单独管理更大的整体效果。

（2）项目群特征。项目群具有以下主要特征。

① 多个项目。项目群由若干个同时发生或部分搭接的项目构成。这些项目相互间要么具有一定逻辑关系，要么虽没有逻辑关系，但具有类似特征。

② 统一战略目标。项目群拥有一个明确的战略目标。组成项目群的多个项目虽然各自拥有具体目标，但总体上都为项目群的统一战略目标服务。例如，南水北调工程的东、中、西线工程项目都是为了解决中国北方水资源短缺。

③ 统一配置资源。可以在项目群范围内系统化地合理安排资源。由于目标的统一性，多个项目可能同时使用同一资源，或同一资源供若干个不同项目调用。这就需要在单个项目资源合理配置的基础上，从项目群系统角度出发，在不同项目之间合理调配资源。

2. 项目组合

项目组合是指为便于有效管理、实现战略业务目标而组合在一起的项目、项目群和其他工作。项目组合中的项目或项目群不一定彼此依赖或有直接关系。

例如，以投资回报最大化为战略目标的某基础设施公司，可能将油和气、电力、供水、公路、铁路和机场等项目混合成一个项目组合。在这些项目中，该公司可能选择相关项目，把它们作为一个项目群来管理。例如，所有电力项目可以组成一个电力项目群。同样地，所有供水项目可以组成一个供水项目群。

3. 项目组合、项目群、项目之间的关系

项目组合是为了实现战略目标而组合在一起管理的项目、项目群、子项目群和运营工作的集合。

项目群包含在项目组合中，其自身又包含需要协调管理的子项目群、项目或其他工作。单个项目无论是否属于项目群，都是项目组合的组成部分。

项目组合中的项目或项目群不一定彼此依赖或直接相关，但都通过项目组合与组织战略规划联系在一起。

1.7.2 项目群管理

1. 项目群管理定义

项目群管理（Program Management）是指为了实现组织的战略目标和利益，而对一组项目（项目群）进行的统一协调管理。

2. 项目群管理的生命期及各阶段的主要任务

项目群管理的生命期及各阶段如图1-33所示。

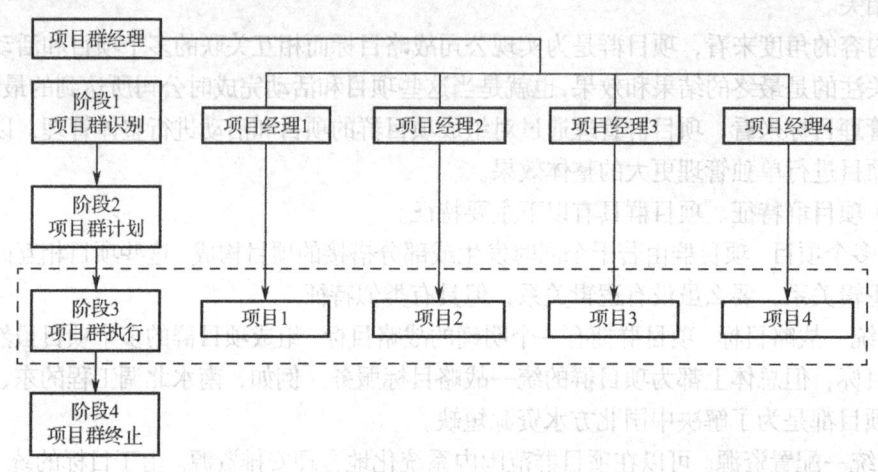

图1-33　项目群管理的生命期及各阶段

（1）项目群识别：定义项目群的目标及其在企业运营和发展战略中的地位，并给出项目群的边界。交付物：项目群简要报告。报告的内容主要包括项目群的远景规划、范围、预期收益和风险等。

（2）项目群计划：将第一阶段定义的项目群管理的目标具体化，通过项目群管理机构的设置、实施方案设计、人员职责分工、资源配置等具体工作内容来实现。

（3）项目群执行：主要任务是由各项目经理实施单个项目，而项目群经理则负责监督和控制项目群中各个项目的完成进度，进行必要的项目间的协调和管理工作，并对项目群的风险和冲突进行处理，以确保项目群整体战略目标的实现。

（4）项目群终止：主要任务是对项目群完成后的收益和战略目标的实现情况进行评估和总结。

1.7.3 项目组合管理

1. 项目组合管理定义

项目组合管理（Project Portfolio Management）是指在可利用的资源和企业战略计划的指导下，进行多个项目或项目群投资的选择和支持。项目组合管理是通过项目评价选择、多项目组合优化，确保项目符合企业的战略目标，从而实现企业收益最大化。项目组合管理不是简单地对多个项目进行管理，而是超越了传统项目管理的边界，它作为企业项目和战略之间的桥梁，使项目实施和企业商业战略结合起来。例如，以投资回报最大化为战略目标的某基础设施公司，可能将油和气、电力、供水、公路、铁路和机场等项目混合成一个项目组合进行管理。

2. 项目组合管理的生命期及各阶段的主要任务

项目组合管理的生命期及各阶段如图 1-34 所示。

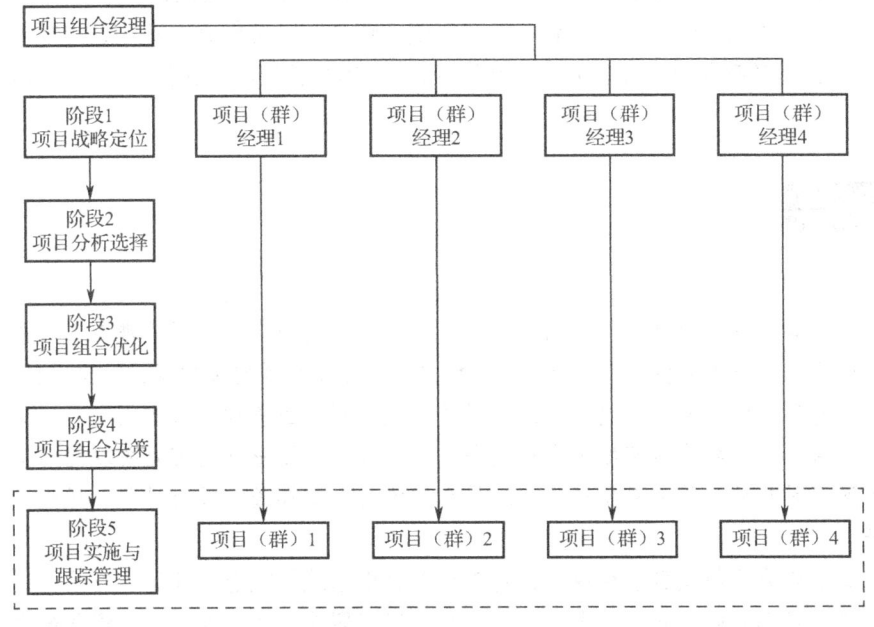

图 1-34　项目组合管理的生命期及各阶段

（1）项目战略定位：本阶段的主要目的是进行企业项目的战略定位，判断企业的项目是否与企业的战略方向一致。这一阶段的主要任务是宏观上进行企业战略目标分解，按照战略目标将企业项目进行组合分类，使企业战略目标与项目组合的目标结合在一起。同时在项目与企业战略目标相匹配的前提下，进行企业项目整体资源配置。要了解企业整个项目资源的情况，就需要建立企业所有项目信息和资源库，了解与项目有关的所有信息，以帮助企业进行选择决策。

（2）项目分析选择：本阶段的主要目的是对具体的项目进行分析和选择，衡量项目为企业带来的收益。这个阶段是整个项目组合管理过程的重要阶段。它的核心内容是建立企业项目统一的评价标准，并将每个项目与该标准进行衡量。同时对项目的资源、进度、成本、风险等影响评价标准的各种因素进行分析。最后进行项目选择，将不符合评价标准的项目暂停或中止。

（3）项目组合优化：本阶段的主要目的是在项目分析的基础上，结合企业目前的资源约束条件，进行项目优化组合，使企业项目投资收益最大化。这个阶段也是整个项目组合管理过程的关键阶段。一方面通过优化模型进行多个项目的选择优化，另一方面在资源、成本等约束条件下，进行组合内项目平衡，确定最优项目组合。

（4）项目组合决策：本阶段的主要目的是在上阶段项目组合优化的基础上，进一步调整项目组合，最终进行企业项目组合决策。企业项目决策者结合实际经验、企业现有项目的情况及具体项目用户需求，进行项目组合的最后调整，使企业项目组合之间进一步得到平衡。

（5）项目实施与跟踪管理：本阶段的主要目的是通过对企业项目实施跟踪，及时了解组合项目的状态信息和变化情况。一方面建立企业项目组合视图，及时监控并了解影响项目组合分析的各种因素变化情况；另一方面及时对项目环境、战略目标、影响因素等变化情况进行审查，进行变更控制。发生变更情况或者一定时间周期内企业都需要重新开始项目组合管理流程。项目组合管理过程是一个动态、持续执行、循环反复的过程，随着环境的不断变化，项目组合的分析优化也随之变化。企业通过实施上述过程，能够在企业中建立所有项目的全景图，动态地跟踪项目的执行情况，进行项目和资源优化组合，最终实现企业的战略目标。

本章小结

本章所包含的内容包括七个方面：项目与工程项目的概念；项目管理与工程项目管理的概念；工程项目管理的类型；工程项目融资模式；工程项目承发包模式；工程项目管理模式；项目群管理与项目组合管理。这些内容构成了现代工程项目管理的基本问题。

工程项目以建筑物或构筑物为交付成果，有明确目标要求并由相互关联的活动所组成。工程项目除了具有项目的一般特征外，还具有规模大、周期长、综合性强、风险大和约束性强等特征。

项目管理者为了使项目取得成功，对工程项目用系统的观念、理论和方法，进行有序、全面、科学、目标明确的管理，发挥计划职能、组织职能、控制职能、协调职能和监督职能的作用，这就是工程项目管理。按照管理层次、管理范围和内涵、管理主体划分，工程项目管理可以分为若干类型。

工程项目的主要融资模式包括：BOT、ABS、PFI 和 PPP。

工程项目可采用设计-施工分离模式和工程项目总承包（设计-施工一体式）的承发包模式。

工程项目管理的模式包括业主自行组织工程项目管理机构进行管理、委托咨询公司协助业主进行项目管理、CM、委托项目管理、工程代建、设计-管理、伙伴合同等。

复习思考题

（1）比较项目与工程项目的共同点与不同点。
（2）比较项目管理与工程项目管理的共同点与不同点。
（3）按管理主体不同，工程项目管理有几种类型？

（4）叙述设计-施工一体化发包模式的概念和特点。
（5）简述 BOT、BT、PPP 融资模式的概念。
（6）简述基于 PMBOK 的项目管理知识领域。
（7）简述 EPC 模式的概念和特点。
（8）简述 CM 模式的组织方式。
（9）何谓代建制？
（10）简述项目群管理、项目组合管理的概念。
（11）针对本章引导案例，讨论合理的项目发包方式和项目管理模式。

第2章

工程项目管理基础理论

引导案例

某国际会展中心集展览、会议、商务、餐饮、娱乐于一体，规模宏大、功能齐全、设施先进，总建筑面积214 087平方米。该项目由会议中心（标段Ⅰ）、展览中心（标段Ⅱ）两部分组成。某工程承包企业承担标段Ⅱ工程，即展览中心部分。本标段工程建筑面积135 650平方米，总日历天数980日历天，合同价5.9亿元，工程质量及安全要求高。

该工程承包企业遵循项目的客观规律，基于工程项目管理科学理论，对该项目进行科学管理，获得了成功。这些科学理论包括系统论、控制论、目标管理、PDCA 循环、项目执行力、项目管理流程化等。

本章学习目标

（1）理解系统理论在工程项目管理中的指导作用。
（2）理解如何运用控制论进行工程项目控制。
（3）掌握目标管理在工程项目管理中的应用。
（4）掌握 PDCA 循环与工程项目管理的关系及应用要点。
（5）理解项目执行力。
（6）理解项目管理流程化。

工程项目管理的基本原理是系统论，工程项目管理的基本理论是控制论，工程项目管理的基本方法是目标管理；工程项目管理的基本活动是 PDCA 循环；项目成功的推动力是项目执行力；项目管理的流程化决定了项目管理的制度化、规范化和标准化。这些构成了工程项目管理的基础理论框架，如图 2-1 所示。

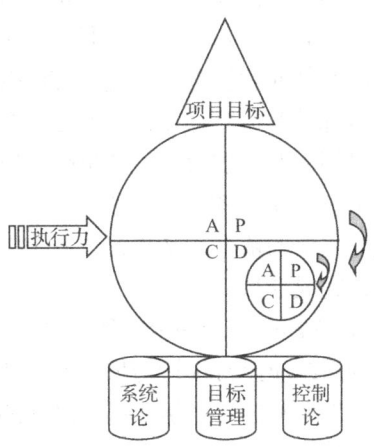

图 2-1　工程项目管理的基础理论框架

2.1　工程项目管理的基本原理——系统论

2.1.1　系统和工程项目管理系统

1. 系统

（1）系统的定义。自然界和人类社会中的很多事物并非孤立存在，而是相互制约和相互联系的，它们形成了各式各样的系统。所谓"系统"，是指一个复杂的对象。该对象处在一定的环境之中，是由相互作用、相互依赖的若干组成部分或元素结合而成的具有特定功能的有机整体。该"系统"又从属于更大的系统。

（2）系统的特征。系统具有以下基本特征。

① 集合性。系统是由若干个相互区别的元素，或单元、子系统所组成。构成系统的各元素虽然具有不同的性能，但它们必须统一于系统的整体之中。脱离了这一点，元素的机能和各元素之间的作用便失去了意义。例如，工程项目管理系统包括有形和无形两个部分，人员、场地、材料和资源等属于有形部分；而管理人员的经验、规章制度、管理技术和管理方法等属于无形部分。这两部分只有与工程项目管理实践结合起来才能实现工程项目的目标，缺少任何一个部分都不可能完成项目。

集合性体现在三个方面：

a. 系统由两个或两个以上的元素构成，实现系统的特定功能。

b. 系统的整体功能是各组成元素功能的综合，而不是简单的加总。整体功能和各组成部分的功能有着本质的区别。例如，一个施工队是由瓦工、木工、钢筋工和水泥工等组成的。如果将他们分开，他们只能完成砌墙、打门窗、绑扎钢筋、浇注混凝土等工作，但如果将他们组成一个施工队，则他们可以完成整个建筑物的施工。

c. 系统有统一的结构。系统各要素按照一定方式组成，无组织不成系统，不成系统则不能发挥各自的作用。

② 相关性。相关性是指组成系统的各元素是相互作用、相互依存和相互制约的。如果只有若干元素，而各元素之间的关系并不存在任何有机联系，则这些元素并未构成系统。如果系统中某个元素发生了变化，则其他元素就可能产生相应的变化和调整。例如，工程项目有许多目标，形成目标系统，但目标并非孤立存在，它们之间存在对立统一的关系，即存在相关性。如果想缩短工期，则有可能需要增加投入；如果降低成本，则有可能影响质量。

③ 目的性。目的性是指任何一个系统都有其目标和目的，无明确目的的系统不属于系统论研究的对象。目的性既是建立系统的依据，又是评价系统性能的基准。例如，工程项目管理系统的目的就是按照预期目标完成项目。

④ 环境适应性。任何一个系统都存在于一定的环境之中（更大的系统），环境的变化通常对系统产生影响。一个理想的系统应经常保持与环境的最佳适应状态。环境适应性是指，在外部环境发生变化时，系统能够调整内部各组成部分之间的关系，在改变了的环境中具有继续维持的能力。环境适应性可分为两种情况。

a. 被动适应。当环境发生变化后，调整系统内部关系或结构以适应变化的环境。例如，当物价上涨时再考虑节省其他方面的开支以降低工程造价。

b. 主动适应。系统不断监视外部环境，捕捉变化的信息，从中发现环境变化的发展趋势。例如，不断了解并预测物价变化趋势，随时调整造价控制战略，一旦物价发生变化也不会对工程造价造成影响。

2. 工程项目管理系统

工程项目是一个系统，是由若干部分组成的。组成部分按一定方式结合在一起，互相依赖、互相制约，在一定的空间和时间内表现出一定的特征，实现一定的功能和效用。例如，机场就是由候机楼、跑道、控制塔和其他地勤设施等部分组成的，共同完成旅客和货物的运输功能。各组成部分在平面和空间上以一定的方式联系起来，缺一不可。一个建筑物是由地基、基础、主体结构、电气照明、给排水、采暖通风、生产或生活设施等组成的，为顾客创造了一个生产或其他活动的空间。

工程建设活动是一个系统，是由若干相互联系又相互制约的阶段和环节组成的，环环相扣、缺一不可。例如，一项工程要经过项目决策、设计、实施和结束等重要阶段，任何一个阶段都会对项目的目标造成影响，任何一个阶段都不可或缺。

工程项目目标是一个系统，是由工期、质量和费用等若干既相互统一又相互矛盾的目标组成的，任何一个目标都不是孤立存在的。

工程项目的组织是一个系统，是由决策层、若干职能部门和项目经理部等子系统组成的。这些子系统在工程进行过程中密切联系、互相沟通、协调合作，共同为项目目标的实现开展工作。

工程项目经理部是一个系统，由项目经理、项目管理人员、项目资源和项目信息等组成。

可见，工程项目管理就是一个系统，它由若干子系统组成，包括项目子系统、项目管理组织子系统、项目管理过程子系统、项目管理目标子系统、项目管理方法子系统和项目管理要素子系统等。这些子系统相互联系、相互制约，集成为项目管理系统。

2.1.2 系统方法

1. 系统方法的概念

系统方法是从系统整体目标出发，进行系统分析，对系统内部和外部环境之间的关系进行综合，站在全局、整体的角度，用系统、统筹的思维解决系统中所出现的问题，使得系统总体实现最优。运用系统方法处理问题时，应特别注意由于分工而被忽略的方面，协调各组成部分之间由于分工而造成的矛盾和冲突。

我国的"港珠澳大桥""南水北调""京沪高铁""北京大兴国际机场"等，无一不是系统方法应用的杰作。

✉ 案例 丁谓施工

在中国古代，系统方法早有应用，"丁谓施工"就是一个典型案例，该案例蕴含着系统方法的思维。宋真宗在位时皇宫曾起火，一夜之间，大片的宫室、楼台、殿阁、亭榭变成了废墟。为了修复这些宫殿，宋真宗派当时的晋国公丁谓主持修缮工程。要完成这项重大的建筑工程，面临着三个大问题：第一，需要把大量的废墟垃圾清理掉；第二，要运来大批木材和石料；第三，要运来大量新土。不论是运走垃圾还是运来建筑材料和新土，都涉及大量的运输问题。如果安排不当，施工现场会杂乱无章，正常的交通和生活秩序都会受到严重影响。丁谓研究了工程之后，制定了施工方案：第一步，从施工现场向外挖了若干条大深沟，把挖出来的土作为施工需要的新土备用，于是就解决了新土问题。第二步，从城外把汴水引入所挖的大沟中，于是就可以利用木排及船只运送木材石料，解决了木材石料的运输问题。第三步，等到材料运输任务完成之后，再把沟中的水排掉，把工地上的垃圾填入沟内，使沟重新变为平地。简单归纳起来，就是这样一个过程：挖沟（取土）→引水入沟（水道运输）→填沟（处理垃圾）。按照这个施工方案，不仅节约了许多时间和经费，而且使工地秩序井然，使城内的交通和生活秩序不受施工的影响。这一科学的施工方案充分体现了系统方法。

✉ 案例 曼哈顿计划

第二次世界大战期间，一批以爱因斯坦为首的犹太科学家，向美国总统罗斯福建议组织力量制造原子弹，以防止希特勒掌握原子弹，罗斯福同意了该计划。该计划的负责人是加州理工大学奥本海默教授，他是一名理论物理学家。奥本海默教授提出了完成制造原子弹任务的"曼哈顿计划"。奥本海默教授只用了三年半的时间，组织了 2.5 万名科技人员，12 万名生产人员，制造出了原子弹。制造原子弹项目是前所未有的，实施过程中遇到很多难题。例如，如何获得同位素材料，专家们提出了 6 个生产方案，并用了 2 个月的时间讨论方案的优劣，但无果而终。奥本海默教授决定 6 个方案同时进行，在 1943—1944 年间，6 个方案都获得了成功。2.5 万名科技人员分散在各行各业，采取分散研究的方式，研究人员基本上不离开原岗位,但有专门的人员从中协调。最后,在三年半的时间内制造出两颗原子弹。整个原子弹的制造过程就是系统方法的应用过程。

2. 系统方法的特点

系统方法遵循整体性和最优性原则,综合运用多种学科和多种专业的理论、技术与手段。

(1)整体性。系统方法的整体性是基于对系统集合性、相关性和环境适应性的认识。系统方法不仅关注各个组成部分,充分发挥各自作用,而且更加强调如何使系统整体有效运行;如何使各组成部分之间、系统与环境之间协调一致。

在工程项目管理中,系统方法的整体性体现在:在分析问题、解决问题过程中,不是站在某个局部,而是站在项目的整体考虑问题;不是片面理解,而是全面分析;不是分而治之,而是总览全局。

(2)最优性。最优性体现两方面含义:一是要求系统整体功能和产出最大,付出的代价和投入的资源最少,最优实现系统的目标;二是利用优化方法选择和实施最优方案。

在工程项目管理中,系统方法的最优性体现在:工程项目的目标、计划、方案、控制的方法和流程、决策、资源的配置、组织方法等都应运用最优化思维,利用优化方法加以确定。

(3)综合性。系统方法运用多个学科和多个技术领域内所获得的成果,使各种技术应用综合化来达到整体系统的最优化。综合性是以系统的总目标为出发点。系统管理人员对于系统环境的分析,对于各种技术的认识和运用能力,系统管理人员的经验、创造性和管理工作的水平,决定了综合应用各项技术能力的效果。

在工程项目管理中,系统方法的综合性体现在:工程项目规模大、影响因素多。工程项目管理必须综合考虑工程项目系统的组织、结构、机理、社会、政治和法律制度等多方面,运用多种学科、技术和专业理论、原则和方法解决工程项目系统问题。

(4)科学性和现代化。系统方法的整体性、最优性和综合性要求管理的科学性和现代化。系统方法有两个并行的过程:一是技术过程;二是实现技术过程的管理过程。管理过程包括计划、组织、指挥、协调、控制和监督等过程。管理工作对促进科学技术应用效果和资源的充分利用等具有重要意义。只有科学管理、现代化管理,才能充分发挥系统的效能。

在工程项目管理中,系统方法的科学性体现在:根据工程项目的客观规律,运用科学思维,采用科学的方法和技术进行管理,而不是主观臆断、盲目决策。系统方法现代化体现在运用计算机、信息技术、网络技术等现代技术和手段对工程项目管理提供支持。

3. 工程项目管理运用系统方法的工作环节

运用系统方法解决工程项目系统问题需要遵循一定的逻辑步骤和工作环节。

(1)明确问题。收集与系统有关的数据和资料;明确系统的组成和边界;确认系统各组成部分之间、系统与各组成部分之间、系统与环境之间的关系。例如,要解决某项目工期延误的问题,首先应收集与工期延误相关的数据和资料,分析造成工期延误的原因,分析工期延误对项目其他目标的影响等。

(2)确定目标。确定系统目标,就是标志和评价系统功能优劣的指标体系或目标函数。任何一个系统都应有目标,但必须加以确定。例如,整个工程项目管理是一个系统问题,必须确定该系统的所有目标。这是工程项目管理的出发点,也是落脚点。

(3)系统综合。根据所收集到的数据和资料、系统的组成、系统目标和可利用的资源等,进行系统综合，提出解决系统问题的若干可行方案。

（4）系统分析。明确系统的组成部分和影响因素，建立系统模型，反映系统各组成部分之间、系统与环境之间的相互影响和关系。

（5）系统优化。利用优化方法进行方案比选，为决策提供依据。

（6）系统评价与决策。根据系统功能评价准则和系统环境进行方案评价并从中确定一个最优方案以供实施。

（7）系统实施。组织实施所选定的最终方案。

2.1.3 工程项目系统分析

系统分析是系统方法的重要环节。工程项目系统分析的任务是明确工程项目系统的组成、组织结构、目标、实现目标所需要的资源和其他相关事项。工程项目系统分析应明确系统内部和外部的各种关系，提出实现工程项目系统目标的若干可行方案，建立反映系统内部机理和外部关系的模型。

工程项目系统分析的目的是为工程项目系统优化和实施建立基础。系统分析一般应明确以下内容：

（1）系统的目标；

（2）系统的资源；

（3）完成系统任务的主体；

（4）完成系统任务的时间和地点；

（5）完成系统任务的方式。

工程项目系统分析过程如图2-2所示。

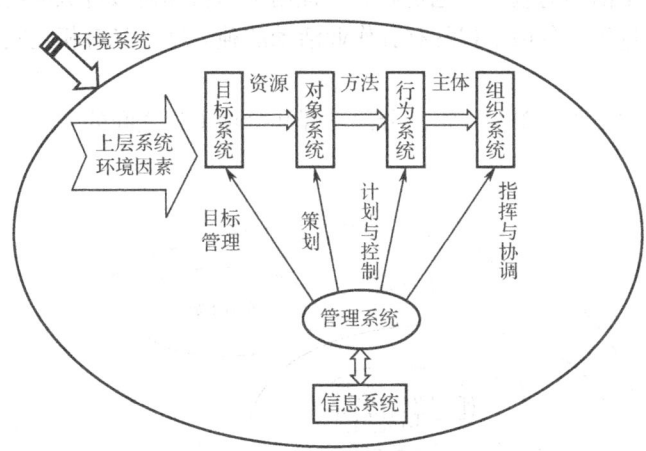

图2-2 工程项目系统分析过程

1. 工程项目的内部系统

工程项目是一个系统，而在这一系统中，又包含若干子系统。例如，一项建设工程由若干单项工程组成；每个单项工程又可能由若干单位工程组成；每个单位工程可能由若干分部工程组成；每个分部工程又可能由若干分项工程组成。工程项目分解体系如图2-3所示。

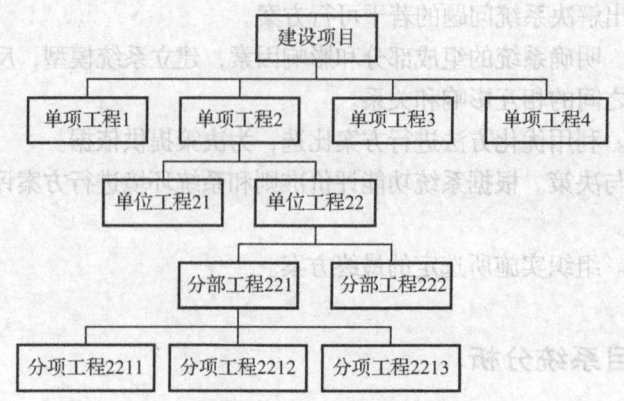

图 2-3 工程项目分解体系

（1）单项工程。单项工程一般是指具有独立设计文件，可以独立组织施工，可以单独发挥生产能力或效益的一组配套齐全的工程项目。一个建设项目通常包括多个单项工程，但也可能仅有一个单项工程。单项工程的施工条件具有相对独立性，因此可以单独组织施工和竣工验收。一个单项工程通常由若干单位工程组成。

（2）单位工程。单位工程一般是指一个单体的建筑物或构筑物。一个单位工程通常不能单独形成生产能力或发挥工程效益，只有在几个相互联系、互为配套的单位工程全部建成竣工后才能提供生产和使用。一个单位工程通常由若干分部工程组成。

（3）分部工程。分部工程是工程项目按单位工程部位划分的组成部分。一个分部工程通常由若干分项工程组成。

（4）分项工程。分项工程一般是按工种划分，也是形成工程产品基本部件的施工过程。分项工程是工程施工活动的基础，也是计量工程用工用料和机械台班消耗的基本单元，是工程质量形成的直接过程。分项工程既有其作业活动的独立性，又有相互联系、相互制约的整体性。

工程项目、单项工程、单位工程、分部工程和分项工程之间的关系，即工程项目的内部系统如图 2-4 所示。

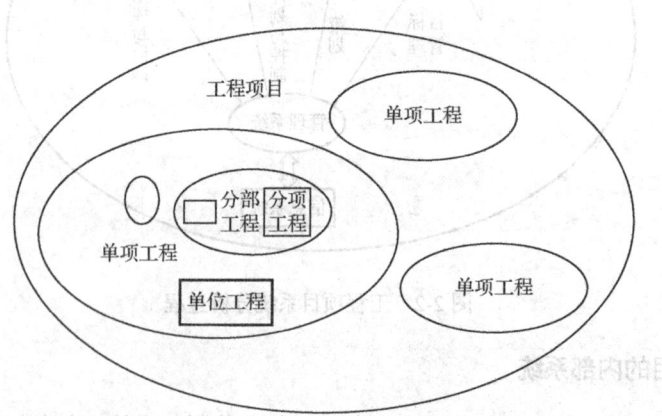

图 2-4 工程项目的内部系统

2. 工程项目的外部关联系统

一项工程涉及业主、用户、设计、施工和供应等众多利害相关方。相关方之间是相互联系、相互制约、相互协调的关系，这构成了工程项目的外部关联系统，如图2-5所示。

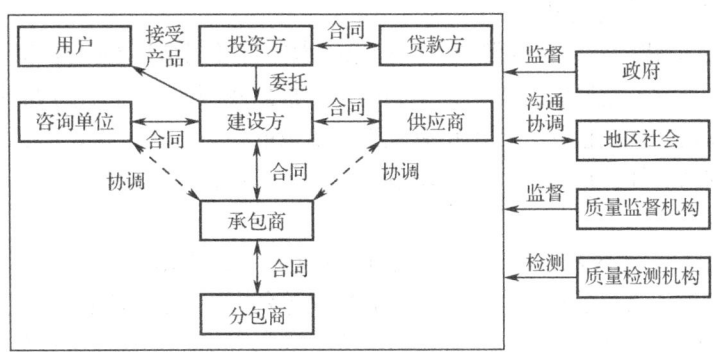

图2-5　工程项目的外部关联系统

（1）投资方。为工程项目提供资金者就称为投资方。投资方可能是项目的发起人，也可能是项目发起人的融资对象。投资方的目的是通过投资，使工程项目满足其获得收益的期望。

（2）建设方。建设方是受投资人或权利人的委托，进行工程项目建设的组织，是建设项目的管理者。建设单位可能是项目法人，也可能就是投资者。从承发包方面看，建设单位称为发包人。建设单位从投资方的利益出发，根据建设意图和建设条件，对项目投资和建设方案做出决策，并在项目的实施过程中履行建设单位应尽的义务，为项目实施者创造必要的条件。

（3）用户。用户是工程项目的接受者和使用者。工程项目的接受者可能就是建设单位或投资者，也可能是国家，还有可能是个人。例如，房地产工程项目的用户就是住户。工程项目管理者应坚持质量第一、用户至上、综合效益最优的原则，以用户的评价作为评价工程项目管理效果的依据。

（4）咨询单位。受建设单位的委托，咨询单位为建设单位进行项目策划，编制项目建议书，进行可行性研究，编制可行性研究报告，进行招标代理、造价咨询，进行设计和施工过程的监理，进行项目管理等。咨询单位可能是咨询公司、招标代理公司、造价咨询公司、工程监理公司和工程项目管理公司等。咨询单位可以为建设单位提供某一方面或几方面的咨询服务，如仅进行造价咨询或招标代理；也可以为建设单位提供全过程咨询服务，如进行项目管理总承包。

（5）承包商。承包商泛指设计、施工和总承包等承包单位，是工程项目的实施主体和主要相关方。承包商承担工程项目的设计和施工任务，承包商的工作效果直接关系到工程项目的实施结果。

（6）分包商。分包商泛指设计和施工分包方。分包商一般从总承包方获得分包任务，不直接与建设单位发生联系，对总包方负责，服从总包方的监督和管理。

（7）供应商。供应商泛指建筑材料、构配件、设备及其他工程用品的生产厂和供应者。供应商可以从建设单位直接获取供应任务，接受建设单位的监督和管理；也可能是从承包商处获取任务，接受承包商的监督和管理。

（8）贷款方。贷款方是指银行。贷款方既可以为投资人管理资金，又可以为工程项目提供资金支持，还可以为工程项目管理提供金融服务。

（9）政府。政府代表社会公众利益，在工程项目中的主要角色是监督和管理。对建设行为进行法律法规监督与管理，以保证工程建设的行为规范和工程建设的结果符合标准要求。

（10）质量监督机构。质量监督机构代表政府对工程项目的质量进行监督，对设计、材料、施工和竣工验收进行质量监督。

（11）质量检测机构。质量检测机构由国家技术监督部门认证并批准建立，分为国家级、省（市、自治区）级和地区级工程质量检测机构。根据我国实行的质量检测制度，不同等级的检测机构按其资质依法接受委托承担有关工程质量的检测试验工作，出具检测试验报告，进行工程质量的认定和评价，进行质量事故的分析和处理，为质量争端的调解与仲裁等提供科学的证据。

（12）地区社会。地区社会泛指工程项目所在地所涉及的供电、供气、给排水、消防、安全、通信、环卫、环保、道路、交通、运输和居民等各方面。工程项目的实施过程获得地区社会的支持和理解是非常重要的。工程项目的主要参与方不可忽视地区社会的任何一方面，应不断进行有效的沟通和协调。

3. 工程项目的目标系统

工程项目的目标系统是由若干相互依赖又相互矛盾的目标组成的体系，主要包括成果性目标、约束性目标、相关方满意度目标和可持续发展目标，如图 2-6、表 2-1 所示。

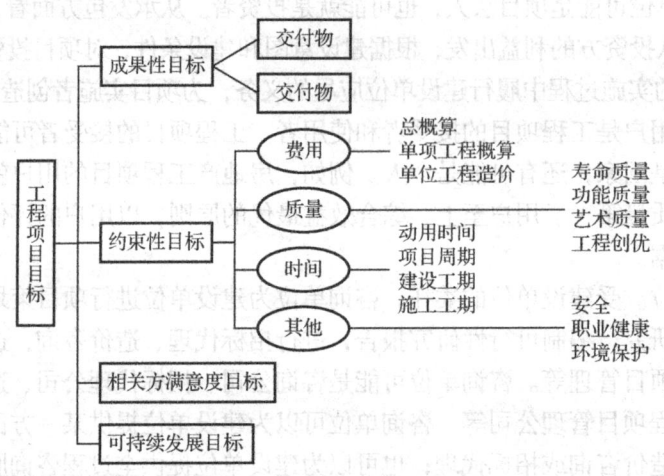

图 2-6　工程项目的目标系统

表 2-1　工程项目的目标系统（表）

目　标	内　容	细分指标
成果性目标	工程实体	建筑物
		构筑物
	工程资料	开工前资料；质量验收资料；试验资料；材料、构配件等合格证资料；施工过程资料；竣工资料；工程质量监督存档资料；其他补充资料等
约束性目标	时间目标	工期
		与时间相关的其他目标

续表

目标	内容	细分指标
约束性目标	质量目标	有形产品（工程实体）质量
		无形产品（服务）质量
	费用目标	工程造价
		利润
	安全目标	人的安全
		物的安全
	健康目标	
	环境目标	大气污染；噪声污染；水污染；固体废弃物污染；光污染等
	节能减排目标	节约能源
		减少排放
相关方满意度目标	外部相关方满意度	业主方
		监理方
		分包方
		政府
		项目所在地居民
	内部相关方满意度	领导层
		职能部门
可持续发展目标	市场开拓	—
	创建品牌	—
	人才培养	—
	广交朋友	—

（1）成果性目标。成果性目标是指工程项目完成后应提交的交付物，即满足功能要求的工程实体和相关资料。

（2）约束性目标。约束性目标是指明示的和必须履行的目标要求。明示的目标要求是指合同和设计文件等明确提出的要求；必须履行的目标要求是指国家的法律、法规、条例，国家及行业的标准、规范等文件所提出的要求。约束性目标主要包括费用、时间、质量和其他相关目标要求。约束性目标是必须实现的。

（3）相关满意度目标。工程项目是众多相关方合作的结果，必须体现各方面利益的平衡，使各方面满意。这样有助于确保项目的整体利益，有利于团结协作，克服狭隘的集团利益。人们只要具有理性思维，就能够营造平等、信任、合作的气氛，就更容易取得项目的成功。满意度是指工程项目相关方的满意状态。工程项目管理要求工程项目的相关方都能达到比较满意的状态，使相关方都满意。

（4）可持续发展目标。工程项目的可持续发展不应片面强调某一方面，应是人、资源、环境和发展互相协调。可持续发展应着眼于保持社会和经济大系统结构的有序性、均衡性、持久性、健康向上，体现向历史负责的精神和历史唯物主义的发展观。

工程项目的目标是一个系统，每种目标本身也是一个系统，既有总目标，又有分目标，还有子目标。

上述关于工程项目目标系统的描述仅是描述目标系统的一种方式，目的是反映工程项目目标的多种类型和它们之间的关系。除此之外，还可以用其他多种方式描述目标系统。例如，《中国工程项目管理知识体系》对目标系统的描述是：工程项目目标系统是工程项目所要达到的状态的描述系统，包括功能目标、管理目标和影响目标等，而每类目标又由若干子目标组成。

✉ 案例　某高速公路建设工程目标系统设计

1. 项目背景

某地区的两个大城市之间直线距离约250千米，中间有四个大中城市相连。该地区是我国经济最发达的地区之一。考虑到当地的交通条件、该地区的社会和经济发展状况，拟建一条沟通这六大城市的高速公路。

2. 目标系统

总体目标：建成处于国内领先水平的，能展现沿线现代化风貌的标志性高速公路工程。

（1）功能目标。

① 交通功能。正常运营后，201×年日平均交通量将达2万辆，202×年日平均交通量达5.5万辆，设计的最大交通量为6万辆。设计最高时速为120千米，两地间的行车时间由原来的10小时缩短为3~4小时。

② 服务功能。全线设6处服务区，有较为齐全的人、车服务系统，完成汽车服务功能（加油、汽修、停车、洗车等）和旅客服务功能（休息、卫生、购物、餐饮等）。

预计运营期间，日均有2 500辆车停靠服务区休息，日均加油90 000升。

③ 安全功能。降低事故发生率，为保证车辆快速安全行驶，全线设有齐全的交通安全设施，包括标志、标线、护栏、隔离栅、防落物网等。

④ 交通管理功能。设置7大系统，即a. 监控系统——监控系统设全路中心和六市分中心，沿路设备主要包括车辆检测器、可变情报板、可变限速标志、气象检测器和电视摄像机；b. 通信系统——主要包括光纤数字传输系统、光纤视频传输系统、程控数字交换系统、指令电话系统和紧急电话系统等；c. 事故排障系统——达到确定的事故排障能力和排障速度要求，设置巡逻车辆和排障车辆，以及每千米1部报警电话；d. 收费系统——全线设置两个立交收费站，1个支线收费站，17个匝道收费站，拟采用入口发卡、出口收费的封闭式收费方式，并采用不接触IC卡人工收费系统和不停车电子收费系统；e. 供电系统——为全线的管理、服务设施提供正常用电；f. 照明系统——交通立交、收费广场和服务区等处均设较齐备的照明系统；g. 公路的运行维护系统。

（2）技术目标。总体要求：符合我国高速公路的设计规范标准。

① 全封闭、全立交，高速公路全长约280千米。

② 路基宽26米，中央分隔带宽3米，双向四车道。

③ 按照我国高速公路标准确定路线、路基、路面、桥梁涵洞和互通式立交。其中，路线为平面线形、纵面线形和平纵组合设计，全线采用最大平面曲率半径和最小平面曲率半径，设置弯道的数量等；路基宽度、边坡、排水工程和防护工程要求；路面的主线为沥青混凝土路面，设计年限为15年，收费站广场、通道连接线为混凝土路面，设计年限为30年；按照线路要求设置431座桥和616道涵洞，按照设计标准确定桥梁和涵洞的净宽度并设计车辆荷载；按照公路周边和规范要求共设互通式交叉20处（其中有枢纽式互通一座），通道294条。

（3）经济目标。

① 总投资（建设成本）。项目总概算为××亿元。

② 预计 201×年前建成通车，本高速公路为收费道路，在各个互通立交上设收费站。持续经营 30 年，其收益现值为×亿元。

③ 预计×年收回投资，项目内部收益率为×%。

④ 投资结构。采用股本融资和债务融资，包括国家股、法人股和银行贷款。

（4）社会目标。

① 加快沿线地区经济的发展，将沿途 6 城市纳入一个统一的经济带，促进沿线乡镇经济更快发展。预计国民经济的产出效益为投入的×倍。

② 带动沿线旅游业和餐饮业的发展。

③ 促进铁路部门提高列车运行速度，改善服务。

④ 创造良好的投资环境，改善地区投资形象。

⑤ 邮电业以高速公路为依托开通快速邮路。

⑥ 促进劳动就业的程度。

⑦ 改善交通环境，减少事故发生率。

（5）生态目标。

① 环保绿化。为净化空气，美化环境，中央分隔带、边坡均设计草皮绿化，服务区要单独进行绿化和景观设计。

② 服务区污染治理要求。妥善解决好环境污染问题（如噪声、废气等）。

③ 公路周围景观要求。使高速公路的路、桥、构筑物相互配合，并与沿途山水地貌和沿线环境协调，保证公路建成后沿线路通、水通、管线相通。

2.2 工程项目管理的基本理论——控制论

控制论的研究对象，主要是指具有复杂性和或然性的系统，而工程项目作为一个系统，正具有这些特征。因此，对于工程项目控制系统的研究，可以采用控制论的思想和方法。

2.2.1 控制的定义

控制，是指一定的主体，为保证在变化着的外部条件下实现其目标，按照事先拟定的计划和标准，通过各种方式对被控对象进行监督、检查、引导和纠正的行为过程。任何系统的控制，都需要充分适应系统环境条件的变化，从输出得到反馈，并将其与计划、标准相对比，这是控制过程的重要特征。输入、变换、反馈、分析与纠正措施等是系统控制的基本步骤。

2.2.2 控制论的应用

针对工程项目的特点，可以从以下几个方面理解控制论在工程项目管理中的应用。

1. 控制主体

控制主体是指承担控制责任的人员或组织。由于控制的任务、责任不同，工程项目的控制主体是多主体、分层次的。

（1）多主体。一项工程涉及众多相关方，每个主要相关方都需要承担相应的控制职能，每个主要相关方都是一个控制主体，如建设方、设计方、施工方和供应方等。

（2）分层次。一个控制主体，根据任务和责任的不同，可将其分为不同的层次。一般可划分为两个层次，即直接控制层和间接控制层。

① 直接控制层。是指直接履行控制任务的人员或组织。项目经理部或项目团队就是直接控制层。

② 间接控制层。间接控制层，也称战略控制层，是指间接履行控制任务的人员或组织。间接控制层主要根据直接控制层的反馈信息进行控制。直接控制层所在组织的决策层和职能层等属于间接控制层。

例如，一个工程项目的总承包商是该工程项目的控制主体之一，总承包商的决策层和职能层是总承包项目的间接控制层，为完成该总承包项目所组建的项目经理部就是直接控制层。

不同的控制主体、不同的控制层次，其分工、责任和利益各有不同，但必须加以明确；它们之间相互联系、相互协调、相互制约，共同构成了工程项目控制的组织体系。

2. 变化的外部条件

变化是工程项目的最大特点之一，因为变化，所以才需要控制。控制就是要不断识别变化，并针对变化进行调整。因此可以说，控制就是控制变化。

3. 控制目标

控制目标是指控制主体针对其被控制对象实施控制所要达到的目的。任何一个控制系统都必须有明确的控制目标，否则就失去了控制的意义。目标是控制的出发点，也是控制的落脚点。在工程项目控制中，根据控制对象和控制范围的不同，有若干控制子系统，每个子系统都应明确其目标，并围绕目标进行系统控制，最终实现这些目标。例如，在工程项目进度控制子系统中，控制目标就是满足工程项目的工期要求。

4. 计划和标准

当要进行一项活动或完成一个项目之前，首先应根据其特点进行事前安排，并形成文件。这一过程就称为计划。简单地说，计划就是通过策划形成文件的过程，是为项目或活动设计运行轨迹的过程。

标准是对项目活动结果考核和评判的依据，也是指导项目活动过程的指南。一个项目可能需要制定各类标准。例如，应制定项目或活动成功的标准、项目质量标准等。

计划、标准与控制是有机整体，缺一不可。控制就是要采取措施力求使项目按计划和标准实施；在实施中不断了解计划和标准的执行状态；针对实际状态与计划、标准之间的偏离采取有效措施予以处置。

可见，计划和标准的作用主要有两个方面：一是作为项目的行动指南；二是作为判断项目状态的依据。

5. 被控对象

被控对象是控制的客体，也就是所控制的项目、活动或过程。无论控制的对象是一个项

第 2 章　工程项目管理基础理论

目还是一项活动或过程，都应将其看成一个完整的整体，即一个系统，用系统思维对其进行控制。

6. 行为过程

控制通过监督、检查、引导和纠正等行为过程得以实现。而这些行为过程主要是针对偏差而言的，偏差的存在是控制的必然。

偏差是指项目在实施过程中，项目的实际状态与计划、标准相比所存在的差异。而偏差有两种状态：一种是有利偏差；另一种是不利偏差。

（1）有利偏差是指朝着有利于项目目标实现的方向偏离，如工期提前，费用节约，质量提高，安全隐患降低等。有利偏差称为正偏差。如果出现有利偏差，项目管理者应开展以下工作。

① 原因分析。有利偏差产生的原因是多方面的，有些是正常的，有些是非正常的。例如，费用节约有可能是方法得当，措施有效造成的；也有可能是采取不正当的手段造成的；还有可能是费用标准不合理所显现的，并非真正意义上的节约。因此，必须对产生偏差的原因进行认真分析，确定所有影响因素。

② 系统分析。工程项目的时间、费用、质量和安全等目标之间既相互关联又相互制约，任何一个目标的变化都有可能引起其他目标的变化。因此，必须运用系统思维进行系统分析，以判断某一偏差的产生对整个项目造成的影响。

③ 对策分析。根据原因分析和系统分析的结果确定应采取的对策，这是控制中的一个重要过程。对待有利偏差所采取的对策通常是引导，是指根据偏差的状态因势利导。如果由正常途径所产生的有利偏差，且未对项目的其他目标产生影响，则应采取措施保持这种状态，并加以激励。如果由于非正常途径所产生的有利偏差，或尽管是正常途径产生的偏差，但已造成对其他目标的影响，则应采取措施加以抑制。

④ 采取对策。采取行动落实对策。

⑤ 总结评估。总结评估对策实施的结果，以确定对策的有效性，并决定是否需要进一步采取措施。

（2）不利偏差是指偏离朝着不利于项目目标实现的方向，如费用超支、进度延误、质量下降、安全的隐患增加等。不利偏差称为负偏差。当项目出现不利偏差时，项目管理者仍应进行原因分析、系统分析、对策分析、采取对策和总结评估。针对不利偏差所采取的主要对策是纠正。纠正是指为了保证项目目标的实现而采取措施纠正已产生的偏差。如果出现费用超支、进度延误等不利偏差，则应采取措施节省未来开支或加快未来进度；如果出现质量降低，则应纠正已出现的质量问题。

7. 控制机制

有了合格的控制主体和明确的控制目标，还必须有理想的控制机制。在项目目标控制中可采用同态调节机制。所谓同态调节，就是将项目实施结果保持在规定限度内的机制。调节，是指用于将项目运行保持在一定轨道上的过程，控制系统中用于实现调节的部分称为调节器。在调节时，不仅要将系统引入一定的轨道，而且要确定这个轨道，这就是控制。所以，控制有两个要素：一是确定系统的轨迹，即控制目标和运行轨迹；二是用调节的方法使系统保持在预期轨迹上。

在项目目标控制中，调节可分为三种类型。

（1）通过消除控制对象的实际状态与标准或计划的偏差所进行的调节。
（2）通过避免异常因素的干扰所进行的调节。
（3）通过发现并消除异常因素的影响所进行的调节。

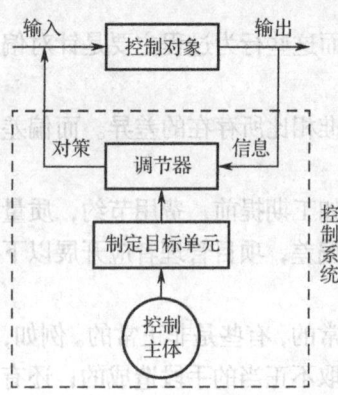

图 2-7 项目目标控制机制示意图

项目目标控制系统，可以相对地分为被控子系统（控制对象）和控制子系统（称为控制单元）。这两个子系统通过信息流彼此联系起来。项目目标控制机制示意图如图 2-7 所示。

综上所述，为了实施项目目标控制，首先必须确定控制目标，其次应建立控制机制，同时必须重视和加强信息的传递与反馈。控制，是就被控系统的整体而言的，既要控制被控系统从输入到输出的全过程，也要控制被控系统的所有要素。

控制的最直接效果是使项目始终处于受控状态，而避免出现失控状态。受控状态是指项目管理者对项目状态了如指掌，消除了项目"黑箱"，项目是"透明"的，能够及时发现问题，及时分析问题和解决问题。做到"一切尽在掌握之中"。失控状态是指项目管理者对项目一无所知或知之甚少，存在项目"黑箱"，对项目所存在的问题不能及时发现、分析和处理。

8. 被动控制与主动控制

上述控制思维是：发现偏差，处理偏差。这是典型的被动控制。如果只是被动控制，就只解决了控制的一个方面——纠偏。除此之外，还要解决控制的另一个方面——防偏，即主动控制。

防偏需要强化三个方面的工作。

（1）计划。计划是防偏必不可少的环节，计划必须全面、科学、有效、可行。
（2）执行。必须建立有效机制，采取有效措施，使得项目的计划得以有效执行。
（3）干扰因素的管理。在计划执行过程中，应不断分析、预测干扰因素，采取措施防止干扰因素的发生，避免干扰因素对项目产生危害，降低干扰因素对项目的危害程度。

2.3 项目成功的推动力——项目执行力

2.3.1 项目执行力的定义

执行，就是将计划、制度、标准等文件加以贯彻、落实的过程。

项目执行力，是指项目管理组织、人员落实项目计划、制度、标准等文件的能力。项目执行力是可以提高的，也是可以度量的。

2.3.2 影响项目执行力的主要因素

（1）项目计划、制度等文件脱离了项目，脱离了实际，脱离了科学，不具备可操作性，无法执行。

（2）项目管理人员缺乏执行意识。项目管理人员未能真正意识到项目计划、制度等文件的作用，导致项目的计划、制度、标准等文件与执行"两层分离"。

（3）项目管理人员缺乏执行素质和能力。项目管理人员具有执行意识，但缺乏执行素质和能力，执行力仍然难以保证，因为项目管理人员不知道应该如何有效执行。

（4）缺乏有效的执行机制。项目管理组织机构不合理，责任不明确，工作程序紊乱。

（5）项目经理不称职。项目经理不重视执行，或不知道如何抓执行。

2.3.3 提高项目执行力的途径

（1）建立执行流程。执行是一种暴露现实并根据现实采取行动的系统化的方式。为了执行，应建立一套系统化的流程，包括对方法和目标的严密讨论、质疑和坚持不懈的跟进。执行的核心在于三个核心流程，即人员流程（在计划和实施之间建立联系）、战略流程（将人员与实施结合起来）和实施流程（在计划和人员之间建立联系）。

（2）建立有效的执行机制。建立与有效执行相适应的组织机制、协调机制、奖惩机制、监督检查机制和考核机制等。

（3）选择具有执行能力的项目经理和项目管理人员；配置支持项目计划执行所需要的资源；提高项目管理人员的执行意识和执行能力。

（4）项目经理应主抓执行。项目经理是决定项目执行力的关键人物，对于一个项目来说，要想建立一个执行文化，项目经理必须全身心地投入到项目的实施过程中。项目经理必须融入项目实施中，要学会执行。项目经理必须亲自运营项目执行流程；优选项目管理人员；提高项目管理人员的素质和能力；确定项目实施方向；引导项目实施，并在实施过程中落实各项计划。

项目经理在项目执行过程中应注意的基本行为包括：了解你的项目团队和你的员工；坚持以事实为基础；建立明确的目标和实现目标的先后顺序；跟进；对执行者进行奖励；提高员工的能力和素质；了解自己。

（5）建立项目执行文化。为使项目成为执行型项目，应使执行成为项目文化中的一部分，促使项目的所有管理者的行为水平得到改进。

2.3.4 项目执行力的评价

在项目实施过程中，可以不断对项目执行力进行评价，从而不断改进项目的执行状态，最终实现项目目标。

1. 项目执行力评价指标

项目执行力评价指标包括两个方面：一是对项目执行力要素的评价；二是对执行效果的评价。

（1）执行力要素。执行力要素主要包括计划、组织和控制的有效性。可以根据项目情况具体设定执行力要素指标体系。

（2）执行效果。执行效果反映了项目的执行力状态，所以根据执行效果可以评价项目执行力。而执行效果主要包括项目各项文件的落实情况和阶段目标实现状况等。具体可以根据项目特点设定执行效果指标体系。

2. 项目执行力的评价过程

（1）设定执行力评价指标体系。
（2）确定执行力评价标准。
（3）选择执行力评价方法。可以采用综合评价、层次分析、模糊评判等方法评价项目执行力。
（4）评价项目执行力。

2.4 工程项目管理的基本活动——PDCA 循环

在工程项目管理过程中，无论对整个项目的管理，还是对项目的某一个阶段或某一个环节所进行的管理，都需要经过从计划的制订到组织实施的完整过程，即首先提出目标，然后根据目标制订计划。计划制订后，就需要组织实施。在实施的过程中，需要不断检查，并将检查结果与计划进行比较，根据比较的结果对项目状况做出判断。针对项目状况分析原因并进行处理。该过程如图 2-8 所示。

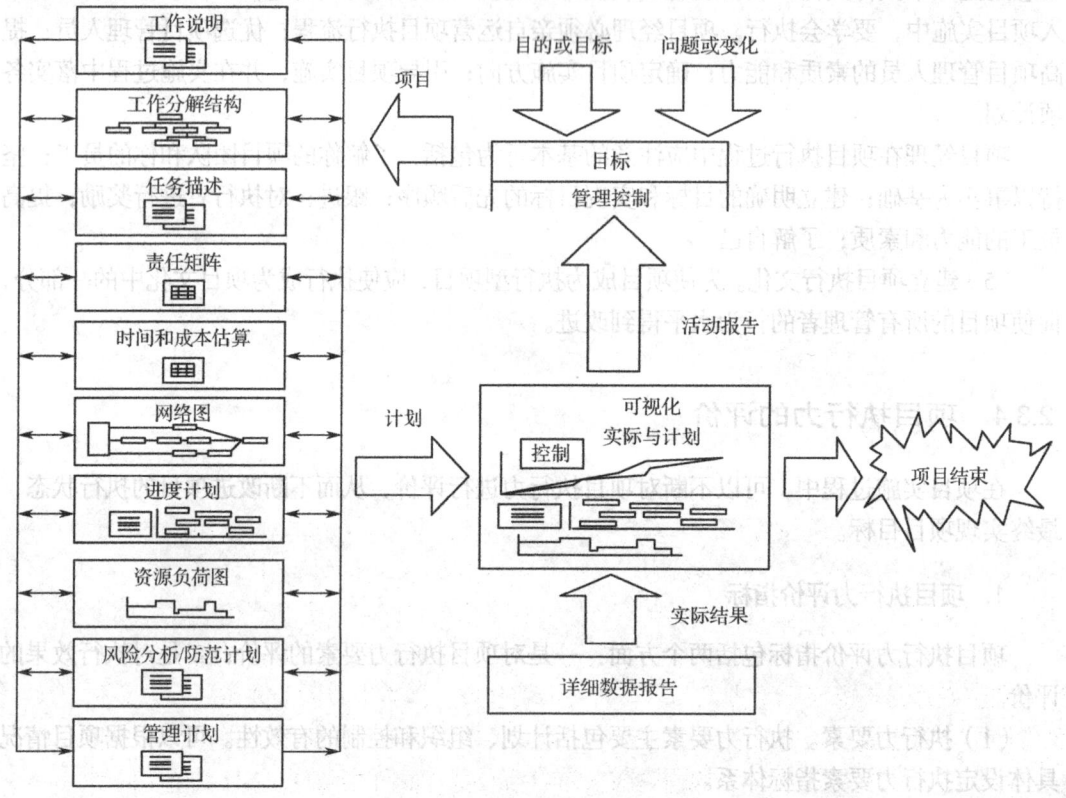

图 2-8　工程项目管理的过程

将图 2-8 中的各项活动和环节进行归类，可得到图 2-9 所示的工程项目管理流程图。

图 2-9 中的各项活动又可以归纳为四项活动——计划、执行、检查和处理活动的循环往复，即 PDCA 循环。其中，P 表示计划（Plan），D 表示执行（Do），C 表示检查（Check），A 表示处理（Action）。这是由美国著名管理专家戴明博士首先提出的，所以也称"戴明环"。

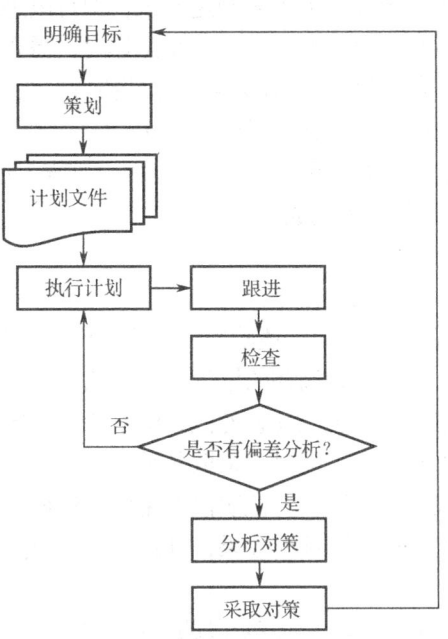

图 2-9　工程项目管理流程图

2.4.1　PDCA 循环的基本内容

在工程项目管理中，PDCA 循环可分为四个阶段八个步骤，如图 2-10 所示。

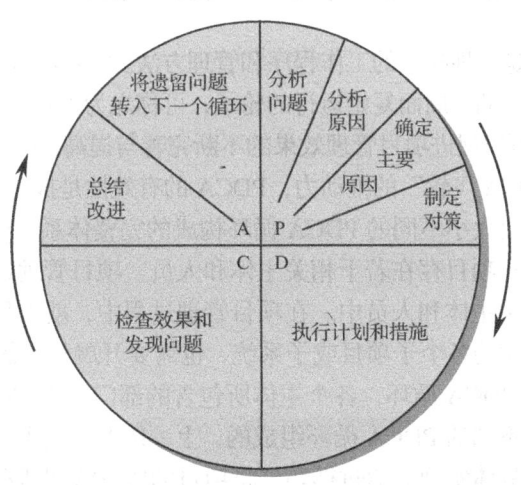

图 2-10　PDCA 循环的四个阶段八个步骤

第一阶段是计划阶段（P 阶段）。该阶段的主要工作是明确工程项目管理目标、活动计划和管理项目的具体措施。具体工作分为四步。

（1）分析项目现状，找出存在的问题。

（2）分析产生问题的各种原因或影响因素。

（3）从各种原因中找出影响项目目标的主要原因或因素。

（4）针对影响项目的主要原因或因素制定对策，拟订改进项目状态的管理、技术和组织措施，提出执行计划和预期效果。在进行这一步工作时，需要明确回答5W1H问题。

① 为什么要提出这样的计划？为什么采取这些措施？为什么需要这样改进（Why）？

② 改进后要达到什么目的？有何效果（What）？

③ 改进措施在何处（哪道工序、哪个环节、哪个过程）进行（Where）？

④ 计划和措施在何时执行和完成（When）？

⑤ 由谁来执行（Who）？

⑥ 用何种方法完成（How）？

第二阶段是执行阶段（D阶段）。该阶段的主要工作任务是按照第一阶段所制订的计划，采取相应措施组织实施。这是管理循环的第五步，即执行计划和措施。在执行阶段，首先应做好计划措施的交底和落实，包括组织落实、技术落实和物资落实。有关人员需要经过训练、考核，达到要求后才能参与实施。同时应采取各种措施保证计划得以实施。

第三阶段是检查阶段（C阶段）。该阶段的主要工作任务是将实施效果与计划相对比，检查执行的情况，判断是否达到了预期效果，并进一步查找问题。这是管理循环的第六步，即检查效果和发现问题。

第四阶段是处理阶段（A阶段）。该阶段的主要工作任务是对检查结果进行总结和处理。这一阶段分两步，即管理循环的第七步和第八步。第七步是总结改进，第八步是将遗留问题转入下一个循环。通过检查，找出效果尚不显著的问题所在，转入下一个管理循环，为下一期计划的制订或完善提供数据资料和依据。

2.4.2　PDCA循环在工程项目管理中的应用要点

PDCA管理循环是一种科学的工作程序和管理方法。它将项目实施过程中的全部管理活动比喻为一个不停顿进行的、周而复始运行的轮子，可称之为工程项目管理"飞轮"，非常形象直观、简明易懂，它可以促进项目管理效果的不断完善与提高。项目执行力和PDCA是密不可分的，执行力是"PDCA飞轮"的推动力，PDCA的有效性是执行力的体现。

（1）项目管理是由大小不同的PDCA循环构成的完整体系。项目是一个有机整体，含有若干子系统或小项目；项目存在若干相关主体和人员。项目管理运行于各个子系统或小项目中，也运行于各个相关主体和人员中。在项目管理过程中，就项目整体而言需要开展PDCA循环，而就项目所包含的各个子项目或子系统，也需要开展相应的PDCA循环；项目的每一个相关主体需要开展PDCA循环，各个主体所包含的部门或机构同样需要进行PDCA循环。项目管理就是由大小不同的PDCA循环组成的，上一级循环是下一级循环的依据，下一级循环又是上一级循环的具体实现。通过循环，将项目的所有管理活动有机联系起来，形成了大环套中环、中环套小环，环环相扣，一环保一环，使局部保整体，促进整个项目管理效果的提高。图2-11（b）表达了大小不同的PDCA循环同时运转的关系。

（2）合理的PDCA循环周期。从计划（P）开始至处理（A）完毕所需要的时间称为一个循环周期,亦可称为一个控制周期。从理论上讲,PDCA 循环的周期越短,循环的次数越多,项目管理的效果就越好,但所需要的管理的时间、人员和费用等也就越多。因此,需要确定一个合理的循环周期。合理的循环周期与控制对象的特点和重要性等因素有关,如果控制对象很重要、很复杂、项目工期短、控制难度大,则循环周期需要短一些;反之,可以长一些。

(3)阶梯式上升的趋势。每次 PDCA 循环的最后阶段,一般都需要制定技术和管理标准,总结经验和教训,研究改进和提高的措施,并按照新的措施和标准组织实施,使得下一个 PDCA 循环在新的基础上转动,从而达到更高的水平,使项目管理效果总是处于上升的趋势。也就是说,每经过一次 PDCA 循环,项目管理的效果就能提高一步,不断循环,项目管理效果就能不断提高和上升,如图 2-11(c)所示。

图 2-11　PDCA 循环要点

2.5　工程项目管理的基本方法——目标管理

目标管理是指在项目开始前明确目标,在项目实施过程中运用现代管理技术和行为科学,实施目标控制,最终实现目标。目标管理的基本点是以目标为中心,将项目管理任务转换为具体的目标加以实施和控制,通过目标的实现,完成项目管理任务。目标管理的精髓是以目标指导行动。由于目标管理具有未来属性,因此目标管理是面向未来的主动管理。目标管理贯穿工程项目管理始终,工程项目管理起始于目标而又终于目标。

在工程项目管理过程中,目标管理过程如图 2-12 所示。

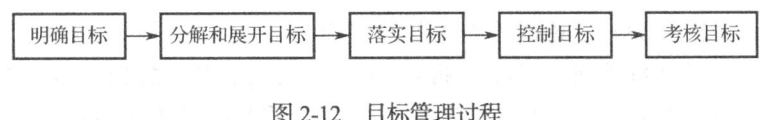

图 2-12　目标管理过程

1. 明确目标

在工程项目实施前首先需要明确项目目标,包括确定目标和对项目的目标进行描述。

(1)目标的确定。根据项目特点,依据相关文件要求,采用科学方法确定项目目标,使目标的确定建立在客观、科学的基础上。

工程项目目标确定的主要依据如下。

① 反映项目概况的相关资料。
② 有关文件资料，如合同文件和设计文件等。
③ 法律、法规、标准和规范等要求。
④ 生产要素市场的变化动态和发展趋势。
⑤ 项目所处外部环境。
⑥ 有关数据库。

工程项目目标确定的基本原则如下。
① 科学性原则。采用科学方法和工具确定目标，而不是主观臆断，盲目拍板。
② 针对性原则。项目目标应反映项目的特点，不能脱离实际。
③ 最佳化原则。项目目标需要通过优化的途径进行分析，以寻求最佳目标。

目标确定的 SMART 原则如下。
① 目标必须是具体的（Specific）；
② 目标必须是可以衡量的（Measurable）；
③ 目标必须是可以达到的（Attainable）；
④ 目标必须和其他目标具有相关性（Relevant）；
⑤ 目标必须具有明确的截止期限（Time-based）。

工程项目目标确定的程序如下。
① 收集资料，分析依据。
② 熟悉项目，分析特点。
③ 采用科学方法，初步确定项目目标。
④ 进行目标之间的均衡、优化，最终确定项目目标。

（2）目标的描述。将确定的总目标用较为简洁的方式进行描述，以使项目参与者始终具有目标意识，时刻关注项目目标。

✉ 案例　某清新温泉旅游度假区工程项目目标描述

成果性目标：按照客户的要求规划、设计和建造令客户满意的清新温泉旅游度假区工程，总建筑面积 25 200 平方米。

项目范围：房屋建筑、装饰装修、强弱电、供热通风、给排水、无动力污水处理、空调、园林绿化、道路。

时间目标：规划、设计、建造总工期为 23 个月。

费用目标：投资 1.86 亿元，力争利润率 13.4%，总成本控制在 1.61 亿元内。

质量目标：设计和施工符合国家相关规范的要求。严格按照 ISO 9001 质量体系和标准进行设计与施工质量控制，达到质量等级合格标准。

安全环保目标：零重大伤亡率，环保符合国家有关规定。

2．分解和展开目标

项目总目标确定后，应将其进行分解和展开，分解为子目标，形成目标体系。项目总目标的分解和展开从以下三方面进行。

（1）纵向展开，即将目标在项目各层次展开。例如，将总目标分解为单项工程目标，将单项工程目标分解为单位工程目标等。

（2）横向展开，即将目标在各层次内展开。

（3）时序展开，即将总目标分解为年度、季度和月度目标。

例如，某项目总的费用目标是 1 000 万元，则应将其分解到每个工作包直至每项工作的费用要求，这就是纵向开展。

3. 落实目标

将分解后的目标落实到相关部门、机构和个人，确定各类目标的主要责任人、次要责任人和关联责任人，并建立目标责任制，制定检查标准，确定实现目标的具体措施、手段和各种保证条件。真正做到"人人有目标，事事有考核"。

4. 控制目标

在项目实施过程中，目标控制包括以下两方面重要内容。

（1）确定目标管理点，并对目标管理点进行重点控制。目标管理点是指在一定时期内，影响某一目标实现的关键问题和薄弱环节，即重点管理对象。不同时期的目标管理点是可变的，因此应不断确定目标管理点。

（2）不断掌握项目目标实现状态，并根据实际状态采取有效措施使项目目标处于受控状态。

5. 考核目标

某项活动、工序或工作完成后，应对完成者进行目标考核，以确认目标完成状况。

2.6 工程项目管理的流程化

工程项目是一个复杂的系统，可谓杂乱无章，要想做到有条不紊，必须厘清头绪，其途径就是实现管理的流程化。只有做到管理流程化，才能做到管理制度化、标准化、规范化。

所谓流程，是指为达到期望的管理或业务目标，在输入一定资源的基础上，通过明确的组织、人员执行并产生特定输出结果的一系列的管理或业务活动，如图 2-13 所示。

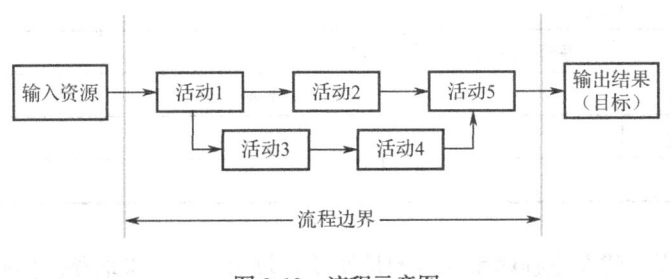

图 2-13 流程示意图

流程包括六个要素：目标、输入资源、人员（岗位）、活动、活动间的相互作用（协作关系）、输出结果。流程类似于人体的神经系统，它确保了组织功能的正常运转与协调一致性。工程项目管理的流程化要不断展开三项重要活动：建立流程、运行流程、优化流程。

（1）建立流程。在工程项目启动的前期，应该定义一套适合具体项目的流程体系，这是项目成功的制度化保证。表2-2所示是某公司所建立的流程体系清单。

表2-2 某公司流程体系清单

	业务流程	作业指引		业务流程	作业指导
项目拓展	项目拓展及论证流程	商务谈判作业指引	采购和成本管理	工程预算管理流程	目标成本调整作业指引
				成本动态管理控制流程	责任成本管理体系作业指引
		土地获取作业指引		工程结算管理流程	材料设备技术评审作业指引
设计管理	设计承包商选择流程	设计承包商评审作业指引		工程付款管理流程	采购方式选择作业指引
	概念设计管理流程	景观设计作业指引		工程扣款管理流程	战略采购作业指引
	方案设计管理流程	装修设计作业指引		供应商管理流程	工程供方资质评审作业指引
	初步设计管理流程	卖场设计作业指引		材料设备供方选择流程	
	施工图设计管理流程	工程图纸管理作业指引		材料设备采购实施流程	
				施工供方选择流程	
	专业设计管理流程			合同管理流程	
	设计变更管理流程		营销客服	营销代理公司选择流程	营销方案编制指引
	报批报建管理流程			营销道具制作商选择流程	广告管理指引
工程管理	施工方案管理流程	七通一平作业指引		销售计划管理流程	市场调研作业指引
	施工准备管理流程	施工单位管理作业指引		产品定位策划流程	客户活动管理指引
				客户投诉处理流程	客户满意度调查指引
	工程签证管理流程	监理管理作业指引			品牌推广作业指引
	工程进度控制流程	工程检查作业指引			营销推广活动管理作业指引
	工程质量管理流程	安全文明施工管理作业指引			营销材料制作管理作业指引
					销售结案作业指引
	工程验收管理流程				品牌管理作业指引
	项目后评估流程		计划	三年战略规划制定流程	项目计划变更管理作业指引
行政管理	人力资源规划制定流程	临时外部培训执行作业指引		战略管理流程	项目专项计划编制作业指引
	招聘管理流程	薪酬调整作业指引		年度经营计划制订流程	
	培训计划执行流程			项目计划统筹制订管理流程	
	绩效考核管理流程				
	薪酬管理流程				

（2）运行流程。建立流程体系的目的是使其有效运行，要采取相应措施，建立相应机制使得流程体系得以运行。某公司确保流程体系运行的经验是：从高层重视、培训考核和制度

保证三个方面得到保障，如图 2-14 所示。

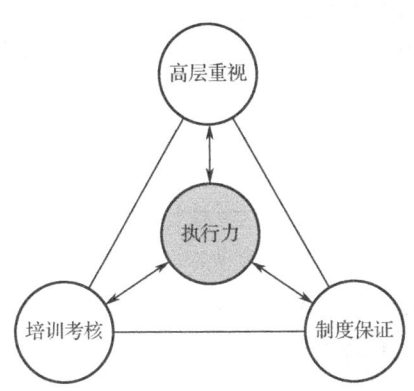

图 2-14　流程体系执行的保障

（3）优化流程。流程没有最优，只有更优。流程需要在运行中不断优化，使得在任何时刻都能使用最简的优化流程。

本章小结

本章重点叙述了系统论——工程项目管理的基本原理；控制论——工程项目管理的基本理论；目标管理——工程项目管理的基本方法；PDCA 循环——工程项目管理的基本活动；项目执行力——项目成功的推动力；流程化——项目稳定运行的保障。这些构成了工程项目管理的基础理论框架，是工程项目管理的核心理论。

工程项目管理是一个系统，它由若干子系统组成，包括项目子系统、项目管理组织子系统、项目管理过程子系统、项目管理目标子系统、项目管理方法子系统和项目管理要素子系统等。这些子系统相互联系、相互制约，集成为项目管理系统。这就需要用系统理论解决系统问题。系统方法就是从工程项目系统整体目标出发，进行系统分析，对系统内部和外部环境之间的关系进行综合，站在全局、整体的角度，用系统、统筹的思维解决系统中所出现的问题，使得系统总体实现最优。而不是以片面、局部或个体的思维对待系统问题。

控制论的研究对象，主要是指具有复杂性和或然性的系统，而工程项目作为一个系统，正具有这些特征。因此，对于工程项目控制系统的研究，可以采用控制论的思想和方法。

执行，就是将计划、标准、制度等文件落到实处，是一个实现目标的过程。项目执行力，是指项目管理组织落实项目计划、标准、制度等文件的能力。项目执行力是可以提升的，也是可以度量的。

PDCA 管理循环是一种科学的工作程序和管理方法。它将项目实施过程中的全部管理活动比喻为一个不停顿进行的、周而复始运行的轮子，可称之为工程项目管理"飞轮"。项目执行力和 PDCA 是密不可分的，执行力是"PDCA 飞轮"的推动力，PDCA 的有效性是执行力的体现。

目标管理的基本点是以目标为中心，将项目管理任务转换为具体的目标加以实施和控制，通过目标的实现,完成项目管理任务。目标管理的精髓是以目标指导行动。目标管理具有未来属性;目标管理贯穿于工程项目管理始终。

要使项目有条不紊地运行,必须不断建立流程、运行流程和优化流程。

复习思考题

(1) 何谓系统?如何理解工程项目管理系统?
(2) 简述系统方法的概念和特点。
(3) 简述工程项目的内部系统和外部关联系统。
(4) 简述工程项目的目标系统。
(5) 什么是偏差?
(6) 简述对工程项目控制行为过程的理解。
(7) 如何理解项目执行力?
(8) 简述PDCA循环在工程项目管理中的应用要点。
(9) 简述在工程项目管理中的目标管理过程。
(10) 简述工程项目管理的流程化。
(11) 针对本章引导案例,讨论如何运用项目管理相关理论管理该项目。

第3章

工程项目管理方法论

引导案例

某铁路建设工程项目第七标段包括托盘式路基墙1座、站场土石方230万立方米、滑坡体处理85万立方米、采空区处理4000平方米、涵洞11座，以及该标段道路施工。

该项目成果目标：第七标段复线。工期目标：工期24个月。费用目标：6740万元。

为实现该项目目标，必须进行项目分解，编制该项目的进度计划和费用计划等重要计划。在项目实施过程中，需要不断进行偏差分析和控制。所有这些都离不开工作分解、网络计划技术和挣值分析等工程项目管理方法。

本章学习目标

（1）掌握工程项目分解与工作分解方法。
（2）掌握里程碑计划编制方法。
（3）掌握甘特图计划编制方法。
（4）全面理解并掌握网络计划技术。
（5）全面理解并掌握挣值法和实际进度前锋线等偏差分析方法。

3.1 工程项目分解与工作分解方法

3.1.1 工程项目分解结构

1. 工程项目分解结构的概念

工程项目在实施前需要界定其范围，这就需要对项目的对象进行分解，建立项目对象分解结构（Project Breakdown Structure，PBS）。工程项目是由实体对象形成的一次性工作，当工程项目的组成本身就很庞大、复杂时，应该先进行项目对象的梳理，建立 PBS。PBS 是以项目交付成果本身为对象进行的层级结构分解，PBS 分解的结果不是以可交付成果为目标的工作包，而是构成项目最终实体目标的项目单元。

2. 工程项目分解结构体系

从项目立项到最终交付使用的全过程中，需要针对不同阶段形成相应的 PBS。在项目立项阶段就要对项目对象进行分解，形成第一阶段的 PBS；在项目设计阶段，对项目对象进行进一步深化分解，形成第二阶段的 PBS；在项目开始实施阶段，项目管理者应综合考虑项目的管理、组织等诸因素，对项目群进行重新梳理、分解，形成第三阶段的 PBS；待项目完成以后，还应对已形成的固定资产进行最终的梳理，建立资产清单，形成第四阶段的 PBS。以上四个阶段的 PBS 共同形成了群体 PBS 体系。

3. 工程项目分解结构的思路

（1）根据工程项目组成分解。一个建设工程项目由若干单项工程组成；一个单项工程由若干单位工程组成；一个单位工程又包含若干分部工程；每个分部工程又包含若干分项工程，如图 3-1 所示。

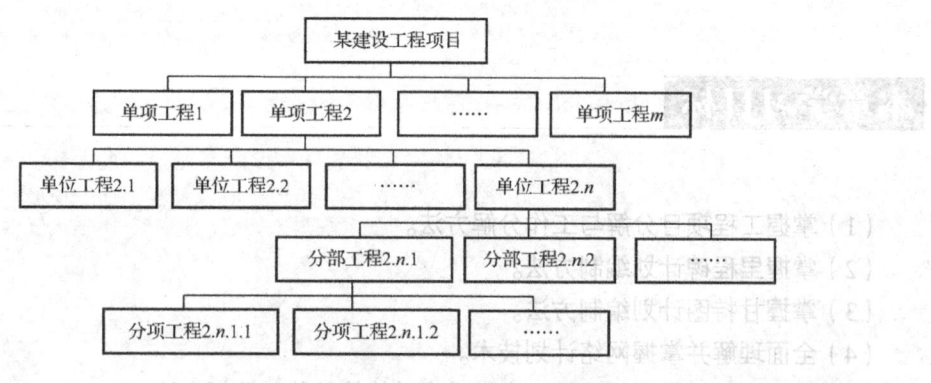

图 3-1 基于工程项目组成的项目对象分解结构

（2）根据工程项目系统组成分解。一般来说，一个大型工程项目（项目群、项目组合）由若干分项目组成，每个分项目由若干子项目组成，每个子项目由若干小项目组成，按照这种思路进行分解，即可形成相应的 PBS，如图 3-2 所示。

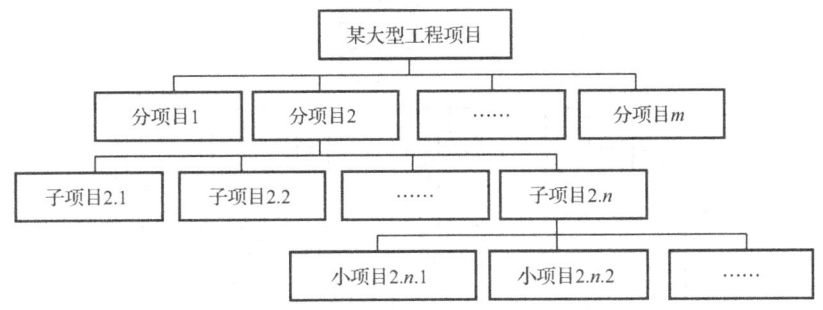

图 3-2 基于工程项目系统组成的项目对象分解结构

图 3-1 和图 3-2 中所包含的是构成工程项目实体的项目单元,而非工作包。

3.1.2 工程项目工作分解结构

1. 工作分解结构的含义

将一个完整的工程项目分解成若干工作单元是工程项目管理的最基本、最重要的工作。工作分解结构的目的是明确一个工程项目所包含的各项工作,也就是将复杂的工程项目逐步分解成一层一层的要素(工作),直到具体明确为止。工作分解结构的工具是工作结构分解原理。

工作分解结构(Work Breakdown Structure,WBS)方法,是一种在项目全范围内分解和定义各层次工作包的方法。它将项目按照其内在结构或实施过程的顺序进行逐层分解,将项目分解到相对独立的、内容单一的、易于成本核算与检查的工作单元,并将各工作单元在项目中的地位与构成直观表示出来。

WBS 按照项目发展的规律,依据一定的原则和规定,进行系统化的、相互关联和协调的层次分解。结构层次越往下则项目组成部分的定义越详细,WBS 最后构成一份层次清晰的工作分解结构。该分解结构将成为项目管理计划和控制的最重要的依据。WBS 的作用如图 3-3 所示。

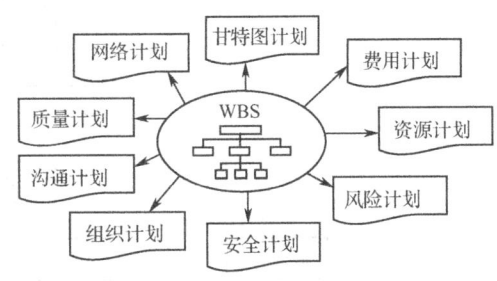

2. 工作分解结构的思路与原则

(1)工作结构分解的思路。常用的工作结构分解思路有两种。

① 基于成果或功能的分解思路。以完成该项目应该交付的成果或所包含的部分为导向,确定相关的任务、工作、活动和要素。上层一般为可交付成果,下层一般为可交付成果的工作内容。如图 3-4 所示的工作分解结构就是基于成果的 WBS。

如图 3-5 所示是某工程设计项目的 WBS,也是基于成果的思路分解而成的。

② 基于流程的分解思路。基于流程的分解思路是指以完成该项目所应经历的流程为导向,确定相关的任务、工作、活动和要素。例如,某邮电大楼建设项目,采用基于流程的分解思路进行分解,如图 3-6 所示。

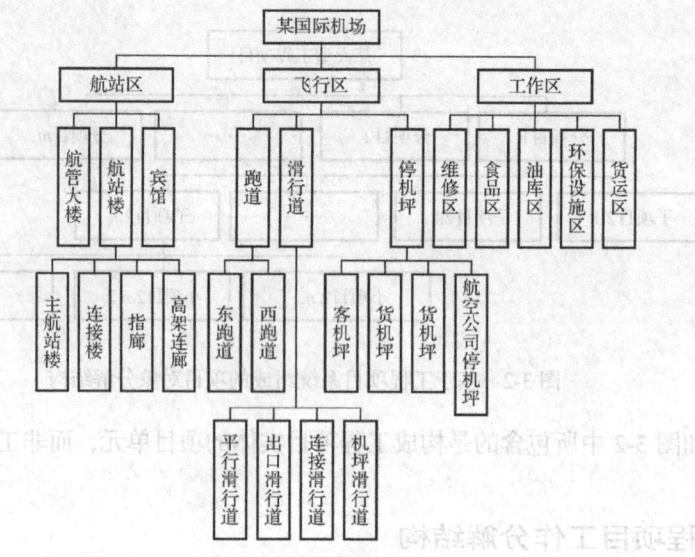

图 3-4 基于成果的 WBS

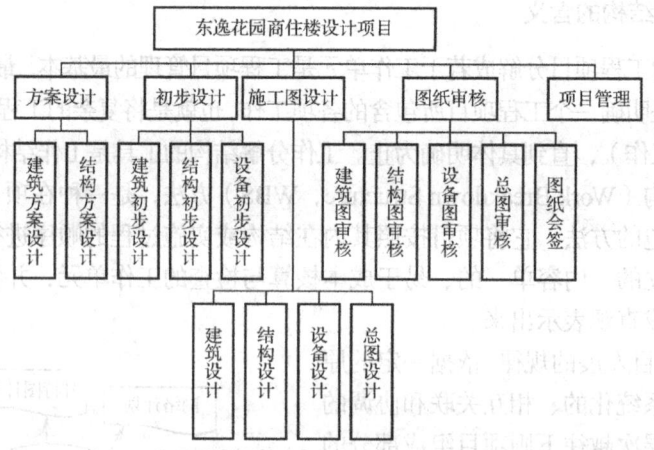

图 3-5 某工程设计项目的 WBS

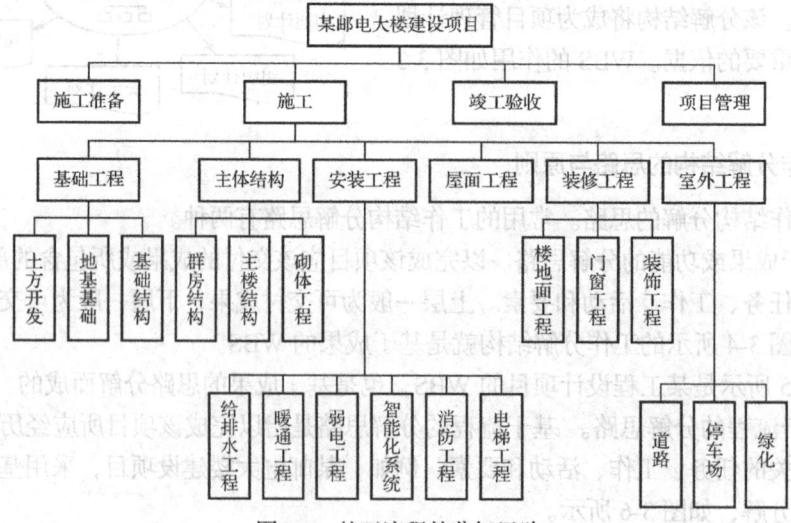

图 3-6 基于流程的分解思路

采用何种思路进行分解,应针对项目的具体情况加以确定。

(2)工作结构分解的原则。

① 100%原则。工作结构分解中最容易出现的问题是漏项,为了防止漏项,必须遵循100%原则,从上往下每一个层次都需要遵循这一原则。

② 质量原则。分解方案应能满足项目计划制订及项目实施的所有需求。

(3)工作分解结构的注意事项

① 分解的结果应包含项目所有的工作要素,不能有漏项,也不能重复。

② 分解的每个工作要素都应有明确的范围和内容,并应用任务描述表对其进行描述。

③ 分解的粗细程度应根据项目管理的需要加以确定。

④ 分解应运用系统思想,充分考虑项目各层次、各要素之间的相关性,即子母关系。

⑤ 分解过程中,不考虑工作要素之间的顺序关系。

⑥ 分解后的任务应该是可管理的、可定量检查的、可分配任务的、独立的。

⑦ 包括项目管理活动。

⑧ 对分解结构中的各层次、各个工作要素都要编码。

3.任务编码

根据项目分解结构从高层向低层对每项工作进行编码,要求每项工作都有唯一的编码。编码的方法有两种。

方法1:多位编码方法,如图3-7所示。

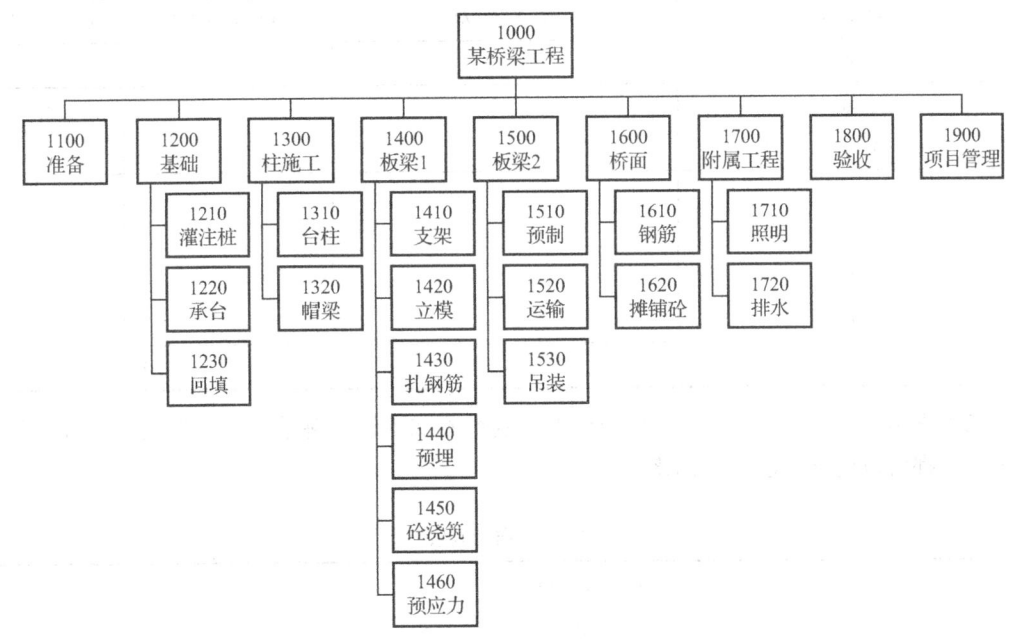

图3-7 多位编码方法

方法2:少位编码方法,如图3-8所示。

4.工作分解结构的表达形式

工作分解的结果通常可以用以下形式予以表达。

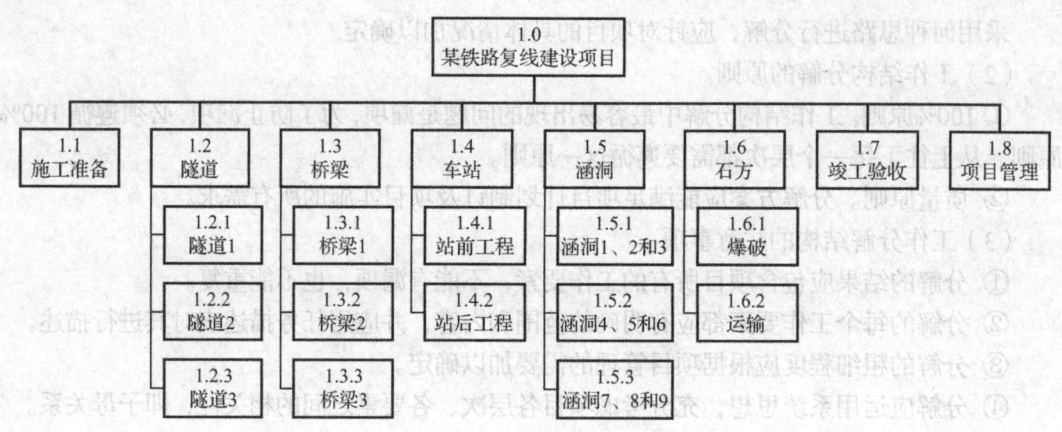

图 3-8 少位编码方法

（1）工作分解结构图（见图 3-4 至图 3-8）。该表达方式直观、可视化强，但信息量少。

（2）工作分解结构表（见表 3-1）。该方法可以表达出与该项目相关的更多信息。

表 3-1 工作分解结构表

项目名称：		项目负责人：	
单位名称：		制表日期：	
工作分解结构			
任务编码	任务名称	主要活动描述	负责人
1000			
1100			
1200			
1×00			
1×10			
1×11			
1×12			
项目负责人审核意见：			签名：

（3）锯齿列表（见表 3-2）。该方法的直观性不如工作分解结构图，但无论项目包含多少工作，都可以用该方法表达出来。

表 3-2 锯齿列表

1.0 商贸大楼设计
 1.1 方案设计
  1.1.1 主要方案设计
  1.1.2 方案模型设计
 1.2 初步设计
  1.2.1 平立剖平面初步设计
  1.2.2 投资估算

续表

1.2.3 初步设计说明书
1.2.4 初步设计文件出版
1.3 施工图设计
1.3.1 平立剖平面详细设计
1.3.2 建筑详细设计
1.3.3 装修设计
1.3.4 上部结构设计
1.3.5 基础设计
1.3.6 水系统设计
1.3.7 空调系统设计
1.3.8 电气系统设计
1.3.9 通信系统设计
1.3.10 消防系统设计
1.3.11 环保设计
1.3.12 施工设计说明书
1.3.13 文件出版

5. 工作描述

工作描述的目的是更明确地描述工程项目包含的各项工作的具体内容和要求,以此作为编制项目计划的依据,同时便于实施过程中更清晰地领会各项工作的内容。工作描述的主要依据是项目分解结构和项目工作分解结构。

工作描述的结果是工作描述表和项目工作列表。

(1) 工作描述表。该表是对工作的具体描述,应包括工作名称、范围、内容、主要目标、需要提供的条件、所需要的资源、所存在的风险、工作量和工作时间等重要内容。

在工程项目管理实践中可运用工作卡片详细描述某项工作任务,为了完成一项工作或工作包,需要用许多工作卡片来详细描述所需开展的工作。这些卡片被发给相关人员,从而使工作得以执行。工作卡片中包含为了完成工作所需的所有信息,如计划的开始和完成时间、所需图纸的编号、所需材料的数量、规范的编号和质量或检查的详细要求等。工作卡片有时被合并成一个与某一实体相联系的工作包,从而提高了对工程的控制。因此,工作卡片不仅代表了短期的详细计划的最低层次,而且是控制信息的首要来源。工作卡片的完成即代表工作的完成。表 3-3 所示是一种简易的工作卡片。

表 3-3 工作卡片

编号	计划的日期	控 制 区	
描述	实际的日期		
拟做工作的描述	质量控制的特殊要求	允许的要求	其他要求
	图纸要求		
材料要求	评语		
	工作完成后签名		

(2)项目工作列表。该表是描述项目所有工作基本内容的汇总表。项目工作列表应包含的内容如表 3-4 所示。

表 3-4 项目工作列表应包含的内容

项　　目	具　体　含　义
工作代码	计算机管理工作时的唯一标志符,从中可看出工作之间的系统关系
工作名称	工作的名称
输出	完成该工作后的交付物(包括产品、图纸、技术文件、工装和有关决策信息等)及对物的规范和内容定义
输入	完成本工作所要求的前提条件(包括设计文档、技术文件和资料等)
内容	定义本工作要完成的具体内容和流程(包括应用文件、支撑环境、控制条件和工作流程)
负责单位	本工作的负责单位或部门
协作单位	完成本工作的协作单位和部门
子工作	WBS 树形结构中与本工作直接相连的下属工作

6. WBS 分解的一般步骤

WBS 分解是一个由粗到细,由项目到工作包,再到具体工作的过程。WBS 分解的一般步骤如下。

(1)分析项目背景,熟悉项目基本情况。

(2)确定项目所包含的重要部分(成果)或流程(步骤)。

(3)确定每个部分或流程所包含的工作包或工作。

(4)确定每个工作包所包含的具体工作、活动或要素。

(5)进行 WBS 编码。

(6)进行工作描述。

3.1.3 PBS 与 WBS 的区别与联系

1. PBS 与 WBS 的区别

PBS 以项目组成部分为导向,即以可交付成果本身为导向,是对项目实体对象的分解,PBS 所包含的是各个项目单元。在大型复杂项目中,PBS 应该是不同于 WBS 的独立分解结构,并且是项目管理中其他一切工作的基础。

WBS 是以可交付成果为导向或以流程为导向的工作层级分解,是"以可交付成果为导向",而不是可交付成果本身。WBS 所包含的是各个工作包。

2. PBS 与 WBS 的联系

大型复杂项目管理的首要工作不是工作任务分解,建立 WBS,而应该是项目实体对象分解,建立 PBS。PBS 的形成早于 WBS,PBS 是 WBS 的前提条件,WBS 是 PBS 的具体实现。

3.2 里程碑计划编制方法

1. 里程碑计划的定义

工程项目里程碑计划是指，工程项目里程碑事件在时间上的安排。里程碑计划是一个目标计划，它表明为了达到特定的里程碑，去完成一系列活动。里程碑计划通过建立里程碑和检验各个里程碑的到达情况，来控制项目工作的进展和保证实现总目标。

2. 里程碑计划编制基本步骤

（1）制定目标分解结构。确定项目总目标；将总目标分解成阶段目标或子目标；根据子目标制定里程碑。

（2）确定里程碑事件。工程项目的里程碑事件应是事关项目全局的重大事件、重要阶段或重要部分。里程碑事件应是关键的关键，因此，一个项目的里程碑事件应是少数的。例如，一个房屋建设工程的里程碑事件可以包括基础施工、结构施工、室内外装修和验收等。

（3）确定里程碑事件发生的时间。里程碑事件发生的时间一般是以完成点作为控制点，当然，对于某些事件也可以开始点作为控制点，但在里程碑计划中应明确是事件开始点还是完成点。各里程碑事件发生的时间一般采用倒排工期的方法确定。倒排工期是指交工时间已确定，在保证工期的前提下确定每个里程碑事件应发生的时间。倒排工期的方法更多是依据经验。

（4）形成里程碑计划。里程碑计划可以用图形或表格表示。如图 3-9 所示是某项目的里程碑计划。

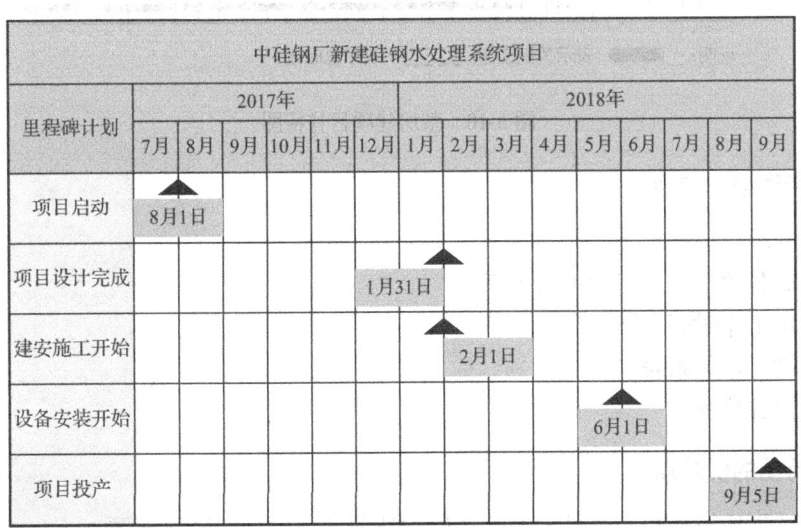

图 3-9 某项目的里程碑计划

3. 里程碑计划的主要作用

（1）作为控制重要时间节点的依据。

（2）作为编制其他进度计划的依据。

3.3 甘特图计划编制方法

1. 甘特图定义

甘特图，也称横道图、条线图，以图示通过活动列表和时间刻度表示出特定项目的顺序与持续时间。横轴表示时间，纵轴表示项目，线条表示计划完成情况，如图3-10所示。

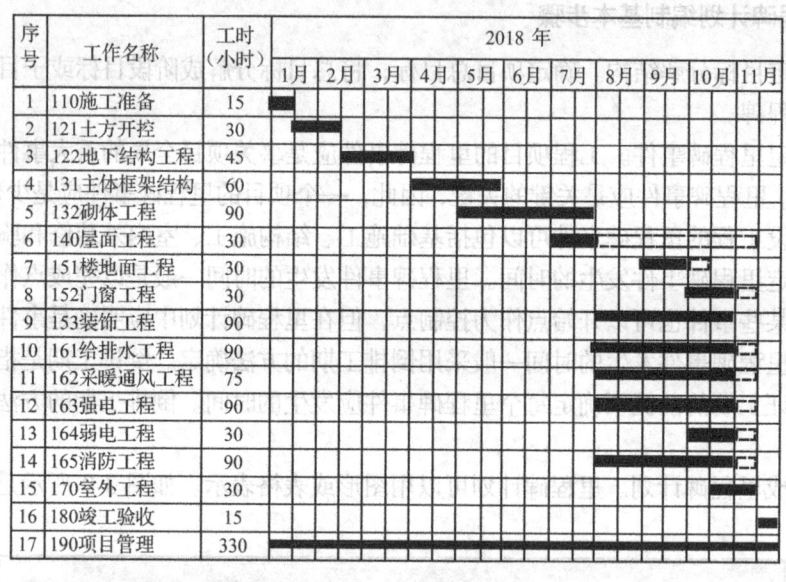

图 3-10 某房建项目甘特图

2. 甘特图编制步骤

（1）进行项目分解。

（2）明确各项工作之间的先后关系。

（3）确定工作时间。

（4）编制工作关系表。

（5）绘制甘特图。

3. 甘特图的优缺点

甘特图计划比较直观，也易于理解。但甘特图计划也存在以下问题。

（1）信息量小。甘特图能够给出的信息包括项目各项工作名称、工时、项目工期、每项工作开展的时间、关键工作和非关键工作等。但是在进度管理中还需要其他更多的信息，这些信息从甘特图中无法获取。

（2）难以表达工作之间的复杂关系。对于含有工作数量较多的复杂项目，甘特图难以表达工作之间的复杂关系。

（3）难以进行定量计算、分析和优化。利用甘特图难以计算表述项目进度安排的各种参数，如工作的最早开工时间、最早完成时间、最迟开工时间、最迟完成时间和时差等，也难以进行分析和计划的优化。

鉴于甘特图所存在的问题，甘特图更多用于表达进度计划的结果，而难以用于编制计划。

3.4 网络计划技术

3.4.1 网络计划技术概述

1. 网络计划技术定义

网络计划技术是用网络图的形式表达进度计划的一项技术。网络计划主要由两大部分组成，即网络图和网络参数。

网络图是由箭线和节点组成的用来表示工作流程的有向、有序的网状图形，如图3-11所示。网络图是一种模型，其最直接的作用是表达项目中各项工作之间的关系。

网络参数是根据项目中各项工作的延续时间和网络图所计算的工作、线路等要素的各种时间参数。

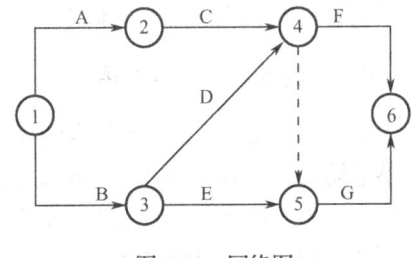

图3-11 网络图

2. 网络计划技术类型

（1）基于网络计划技术的性质划分。网络计划技术可归纳为四种类型，如表3-5所示。

表3-5 网络计划技术的类型

类 型		持 续 时 间	
		确 定 型	随 机 型
逻辑关系	确定型	关键线路法（CPM）	计划评审技术（PERT）
	随机型	决策关键线路法（DCPM）	图形评审技术（GERT） 随机网络技术（QGERT） 风险评审技术（VERT）

网络计划的基本形式是关键线路法（CPM）和计划评审技术（PERT）。PERT 和 CPM 并无本质区别，但在确定工作时间的方法上有所不同。PERT 中有些工作的持续时间是随机型的，只能以概率论为基础加以估计。而 CPM 中的工作持续时间是确定型的，可以较为准确地加以确定。工程项目进度管理中最常用的是 CPM，有时也会采用 PERT。

决策关键线路法（DCPM）在网络计划中引入了决策点的概念，使得在项目的执行过程中可根据实际情况进行多种计划方案的选择。

图形评审技术（GERT）引入了工作执行完工概率和概率分支的概念，一项工作的完成结果可能有多种情况。

风险评审技术（VERT）可用于对项目的质量、时间和费用三坐标进行综合仿真与决策。

（2）基于网络结构划分。网络计划分为双代号网络计划和单代号网络计划。双代号网络计划可以分为双代号时间坐标网络计划和非时间坐标网络计划；单代号网络计划又包含单代号搭接网络计划。搭接网络计划主要是为了反映工作之间执行过程的相互重叠关系而引入的一种网络计划表达形式。

3. 网络计划技术标准

网络计划技术在我国已得到了广泛的推广和应用，并将在项目管理中发挥更大的作用。我国有关部门对网络计划技术的应用给予了高度重视。为了使网络技术的应用规范化、标准化，国家技术监督局于1992年颁布了中华人民共和国标准《网络计划技术——常用术语》《网络计划技术——网络图画法的一般规定》《网络计划技术——在项目计划管理中应用的一般程序》，该标准于2012年重新修订（GB/T 13400—2012）并颁布实施。建设部也于1992年颁布了中华人民共和国行业标准《工程网络计划技术规程》，该标准于2015年进行了重新修订（JGJ/T 121—2015），并颁布实施。这些标准是我国推行网络计划技术的重要依据，作为项目管理人员应熟悉这些标准的内容。

4. 网络计划技术的作用

网络计划技术既是一种科学的计划方法，又是一种有效的科学管理方法。这种方法不仅能完整地揭示一个项目所包含的全部工作和它们之间的关系，而且还能根据数学原理，应用最优化技术，揭示整个项目的关键工作并合理地安排计划中的各项工作。对于项目进展过程中可能出现的工期延误等问题能够防患于未然，并进行合理的处置，从而使项目管理人员能依照计划执行的情况，对未来进行科学的预测，使得计划始终处于项目管理人员的监督和控制之中，达到以最佳的工期、最少的资源、最好的流程和最低的费用完成所控制的项目。

3.4.2 双代号网络计划

1. 双代号网络图的组成

双代号网络图是以箭线及两端节点的编号表示工作的网络图。每项工作都用一条箭线和两个节点来表示，每个节点都编以号码，箭线的箭尾节点和箭头节点的号码即代表该箭线所表示的工作。"双代号"即由此而来。图3-11所示的就是双代号网络图。

双代号网络图由箭线、节点和线路三个基本要素组成。

（1）箭线。箭线表示工作。工作通常可以分为两种。

① 实工作。需要消耗时间和资源的工作称为实工作，在网络图中用实箭线表示。一般在箭线的上方标出工作的名称，在箭线的下方标出工作的持续时间，箭尾表示工作的开始，箭头表示工作的完成，相应节点的号码表示该项工作的代号。

② 虚工作。既不消耗时间，也不消耗资源的工作称为虚工作，在网络图中用虚箭线表示，如图3-11中的4-5箭线。虚工作只表示相邻工作之间的逻辑关系，由于不需要时间，所以虚工作的持续时间为0。

（2）节点。网络图中，在箭线的发出和交会处画上圆圈，用以标志该圆圈前面工作的结束和允许后面工作的开始，该圆圈就称为节点。节点的主要作用是连接箭线。

根据节点所在位置，节点可分为三种类型。

① 起点节点。网络图中的第一个节点称为起点节点，它意味着一个项目或任务的开始。起点节点只有一个。

② 终点节点。网络图中的最后一个节点叫作终点节点，它意味着项目或任务的完成。

③ 中间节点。网络图中的其他节点称为中间节点。

根据节点所在箭线的位置，节点可分为：

① 箭尾节点。位于箭线尾部的节点。

② 箭头节点。位于箭线头部的节点。

在网络图中，就一个节点来说，可能有许多箭线通向该节点，这些箭线就称为内向箭线或内向工作；若由同一个节点发出许多箭线，这些箭线称为外向箭线或外向工作。

节点的时间内涵：不同类型的节点具有不同的时间内涵。起点节点标志着整个网络计划和相关工作开始的时刻；终点节点标志着整个网络计划和相关工作完成的时刻；箭尾节点标志着相应工作开始的时刻，箭头节点标志着相应工作结束的时刻；中间节点标志着内向工作的完成和外向工作开始的时刻。

（3）线路。从起点节点开始，沿着箭线的方向连续通过一系列箭线与节点，最后到达终点节点的通路称为线路。每一条线路都有自己确定的完成时间，它等于该线路上各项工作持续时间总和，该工作持续时间总和也可称为路长。

根据路长的大小，线路可分为关键线路、次关键线路和非关键线路。

① 关键线路。路长最长的线路称为关键线路或主要矛盾线。位于关键线路上的所有工作称为关键工作。关键工作完成的快慢直接影响整个项目工期的实现。关键线路往往不止一条，可能同时存在若干条关键线路，即这几条线路的路长相同；关键线路并不是一成不变的，在一定条件下，由于干扰因素的影响，关键线路可能会发生变化，这种变化可能体现在两个方面：一是关键线路的数量增加了；二是关键线路和非关键线路可能会互相转化。例如，非关键线路上的某些工作的持续时间增长了，使得相关线路的路长超出了关键线路的路长，则该线路就转化为关键线路，而原来的关键线路就转化为非关键线路。

② 次关键线路。次关键线路的路长仅次于关键线路。该线路最容易转化为关键线路。

③ 非关键线路。除了关键线路和次关键线路之外的其他所有线路均称为非关键线路，位于非关键线路上的所有工作都称为非关键工作。

2. 工作关系的表达

项目中所含工作之间的先后顺序关系称为逻辑关系。这种关系包括客观存在的工艺关系和人为确定的组织关系两种。客观存在的关系一般是不能改变的，而人为确定的关系是可以优化的，所以逻辑关系确定的重点是第二种关系。网络图的最直接的作用就是表达项目各工作之间的逻辑关系，这种关系是否表达正确，是网络图能否反映项目实际情况的关键，也是项目进度计划是否可行的关键。

网络图中相邻工作之间的关系可以用紧前工作和紧后工作的概念加以描述。紧前工作是指紧排在本工作之前的工作；紧后工作是指紧排在本工作之后的工作。紧前工作和紧后工作是相对的。如图 3-12 所示，A 工作是 C 工作的紧前工作，B 工作是 C、D 和 E 工作的紧前工

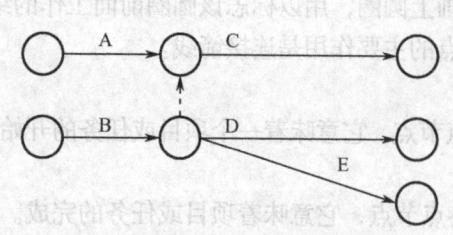

作；反之，紧后工作是相对于紧前工作而言的，C工作是A和B工作的紧后工作，D和E工作是B工作的紧后工作。

3. 网络图的绘制

（1）网络图绘制的基本规则。为了使编制的网络图规范、正确并具有通用性，就必须遵循必要的绘图规则。根据我国有关标准和规程的规定，

图3-12 工作的逻辑关系

双代号网络图的编制应遵循以下基本规则。

① 必须正确表达项目各工作之间的逻辑关系。要做到正确表达，在绘制网络图以前，首先应正确确定工作之间的逻辑关系；其次要正确绘制。

② 避免出现循环回路。循环回路，是指从某个节点出发顺着箭线的方向又回到了该节点，如图3-13所示。

③ 在节点之间避免出现带双向箭头或无箭头的连线。网络图是有方向的，箭头所指的方向就是工作进展的方向，因此一条箭线只能有一个箭头。不能出现方向矛盾的双向箭头和无方向无箭头的箭线，如图3-14所示。

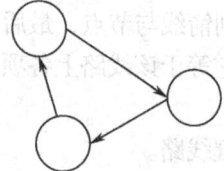
图3-13 循环回路

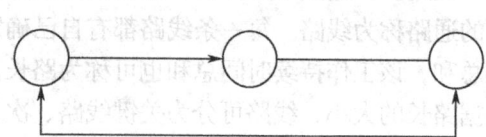
图3-14 双向箭头箭线和无箭头箭线

④ 严禁出现无箭头节点或无箭尾节点的箭线。无箭头节点的箭线不能表示其所代表的工作在何处完成；无箭尾节点的箭线不能表示其所代表的工作在何处开始。所以，出现这种状况是错误的，如图3-15所示。

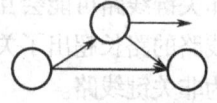
（a）无箭头节点的箭线

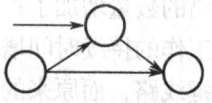
（b）无箭尾节点的箭线

图3-15 无箭头节点的箭线和无箭尾节点的箭线

⑤ 交叉箭线。绘制网络图时，箭线不宜交叉，当交叉不可避免时，可采用过桥法（暗桥法）或指向法，如图3-16所示。

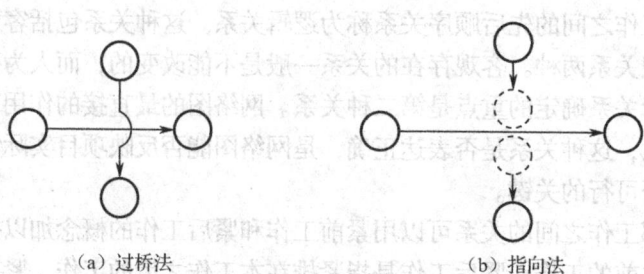

（a）过桥法　　　　　　　　　　（b）指向法

图3-16 交叉箭线的画法

⑥ 关于起点节点和终点节点。双代号网络图中，起点节点应只有一个；在不考虑分期完成任务的网络图中，终点节点也只能有一个；其他所有节点均应是中间节点。

⑦ 箭线画法。a. 箭线形状。箭线可采用直线或折线画法，避免采用圆弧线。当网络图的某些节点有多条内向箭线或多条外向箭线时，在不违反"一项工作应只有唯一的一条箭线和相应的节点"的规则的前提下，可使用母线法绘图，如图 3-17 所示。b. 箭线长度。对于非时间坐标网络，箭线的长度与所表示工作的持续时间无关，应主要考虑网络图的图面布置；而对于时间坐标网络，箭线的长度必须与工作的持续时间相对应，如图 3-18 所示。c. 箭线方向。对于网络图来说，从左往右的方向标志着项目进展的方向，该方向可称为正向；反之则为反向。所以，箭线的方向应符合项目进展的方向，即从左往右的趋势，避免出现反向箭线。

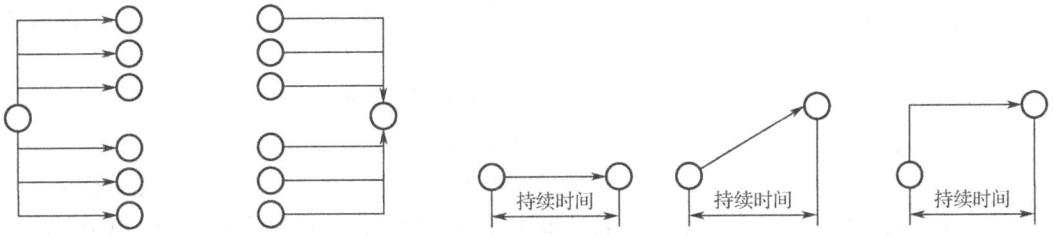

图 3-17 箭线的母线法绘图　　　　图 3-18 时间坐标网络中箭线的长短与持续时间的对应关系

⑧ 节点编号。节点编号的最基本要求是：所有节点都必须编号；不能出现重复编号；箭尾节点的编号应小于箭头节点的编号。在编号过程中，可采用连续编号或非连续编号的方式。非连续编号的方式有利于网络计划的修改和调整。

网络图的绘制除了应遵循上述基本规则外，还必须保持图面清晰，并要进行周密合理的布置。

（2）网络图绘制的步骤。初步绘制网络图一般按以下步骤进行。

① 项目分解。将一个项目根据需要分解为一定数量的独立工作和活动，其粗细程度可以根据网络计划的作用加以确定，宏观控制的网络计划可以分解得粗一些，具体实施的网络计划可以分解得细一些。项目分解的结果是要明确工作的名称、工作的范围和内容等。

② 工作关系分析。根据已确定的项目实施方法、工艺、环境条件和其他因素，对项目进行分析，通过比较和优化等方法确定合理的逻辑关系。工作关系分析中应优先考虑工艺关系，重点分析组织关系。

③ 编制工作关系表。关系分析的结果是明确工作的紧前和紧后的关系，形成工作关系表。例如，通过对现浇混凝土水池项目进行分析，明确了相邻工作之间的紧前紧后关系，形成工作关系表，如表 3-6 所示。

表 3-6 现浇混凝土水池项目工作关系表

序　号	工作名称	工作代号	紧后工作	持续时间（天）	资源强度（人数／天）
1	挖土	A	B	3	10
2	垫层	B	E 和 F	2	7

续表

序号	工作名称	工作代号	紧后工作	持续时间（天）	资源强度（人数/天）
3	材料准备	C	D	4	3
4	构配件加工	D	F	4	12
5	仓面准备	E	G	7	7
6	模板、钢筋安装	F	G	10	12
7	浇筑混凝土	G	—	3	10

在表 3-6 中，工作 A 与 C 之间的关系是人为确定的，可以 A 在 C 前，也可以 C 在 A 前，还可以 A 和 C 平行进行，这就需要通过分析，确定哪种方案有利于项目目标的实现。显然，A 与 C 同时进行是最佳方案。表中所表达的其他工作之间的关系都是客观存在的、不能改变的。

④ 绘制网络图。根据工作关系表，按照绘图规则绘制网络图，并通过修改、完善，最终形成能正确表达工作的逻辑关系并符合绘图规则的网络图。

绘图时可根据紧前工作和紧后工作的任何一种关系进行绘制。按紧前工作关系绘制时，从无紧前工作的工作开始，依次进行，将紧前工作一一绘出，并将最后的工作结束于一点，以形成一个终点节点；按紧后工作绘制时，也应从无紧前工作的工作开始，依次进行，将紧后工作一一绘出，直至无紧后工作的工作绘完为止，并形成一个终点节点。使用一种方法绘制完成后，可利用另一种方法进行检查，或根据网络图描述工作关系，若与工作关系表所述工作关系一致，则说明该网络图能正确地表达工作关系。通过检查或检验并对照绘图规则，无误后，即可进行节点编号。

➡ **例 1** 根据表 3-6 绘制双代号网络图。

根据表 3-6，可按紧后工作关系绘图。无紧前工作的工作是 A 和 C，即网络计划开始的工作就是 A 和 C，然后依次进行，如 A 工作的紧后工作是 B 工作，C 工作的紧后工作是 D 工作，B 工作的紧后工作是 E 和 F 等，直到无紧后工作的工作 G 绘完为止，如图 3-19 所示。

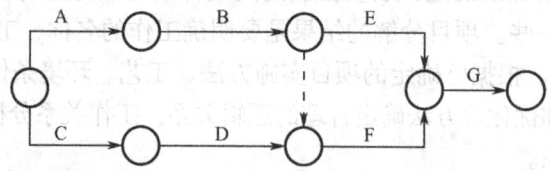

图 3-19 现浇混凝土水池项目网络图

4. 双代号网络计划时间参数

双代号网络计划时间参数可归纳为三类，即节点参数、工作参数和工期。

（1）节点参数。根据节点的时间内涵，节点参数主要有两个，即节点最早时间和节点最迟时间。

节点最早时间是指该节点的内向工作已完成、外向工作可以开始的最早时刻，即以该节点为开始节点的各项工作的最早开始时间，用 ET_i 表示。

节点最迟时间是指在不影响总工期的前提下，以该节点为完成节点的各项工作的最迟完成时间，用 LT_i 表示。

（2）工作参数。工作参数是网络计划最为重要的时间参数，可归纳为四种类型，即基本参数、最早时间、最迟时间和时差。

① 基本参数。工作的基本参数是工作持续时间，即一项工作从开始到完成的时间，简称为工时，用 D_{i-j} 表示。

工时确定的方法主要包括：经验法、类比法、专家判断法、计算法和"三时估计法"。

a. 经验法：利用成功经验或成熟经验确定工时。

b. 类比法：与同类项目相比较确定工时。

c. 专家判断法：利用内部专家或外部专家进行主观判断。

d. 计算法：根据工作的范围、内容、工程量或工作量、工作效率或人数等计算工时。

如果已知工作的工程量和工作效率，则该工作的工时（D_{i-j}）为

$$D_{i-j} = \frac{工程量}{工作效率}$$

如果已知工作的工作量（工、日）和有效人数，则该工作的工时为

$$D_{i-j} = \frac{工作量（工、日）}{有效人数}$$

如果已知工作的工作量（工、时）、有效人数和工作时间/人·天，则该工作的工时为

$$D_{i-j} = \frac{工作量（工、时）}{有效人数\times 工作时间/人·天}$$

e. 三时估计法：估计工作的乐观工时、悲观工时和最可能工时。

乐观工时（a），即在顺利的情况下，该工作最短所需要的时间；悲观工时（b），即在不顺利的情况下，该工作最长所需要的时间；最可能工时（m），即在正常条件下，该工作最大可能所需要的时间。

若已知乐观工时、悲观工时和最可能工时，则该工作的期望工时 $\bar{D}_{i-j}$ 为

$$\bar{D}_{i-j} = \frac{a+b+4m}{6}$$

为了网络计划的优化和调整的需要，在工时的估计过程中，对每项工作宜估计两个工时，即工作的正常持续时间和最短持续时间。正常持续时间，是指在正常条件下，完成该工作所需要的时间；最短持续时间，是指通过采取特殊措施，如增加资源的投入和时间的投入等，完成该工作所需的最短时间。但工作的持续时间在一定的条件下也只能缩短到一定的限度，若少于该时间，则无论如何也不可能完成。一般将这个加快的极限时间称为"加快时间"。工作的持续时间与费用是密切相关的，这种关系直接影响网络计划的优化和实施。所以，在估计工作持续时间的同时，应分析持续时间与费用之间的相关性，以确定两者之间的关系。工作持续时间与费用之间的关系一般可以用五种形式表示，即单一的连续直线型、折线型、方案变动型、非连续型和离散型。

单一的连续直线型如图 3-20（a）所示。将正常持续时间点 N 与最短持续时间点 C 连接成一条直线，直线中间各点表示在 N 和 C 之间不同的持续时间与费用之间的关系。由于单项工作在整个项目中的费用所占比重较小，因此这种近似算法基本上是可行的；如果项目分解

得较细,其结果是比较精确的。所以,这是一种最常用的方法。

不同的工作,其费用随着持续时间变化的状况不同,可以用单位时间内的费用增加率(费率)来表示其变化状况。设工作的正常持续时间为 DN_{i-j},其相应费用为 CN_{i-j};最短持续时间为 DC_{i-j},相应费用为 CC_{i-j};费率为 ΔC_{i-j}。则

$$\Delta C_{i-j} = \frac{CC_{i-j} - CN_{i-j}}{DN_{i-j} - DC_{i-j}}$$

ΔC_{i-j} 越小,压缩工作的持续时间所需要增加的费用就越少;反之,则越大。

折线型如图 3-20(b)所示。这种形式比单一的连续直线型更为精确和直观。但由于这种形式需要提供的数据太多,所以难以广泛应用。但是若将某项工作扩大为一个局部网络计划进行详细分析,采用这种方法是必要的。

方案变动型如图 3-20(c)所示。NA 线段代表某工作的一种实施方案,正常时间和费用的关系点是 N,最短时间和费用的关系点是 A;AB 线段则表示工作调整为另一种实施方案而引起了费用的增加,但工期并未缩短;BC 线段表示用新的实施方案并投入更多的资源而得到的时间费用变化情况。这种形式亦难以应用,所以一般采用正常时间点到加快时间点之间的连线 NC 作近似表达。

非连续型如图 3-20(d)所示。表示某项工作两种实施方案之间工作持续时间和费用的变化是不连续的,该工作只能在几个互不相同的方案中选择,但尚有小部分连续变化关系。

离散型如图 3-20(e)所示。工作可能采用几种不同的方案,各方案之间无任何关系,工作也不能连续缩短,只能在几个方案中选择。

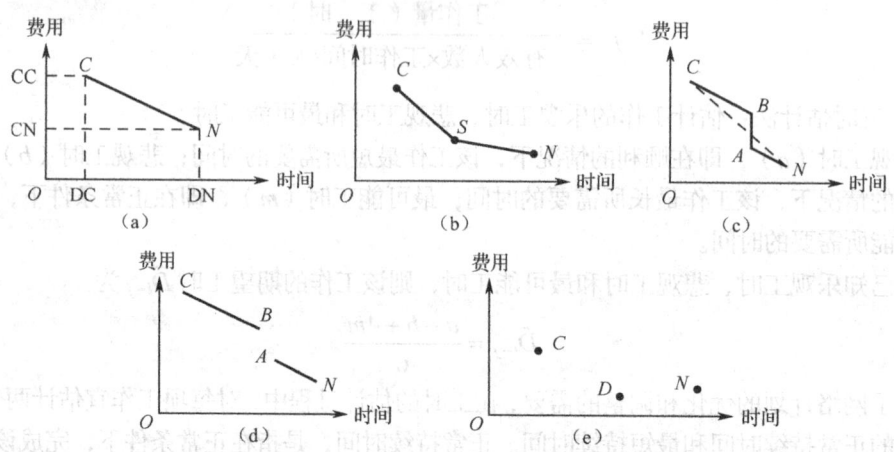

图 3-20 工作的时间-费用关系曲线

② 最早时间。工作的最早时间有两个,即最早可能开始时间和最早可能完成时间。

最早可能开始时间是指该工作的各项紧前工作已全部完成,本工作可以开始的最早时刻,用 ES_{i-j} 表示。可见,$ES_{i-j} = ET_i$。

最早可能完成时间是指各紧前工作完成后,本工作有可能完成的最早时刻,用 EF_{i-j} 表示。显然,$EF_{i-j} = ES_{i-j} + D_{i-j}$。

最早时间明确了工作的开始或完成时间的下限,在这之前,该工作是不可能开始或完成的。

③ 最迟时间。工作的最迟时间也有两个,即最迟必须开始时间和最迟必须完成时间。

最迟必须开始时间是指在不影响工期的前提下，本工作必须开始的最迟时刻，用 LS_{i-j} 表示。

最迟必须完成时间是指在不影响工期的前提下，本工作必须完成的最迟时刻，用 LF_{i-j} 表示。显然，$LF_{i-j} = LS_{i-j} + D_{i-j}$。

④ 时差。时差是指在一定的前提条件下，工作可以机动使用的时间。根据前提条件的不同，时差可分为总时差和自由时差两种。

总时差是指在不影响工期的前提下，本工作可以利用的机动时间，用 TF_{i-j} 表示。

对于工作 $i-j$，最早可以在 ES_{i-j} 时开始，在不影响工期的前提下，最迟应在 LS_{i-j} 时开始，从最早开始时间到最迟开始时间之间是可以机动使用的时间，如图 3-21 所示。

可见，$TF_{i-j} = LS_{i-j} - ES_{i-j}$。显然，$TF_{i-j} = LF_{i-j} - EF_{i-j}$。

总时差是一个非常重要的时间参数，在网络计划的资源优化、网络计划调整、关键工作的确定和索赔判断等方面都要使用总时差。

自由时差是指在不影响其紧后工作最早开始的前提下，本工作可以利用的机动时间，用 FF_{i-j} 表示。若本工作的最早时间为 ES_{i-j}，其紧后工作的最早时间为 ES_{j-k}，在数轴上表示如图 3-22 所示。

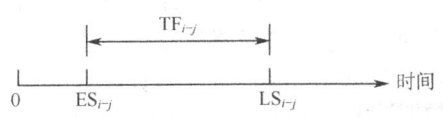

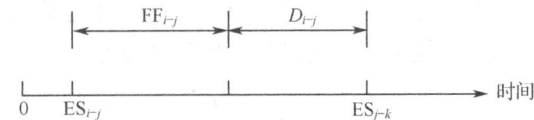

图 3-21　总时差计算示意图　　　　　图 3-22　自由时差计算示意图

可见，$FF_{i-j} = ES_{j-k} - D_{i-j} - ES_{i-j} = ES_{j-k} - EF_{i-j}$。

如果 $i-j$ 工作有若干紧后工作，则该工作的自由时差为

$$FF_{i-j} = \min\{ES_{j-k} - ES_{i-j}\}$$

自由时差主要用于时间坐标网络。

（3）工期。工期是指从项目开始到项目完成所需要的总时间，主要包括计算工期、要求工期和计划工期。

计算工期 T_c：根据网络计划时间参数计算得到的工期，可按下式计算。

$$T_c = \max\{EF_{i-n}\}$$
$$T_c = ET_n = LT_n$$

式中，EF_{i-n} 表示以终点节点（$j=n$）为箭头节点的工作 $i-n$ 的最早完成时间；ET_n 表示终点节点的最早时间；LT_n 表示终点节点的最迟时间。

计算工期也等于最大线路路长。

要求工期 T_r：任务委托人或上级所提出的指令性工期。

计划工期 T_p：在要求工期和计算工期的基础上综合考虑需要和可能而确定的作为实施目标的工期。计划工期确定的方法如下。

当规定了要求工期时：

$$T_p \leq T_r$$

当未规定要求工期时：

$$T_p = T_c$$

5. 关键工作和关键线路的确定

关键工作的确定：关键工作是网络计划中总时差最小的工作。若按计算工期计算网络参数，则关键工作的总时差为 0；若按计划工期或要求工期计算网络参数，则

$T_p = T_c$ 时，关键工作的总时差 TF=0

$T_p > T_c$ 时，关键工作的总时差 $TF = T_p - T_c > 0$

$T_p < T_c$ 时，关键工作的总时差 $TF = T_p - T_c < 0$

关键线路的确定：根据关键工作确定关键线路时，关键工作所在线路即为关键线路。根据自由时差确定关键线路时，关键工作的自由时差一定等于 0，但自由时差为 0 的工作不一定是关键工作。若从起点节点开始，沿着箭头的方向到终点节点为止，所有工作的自由时差都为 0，则该线路是关键线路，否则就是非关键线路。

6. 双代号网络时间参数计算方法

网络计划时间参数的计算可以按节点计算或按工作计算。就具体计算方法来说，有分析法、表算法、图解法和计算机算法等。分析法是根据参数的含义，用公式进行计算，所以该方法也称为公式法。其他方法都以分析法为基础，采用不同的计算手段进行。按节点计算法计算时间参数时，先计算节点参数，在此基础上，再计算其他参数。按工作计算法计算时间参数时，则从工作的最早开始时间算起，然后计算工作的其他参数和线路参数。

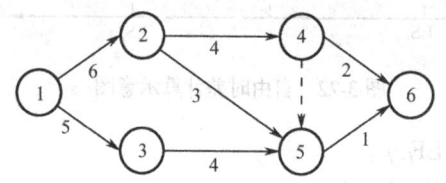

图 3-23 某项目网络图（工作持续时间单位：天）

以下是网络计划时间参数计算示例。

例 2 某项目网络图如图 3-23 所示，按节点计算法计算网络时间参数。

采用分析法计算。

（1）节点最早时间的计算。节点最早时间从网络计划的起点节点开始，顺着箭线的方向，依次逐项计算。

网络计划起点节点的最早时间的计算。如果未规定最早时间，则其值应等于 0，即

$$ET_i = 0 \quad (i=1)$$

其他节点的最早时间的计算。当节点 j 只有一条内向箭线时，其最早时间应为该箭线箭尾节点的最早时间与该项工作的持续时间之和，即

$$ET_j = ET_i + D_{i-j}$$

当节点 j 有多条内向箭线时，其最早时间应为各箭线箭尾节点的最早时间与相应工作的持续时间之和的最大值，即

$$ET_j = \max\{ET_i + D_{i-j}\}$$

根据上述原理，计算各节点的最早时间。结果如下：

$ET_1 = 0$

$ET_2 = ET_1 + D_{1-2} = 0 + 6 = 6$

$ET_3 = ET_1 + D_{1-3} = 0 + 5 = 5$

$ET_4 = ET_2 + D_{2-4} = 6 + 4 = 10$

$ET_5 = \max\{ET_3 + D_{3-5}, ET_4 + D_{4-5}, ET_2 + D_{2-5}\}$

$\quad\quad = \max\{5+4, 10+0, 6+3\} = 10$

$$ET_6 = \max\{ET_4 + D_{4-6}, ET_5 + D_{5-6}\}$$
$$= \max\{10+2, 10+1\} = 12$$

ET_6 是终点节点的最早时间,是所有节点最早时间的最大值,意味着整个网络计划的完成。所以,终点节点的最早时间,也就是网络计划的计算工期,即

$$T_c = ET_6 = 12$$

(2)节点最迟时间的计算。节点最迟时间从网络计划的终点节点开始,逆着箭线的方向,依次逐项计算。

终点节点 n 的最迟时间 LT_n 的计算是在不影响工期的前提下,该节点应发生的时间。

若以不影响计算工期为前提,则

$$LT_n = T_c = ET_n$$

式中,ET_n 表示网络终点节点的最早时间。

若以不影响计划工期为前提,则

$$LT_n = T_p$$

其他节点的最迟时间 LT_i 的计算。当节点 i 只有一条外向箭线时,则该节点的最迟时间应为该箭线的箭头节点的最迟时间与其对应的持续时间之差,即

$$LT_i = LT_j - D_{i-j}$$

当节点 i 有多条外向箭线时,则其最迟时间应分别计算取最小值,即

$$LT_i = \min\{LT_j - D_{i-j}\}$$

根据上述原理,以不影响计算工期 T_c 为前提,计算各节点的最迟时间。其结果如下:

$$LT_6 = T_c = ET_6 = 12$$
$$LT_5 = LT_6 - D_{5-6} = 12 - 1 = 11$$
$$LT_4 = \min\{LT_6 - D_{4-6}, LT_5 - D_{4-5}\}$$
$$= \min\{12-2, 11-0\} = 10$$
$$LT_3 = LT_5 - D_{3-5} = 11 - 4 = 7$$
$$LT_2 = \min\{LT_4 - D_{2-4}, LT_5 - D_{2-5}\}$$
$$= \min\{10-4, 11-3\} = 6$$
$$LT_1 = \min\{LT_3 - D_{1-3}, LT_2 - D_{1-2}\}$$
$$= \min\{7-5, 6-6\} = 0$$

在以不影响计算工期为前提时,网络起点节点的最迟时间一定等于其最早时间且等于0。

(3)工作最早开始时间的计算。工作的最早开始时间与其相应的箭尾节点的最早时间相等,即

$$ES_{i-j} = ET_i$$

由此可得各工作的最早开始时间分别为

$$ES_{1-2} = ET_1 = 0$$
$$ES_{1-3} = ET_1 = 0$$
$$ES_{2-4} = ET_2 = 6$$
$$ES_{2-5} = ET_2 = 6$$
$$ES_{3-5} = ET_3 = 5$$
$$ES_{4-5} = ET_4 = 10$$

$$ES_{4-6} = ET_4 = 10$$
$$ES_{5-6} = ET_5 = 10$$

(4) 工作最早完成时间的计算。工作最早完成时间就等于其最早开始时间与其持续时间之和，即

$$EF_{i-j} = ES_{i-j} + D_{i-j}$$

因为

$$ES_{i-j} = ET_i$$

所以

$$EF_{i-j} = ET_i + D_{i-j}$$

由此可得各工作的最早完成时间分别为

$$EF_{1-2} = ET_1 + D_{1-2} = 0 + 6 = 6$$
$$EF_{1-3} = ET_1 + D_{1-3} = 0 + 5 = 5$$
$$EF_{2-4} = ET_2 + D_{2-4} = 6 + 4 = 10$$
$$EF_{2-5} = ET_2 + D_{2-5} = 6 + 3 = 9$$
$$EF_{3-5} = ET_3 + D_{3-5} = 5 + 4 = 9$$
$$EF_{4-5} = ET_4 + D_{4-5} = 10 + 0 = 10$$
$$EF_{4-6} = ET_4 + D_{4-6} = 10 + 2 = 12$$
$$EF_{5-6} = ET_5 + D_{5-6} = 10 + 1 = 11$$

(5) 工作最迟开始时间的计算。工作最迟开始时间的计算是从终点节点开始，计算到起点节点。工作最迟开始时间应为其最迟完成时间与其持续时间之差，即

$$LS_{i-j} = LF_{i-j} - D_{i-j}$$

而工作的最迟完成时间就等于其箭头节点的最迟时间，即

$$LF_{i-j} = LT_j$$

所以

$$LS_{i-j} = LT_j - D_{i-j}$$

根据上述原理，可计算出各工作的最迟开始时间为

$$LS_{5-6} = LT_6 - D_{5-6} = 12 - 1 = 11$$
$$LS_{4-6} = LT_6 - D_{4-6} = 12 - 2 = 10$$
$$LS_{4-5} = LT_5 - D_{4-5} = 11 - 0 = 11$$
$$LS_{3-5} = LT_5 - D_{3-5} = 11 - 4 = 7$$
$$LS_{2-4} = LT_4 - D_{2-4} = 10 - 4 = 6$$
$$LS_{2-5} = LT_5 - D_{2-5} = 11 - 3 = 8$$
$$LS_{1-3} = LT_3 - D_{1-3} = 7 - 5 = 2$$
$$LS_{1-2} = LT_2 - D_{1-2} = 6 - 6 = 0$$

(6) 工作最迟完成时间的计算。按节点计算法，工作的最迟完成时间就是相应箭线箭头节点的最迟时间。由此可知，各工作的最迟完成时间为

$$LF_{5-6} = LT_6 = 12$$
$$LF_{4-6} = LT_6 = 12$$
$$LF_{4-5} = LT_5 = 11$$
$$LF_{3-5} = LT_5 = 11$$

$$LF_{2-4} = LT_4 = 10$$
$$LF_{2-5} = LT_5 = 11$$
$$LF_{1-3} = LT_3 = 7$$
$$LF_{1-2} = LT_2 = 6$$

（7）工作总时差的计算。工作总时差等于其最迟开始时间与最早开始时间之差，也等于最迟完成时间与最早完成时间之差。若按节点参数计算，则工作总时差可按以下公式计算：

$$TF_{i-j} = LT_j - ET_i - D_{i-j}$$

根据这一计算规则，可计算出各工作的总时差为

$$TF_{1-2} = LT_2 - ET_1 - D_{1-2} = 6 - 0 - 6 = 0$$
$$TF_{1-3} = LT_3 - ET_1 - D_{1-3} = 7 - 0 - 5 = 2$$
$$TF_{2-4} = LT_4 - ET_2 - D_{2-4} = 10 - 6 - 4 = 0$$
$$TF_{2-5} = LT_5 - ET_2 - D_{2-5} = 11 - 6 - 3 = 2$$
$$TF_{4-5} = LT_5 - ET_4 - D_{4-5} = 11 - 10 - 0 = 1$$
$$TF_{4-6} = LT_6 - ET_4 - D_{4-6} = 12 - 10 - 2 = 0$$
$$TF_{5-6} = LT_6 - ET_5 - D_{5-6} = 12 - 10 - 1 = 1$$

（8）工作自由时差的计算。按节点计算法，工作自由时差可按下述公式计算：

$$FF_{i-j} = ET_j - ET_i - D_{i-j}$$

按该公式计算，各工作的自由时差为

$$FF_{1-2} = ET_2 - ET_1 - D_{1-2} = 6 - 0 - 6 = 0$$
$$FF_{1-3} = ET_3 - ET_1 - D_{1-3} = 5 - 0 - 5 = 0$$
$$FF_{2-4} = ET_4 - ET_2 - D_{2-4} = 10 - 6 - 4 = 0$$
$$FF_{2-5} = ET_5 - ET_2 - D_{2-5} = 10 - 6 - 3 = 1$$
$$FF_{3-5} = ET_5 - ET_3 - D_{3-5} = 10 - 5 - 4 = 1$$
$$FF_{4-5} = ET_5 - ET_4 - D_{4-5} = 10 - 10 - 0 = 0$$
$$FF_{4-6} = ET_6 - ET_4 - D_{4-6} = 12 - 10 - 2 = 0$$
$$FF_{5-6} = ET_6 - ET_5 - D_{5-6} = 12 - 10 - 1 = 1$$

（9）关键工作和关键线路根据节点参数确定。本例是按计算工期进行计算的，所以，最早时间与最迟时间相等的节点是关键节点。由计算结果可见，关键节点是 1、2、4 和 6，显然，关键线路是 1-2-4-6。关键线路上的所有工作都是关键工作，所以关键工作是 1-2、2-4 和 4-6。

例3 根据例2中图3-23所示的网络图，按工作计算法计算时间参数。

采用分析法计算。

（1）计算工作最早开始时间和最早完成时间。工作最早开始时间应从网络计划的起点节点开始，顺着箭线的方向依次计算；以起点节点 i 为箭尾节点的工作 $i-j$，当未规定其最早开始时间时，其值应等于0，即

$$ES_{i-j} = 0 \quad (i=1)$$

所以

$$ES_{1-2} = 0$$
$$ES_{1-3} = 0$$

工作的最早完成时间就是其最早开始时间与持续时间之和。
所以
$$EF_{1-2} = ES_{1-2} + D_{1-2} = 0 + 6 = 6$$
$$EF_{1-3} = ES_{1-3} + D_{1-3} = 0 + 5 = 5$$

当工作 i–j 只有一项紧前工作 h–i 时，其最早开始时间应为
$$ES_{i-j} = ES_{h-i} + D_{h-i} = EF_{h-i}$$

若工作 i–j 有多项紧前工作，则其最早开始时间应为
$$ES_{i-j} = \max EF_{h-i}$$

按上述公式，计算其他各项工作的最早开始时间和最早完成时间。其结果如下：

$$ES_{2-4} = EF_{1-2} = 6$$
$$EF_{2-4} = ES_{2-4} + D_{2-4} = 6 + 4 = 10$$
$$ES_{2-5} = EF_{1-2} = 6$$
$$EF_{2-5} = ES_{2-5} + D_{2-5} = 6 + 3 = 9$$
$$ES_{3-5} = EF_{1-3} = 5$$
$$EF_{3-5} = ES_{3-5} + D_{3-5} = 5 + 4 = 9$$
$$ES_{4-5} = EF_{2-4} = 10$$
$$EF_{4-5} = ES_{4-5} + D_{4-5} = 10 + 0 = 10$$
$$ES_{4-6} = EF_{2-4} = 10$$
$$EF_{4-6} = ES_{4-6} + D_{4-6} = 10 + 2 = 12$$
$$ES_{5-6} = \max\{EF_{2-5}, EF_{3-5}, EF_{4-5}\} = \max\{9,9,10\} = 10$$
$$EF_{5-6} = ES_{5-6} + D_{5-6} = 10 + 1 = 11$$

（2）计算最迟完成时间和最迟开工时间。工作最迟完成时间的计算从网络计划的终点节点开始，逆着箭线的方向，依次逐项计算。以终点节点为箭头节点的工作的最迟完成时间 LF_{i-n} 的计算如下。

若以不影响计划工期为前提，则
$$LF_{i-n} = T_p$$

若以不影响计算工期为前提，则
$$LF_{i-n} = T_c$$

本例以不影响计算工期为前提进行计算，所以
$$LF_{4-6} = LF_{5-6} = T_c = \max\{EF_{i-n}\} = 12$$

工作的最迟开始时间等于该工作的最迟完成时间与持续时间之差。
所以
$$LS_{4-6} = LF_{4-6} - D_{4-6} = 12 - 2 = 10$$
$$LS_{5-6} = LF_{5-6} - D_{5-6} = 12 - 1 = 11$$

其他工作的最迟完成时间的计算。根据最迟完成时间的概念，某工作的完成时间只要不影响其紧后工作 j–k，则按最迟开始不会影响工期。所以，工作的最迟完成时间可按下式进行计算：

$$LF_{i-j} = \min LS_{j-k}$$

根据上述公式，本例其他各项工作的最迟完成时间和最迟开始时间分别为

$$LF_{3-5} = LS_{5-6} = 11$$

$$LS_{3-5} = LF_{3-5} - D_{3-5} = 11 - 4 = 7$$

$$LF_{4-5} = LS_{5-6} = 11$$

$$LS_{4-5} = LF_{4-5} - D_{4-5} = 11 - 0 = 11$$

$$LF_{2-5} = LS_{5-6} = 11$$

$$LS_{2-5} = LF_{2-5} - D_{2-5} = 11 - 3 = 8$$

$$LF_{2-4} = \min\{LS_{4-6}, LS_{4-5}\} = \min\{10,11\} = 10$$

$$LS_{2-4} = LF_{2-4} - D_{2-4} = 10 - 4 = 6$$

$$LF_{1-3} = LS_{3-5} = 7$$

$$LS_{1-3} = LF_{1-3} - D_{1-3} = 7 - 5 = 2$$

$$LF_{1-2} = \min\{LS_{2-4}, LS_{2-5}\} = \min\{6,8\} = 6$$

$$LS_{1-2} = LF_{1-2} - D_{1-2} = 6 - 6 = 0$$

（3）计算工作总时差。按工作计算法计算，工作总时差等于其最迟开始时间与最早开始时间之差，也等于其最迟完成时间与最早完成时间之差。所以，各项工作的总时差应为

$$TF_{1-2} = LS_{1-2} - ES_{1-2} = 0 - 0 = 0$$

$$TF_{1-3} = LS_{1-3} - ES_{1-3} = 2 - 0 = 2$$

$$TF_{2-4} = LS_{2-4} - ES_{2-4} = 6 - 6 = 0$$

$$TF_{2-5} = LS_{2-5} - ES_{2-5} = 8 - 6 = 2$$

$$TF_{3-5} = LS_{3-5} - ES_{3-5} = 7 - 5 = 2$$

$$TF_{4-5} = LS_{4-5} - ES_{4-5} = 11 - 10 = 1$$

$$TF_{4-6} = LS_{4-6} - ES_{4-6} = 10 - 10 = 0$$

$$TF_{5-6} = LS_{5-6} - ES_{5-6} = 11 - 10 = 1$$

（4）计算工作自由时差。自由时差实际上是指在此时间范围内，变动工作开始时间或增加其持续时间而不影响其紧后工作最早开始时间。自由时差是独立的，它的利用不会影响其他工作的完成时间。

当工作 i–j 有紧后工作 j–k 时，其自由时差应为

$$FF_{i-j} = ES_{j-k} - ES_{i-j} - D_{i-j}$$

或

$$FF_{i-j} = ES_{j-k} - EF_{i-j}$$

当工作 i–j 有若干紧后工作时，其自由时差应为

$$FF_{i-j} = \min\{ES_{j-k} - EF_{i-j}\}$$

终点节点（$j=n$）为箭头节点的工作，其自由时差应按网络计划的工期确定，即

$$FF_{i-n} = T_p（或 T_c）- ES_{i-n} - D_{i-n}$$

或

$$FF_{i-n} = T_p（或 T_c）- EF_{i-n}$$

根据上述计算方法，可计算出各项工作的自由时差为

$$FF_{1-2} = ES_{2-3} - EF_{1-2} = 6 - 6 = 0$$

$$FF_{1-3} = ES_{3-5} - EF_{1-3} = 5 - 5 = 0$$

$$FF_{2-5} = ES_{5-6} - EF_{2-5} = 10 - 9 = 1$$

$$FF_{2-4} = \min\{ES_{4-6} - EF_{2-4}, ES_{4-5} - EF_{2-4}\} = \min\{0,0\} = 0$$

$$FF_{3-5} = ES_{5-6} - EF_{3-5} = 10 - 9 = 1$$

$$FF_{4-5} = ES_{5-6} - EF_{4-5} = 10 - 10 = 0$$

$$FF_{4-6} = T_c - EF_{4-6} = 12 - 12 = 0$$
$$FF_{5-6} = T_c - EF_{5-6} = 12 - 11 = 1$$

（5）确定关键工作和关键线路。本例中，由于按计算工期进行计算，故总时差为 0 的工作即为关键工作。所以，关键工作是 1—2、2—4 和 4—6；关键线路是 1—2—4—6。

以上计算示例所采用的计算方法是分析计算法，对于简单的网络计划一般可采用图上计算法。图上计算法是依据时间参数之间的关系，直接在网络图上进行计算，并将计算的结果在图上标注。其标注方法如图 3-24 所示。

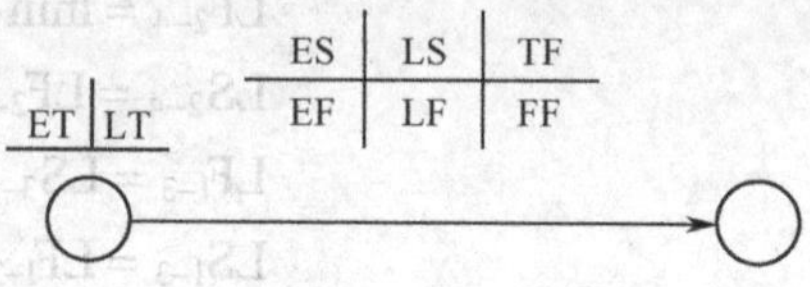

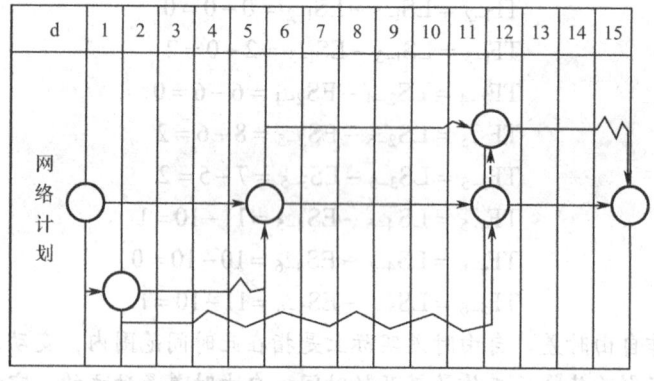

图 3-24　图上计算法网络参数标注方法

3.4.3　双代号时间坐标网络计划

1. 时间坐标网络计划的概念

时间坐标网络计划，简称时标网络计划，是以时间坐标为尺度编制的网络计划。双代号时标网络计划如图 3-25 所示。

| 网络计划 | d | 1 | 2 | 3 | 4 | 5 | 6 | 7 | 8 | 9 | 10 | 11 | 12 | 13 | 14 | 15 |

图 3-25　双代号时标网络计划

时标网络计划绘制在时标计划表上，时标的时间单位可根据需要，在编制时标网络计划之前确定，可以是小时、天、周、旬、月或季等。时间可标注在计划表的顶部，也可标注在底部，必要时可同时标注在顶部和底部。时标的长度单位必须注明，必要时，可在顶部时标之上或底部时标之下加注日历的对应时间。时标计划表中部的刻度线宜为细线，为使图面清晰，刻度线可以少画或不画。时标计划表的表达形式如表 3-7 和表 3-8 所示。

表 3-7　有日历时标计划表

日历																
时间	1	2	3	4	5	6	7	8	9	10	11	12	13	14	15	
网络计划																
时间	1	2	3	4	5	6	7	8	9	10	11	12	13	14	15	

时标网络计划的工作，以实箭线表示，自由时差以波形线表示，虚工作用虚箭线表示。当实箭线之后有波形线且其末端有垂直部分时，其垂直部分用实线绘制；当虚箭线有时差且

其末端有垂直部分时，其垂直部分用虚线绘制。

表 3-8　无日历时标计划表

时间	1	2	3	4	5	6	7	8	9	10
网络计划										
时间	1	2	3	4	5	6	7	8	9	10

时标网络计划的主要特点如下。

（1）兼有网络计划与甘特图两者的优点，能够清楚地表明计划的时间进程。

（2）能在图上直接显示各项工作的开始与完成时间、自由时差与关键线路。

（3）可以利用时标网络分析、监控进度偏差。

（4）可以利用时标网络编制资源计划，进行资源优化和调整。

时标网络计划主要适用于所含工作数量较少，工艺过程比较简单的项目。

2．时标网络计划的编制

（1）时标网络图绘制的基本要求。

① 时间长度是以箭线在时标计划表上的水平投影长度表示的，与其所代表的时间值相对应。

② 节点的中心必须对准时标的刻度线。

③ 虚工作必须用垂直虚箭线表示，有时差时用波形线表示。

时标网络的编制方法一般有两种。

一是间接绘制，即先计算非时标网络计划的时间参数，再按时间参数在时间计划表上进行绘制。可以按最早开始和最早完成时间绘制时标网络；也可以按最迟开始和最迟完成绘制时标网络；或优化后按照合理的开始和完成时间绘制时标网络。具体可以根据需要加以确定。国家行业标准《工程网络计划技术规程》（JGJ/T 121—2015）规定，双代号时标网络计划宜按最早时间编制。

二是直接绘制，即不计算网络时间参数，直接根据非时标网络图和每项工作所需要的时间在时间计划表上绘制。

（2）时标网络计划的编制步骤。

① 间接绘制法的编制步骤。

a. 根据项目分析表绘制双代号网络图。

b. 计算工作时间参数。

c. 绘制时标计划表。

d. 根据网络参数确定每项工作的开始时间，并将每项工作的箭尾节点定位于时标计划表上。

e. 按各工作的时间长度绘制相应工作的实线部分，使其在时间坐标上的水平投影长度等于工作的持续时间，用虚线绘制无时差的虚工作（垂直方向）。

f. 用波形线将实线部分与其紧后工作的开始节点连接起来，以表示工作的时差。

g. 进行节点编号。

② 直接绘制法的编制步骤。

a. 根据项目分析表绘制双代号无时标网络图。
　　b. 绘制时标计划表。
　　c. 将网络的起点节点定位在时标计划表的起始刻度线上。
　　d. 根据工作的持续时间在时标计划表上绘制起点节点的外向箭线。
　　e. 工作的箭头节点，定位于所有内向箭线完成时间最大值所在时间点。
　　f. 某些内向箭线长度不足以到达该箭头节点时，用波形线补足，若虚箭线的开始节点和结束节点之间有水平距离，亦以波形线补足，若无水平距离，则绘制垂直虚箭线。
　　g. 按上述方法自左至右依次确定其他节点的位置，直至终点节点定位，绘制完成。
　　h. 进行节点编号，完成编制工作。

3. 时标网络计划时间参数和关键线路的确定

（1）时标网络计划时间参数的确定。

① 计算工期的确定。网络的起点节点定位在时标表的起始刻度线上，终点节点表示网络的所有工作都已完成，其所在位置所对应的时标值表达了项目的完成时间。所以，时标网络计划的计算工期，应是其终点节点与起点节点所在位置的时标值之差。

② 最早时间的确定。在由直接绘制法编制而成的时标网络计划中，每条箭线箭尾节点中心所对应的时标值，表达了该工作的最早开始时间；箭线的实线部分右端（有自由时差）或箭头节点中心（无自由时差）所对应的时标值代表了该工作的最早完成时间。

③ 时差的判定与计算。按工作的最早开始时间绘制时标网络或采用直接绘制法所得到的时标网络，工作的自由时差在图中可以直观地反映出来。若用波形线表示自由时差，则波形线在坐标轴上的水平投影长度就表达了其自由时差的大小。

　　总时差不能从图中识别，需要进行计算。总时差是某线路上各项工作共有的时差，其值大于或等于其中任意一项工作的自由时差。因此，某工作的总时差除了本工作独用的自由时差必然是其中的一部分之外，还必然包括其紧后工作的总时差。如果本工作有多项紧后工作，只有取诸紧后工作总时差的最小值才不会影响总工期。所以，工作总时差等于其各项紧后工作的总时差值的最小值与本工作自由时差之和。

　　以终点节点（$j=n$）为箭头节点的工作的总时差应根据网络计划的计算工期或计划工期确定，即计算自右向左进行。

$$TF_{i-n} = T_c \text{（或 } T_p\text{）} - EF_{i-n}$$

其他工作的总时差应为

$$TF_{i-j} = FF_{i-j} + \min TF_{j-k}$$

式中，TF_{j-k} 表示工作 i–j 的紧后工作 j–k 的总时差。

　　根据工作参数之间的关系亦可以推导出工作的总时差与其自由时差和紧后工作总时差之间的上述关系，推导过程如下：

$$\begin{aligned}
TF_{i-j} &= LF_{i-j} - EF_{i-j} \\
&= \min\{LS_{j-k}\} - EF_{i-j} \\
&= \min\{ES_{j-k} + TF_{j-k}\} - EF_{i-j} \\
&= \min ES_{j-k} - EF_{i-j} + \min TF_{j-k} \\
&= FF_{i-j} + \min TF_{j-k}
\end{aligned}$$

④ 工作最迟时间的计算。工作的最早时间、总时差都已确定，工作的最迟时间即可根

据参数之间的关系计算出来，即

$$LS_{i-j}=ES_{i-j}+TF_{i-j}$$
$$LF_{i-j}=EF_{i-j}+TF_{i-j}$$

（2）关键线路的确定。在时标网络中，自终点节点向起点节点观察，凡自始至终不出现自由时差（波形线）的通路，即为关键线路。这说明在这条线路上，各项工作均无自由时差，也就不存在总时差，所以就是关键线路。

例4 某项目非时标网络图已绘制，如图3-26所示，采用直接绘制法绘制时标网络。

（1）建立时标计划表。

（2）确定1号节点所在位置。该节点是网络的起点节点，所以应定位于0点。

（3）确定2号节点所在位置。因为该节点是1-2工作的箭头节点，且工作时间为6，所以该节点位置应定位于6点。

（4）依次确定3、4、5和6号节点所在位置。

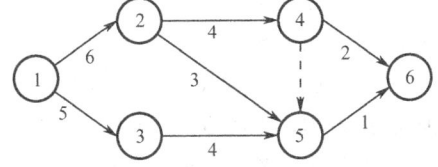

图3-26 非时标网络图

该时标网络如图3-27所示。

图3-27直观地表达出了每项工作的持续时间、最早开始时间和最早完成时间、自由时差、计算工期和关键线路。

根据该时标网络推算出每项工作的总时差。

例如，5-6工作的总时差：$TF_{5-6}=T_c-EF_{5-6}=12-11=1$。

3-5工作的总时差：$TF_{3-5}=FF_{3-5}+TF_{5-6}=1+1=2$。

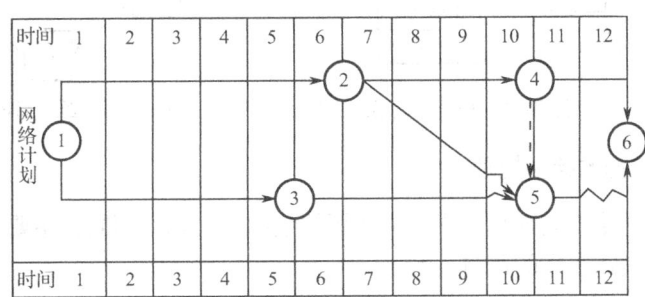

图3-27 时标网络

4-5工作的总时差：$TF_{4-5}=FF_{4-5}+TF_{5-6}=0+1=1$。

4-6工作的总时差：$TF_{4-6}=T_c-EF_{4-6}=12-12=0$。

2-4工作的总时差：$TF_{2-4}=FF_{2-4}+\min\{TF_{4-6},TF_{4-5}\}=0+\min\{0,1\}=0$。

2-5工作的总时差：$TF_{2-5}=FF_{2-5}+TF_{5-6}=1+1=2$。

根据工作的总时差，可推算出每项工作的最迟完成时间和最迟开始时间。

例如，工作3-5的最迟完成时间：$LF_{3-5}=EF_{3-5}+TF_{3-5}=9+2=11$。

工作2-5的最迟开始时间：$LS_{2-5}=ES_{2-5}+TF_{2-5}=6+2=8$。

3.4.4 单代号网络计划

根据绘图符号的不同，网络计划有双代号网络计划和单代号网络计划之分。我国自推广应用网络计划技术以来，用得较多的是双代号网络计划。双代号网络计划可以明确地表示工作之间的逻辑关系，各工作的时间参数易于计算，便于进行动态管理和网络优化，且可以编制成时间坐标网络。单代号网络计划具有易画易读、便于检查修改等优点，所以单代号网络也已在项目管理中获得了成功的应用。

1. 单代号网络图的基本结构

与双代号网络图一样，单代号网络图也是由节点、箭线、线路组成的，但其含义则与双代号网络不完全相同。

（1）节点。节点及其编号用于表达一项工作。该节点宜用圆圈或矩形表示，也可以用不规则形状表示，如图3-28所示。

（2）箭线。箭线表示两个相邻工作之间的逻辑关系，即紧前工作和紧后工作之间的关系。

（3）线路。线路的概念和意义与双代号的相同。

2. 单代号网络图逻辑关系的表达

在单代号网络图中，箭尾节点表示的工作是箭头节点的紧前工作；反之，箭头节点表示的工作是箭尾节点的紧后工作。

例如，A工作是B和C工作的紧前工作；D工作是B和C工作的紧后工作，则其单代号网络图如图3-29所示。

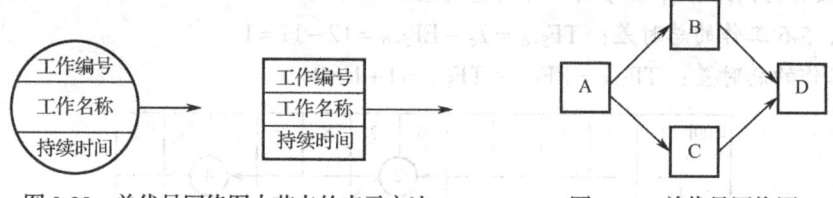

图3-28　单代号网络图中节点的表示方法　　图3-29　单代号网络图

3. 单代号网络图的绘图规则

单代号网络图的绘图规则与双代号网络图的绘图规则基本相同，主要有：

（1）必须正确表达工作的逻辑关系。

（2）严禁出现循环回路。

（3）不能出现双向箭头或无箭头的连线。

（4）不能出现无箭尾节点的箭线或无箭头节点的箭线。

（5）绘制网络图时，箭线不宜交叉；若交叉不可避免时，可采用过桥法或指向法，其画法与双代号网络图的相同。

（6）箭线的形状为直线或折线，箭线的方向取正向。

（7）只能有一个起点节点和一个终点节点。当网络图中出现多项无内向箭线的工作或多项无外向箭线的工作时，应在网络图的左端或右端分设网络图的起点节点（S）和终点节点（F）。

（8）节点必须编号，并满足严禁重复编号、箭尾节点的编号应小于箭头节点的编号等基本要求。一项工作必须有唯一的一个节点和唯一的一个编号。

4. 单代号网络图的绘图步骤

单代号网络图的绘图步骤与双代号网络的相同。

例5 某项目分析表如表3-9所示，绘制其单代号网络图。

表3-9 现浇混凝土水池项目分析表

序 号	工作名称	工作代号	紧后工作	持续时间（天）
1	挖土	A	B	3
2	垫层	B	E和F	2
3	材料准备	C	D	4
4	构配件加工	D	F	4
5	仓面准备	E	G	7
6	模板、钢筋安装	F	G	10
7	浇筑混凝土	G	—	3

根据表3-9，按照单代号网络图的绘图规则绘制单代号网络图，如图3-30所示。

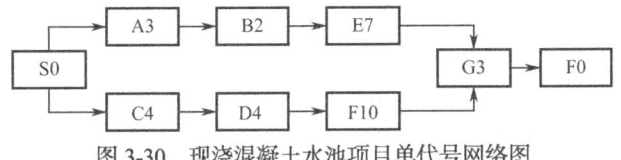

图3-30 现浇混凝土水池项目单代号网络图

5．单代号网络计划时间参数的计算

单代号网络计划时间参数包括：工作参数、工期和间隔时间。

（1）工作参数。单代号网络计划的工作参数包括的内容与双代号网络计划的完全相同，其概念也完全一致。单代号网络计划工作参数包括基本参数、最早参数、最迟参数和时差。

① 基本参数。基本参数指工作i的持续时间D_i。

② 最早参数。最早参数包括最早开始时间和最早完成时间。

a. 最早开始时间ES_i。工作i的最早开始时间ES_i应从网络计划的起点节点开始，顺着箭线的方向依次逐项计算。起点节点的最早开始时间，若无规定，其值应等于0，即

$$ES_i=0 \quad (i=1)$$

b. 其他工作的最早开始时间。i工作有多项紧前工作时：

$$ES_i = \max\{ES_h + D_h\} = \max EF_h$$

式中，ES_h表示工作i的紧前工作h的最早开始时间；EF_h表示工作i的紧前工作h的最早完成时间；D_h表示工作i的紧前工作h的持续时间。

i工作只有一项紧前工作时：

$$ES_i = EF_h$$

c. 最早完成时间EF_i为

$$EF_i = ES_i + D_i$$

③ 最迟参数。最迟参数包括最迟完成时间和最迟开始时间。

a. 最迟完成时间LF_i。工作i的最迟完成时间LF_i应从网络计划的终点节点开始，逆着箭线的方向依次逐项计算。终点节点所代表的工作n的最迟完成时间LF_n应根据网络计划的计算工期T_c或计划工期T_p计算，即

$$LF_n = T_p（或T_c）$$

单代号网络计划的计算工期：

$$T_c = \max\{EF_n\}$$

式中，EF_n表示网络终点节点所代表工作n的最早完成时间。

　　b. 其他工作i的最迟完成时间LF_i。i工作有多项紧后工作时：

$$LF_i = \min\{LF_j - D_j\} = \min LS_j$$

式中，LF_j表示i工作的紧后工作j的最迟完成时间；LS_j表示i工作的紧后工作j的最迟开始时间；D_j表示i工作的紧后工作j的持续时间。

　　i工作只有一项紧后工作j时：

$$LF_i = LS_j$$

　　c. 最迟开始时间LS_i。

$$LS_i = LF_i - D_i$$

④ 时差。工作i的总时差TF_i：

$$TF_i = LS_i - ES_i = LF_i - EF_i$$

工作i的自由时差FF_i：

$$FF_i = \min\{ES_j - EF_i\}$$
$$FF_i = \min\{ES_j - ES_i - D_i\}$$

j工作是i工作的紧后工作。

（2）工期和间隔时间。

单代号网络计划的计算工期的确定，前面已叙述，在此不再重复。

单代号网络计划的计划工期的确定与双代号网络相同。

间隔时间$LAG_{i,j}$是指从紧前工作i的最早完成时间到紧后工作j的最早开始时间之间的时间，表达了相邻两项工作之间的时间关系。

$$LAG_{i,j} = ES_j - EF_i$$

终点节点与其前项工作的时间间隔为

$$LAG_{i,n} = T_p（或T_c）- EF_i$$

式中，n表示终点节点，也可以表示虚拟的终点节点。

6. 关键工作和关键线路的确定

单代号网络计划关键工作的确定与双代号网络计划的相同。

（1）最大路长所在线路是关键线路。

（2）总时差最小的工作是关键工作。

（3）从起点节点开始到终点节点，所有工作之间的时间间隔均为0或所有工作的自由时差均为0的线路是关键线路。

单代号网络计划时间参数的计算可采用分析法、图上计算法、计算机算法等。

单代号网络计划时间参数的标注形式如图3-31所示。

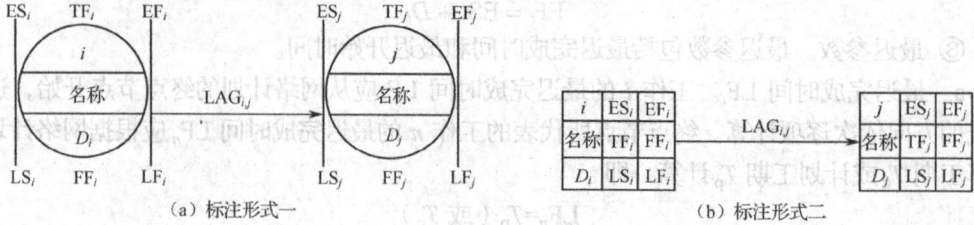

图3-31　单代号网络计划时间参数的标注形式

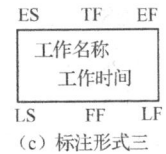

(c) 标注形式三

图 3-31 单代号网络计划时间参数的标注形式（续）

例 6 如表 3-10 所示是某项目分析表，根据该表编制单代号网络计划。

表 3-10 项目分析表

序　号	工作代号	紧后工作	持续时间（天）
1	A	C 和 D	6
2	B	E	5
3	C	F 和 G	4
4	D	G	3
5	E	G	4
6	F	—	2
7	G	—	1

（1）根据项目分析表，绘制单代号网络图，如图 3-32 所示。

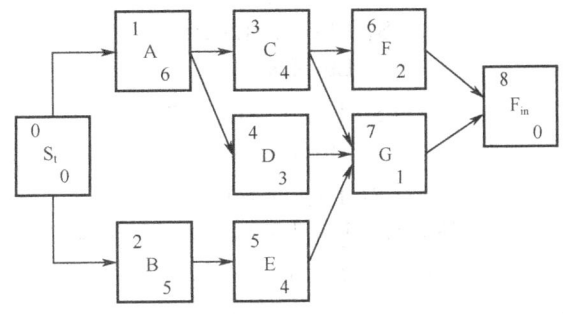

图 3-32 单代号网络图

（2）计算网络时间参数。采用分析法计算。

① 计算工作最早时间。网络的起点节点是虚设的，其节点编号为 0，持续时间、最早开始时间、最早完成时间均为 0。

A 工作的最早时间：

$$ES_1=EF_0=0$$

式中，EF_0 表示起点节点的最早完成时间。

$$EF_1=ES_1+D_1=0+6=6$$

B 工作的最早时间：

$$ES_2=EF_0=0$$
$$EF_2=ES_2+D_2=0+5=5$$

C 工作的最早时间：

$$ES_3=EF_1=6$$
$$EF_3=ES_3+D_3=6+4=10$$

D 工作的最早时间：
$$ES_4 = EF_1 = 6$$
$$EF_4 = ES_4 + D_4 = 6+3 = 9$$
E 工作的最早时间：
$$ES_5 = EF_2 = 5$$
$$EF_5 = ES_5 + D_5 = 5+4 = 9$$
F 工作的最早时间：
$$ES_6 = EF_3 = 10$$
$$EF_6 = ES_6 + D_6 = 10+2 = 12$$
G 工作的最早时间：
$$ES_7 = \max\{EF_3, EF_4, EF_5\} = \max\{10,9,9\} = 10$$
$$EF_7 = ES_7 + D_7 = 10+1 = 11$$

终点节点是虚设的，其持续时间为 0。
$$ES_8 = \max\{EF_6, EF_7\} = \max\{12,11\} = 12$$
$$EF_8 = ES_8 + 0 = 12 + 0 = 12$$

② 计算工作最迟时间。本例计算工期。
$$T_c = EF_8 = 12$$

终点节点的最迟时间：
$$LF_8 = T_c = 12$$
$$LS_8 = LF_8 - D_8 = 12 - 0 = 12$$
G 工作的最迟时间：
$$LF_7 = LS_8 = 12$$
$$LS_7 = LF_7 - D_7 = 12 - 1 = 11$$
F 工作的最迟时间：
$$LF_6 = LS_8 = 12$$
$$LS_6 = LF_6 - D_6 = 12 - 2 = 10$$
E 工作的最迟时间：
$$LF_5 = LS_7 = 11$$
$$LS_5 = LF_5 - D_5 = 11 - 4 = 7$$
D 工作的最迟时间：
$$LF_4 = LS_7 = 11$$
$$LS_4 = LF_4 - D_4 = 11 - 3 = 8$$
C 工作的最迟时间：
$$LF_3 = \min\{LS_6, LS_7\} = \min\{10, 11\} = 10$$
$$LS_3 = LF_3 - D_3 = 10 - 4 = 6$$
B 工作的最迟时间：
$$LF_2 = LS_5 = 7$$
$$LS_2 = LF_2 - D_2 = 7 - 5 = 2$$
A 工作的最迟时间：
$$LF_1 = \min\{LS_3, LS_4\} = \min\{6, 8\} = 6$$
$$LS_1 = LF_1 - D_1 = 6 - 6 = 0$$

起点节点的最迟开始时间和最迟完成时间均为 0。

③ 计算时差。A 工作的总时差：
$$TF_1 = LS_1 - ES_1 = 0 - 0 = 0$$
自由时差：
$$FF_1 = \min\{ES_3 - EF_1, ES_4 - EF_1\} = \min\{6-6, 6-6\} = 0$$

同理可得：$TF_2=2$, $FF_2=0$; $TF_3=0$, $FF_3=0$; $TF_4=2$, $FF_4=1$; $TF_5=2$, $FF_5=1$; $TF_6=0$, $FF_6=0$; $TF_7=1$, $FF_7=1$。

④ 计算相邻工作的间隔时间。A 和 C 之间的间隔时间：
$$LAG_{1,3} = ES_3 - EF_1 = 6 - 6 = 0$$
同理可得：$LAG_{1,4}=0$，$LAG_{2,5}=0$，$LAG_{3,6}=0$，$LAG_{3,7}=0$，$LAG_{4,7}=1$，$LAG_{5,7}=1$。

⑤ 确定关键工作和关键线路。本例中，总时差为 0 的工作是关键工作，即 A、C 和 F 是关键工作。根据关键工作可知，关键线路是 ①—①—③—⑥—⑧。

3.4.5 单代号搭接网络计划

1. 单代号搭接网络计划概念

前面所述的网络计划，其工作之间的逻辑关系是一种衔接关系，即紧前工作完成之后紧后工作才能开始。但实际上，可能会出现另外一些情况。例如，紧后工作的开始并不以紧前工作的完成为前提，只要紧前工作开始一段时间、能为紧后工作提供一定的开始工作的条件，紧后工作就可以开始。此类关系称为搭接关系。表达搭接关系的网络计划称为搭接网络计划。

搭接关系是指根据工艺要求或组织要求所确定的两个相邻工作之间的关系，其关系类型是由相邻两工作之间的不同时距决定的。时距是指相邻工作的时间差值。基本时距有完成到开始的时距、开始到开始的时距、开始到完成的时距、完成到完成的时距和混合的时距五种情况。

（1）完成到开始的时距：紧前工作 i 的完成时间到紧后工作 j 的开始时间之间的间隔时间，用 FTS（Finish To Start）或 FST（Finish Start Time）表示。这种搭接关系用横道图表示，如图 3-33 所示。

例如，房屋装修项目中油漆和安装玻璃两项工作之间的关系是：先油漆，干燥一段时间后才能安装玻璃。这种关系就是 FST 关系。若干燥需要 3 天，则搭接关系为 FTS=3。

当 FTS=0 时，就是工作之间的正常先后关系。因此，可以将正常的先后关系看作搭接关系的一种特殊的表现形式。

完成到开始搭接关系中，各时间参数之间的关系如下：

$$ES_j = EF_i + FST$$
$$EF_i = ES_j - FST$$
$$LF_i = LS_j - FST$$
$$LS_j = LF_i + FST$$

（2）开始到开始的时距：紧前工作 i 的开始到紧后工作 j 开始的间隔时间，用 STS（Start To Start）或 SST（Start Start Time）表示，如图 3-34 所示。

图 3-33　FST 搭接关系示意图　　　　图 3-34　SST 搭接关系示意图

图 3-34 表示工作 i 开始一段时间后，j 工作就可以开始。例如，道路工程中铺设路基和浇筑路面两项工作之间，路基开始一定时间为浇筑路面创造一定工作条件之后，即可开始浇筑路面。

开始到开始搭接关系中，各时间参数之间的关系如下：

$$ES_j = ES_i + SST$$
$$LS_j = LS_i + SST$$

（3）开始到完成的时距：开始到完成的时距是指紧前工作的开始时间到紧后工作的完成

时间的间隔时间，用 STF（Start To Finish）或 SFT（Start Finish Time）表示，如图 3-35 所示。

开始到完成搭接关系中，各时间参数之间的关系如下：

$$EF_j = ES_i + SFT$$

$$LS_i = LF_j - SFT$$

图 3-35 中，i 工作开始一段时间间隔后，j 工作必须完成。例如，挖掘含有地下水的基础，地下水位以上部分的基础可以在降低地下水位之前就进行挖掘；地下水位以下部分的基础则必须在降低地下水位以后才能开始。也就是说，降低地下水位的完成与何时挖掘地下水位以下部分的基础有关，而降低地下水位何时开始则与挖土的开始无直接关系。若设挖地下水位以上的基础土方需 10 天，则挖土方与降水位工作关系图如图 3-36 所示。

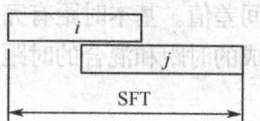

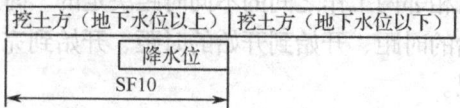

图 3-35 SFT 搭接关系示意图　　　　图 3-36 挖土方与降水位工作关系图

（4）完成到完成的时距：紧前工作 i 的完成时间到紧后工作 j 的完成时间之间的间隔时间，用 FTF（Finish To Finish）或 FFT（Finish Finish Time）表示，如图 3-37 所示。

完成到完成搭接关系中，各时间参数之间的关系如下：

$$EF_j = EF_i + FFT$$

$$LF_i = LF_j - FFT$$

一般来说，当紧前工作的作业速度小于紧后工作时，则必须考虑为紧后工作留有充分的余地，否则紧后工作将可能因无工作面而无法进行。例如，某工程的主体建筑，分两个施工段组织流水施工，每段每层砌筑为 4 天。则第一个施工段砌筑完成后转移到第二个施工段进行砌筑，第一个施工段进行板的吊装。由于板的吊装所需时间较短，所以不一定要求砌墙后立即吊装板，但必须在砌墙完成后的第 4 天完成板的吊装，以至于不影响砌墙人员进入并进行上一层的砌筑，这就形成了 FFT 搭接关系，如图 3-38 所示。

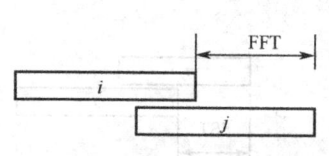

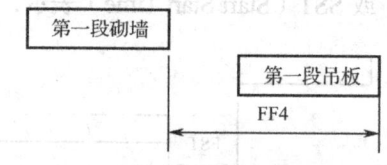

图 3-37 FFT 搭接关系示意图　　　　图 3-38 砌墙与吊板搭接关系

（5）混合时距。除了上述 4 种基本搭接关系之外，两个相邻工作之间还有可能同时存在两种以上的搭接关系，这种搭接关系称为混合时距。混合时距状态下，应分别按照各种时距计算出一组参数，然后取其中使得所有搭接关系都能得以满足的一组参数。

例如，管道工程，挖管沟（A）和铺设管道（B）两工作分段进行，两工作开始到开始的间隔时间为 4 天，即铺设管道至少需 4 天后才能开始。若按 4 天后开始铺设管道，且连续进行，则由于铺设管道持续时间短，挖管沟的第二阶段尚未完成，而铺设管道人员已进点，这就出现了矛盾。为了解决这一矛盾，除了应考虑 STS 限制时间外，还应考虑完成到完成的限制时间，如设 FTF=2 天才能保证项目的顺利进行，如图 3-39 所示。

混合连接关系的时间参数计算公式如下。

最早时间计算:
$$ES_j = ES_i + SST$$
$$EF_j = ES_j + D_j$$
$$EF_j = EF_i + FFT$$
$$ES_j = EF_j - D_j$$

根据计算结果取最大值。

最迟时间计算:
$$LS_i = LS_j - SST$$
$$LF_i = LS_i + D_i$$
$$LF_i = LF_j - FFT$$
$$LS_i = LF_i - D_i$$

同样,根据计算结果取最小值。

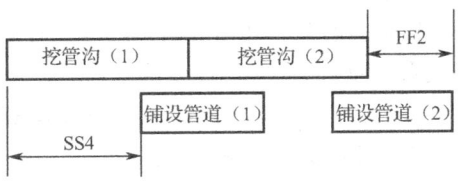

图 3-39 挖管沟和铺设管道工作关系

2. 搭接网络图的绘制

工作之间的搭接关系可以用双代号网络图表示,但更多的是用单代号搭接网络图表示。单代号搭接网络图的绘制主要根据各种搭接时距的表示方法进行。

例7 某工作 A,工时为 10 天,其紧后工作是 B,工时为 12 天,两项工作之间存在 SS4 的关系,用双代号搭接网络和单代号搭接网络表示,如图 3-40 所示。

(a) 双代号网络表示搭接　　　　　　(b) 单代号网络表示搭接

图 3-40 搭接关系表示方法

显然,单代号搭接网络计划要比一般双代号搭接网络计划简单得多。

3. 单代号搭接网络计划参数的计算

单代号搭接网络计划与单代号网络计划和双代号网络计划时间参数的内容基本相同,计算原理也基本相同。由于搭接网络具有几种不同形式的搭接关系,所以其参数的计算要复杂一些。

(1) 计算工作参数。

例8 某项目中 4 项工作之间的关系如图 3-41 所示,相关参数标在图中,计算 E 和 F 工作的最早参数,以及 C 和 D 工作的最迟参数。

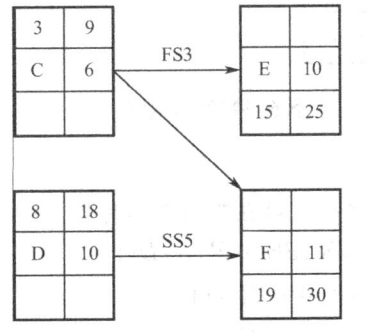

图例:

ES	EF
工作代号	工时
LS	LF

图 3-41 单项搭接情况下的参数计算示例

分析：

E 工作的最早开始时间：E 工作的紧前工作有一项，且存在搭接关系。所以，应考虑搭接关系，即

$$ES_E = EF_E + FS_3 = 9 + 3 = 12$$

E 工作的最早完成时间：

$$EF_E = ES_E + D_E = 12 + 10 = 22$$

F 工作的最早开始时间：F 工作有两项紧前工作，与 D 工作之间存在着搭接关系。所以

$$ES_F = \max\{EF_C, ES_D + SS_5\} = \max\{9, 8+5\} = 13$$

F 工作的最早完成时间：

$$EF_F = ES_F + D_F = 13 + 11 = 24$$

C 工作有两项紧后工作，且与 E 工作之间存在着搭接关系。所以，C 工作的最迟必须完成时间为

$$LF_C = \min\{LS_F, LS_E - FS_3\} = \min\{19, 15-3\} = 12$$

最迟必须开始时间为：

$$LS_C = LF_C - D_C = 12 - 6 = 6$$

D 工作有一项紧后工作，且存在搭接关系。所以

$$LS_D = LS_F - SS_5 = 19 - 5 = 14$$

$$LF_D = LS_D + D_D = 14 + 10 = 24$$

两项工作之间如果存在着混合搭接关系，则计算最早开始时间或最早完成时间时，分别计算并取最大值；计算最迟开始时间或最迟完成时间时，分别计算并取最小值。

⬇ 例9 某项目中 4 项工作之间的关系如图 3-42 所示，相关参数标在图中，计算 E 和 F 工作的最早参数，以及 C 和 D 工作的最迟参数。

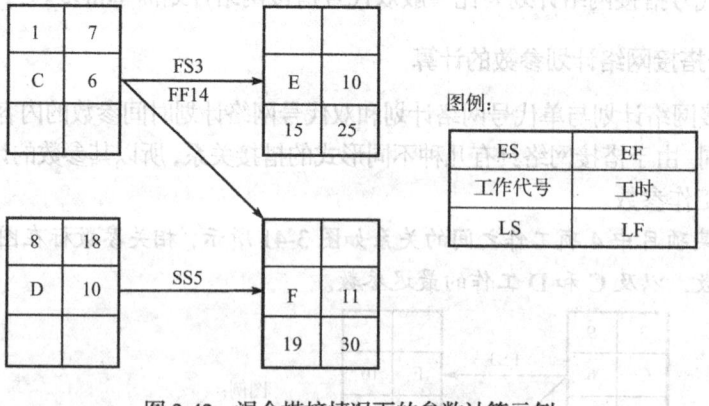

图 3-42 混合搭接情况下的参数计算示例

分析：

E 工作的最早参数：E 工作有一项紧前工作，存在两项搭接关系。所以

$$ES_E = \max\{EF_C + FS_3, EF_C + FF_{14} - D_E\}$$
$$= \max\{7+3, 7+14-10\} = 11$$

$$EF_E = 11 + 10 = 21$$

F 工作的最早参数：
$$ES_F = \max\{EF_C, ES_D + SS_5\} = \max\{7, 8+5\} = 13$$
$$EF_F = ES_F + D_F = 13 + 11 = 24$$

C 工作的最迟参数：C 工作有两项紧后工作，且与 E 工作之间存在混合搭接关系。所以
$$LF_C = \min\{LS_E - FS_3, LF_E - FF_{14}, LS_F\} = \min\{15-3, 25-14, 19\} = 11$$
$$LS_C = LF_C - D_C = 11 - 6 = 5$$

D 工作的最迟参数：
$$LS_D = LS_F - SS_5 = 19 - 5 = 14$$
$$LF_D = LS_D + D_D = 14 + 10 = 24$$

两项工作之间如果存在着搭接关系，则应根据搭接的类型计算两项工作之间的间隔时间，不同的搭接，计算公式也不相同。而某项工作的自由时差则等于该项工作与所有紧后工作之间时间间隔的最小值。

例如，i 和 j 两项工作之间存在 FST 的搭接关系，且 j 工作还有其他紧前工作，则 j 工作与 i 工作之间的关系如图 3-43 所示。

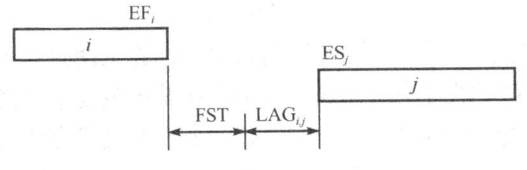

图 3-43　时间间隔计算

根据图 3-43 可得出 i 和 j 工作之间的时间间隔计算式：
$$LAG_{i,j} = ES_j - EF_i - FST$$

同理，可得其他三种搭接关系情况下的时间间隔计算式：
$$LAG_{i,j} = EF_j - EF_i - FFT$$
$$LAG_{i,j} = ES_j - ES_i - SST$$
$$LAG_{i,j} = EF_j - ES_i - SFT$$

如果两项工作之间存在混合搭接，则应分别计算并取最小值。

↘ 例10　某项目中的 4 项工作之间的关系如图 3-44 所示，每项工作的工时、最早参数、最迟参数和工作之间的搭接关系标在图中，分别计算 C 工作与 E 工作之间、C 工作与 F 工作之间、D 工作与 F 工作之间的间隔时间，以及 C 和 D 两项工作的自由时差。

分析：

C 工作与 E 工作之间的间隔时间：C 工作与 E 工作之间存在着两种搭接关系，所以应分别计算，取最小值，即
$$LAG_{C,E} = \min\{ES_E - EF_C - FS_3, EF_E - EF_C - FF_{14}\}$$
$$= \min\{11 - 7 - 3, 21 - 7 - 14\} = 0$$

C 工作与 F 工作之间的间隔时间：C 工作与 F 工作之间不存在搭接关系，所以
$$LAG_{C,F} = ES_F - EF_C = 13 - 7 = 6$$

D 工作与 F 工作之间的间隔时间：D 工作与 F 工作之间存在单项搭接关系，所以

$$LAG_{D,F} = ES_F - ES_D - SS_5 = 13 - 8 - 5 = 0$$

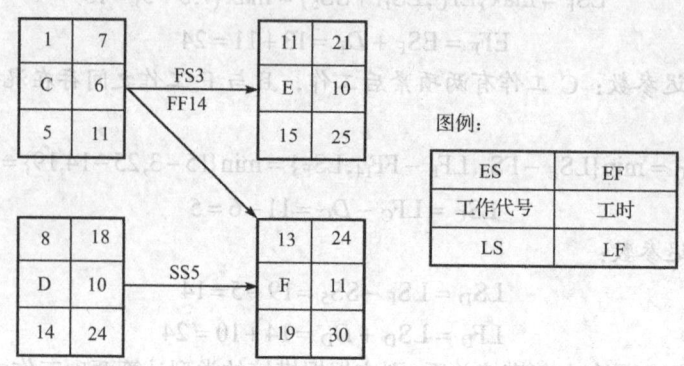

图 3-44 混合搭接情况下的时间间隔和自由时差计算示例

C 工作的自由时差：C 工作有两项紧后工作，所以
$$FF_C = \min\{LAG_{C,E}, LAG_{C,F}\} = \min\{0, 6\} = 0$$
D 工作的自由时差：D 工作仅有一项紧后工作，所以
$$FF_D = LAG_{D,F} = 0$$

（2）计算工期的确定。对于一般网络计划来说，计算工期就等于网络计划最后工作最早完成时间的最大值。但对于搭接网络计划，由于存在着比较复杂的搭接关系，这就使得其最后的终点节点的最早完成时间有可能小于前面某些节点的最早完成时间。所以，单代号搭接网络计划的计算工期 T_c 应取所有工作最早完成时间的最大值，即
$$T_c = \max EF_i$$

（3）搭接网络参数计算的特殊性。在计算工作的最迟参数时，应紧紧围绕最迟参数的概念。当根据搭接关系计算的某工作的最迟完成时间超出工期时，则该工作的最迟完成时间应等于工期。

例 11 某网络图如图 3-45 所示，已知部分网络参数，计算网络计划的计算工期和各工作的最迟参数。

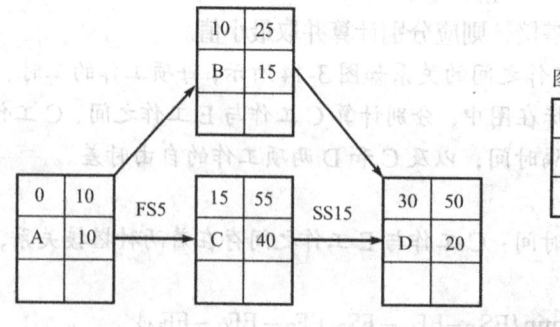

图 3-45 搭接网络的计算工期和最迟参数计算示例

分析：
计算工期的计算：
$$T_c = \max EF_i = 55$$

D 工作的最迟完成时间：$LF_D = T_c = 55$

D 工作的最迟开始时间：$LS_D = LF_D - D_D = 55 - 20 = 35$

C 工作的最迟完成时间：$LF_C = LS_D - SS_{15} + D_C = 35 - 15 + 40 = 60 > T_c$，与最迟完成时间参数的含义相违。所以，取

$$LF_C = T_c = 55$$

C 工作的最迟开始时间：$LS_C = LF_C - D_C = 55 - 40 = 15$

B 工作的最迟完成时间：$LF_B = LS_D = 35$

B 工作的最迟开始时间：$LS_B = LF_B - D_B = 35 - 15 = 20$

A 工作的最迟完成时间：$LF_A = \min\{LS_C - FS5, LS_B\} = \min\{15 - 5, 20\} = 10$

A 工作的最迟开始时间：$LS_A = LF_A - D_A = 10 - 10 = 0$

当根据搭接关系计算时，某些工作的开始时间有可能小于 0，这是不符合逻辑的，所以令其等于 0。

（4）搭接网络关键线路的确定。搭接网络关键线路的确定方法与其他网络计划的相同，即根据路长、总时差或自由时差确定关键线路；也可以根据工作之间的间隔时间（$LAG_{i,j}$）加以确定，从网络起点到终点，如果某条线路中所有工作之间的间隔时间都为 0，则该线路为关键线路。

（5）单代号搭接网络参数计算示例。

例12 某单代号搭接网络图如图 3-46 所示。计算网络参数，确定计算工期和关键线路。

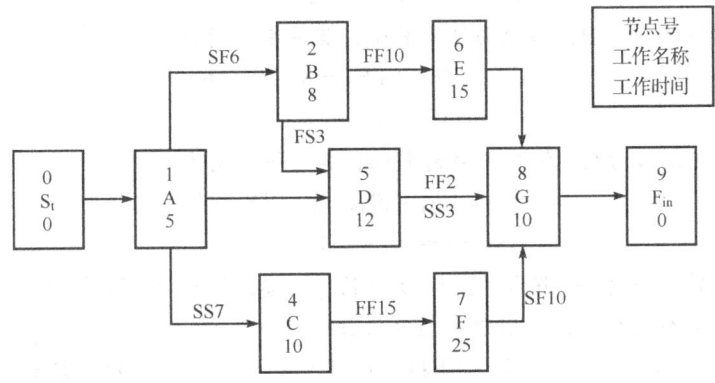

图 3-46 单代号搭接网络图

单代号搭接网络参数的计算应在确定了各项工作的持续时间和各项工作搭接关系之后进行。搭接关系是根据组织或工艺要求确定的。

（1）工作最早时间的计算。工作最早时间的计算应从起点节点开始依次进行。只有紧前工作计算完毕，才能计算本工作。计算最早时间按以下要求进行：

① 凡与起点节点（虚设）相连的工作，其最早开始时间都为 0；

② 其他工作的最早时间根据时距计算；

③ 计算工作最早时间可能会出现负值，这是不符合逻辑的，故应将该工作与起点节点用虚箭线相连，并确定其时距为 STS=0。

本例中，各工作的最早时间分别为

A 工作：
$$ES_0=0$$
$$EF_0=0$$
$$ES_1=ES_0=0$$
$$EF_1=ES_1+D_1=0+5=5$$

B 工作：其紧前工作为 A，搭接关系为 SF_6，所以
$$EF_2 = ES_1 + SF_6 = 0+6 = 6$$
$$ES_2 = EF_2 - D_2 = 6-8 = -2$$

B 工作的最早开始时间为负数，这是不符合逻辑的。B 工作的最早开始时间只能大于或等于 0，在此设 $ES_2=0$，且在起点节点与 B 节点之间增加一条虚箭线，如图 3-47 所示。

重新计算 B 工作的最早完成时间：
$$EF_2=ES_2+D_2=0+8=8$$

C 工作：紧前工作为 A，搭接关系 SS_7，所以
$$ES_4=ES_1+SS_7=0+7=7$$
$$EF_4=ES_4+D_4=7+10=17$$

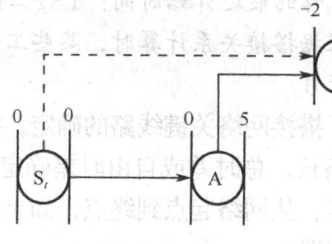

图 3-47 用虚箭线将起点节点与 B 工作相连

D 工作：紧前工作为 A 和 B，与 B 工作搭接关系为 FS_3，其最早时间计算公式为
$$ES_5 = \max\{EF_1, EF_2 + FS_3\} = \max\{5, 8+3\} = 11$$
$$EF_5 = ES_5 + D_5 = 11+12 = 23$$

E 工作：紧前工作为 B，搭接关系为 FF_{10}，其最早时间为
$$EF_6 = EF_2 + FF_{10} = 8+10 = 18$$
$$ES_6 = EF_6 - D_6 = 18-15 = 3$$

F 工作：紧前工作为 C，搭接关系为 FF_{15}，其最早时间为
$$EF_7 = EF_4 + FF_{15} = 17+15 = 32$$
$$ES_7 = EF_7 - D_7 = 32-25 = 7$$

G 工作：紧前工作为 D、E 和 F，与 D 为混合搭接，与 F 为 SF_{10} 搭接，其最早时间应根据这几种搭接关系分别计算，并取最大值作为最终结果。
$$ES_8 = \max\{EF_6, EF_5 + FTF - D_8, ES_5 + STS, ES_7 + STF - D_8\}$$
$$= \max\{18, 23+2-10, 11+3, 7+10-10\} = 18$$
$$EF_8 = ES_8 + D_8 = 18+10 = 28$$

终点节点：其紧前工作是 G，所以
$$ES_9 = EF_8 = 28$$
$$EF_9 = ES_9 + D_9 = 28+0 = 28$$

（2）计算工期的确定。F 工作的最早完成时间为 32 天，而终点节点的最早完成时间则是 28 天。所以，该网络计划的计算工期应为 32 天，并应在终点节点和 7 号节点之间增加一条虚箭线，如图 3-48 所示。

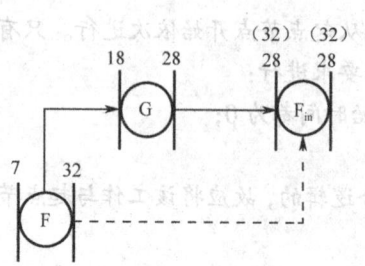

图 3-48 用虚箭线将 F 工作与终点节点相连

终点节点的最早时间应重新计算：

$$ES_9 = EF_7 = 32$$
$$EF_9 = ES_9 + D_9 = 32 + 0 = 32$$

（3）工作最迟时间的计算。终点节点：终点节点的最迟时间应以不影响工期为原则进行计算，即

$$LF_9 = T_c = 32$$
$$LS_9 = LF_9 - D_9 = 32 - 0 = 32$$

G 工作：G 工作与终点节点相连，所以

$$LF_8 = LS_9 = 32$$
$$LS_8 = LF_8 - D_8 = 32 - 10 = 22$$

F 工作：F 工作与终点节点相连，所以其最迟时间应为

$$LF_7 = LS_9 = 32$$
$$LS_7 = LF_7 - D_7 = 32 - 25 = 7$$

E 工作：只有一个紧后工作 G，且无搭接关系，因此

$$LF_6 = LS_8 = 22$$
$$LS_6 = LF_6 - D_6 = 22 - 1 = 21$$

D 工作：有一个紧后工作 G，且为混合搭接关系，则

$$LF_5 = \min\{LF_8 - FF_2, LS_8 - SS_3 + D_5\} = \min\{32-2, 22-3+12\} = 30$$
$$LS_5 = LF_5 - D_5 = 30 - 12 = 18$$

C 工作：紧后工作是 F，且为 FF_{15} 搭接关系，其最迟时间为

$$LF_4 = LF_7 - FF_{15} = 32 - 15 = 17$$
$$LS_4 = LF_4 - D_4 = 17 - 10 = 7$$

B 工作：紧后工作是 D 和 E，其搭接关系分别为 FF_{10} 和 FS_3，其最迟时间为

$$LF_2 = \min\{LF_6 - FF_{10}, LS_5 - FS_3\} = \min\{22-10, 18-3\} = 12$$
$$LS_2 = LF_2 - D_2 = 12 - 8 = 4$$

A 工作：A 工作的紧后工作是 B、C 和 D，其最迟时间应为

$$LF_1 = \min\{LF_3 - SF_6 + D_1, LS_4 - SS_7 + D_1, LS_5\}$$
$$= \min\{12 - 6 + 5, 7 - 7 + 5, 18\} = 5$$
$$LS_1 = LF_1 - D_1 = 5 - 5 = 0$$

起点节点：其紧后工作是 A 和 B，且为一般搭接关系，则

$$LF_0 = \min\{LS_3, LS_1\} = \min\{4, 0\} = 0$$
$$LS_0 = LF_0 - D_0 = 0$$

（4）相邻工作间隔时间（$LAG_{i,j}$）的计算。

$$LAG_{0,1} = ES_1 - EF_0 = 0 - 0 = 0$$
$$LAG_{0,2} = 0 - 0 = 0$$
$$LAG_{1,2} = EF_2 - ES_1 - SF_6 = 8 - 0 - 6 = 2$$
$$LAG_{1,4} = ES_4 - ES_1 - SS_7 = 7 - 0 - 7 = 0$$
$$LAG_{1,5} = ES_5 - EF_1 = 11 - 5 = 6$$
$$LAG_{2,5} = ES_5 - EF_2 - FS_3 = 11 - 8 - 3 = 0$$
$$LAG_{2,6} = EF_6 - EF_2 - FF_{10} = 18 - 8 - 10 = 0$$

$$LAG_{4,7} = EF_7 - EF_4 - FF_{15} = 32 - 17 - 15 = 0$$
$$LAG_{5,8} = \min\{ES_8 - ES_5 - SS_3, EF_8 - EF_5 - FF_2\}$$
$$= \min\{18 - 11 - 3, 28 - 23 - 2\} = 3$$
$$LAG_{6,8} = ES_8 - EF_6 = 18 - 18 = 0$$
$$LAG_{7,8} = EF_8 - ES_7 - SF_{10} = 28 - 7 - 10 = 11$$
$$LAG_{7,9} = ES_9 - EF_7 = 32 - 32 = 0$$
$$LAG_{8,9} = ES_9 - EF_8 = 32 - 28 = 4$$

（5）时差计算。搭接网络计划与其他网络计划一样，由多条线路组成，且每条线路的长度不尽相同，其中最长的线路称为关键线路，关键线路的长度决定了项目计算工期。其他线路的长度都短于关键线路，称为非关键线路。由于搭接网络中，工作之间的关系不是衔接关系，因此，线路的路长并不等于该线路上所有工作持续时间之和，而应该根据搭接关系加以确定。

对于线路 0—1—4—7—9，由于 0 号节点和 9 号节点是虚设的起点节点和终点节点，其持续时间为 0，所以，本线路的路长主要取决于 A、C 和 F 三项工作的持续时间以及工作之间的搭接关系。图 3-49 表示了这三项工作的上述内容。

该线路的长度应为

$$SS_7 + 10 + FF_{15} = 7 + 10 + 15 = 32$$

同理可计算出其他各条线路的长度。

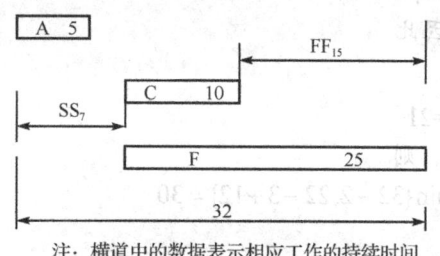

注：横道中的数据表示相应工作的持续时间

图 3-49 确定线路长度示意图

搭接网络计划的工作总时差计算与一般网络计划的相同，即

$$TF_i = LS_i - ES_i = LF_i - EF_i$$

本例中，各工作的总时差分别为

$$TF_0 = LS_0 - ES_0 = 0$$
$$TF_1 = LS_1 - ES_1 = 0 - 0 = 0$$
$$TF_2 = LS_2 - ES_2 = 4 - 0 = 4$$
$$TF_4 = LS_4 - ES_4 = 7 - 7 = 0$$
$$TF_5 = LS_5 - ES_5 = 18 - 11 = 7$$
$$TF_6 = LS_6 - ES_6 = 7 - 3 = 4$$
$$TF_7 = LS_7 - ES_7 = 7 - 7 = 0$$
$$TF_8 = LS_8 - ES_8 = 22 - 18 = 4$$
$$TF_9 = LS_9 - ES_9 = 32 - 32 = 0$$

搭接网络中，工作自由时差的概念与一般网络计划的相同，但由于存在着不同的搭接关系，所以，自由时差的计算与搭接关系有关。

当工作 i 只有一项紧后工作 j 时，FF_i 的计算方法与计算 $LAG_{i,j}$ 的方法相同，即

$$FF_i = LAG_{i,j}$$

当 i 工作有两项以上的紧后工作时，则取各 $LAG_{i,j}$ 中的最小值。

本例中，各工作的自由时差分别为

$$FF_0 = \min\{LAG_{0,1}, LAG_{0,2}\} = 0$$
$$FF_1 = \min\{LAG_{1,2}, LAG_{1,4}, LAG_{1,5}\} = 0$$

$$FF_2 = \min\{LAG_{2,5}, LAG_{2,6}\} = 0$$
$$FF_4 = LAG_{4,7} = 0$$
$$FF_5 = LAG_{5,8} = 3$$
$$FF_6 = LAG_{6,8} = 0$$
$$FF_7 = \min\{LAG_{7,8}, LAG_{7,9}\} = \min\{11, 0\} = 0$$
$$FF_8 = LAG_{8,9} = 4$$

终点节点自由时差为 0，即
$$FF_9 = 0$$

需要注意的是，起点节点和 F 工作自由时差的计算必须按照调整后的工作关系计算。

（6）关键工作和关键线路的确定。单代号搭接网络计划的关键工作是总时差最小的工作。若从起点节点开始顺着箭线的方向到终点节点，所有工作的总时差均最小，则该线路是关键线路。可见，本例的关键工作是 A、C 和 F；关键线路是 0—1—4—7—9。

仅根据 LAG 也可确定关键线路：从起点节点顺着箭线的方向到终点节点，若所有工作之间的间隔时间均为 0，则该线路是关键线路。只有 LAG=0 从起点到终点贯通的线路才是关键线路。

3.4.6 网络计划优化

按照上述方法所编制的网络计划仅是一个初始方案，这种方案可能存在某些问题。例如，在时间方面，可能超出了要求工期；在资源方面，可能出现供不应求的情况，也可能出现不平衡状况；或在时间和资源方面的潜力尚未得到最佳的发挥。因此，要使项目进度计划如期实现，并使项目工期短、质量优、资源消耗少、成本低，就必须用最优化原理调整和改进初始网络计划，这就是网络计划的优化问题。网络计划优化，就是在满足既定的约束条件下，按某一目标，通过不断调整，寻找最优网络计划方案的过程。网络计划优化包括工期优化、资源优化和工期-费用优化三方面。

1. 工期优化

（1）工期优化的概念。工期优化也可称为时间优化，是当网络计划计算工期不能满足要求工期时，通过不断压缩关键线路上的关键工作的持续时间等措施，达到缩短工期、满足要求工期的目的。

缩短工期的主要途径包括：
① 压缩工作时间，即采取措施使网络计划中的某些关键工作的持续时间尽可能缩短。
② 调整工作关系，即将某些串行的工作关系调整为平行作业或搭接关系。

（2）工期优化的步骤。工期优化的主要步骤包括：
① 计算并确定初始网络计划的计算工期、关键线路和关键工作。
② 确定应缩短的时间。
③ 确定各关键工作能缩短的持续时间。
④ 选择优化对象。选择调整对象（关键工作）考虑的主要因素包括：有调整余地；对质量和安全影响较小；有充足备用资源；所需增加的资源量最少；所需增加的费用最少。
⑤ 压缩所选关键工作的持续时间，并重新计算网络计划的计算工期。当所压缩的关键

工作变为非关键工作时，则应延长其持续时间，使之仍为关键工作。

⑥ 重复以上步骤，直到满足工期要求为止。

（3）优化示例。工期优化通常是分步实施的，每步优化都需要确定关键线路的变化状态，每步优化都必须在关键线路上进行，否则优化就是无效的。

例13 某工期优化网络图如图 3-50 所示，若要求工期为 30 天，项目的间接费费率为 100 元/天，试进行工期优化，以最少的费用满足工期要求。

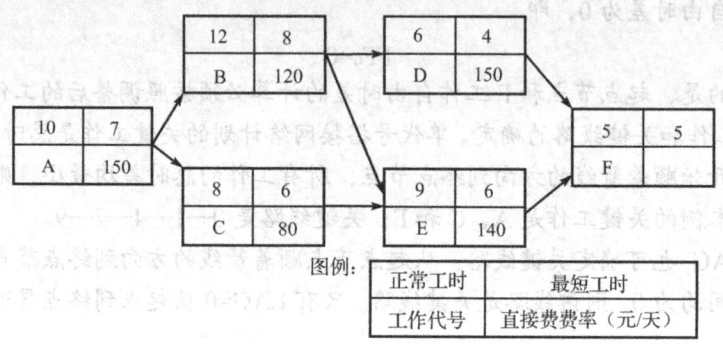

图 3-50 工期优化网络图

优化步骤如下。

（1）计算并确定网络计划的计算工期和关键线路。根据路长确定该网络计划的计算工期：

$$T_c = 36 \text{（天）}$$

关键线路：A—B—E—F。

（2）确定调整量。为了满足工期要求，工期需缩短 10 天。

（3）优化。第一次优化：考虑是否有调整余地和增加费用最少等因素，选择 B 工作为第一次优化对象，调整的时间为 4 天（12-8）。调整后的结果如图 3-51 所示。

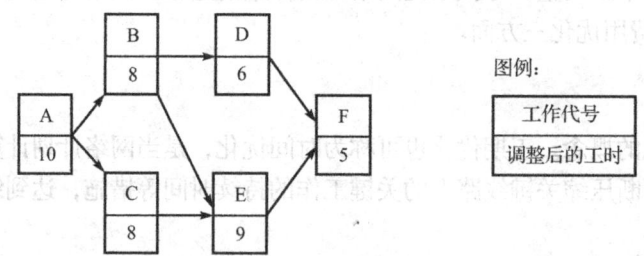

图 3-51 第一次调整后的网络图

调整后，计算工期为 32 天，较初始计划缩短了 4 天。
本次调整需要增加直接费：4×120=480（元）。
减少间接费：　　　　　4×100=400（元）
增加总费用：　　　　　480-400=80（元）
调整后的关键线路：A—B—E—F；A—C—E—F。
第二次优化：E 工作是两条关键线路共有的工作，且直接费费率最小，所以本次调整对象为 E 工作。E 工作有 3 天的调整余地，但要满足工期要求只需要调整 2 天，所以本次调整 2 天。调整后的结果如图 3-52 所示。

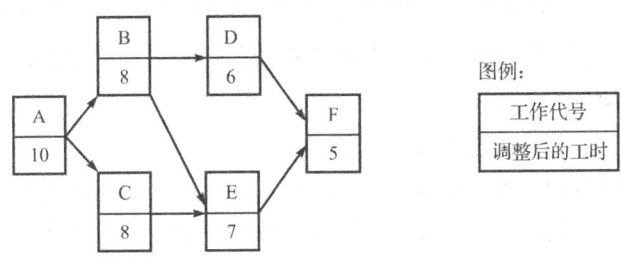

图 3-52 第二次调整后的网络图

调整后计算工期为 30 天，已满足工期要求。
本次调整需要增加直接费：　　2×140=280（元）
减少间接费：　　　　　　　　2×100=200（元）
增加总费用：　　　　　　　　280–200=80（元）
累计增加费用：　　　　　　　80+80=160（元）
调整后的关键线路：A—B—E—F；A—C—E—F。

2. 资源优化

项目的资源需求通常存在两类问题：其一，由于某些客观因素的影响，能够提供的各种资源的数量往往是有限的，而不能满足项目的需求，即存在供需矛盾；其二，在计划工期内的某些时段出现资源需求的"高峰"，而在另一时段内则可能出现资源需求的"低谷"，且"高峰"和"低谷"相差很大，即资源需求的不均衡。网络计划的资源优化，就是力求解决这种资源的供需矛盾或实现资源的均衡利用。

（1）"资源有限，工期最短"的优化。"资源有限，工期最短"的优化，是指通过优化，使单位时间内资源的最大需求量小于资源供应量，且对工期的影响最小。

解决资源供需矛盾的途径是：提高供应量和降低需求量。

以下主要介绍降低需求量所采用的方法。

通过推迟某些工作的开始、完成时间或延长其持续时间可降低在某时间段内的资源需求量。

选择调整对象的方法有两种。

① 计算法。就网络计划的类型不同，计算公式亦不相同。

双代号网络计划：

$$\Delta T_{m-n,i-j} = EF_{m-n} - LS_{i-j}$$
$$\Delta T_{m'-n',i'-j'} = \min\{\Delta T_{m-n,i-j}\}$$

式中，$\Delta T_{m-n,i-j}$ 表示在超过资源限量的时段中，工作 i–j 安排在工作 m–n 之后进行，工期所延长的时间；$\Delta T_{m'-n',i'-j'}$ 表示在各种顺序安排中，最佳顺序安排所对应的工期延长时间的最小值。

单代号网络计划：

$$\Delta T_{m,i} = EF_m - LS_i$$
$$\Delta T_{m',i'} = \min\{\Delta T_{m,i}\}$$

式中，$\Delta T_{m,i}$ 表示在超过资源限量的时段中，工作 i 安排在工作 m 之后进行，工期所延长的时间；$\Delta T_{m',i'}$ 表示在各种顺序安排中，最佳顺序安排所对应的工期延长时间的最小值。

计算法优化的一般步骤如下。

a. 计算网络计划各时段的资源需用量。

b. 从计划开始之日起，逐个检查各个时段资源需用量是否超出资源限量，若在计划工期内各个时段资源需用量均能满足资源限量要求，网络"计划资源有限，工期最短"的优化即完成，否则必须进行计划调整。

c. 超过资源限量的时段，计算 $\Delta T_{m'-n',i'-j'}$ 或 $\Delta T_{m',i'}$ 值，并依据此确定新的安排顺序。

d. 若最早完成时间 $EF_{m'-n'}$ 或 $EF_{m'}$ 最小值和最迟开始时间 $LS_{i'-j'}$ 或 $LS_{i'}$ 最大值同属一个工作，应找出最早完成时间为次小，最迟开始时间为次大的工作，分别组成两个顺序方案，再从中选取较小者进行调整。

e. 绘制调整后的网络计划，重复上述步骤，直到满足要求为止。

② 图解法。直接利用时间坐标网络图或横道图进行选择。如果以不影响工期为前提，则选择调整对象时所考虑的因素包括：选择非关键工作；需要这种资源；在总时差范围内进行调整能使资源需要量降低。

（2）"工期固定，资源均衡"的优化。这一优化问题实际上是在不改变工期的前提下进行资源均衡。其方法是通过调整部分非关键工作时间参数，使资源的需求量趋于平稳。常用的资源均衡方法是一种启发式方法，即削峰填谷法。

① 削峰填谷法的基本步骤。

a. 计算网络计划各时间段资源需要量。

b. 找出需求高峰。

c. 确定高峰时段。

d. 选择优化对象，所选择的调整对象应是在总时差范围内能使资源需求量降低的非关键工作。

e. 若峰值不能再减少，即求得均衡优化方案；否则，重复以上过程。

② 优化示例。

例14 图 3-53 所示是某工程项目的人力资源数量负荷图，该项目的甘特图如图 3-54 所示。在不影响总工期的前提下，对项目的进度安排进行调整，提出一个使人力资源高峰得以削减的进度计划调整方案。

分析：这是一个工期资源均衡的资源优化问题，采用"削峰填谷"的方法进行。由图 3-53 可知，本项目人力资源需求的最高峰是 300 人，在第 10 周到第 13 周之间。对照项目甘特图，在这一区间有 4 项工作，即 E、F、H 和 K。H 工作是关键工作，不能调整；K 工作有 3 周的总时差，如果将该工作推迟 3 周开始，仍未离开该区间，所以 K 工作也不能调整；E 和 F 工作均为非关键工作，且有 4 周的总时差，若将这两项工作推迟 4 周开始，则可完全离开该区间，所以最终确定调整 E 和 F 工作的开始时间，将其分别推迟至第 14 周和第 17 周开始。上述调整，既可以使人力资源需求高峰得以削减，又不会影响总工期。

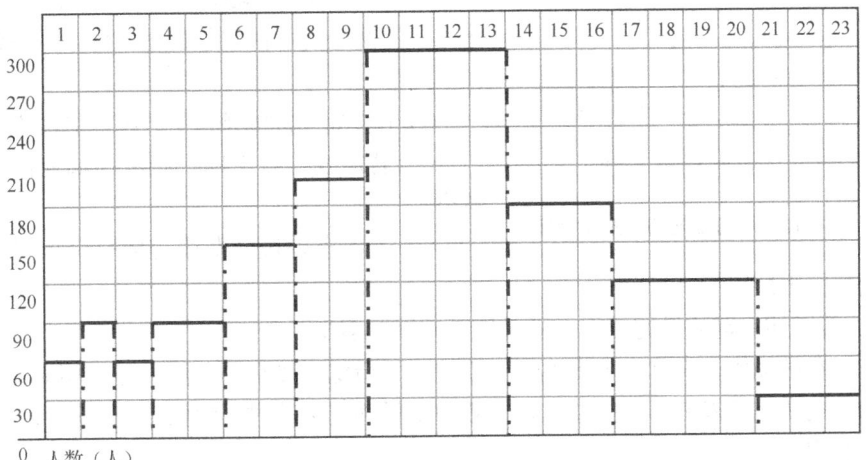

图 3-53 人力资源数量负荷图

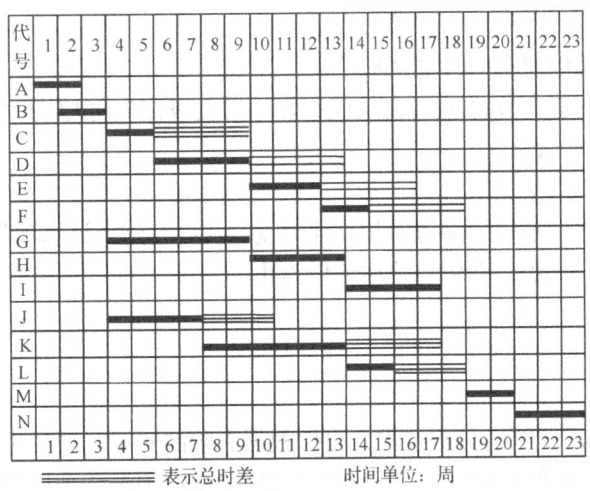

图 3-54 某项目甘特图

3. 工期-费用优化

在一定范围内，项目费用是随着工期的改变而改变的，因此，在时间与费用之间存在一个最佳解的平衡点。网络计划的工期-费用优化，就是应用网络计划方法，在一定的约束条件下，综合考虑费用与工期之间的相互关系，以求费用与工期的最佳组合，达到费用低、工期短的优化目的。

（1）项目工期与费用间的关系。一般来说，项目费用包括直接费用和间接费用两部分。在一定的范围内，直接费用随着工期的缩短而增加，即呈反比关系。例如，为了加快项目进度，必须突击作业，增加投入而导致直接费用增加；而间接费用则随着工期的延长而增加，即呈正比关系，通常用直线表示，其斜率表示间接费用在单位时间内的增加值。间接费用与项目管理水平和项目条件等因素相关。项目费用与工期的关系如图 3-55 所示。

可见，项目总费用曲线是由直接费用曲线和间接费用曲线叠加而成的。曲线的最低点就是项目费用与时间的最佳组合点，即费用最少，工期最佳。

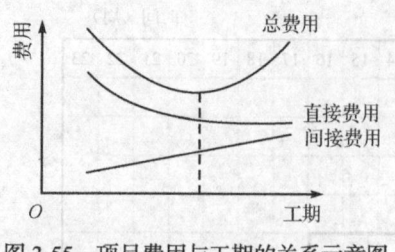

图 3-55 项目费用与工期的关系示意图

（2）优化方法。就费用的观点而言，工期-费用优化的目的就是使项目的总费用最低。具体优化问题有以下几个。

① 在规定工期的条件下，确定项目的最低费用。

② 若需要缩短工期，则考虑如何使增加的费用最小。

③ 若要求以最低费用完成整个项目计划，如何确定其最佳工期。

④ 若增加一定数量的费用，则可使工期缩短多少。

进行费用优化，应首先求出不同工期情况下最低直接费用，然后考虑相应的间接费用的影响和工期变化带来的其他损益，包括效益增量和资金的时间价值等，最后再通过叠加求出项目总费用。

（3）工期-费用优化步骤。

① 按工作正常持续时间确定关键工作和关键线路。

② 计算网络计划中各项工作的费用率。

③ 按费用率最低的原则选择优化对象。

④ 考虑不改变关键工作性质并在其能够缩短的范围之内等原则，确定优化对象能够缩短的时间并按该时间进行优化。

⑤ 计算相应的费用增加值。

⑥ 考虑工期变化带来的间接费用和其他损益，在此基础上计算项目总费用。

⑦ 重复上述③~⑥步，直到总费用最低为止。

3.4.7 关键链法

关键链法是一种进度网络分析技术，可以根据有限的资源对项目进度计划进行调整。关键链法结合了确定性与随机性办法。开始时利用进度模型中对活动持续时间的估算，根据给定的依赖关系与限制条件绘制项目进度网络图，然后计算关键路径。在确定关键路径后，将资源的有无与多寡的情况考虑进去，确定资源限制进度计划。这种资源限制进度计划经常改变项目的关键路径。

关键链法主要基于以下思考。

1. 造成项目工期拖延的原因

（1）学生综合征。在学生时代，经常会遇到一种现象，老师在课堂上布置作业，例如要提交一份报告，通常一周可以完成，但学生往往要求两周交作业，即增加了一周的安全裕量。本来一周可以完成的作业，但学生请求老师允许两周完成。如果老师同意，结果会如何？多数情况下，学生可能选在第二周开始的时候写报告，有些学生还可能在第二周开始若干天后才开始写报告，最后的结果往往是报告不能按时完成，或完成了其质量也难以保证。如果报告的完成时间需要 5 天，在第二周的周三才开始写报告，则提交报告的时间就会拖延。上述现象称为学生综合征。有统计表明，学生综合征在很多项目中都存在，由此总结出一条帕肯森定律。

（2）帕肯森定律（Parkinson's Law）。工作总是拖延到它所能够允许最迟完成的那一天。即如果工作允许拖延，往往总是推迟到它能够最迟完成的那一天，很少有提前完成的。大多数情况下，都是项目拖延、工作延迟或勉强按期完成任务。

2. 如何改进

关键链法就是针对上述现象的解决办法。

（1）如果一项工作尽早开始，往往存在着一定的松弛量、时间浮动和安全裕量，则该项工作往往会推迟到它最后所允许的那一天为止。这一期间整个工作未能充分发挥它的效率，造成了人力、物力的浪费。如果按照最迟时间开始，没有浮动和安全裕量，则给从事这项工作的人员施加了压力，因为这项工作没有任何余地，只有按时完成任务。

（2）在进行工时估算时，需要设法将个人估算中的一些隐含的裕量剔除。经验表明，人们在进行工时估算时，往往是按照能够 100%所需要的时间进行的。在这种情况下，如果按照 50%的可能性，只有一半的可能性能够完成任务，有 50%的可能性延期，这样就可以缩短原来对工作时间的估算。

按照平均规律，将项目中所有的任务都按照 50%的概率进行工时估算，结果使项目整个估算时间总体压缩了 50%。如果将富余的时间压缩出来，作为一个统一的安全备用，作为项目管理的公共资源统一调度、统一使用，使得备用资源有效运用到真正需要它的地方，这样就可以大大缩短项目的工期。

关键链法的主要思路就是将人们的工作习惯考虑到管理工作当中，在项目的估算和项目管理过程中因地制宜地采用一种新的方法以提高项目绩效。

3.5　偏差分析方法

3.5.1　挣值分析方法

1. 定义

挣值分析方法，简称挣值法，是一种分析目标实施与目标期望之间差异的方法。通过测量和计算相关参数，进行偏差分析，获得项目的进度和费用偏差，从而可以判断项目的进度和费用发生状态。挣值法的价值在于将项目的进度和费用综合度量，从而能准确描述项目的进展状态。挣值法的另一个重要优点是可以预测项目可能发生的工期滞后量和费用超支量，从而及时采取纠正措施，为项目管理和控制提供了有效手段。

2. 基本参数

（1）计划工作量的预算费用（Budgeted Cost for Work Scheduled，BCWS），指工程项目实施过程中某阶段计划要求完成的费用。

$$BCWS=计划工作量\times预算定额$$

BCWS 主要反映按计划应当完成的工作量，在工程项目中可以理解为应该完成的投资额或应该完成的计划费用。

BCWS 在费用计划编制阶段即可获得。

(2) 已完成工作量的实际费用（Actual Cost for Work Performed，ACWP），指项目实施过程中截止到某时点实际消耗的费用，通过费用核算不断获取 ACWP。

(3) 已完工作量的预算成本（Budgeted Cost for Work Performed，BCWP），指项目实施过程中某阶段实际完成工作量按预算定额计算出来的费用。这一参数也称为挣得值（Earned Value，EV）。

$$BCWP=已完成工作量 \times 预算定额$$

BCWP 可以理解为已经完成的投资额或已经完成的计划费用。在项目实施过程中，根据已经完成的工作，按计划（合同、预算）计算可获取 BCWP。

3. 评价指标

(1) 费用偏差（Cost Variance，CV），指检查期间 BCWP 与 ACWP 之间的差异。

$$CV=BCWP-ACWP$$

当 CV<0 时，表示费用超支。

当 CV>0 时，表示费用节约。

当 CV=0 时，表示实际费用与计划费用相一致。

(2) 进度偏差（Schedule Variance，SV），指检查日期 BCWP 与 BCWS 之间的差异。

$$SV=BCWP-BCWS$$

当 SV>0 时，表示进度提前。

当 SV<0 时，表示进度延误。

当 SV=0 时，表示实际进度与计划进度一致。

(3) 费用执行指标（Cost Performed Index，CPI），指 BCWP 与 ACWP 之比值。

$$CPI=BCWP/ACWP$$

当 CPI>1 时，表示费用节约。

当 CPI<1 时，表示费用超支。

当 CPI=1 时，表示实际费用与预算费用一致。

(4) 进度执行指标（Schedule Performed Index，SPI），指 BCWP 与 BCWS 之比值。

$$SPI=BCWP/BCWS$$

当 SPI>1 时，表示进度提前。

当 SPI<1 时，表示进度延误。

当 SPI=1 时，表示实际进度与计划进度一致。

4. 基本参数和评价指标之间的关系

基本参数和评价指标之间的关系如图 3-56 所示。

如图 3-56 所示，检查时间进度偏差是 SV，进度延误；费用偏差是 CV，费用超支；Δt 是检查时间项目的具体延误时间；ΔC 是项目完成后总的费用超支量；ΔT 是项目完成后总的工期延误量。

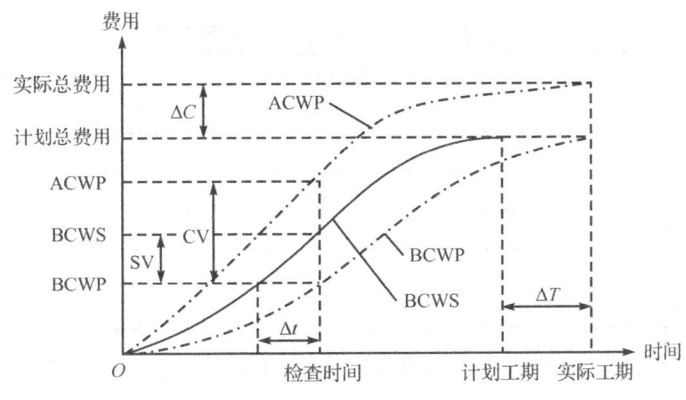

图 3-56 基本参数与评价指标之间的关系

5. 费用预测（Estimate At Completion，EAC）

（1）若目前状态可以延续到未来，则

$$\mathrm{EAC} = \mathrm{ACWP} + (\mathrm{BCWS_T} - \mathrm{BCWP}) \times \frac{\mathrm{ACWP}}{\mathrm{BCWP}} = \mathrm{BCWS_T} \times \frac{\mathrm{ACWP}}{\mathrm{BCWP}}$$

式中，EAC 表示项目完成所需费用的预测值；ACWP 表示已完工作量的实际费用；$\mathrm{BCWS_T}$ 表示项目总预算；BCWP 表示已完工作量的预算费用。

（2）若目前的状态不能延续到未来，未来将按计划执行，则

$$\mathrm{EAC} = \mathrm{ACWP} + (\mathrm{BCWS_T} - \mathrm{BCWP})$$

（3）若目前状态不能延续到未来，未来也不会按计划执行，原来的估计已经失效，则

$$\mathrm{EAC} = \mathrm{ACWP} + \sum_{i=1}^{n} C_i$$

式中，$\sum_{i=1}^{n} C_i$ 表示对所有剩余工作重新估计所需要的费用并累加。

例 15 某工程项目由 A、B、C、D、E 和 F 6 个工作包组成，其进度计划和每周计划费用如图 3-57 所示。项目进行到第 6 周末时，每项工作包所消耗的费用和已经完成的工作量如表 3-11 所示。试进行挣值分析。

工作	1	2	3	4	5	6	7	8	9	10
A	10									
B	20									
C		20								
D			15							
E					25					
F							20			

计划费用/周

图 3-57 项目进度计划与每周计划费用

表 3-11 项目已完工作量和费用情况

工 作 包	已完工作量（%）	已消耗费用（万元）
A	100	20
B	100	25
C	100	60
D	75	50
E	40	50
F	0	0

（1）确定 BCWS。根据每项工作每周所需要的费用和进度计划可得本项目费用计划表，如表 3-12 所示。

表 3-12 费用计划表

时间（周）	1	2	3	4	5	6	7	8	9	10
费用（万元）	30	30	35	35	40	40	45	45	20	20
累计费用（万元）	30	60	95	130	170	210	255	300	320	340

根据表 3-12 绘制费用负荷图和费用累计负荷图（BCWS 曲线），如图 3-58 和图 3-59 所示。

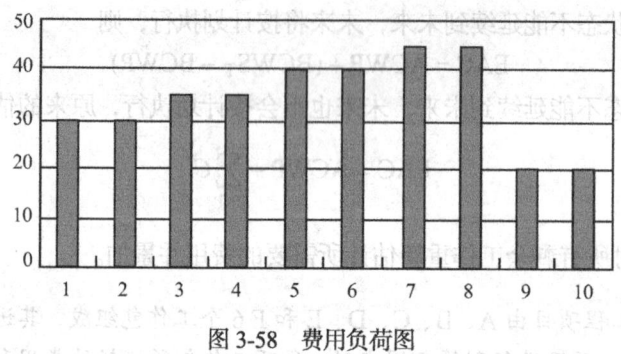

图 3-58 费用负荷图

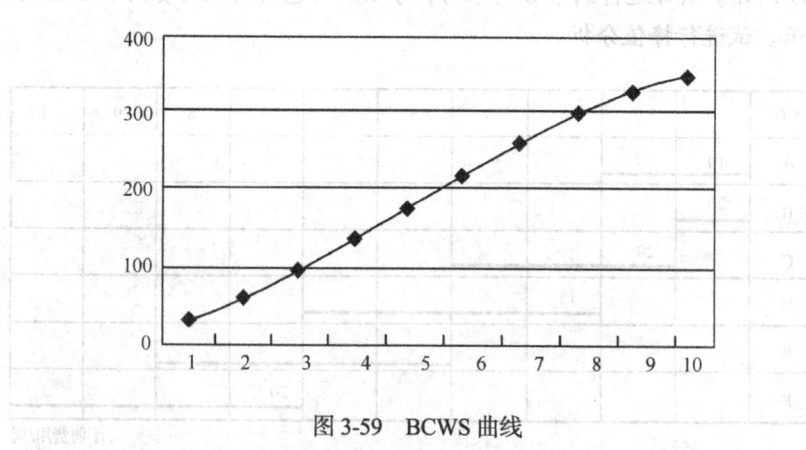

图 3-59 BCWS 曲线

第 6 周周末的 BCWS 为 210 万元，项目总的 BCWS 为 340 万元。

（2）计算 ACWP。第 6 周周末的 ACWP=20+25+60+50+50+0=205（万元）。

（3）计算 BCWP。第 6 周周末的 BCWP=20+20+60+45+40=185（万元）。

（4）计算费用偏差和进度偏差。费用偏差 CV=185–205=–20（万元）；进度偏差 SV=185–210=–25（万元）。

由计算结果知，费用超支，进度延误。

（5）预测最终费用。如果当前状态能延续到未来，则

$$EAC=总计划费用 \times ACWP/BCWP=340 \times 205/185=376.76（万元）$$

如果当前的状态不能延续到未来，则

$$EAC=ACWP+剩余计划费用=205+(340–185)=360（万元）$$

3.5.2 实际进度前锋线分析方法

实际进度前锋线分析方法是进行进度偏差分析的一种有效方法，该方法是利用时间坐标网络或甘特图进行分析，如图 3-60 所示。

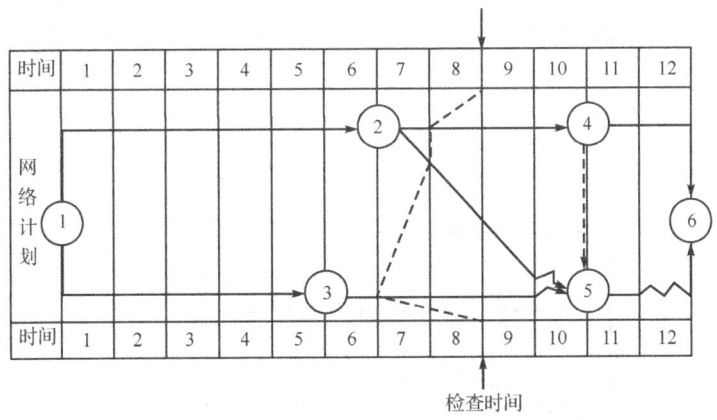

图 3-60 实际进度前锋线

项目进行到第 8 天进行检查，如果按计划进行，则 2-4 工作和 2-5 工作应完成 2 天的工作量；3-5 工作应完成 3 天的工作量。但实际上到第 8 天，2-4、2-5 和 3-5 工作仅完成了 1 天的工作量。

偏差分析：2-4 工作延误了 1 天，因为该工作是关键工作，所以将会影响工期 1 天；2-5 工作延误了 1 天，但因为该工作是非关键工作，且总时差是 2 天，所以不会影响工期；3-5 工作延误了 2 天，但因为该工作是非关键工作，且有 2 天的总时差，所以也不会影响工期。

3.5.3 S 形曲线分析方法

当进度计划和费用计划编制完成后，可得到进度计划曲线和费用计划曲线，如图 3-61 和图 3-62 所示。

图 3-61 表示的状态：当项目进行到 t_1 天时进行检查，发现已完成工作量 Q_1，如果按计划进行，则完成 Q_1 的工作量，应在 t_0 时间，说明该项目目前延误了，延误的时间为 $\Delta t=t_1-t_0$；如果按计划进行，则在 t_1 时间，应该完成的工作量是 Q_2，说明少完成了，少完成的工作量为 $\Delta Q=Q_2-Q_1$。

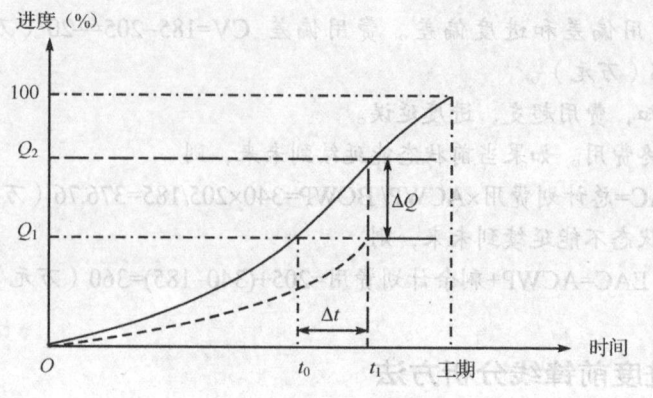

图 3-61 进度计划曲线

图 3-62 表示的状态：项目已完成的工作量是 Q_1，所消耗的费用是 C_1，如果按计划进行，则完成 Q_1 的工作量，应该消耗的费用是 C_2，说明当前费用节约了 $\Delta C=C_2-C_1$；如果按计划进行，消耗费用为 C_1，应该完成的工作量为 Q_0，说明消耗费用 C_1，少完成工作量 $\Delta Q=Q_1-Q_0$。

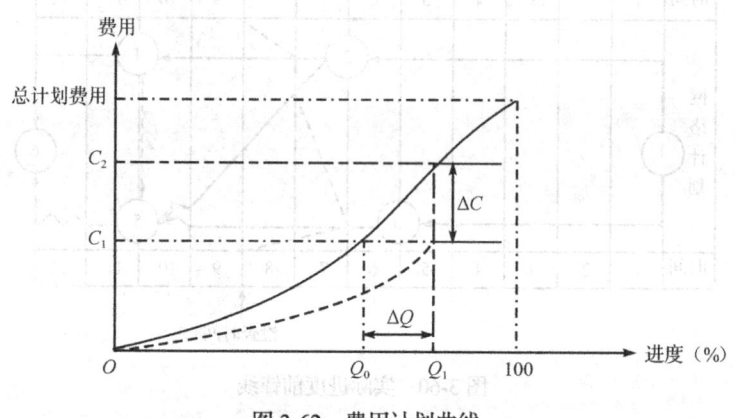

图 3-62 费用计划曲线

3.5.4 切割线分析方法

切割线分析方法是利用非时标网络计划进行进度偏差分析的一种方法，如图 3-63 所示。

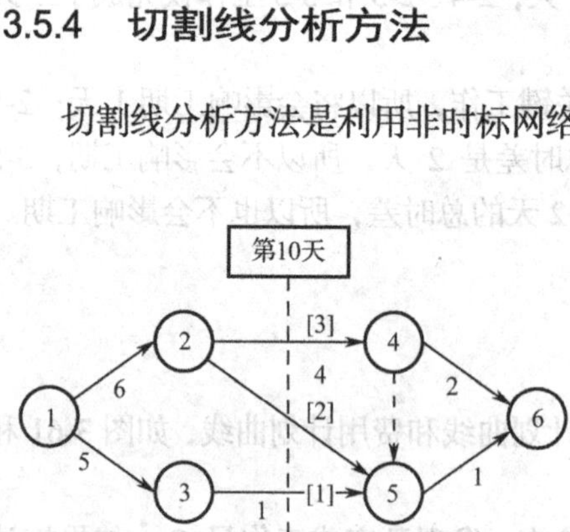

图 3-63 表示的状态：项目进行到第 10 天进行检查，2-4 工作尚需要 3 天才能完成；2-5 工作需要 2 天才能完成；3-5 工作需要 1 天才能完成。

偏差分析：根据网络参数计算结果可得出 $LF_{2-4}=10$ 天；$LF_{2-5}=11$ 天；$LF_{3-5}=11$ 天。

判断方法：如果 $n+t \leq LF_{i-j}$，则不会影响工期；如果 $n+t > LF_{i-j}$，则会影响工期，且造成工期延误

图 3-63 切割线分析方法

$$\Delta T = (n+t) - LF_{i-j}$$

式中，n 表示检查时间；t 表示检查时间某工作到完成尚需要的时间。

2-4 工作：$10+3>LF_{2-4}=10$，所以，将会造成工期延误 3 天。

2-5 工作：10+2>LF_{2-5}=11，所以，将会造成工期延误 1 天。

3-5 工作：10+1=LF_{3-5}=11，所以，不会影响工期。

结论：当前状态将会使本项目工期延误 3 天。

本章小结

任何一项工程，必须借助于科学的计划与控制方法才能做到科学、有效的管理。本章主要对这些方法进行了论述，包括工程项目分解（PBS）和工作分解方法（WBS）；里程碑计划编制方法、甘特图计划编制方法、网络计划技术等进度计划编制方法；挣值分析方法、实际进度前锋线分析方法、S 形曲线分析方法和切割线分析方法等偏差分析方法。这些方法构成了工程项目管理的核心工具和技术。

PBS 是对整体项目进行分解，其中所包含的是项目单元；WBS 是一种在项目全范围内分解和定义各层次工作包的方法，WBS 按照项目发展的规律，依据一定的原则和规定，进行系统化的、相互关联和协调的层次分解。结构层次越往下层则项目组成部分的定义越详细，WBS 最后构成一份层次清晰的工作分解结构。WBS 是项目管理计划和控制的最重要的依据。对于大型复杂工程项目，则应先进行项目分解（PBS），然后进行工作分解（WBS）。

里程碑计划表达了工程项目的重大事件、重要阶段的时间安排，是重要时间节点控制的依据，也是编制其他进度计划的依据。

甘特图计划可以直观、简明地表达工程项目的进度安排，并辅助其他计划的编制。

网络计划技术是一种科学、有效的方法，既可以用之于编制进度计划，更重要的是可以用之于管理和控制进度。不同类型的网络计划具有各自的特点，可以适合于不同的项目，适合于不同管理与控制的需要。利用网络优化技术可以获得工程项目管理所需要的最佳计划。

关键链法是一种进度网络分析技术，可以根据有限的资源对项目进度计划进行调整。

偏差分析是在项目进展过程中需要不断进行的工作，如何及时、准确确定项目所存在的偏差，所采用的方法至关重要。本章所介绍的挣值法、实际进度前锋线分析方法、"S"形曲线分析方法及切割线分析方法等，是用于进度偏差分析和费用偏差分析的有效方法。

复习思考题

（1）简述工程项目分解（PBS）和工作分解（WBS）的概念。

（2）如何进行工程项目的工作分解？

（3）简述 PBS 与 WBS 之间的关系。

（4）如何确定里程碑事件和里程碑事件发生的时间？

（5）简述甘特图的优点及所存在的问题。

（6）简述网络计划技术的概念和类型。

(7) 某工程项目工作关系如表3-13所示。根据网络计划工作表，制作单代号网络图，并计算工作的最早开始时间、最早结束时间、最迟开始时间、最迟结束时间、总时差和自由时差。计算此项目的总工期（周数）。确定该项目的关键线路。

表3-13 某工程项目工作关系

工 作	紧后工作	工时（周）	搭接关系	搭接时间
A	B	8		
B	C	12	SS	10
C	D、E、F、G、H和I	6		
D	J	18		
E	J	16		
F	J	16		
G	J	12	FS	3
H	J	16	FS	2
I	J	12		
J		6		

(8) 某工程项目网络计划如图3-64所示，括号内的数据是工作的最短持续时间，要求工期为100天。试进行工期优化，以最少的费用满足工期要求。

(9) 某工程项目的计划工期为40周，预算成本为50万元。项目进行到第18周（包含第18周）的状态数据如下：① 项目实际已完成的工作量为50%；② 项目已完成工作量的实际成本（ACWP）为28万元；③ 项目的计划成本（BCWS）为32万元。

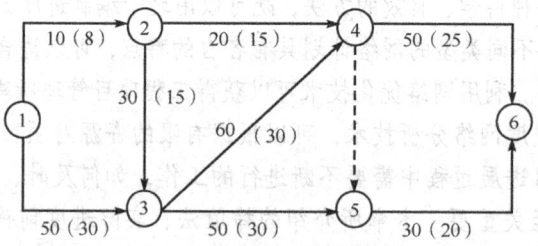

图3-64 某工程项目网络计划

根据本题中所给的信息，完成以下内容。

① 确定挣值（截止项目状态日期已完成工作量的预算成本BCWP）。

② 预测项目结束时的总成本。

③ 项目经理在检查经费超支时发现，有一项任务F还没有开始实施，但为F任务购买材料的支票已经支付，其费用为4万元。另外，还有一张已经支付的支票，其费用为3万元，是作为整个H任务的材料费用，但H任务在状态日期完成的工作量为40%。根据这一信息再次预测项目结束时的总成本。

(10) 简述关键链法。

(11) 简述实际进度前锋线分析方法。

(12) 简述切割线分析方法。

第4章

工程项目组织论

引导案例

某热电厂 EPC 工程系海外工程项目,合同范围包括地勘、设计、采购、制造、国际运输、清关和内陆运输、现场土建、安装、调试、试验、运行和维护培训、调试及相关服务。项目合同金额 1.17 亿美元;合同工期 33 个月。该项目由国内某工程总承包企业承揽。

总承包商在项目组织方面应解决以下主要问题:项目组织机构及组织机制的建立。

本章学习目标

(1)了解工程项目组织的定义及工程项目组织设计的基本步骤。
(2)熟悉工程项目组织形式并能进行合理选择。
(3)掌握工程项目经理的相关内容。
(4)熟悉工程项目团队的概念。
(5)熟悉工程项目人力资源管理。

4.1 工程项目管理组织概述

1. 组织的定义

组织是管理的一种重要职能，其一般概念是指各生产要素相结合的形式和制度。前者表现为组织结构，后者表现为组织的工作制度。组织结构反映了生产要素相结合的结构形式，即管理活动中各种职能的横向分工和层次划分。组织结构运行的规则和各种管理职能分工的规则就是工作规则。

2. 工程项目管理组织定义

所谓工程项目管理组织是指为了实现工程项目目标而进行的组织系统的设计、建立和运行，建成一个可以完成工程项目管理任务的组织机构，建立必要的规章制度，划分并明确岗位、层次、责任和权力，并通过一定岗位人员的规范化行为和信息流通，实现管理目标。工程项目管理组织是在整个工程项目中从事各种管理工作的人员的组合。工程项目的业主、承包商、设计单位、材料设备供应单位都有自己的工程项目管理组织，这些组织之间存在各种联系，有各种管理工作、责任和任务的划分，形成工程项目总体的管理组织系统。

3. 工程项目管理组织应解决的基本问题

（1）项目管理团队（项目经理部）与所在组织的关系，即项目组织形式。
（2）项目管理团队（项目经理部）自身机构设置。
（3）组织运行机制的建立。

4. 工程项目组织设计的基本步骤

（1）确定工程项目管理目标；
（2）确定工程项目管理模式，选择工程项目管理组织形式；
（3）确定工程项目管理工作任务、责任权力；
（4）详细分析工程项目管理组织所完成的管理工作，确定工程项目管理工作流程、操作程序、工作逻辑关系；
（5）确定详细的各项工程项目职能管理工作任务，并将工作任务落实到人员和部门；
（6）建立工程项目管理组织各个职能部门的管理行为规范和沟通准则，形成工程项目管理规范和工程项目管理组织内部的规章制度；
（7）选择和任命工程项目管理人员。

5. 工程项目组织运行管理

（1）成立项目经理部；
（2）确定项目经理的工作目标；
（3）明确项目经理部门中的人员安排，宣布对项目经理部成员的授权，明确职权使用的限制和有关问题，制定工程项目管理工作任务分配表；

（4）建立并维持积极、有利的工作环境和工作作风；

（5）建立有效的沟通系统和成员之间的相互依赖和相互协作关系；

（6）维持相对稳定的工程项目管理组织机构；

（7）建立完整的工程项目管理人员的招聘、安置、报酬和福利、培训、提升、绩效评价等制度。

4.2 工程项目组织形式

根据项目经理部与所在组织之间的关系，项目组织的基本形式有 3 种：职能制、项目制和矩阵制。

4.2.1 职能制

职能制，又称部门控制式，通常指项目任务以企业中现有的职能部门作为承担任务的主体来完成。一个项目可能由某一个职能部门或由多个职能部门共同完成。各职能部门之间与项目相关的协调工作需要在职能部门主管这一层次上进行。职能制组织形式如图 4-1 所示。

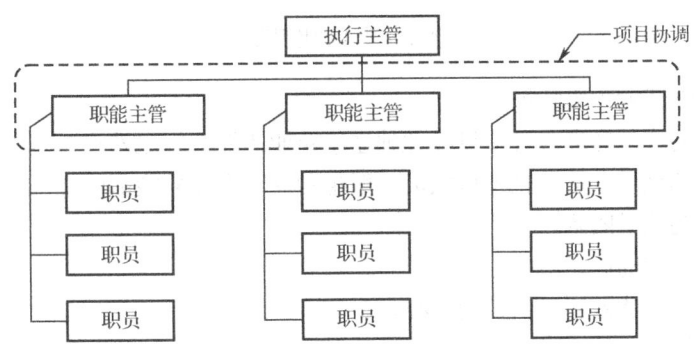

图 4-1 职能制组织形式

职能制组织形式的主要特征：

（1）无明确的项目经理；

（2）无明确的项目人员；

（3）无有形的项目团队。

职能制组织形式的优点：

（1）人员的使用具有较大的灵活性；

（2）同一部门的专业人员在一起易于沟通；

（3）人员风险较小。

职能制组织形式的缺点：

（1）项目的利益往往得不到优先考虑；

（2）没有一个人承担项目的全部责任；
（3）不能做到以项目为中心；
（4）调配给项目的人员，其积极性往往不是很高；
（5）技术复杂的项目通常需要多个职能部门的共同合作，交流沟通比较困难。
职能制组织形式的适用条件：规模较小，时间短，以技术为重点的工程项目。

4.2.2 项目制

为特定项目设置专门的项目团队，并建立以项目经理为首的自控制单元。项目经理可以调动整个组织内部或外部的资源。项目制组织形式如图 4-2 所示。

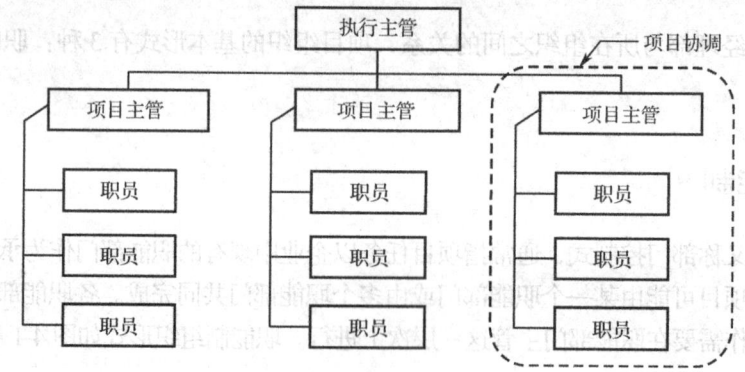

图 4-2 项目制组织形式

项目制组织形式的主要特征：
（1）有专职的项目经理，且项目经理独立于企业职能部门之外；
（2）有专职的项目人员，且项目人员一般也独立于企业职能部门之外；
（3）有独立的项目团队。
项目制组织形式的优点：
（1）目标单一，能做到以项目为中心；
（2）命令协调；
（3）决策速度快；
（4）结构简单灵活，易于操作。
项目制组织形式的缺点：
（1）由于资源独占，可能造成资源浪费；
（2）项目结束后项目团队成员的工作保障成问题；
（3）与企业各职能部门之间的横向联系少。
项目制组织形式的适用条件：
（1）长期的、大型的、重要的和复杂的工程项目；
（2）工程项目所在地远离企业所在地。

4.2.3 矩阵制

矩阵制组织形式是根据职能制组织形式和项目制组织形式的特征，将其各自的特点混合而成的一种项目组织形式，是一种多元化结构，力求最大限度地发挥项目制和职能制结构的优点并尽量避其弱点。矩阵制又有弱矩阵、平衡矩阵和强矩阵之分。

（1）弱矩阵，其组织形式如图 4-3 所示。

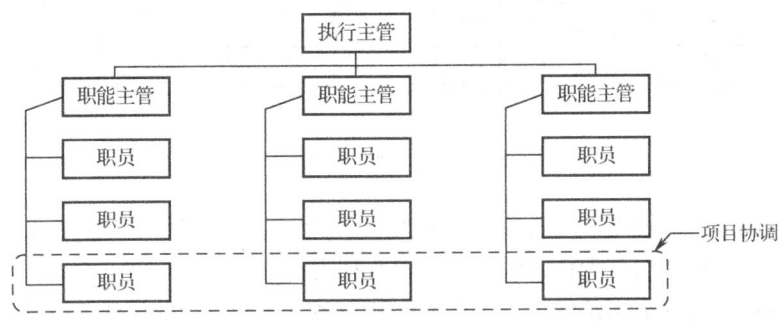

图 4-3　弱矩阵组织形式

弱矩阵组织形式的特点：从企业相关职能部门安排专门人员组成项目团队，但无专职的项目经理。

该组织形式偏向于职能制，所以其优缺点和适用条件与职能制的相似。

（2）平衡矩阵，其组织形式如图 4-4 所示。

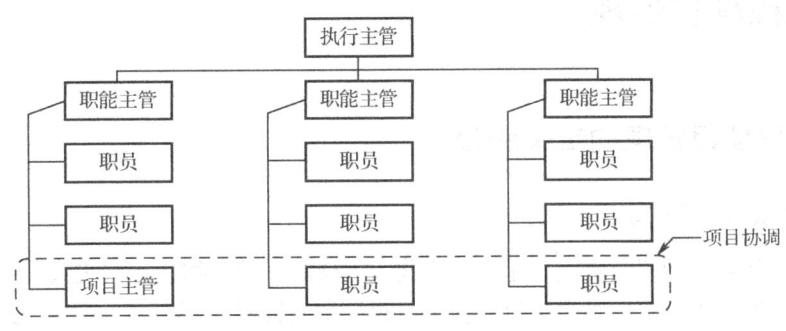

图 4-4　平衡矩阵组织形式

平衡矩阵组织形式的特点：从企业相关职能部门安排人员组成项目团队；有专职的项目经理，且项目经理一般从企业某职能部门选聘。

（3）强矩阵，其组织形式如图 4-5 所示。

强矩阵组织形式的特征：项目经理独立于企业职能部门之外；项目团队成员来源于相关职能部门，项目完成后再回到原职能部门。

强矩阵组织形式的优点：

（1）通过项目经理使各自项目目标平衡、各个功能部门之间工作协调；

（2）能够避免资源的重置；

（3）项目能得到较好的关注；

（4）项目团队成员对项目结束后的忧虑减少。

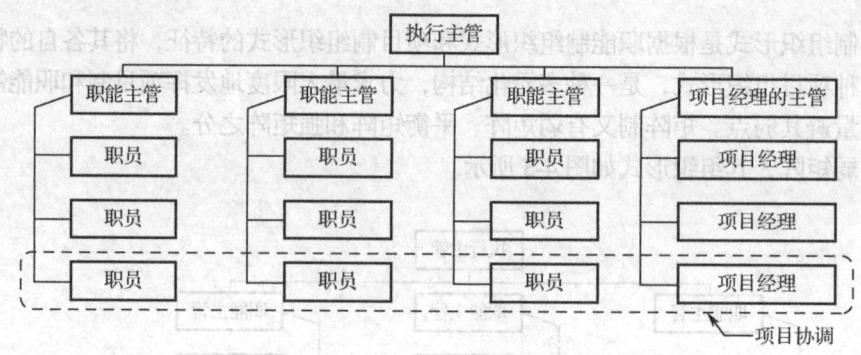

图 4-5　强矩阵组织形式

强矩阵组织形式的缺点：项目管理人员为两个以上的主管工作，当有冲突时，可能处于两难困境；处理不好会出现责任不明确、争权夺利的现象。

强矩阵组织形式的适用条件：适用于需要利用多个职能部门的资源而且技术相对复杂，但又不需要技术人员全职为项目工作的项目，特别是当几个项目需要同时共享某些管理、技术人员时。

在项目组织形式设置过程中，可以独立选择其中一种形式，也可以加以综合。例如，项目制与职能制综合，矩阵制与职能制综合，矩阵制与项目制综合等。

4.3　工程项目经理

4.3.1　工程项目经理的定义和分类

1. 工程项目经理的定义

工程项目经理（项目负责人）是由法定代表人任命，并根据法定代表人授权的范围、期限和内容，履行管理职责，且对项目实施全过程、全面管理的管理者。项目经理是组织法定代表人在工程项目上的授权委托代理人。

2. 工程项目经理的分类

工程项目经理包括建设项目经理、设计项目经理、施工项目经理、咨询项目经理和供应项目经理、总承包项目经理等。不同的项目经理代表不同方的利益，从不同角度管理工程项目。

4.3.2　工程项目经理的地位和作用

工程项目经理居于整个项目的核心地位，承担着所管理的项目的责任，包括明确项目目标和约束，制订项目的各种活动计划，确定适合于项目的组织机构，招募项目组织成员，建设项目团队，获取项目所需资源，领导项目团队执行项目计划，跟踪项目实施，及时对项目进行控制，处理与项目相关者的各种关系，对项目进行考评，提出项目报告等。他对整个项目经理部以及对整个项目起着举足轻重的作用，对项目的成功有决定性影响。工程实践证明，一个强有力的项目经理领导一个弱的项目经理部，比一个弱的项目经理领导一个强的项目经理部项目成就会更大。有人称项目经理是项目班子的"灵魂"。

在现代工程项目中，由于工程技术系统更加复杂化，实施难度加大，项目管理对项目的效益影响越来越大，业主在选择承包商和项目管理公司时十分注重对项目经理的经历、经验和能力的审查，并将其作为定标授予合同的指标之一，赋予一定的权重。而许多项目管理公司和承包商将项目经理的选择、培养作为一个重要的企业发展战略。

4.3.3 项目经理与企业职能部门经理的区别

项目经理与企业职能部门经理的区别如表4-1所示。最主要的区别在于项目经理与部门经理的职责不同。项目经理对项目的计划、组织、实施负全责，并对项目目标的实现负终极责任，而部门经理只能对项目涉及本部门的部门工作施加影响。例如，技术部门经理对项目技术方案的选择，设备部门经理对设备选择的影响等。因此，项目经理对项目的管理比部门经理更加系统全面，要具有系统思维的观点。

表4-1 项目经理与职能经理的区别

比较项目	项目经理	职能经理
扮演角色	"帅"/为工作找到适当的人去完成	"将"/直接指导他人完成工作
知识结构	通才/具有丰富经验和广博知识的通才	专才/某一技术领域的专家
管理方式	目标管理	过程管理
工作方式	系统方法	分析方法
工作手段	个人实力/责大权小	职位实力/权责对等
主要任务	领导项目，对项目进行全面管理	负责职能部门管理工作

4.3.4 项目经理的素质

项目经理至少应具有五大素质。

（1）道德，即具有与所承担项目相适应的道德水准。具体表现如下。

必须具有良好的职业道德，有工作的积极性、热情和敬业精神，勇于挑战，勇于承担责任，努力履行自己的职责。

由于项目是一次性的，项目管理是常新的工作，富于挑战性，所以项目经理应具有创新精神、发展精神，有强烈的管理愿望，勇于决策，勇于承担责任和风险，并努力追求工作的完美，追求高的目标，不安于现状。

为人诚实可靠，讲究信用，有敢于承担错误的勇气，言行一致，正直，办事公正、公平、实事求是；项目经理不能因受到业主的批评和不理解而放弃自己的职责，不能因为自己受雇于业主或受到承包商不正常手段（如行贿）的作用而不公正行事。项目经理的行为应以项目的总目标和整体利益为出发点，应以没有偏见的方式工作，正确地执行合同、解释合同，公平、公正地对待各方利益。

任劳任怨，忠于职守。

具有合作精神，能够与他人共事。

具有很高的社会责任感和道德观念，高瞻远瞩，具有全局的观念。

胸怀坦荡，有坚强的意志，能自律，具有较强的自我控制能力。

（2）知识，即具有较强的项目管理知识和一定的专业知识。项目经理需要广博的知识，能够对所从事的项目迅速设计解决问题的方法和程序，能抓住问题的关键和主要矛盾，识别技术和实施过程中逻辑上的联系。

（3）能力，即具有与所管项目相适应的能力。主要包括：

① 领导能力。项目经理是项目领导者，因此必须具有领导能力。

② 组织能力。项目涉及众多相关方，所以项目经理应善于组织。

③ 指挥能力。项目经理要不断提高自己的威望，采取正确的方式指挥下属，使其愿意接受指令完成项目经理所分派的工作。

④ 分析问题、解决问题能力。项目实施过程中会遇到各种问题，项目经理要善于针对所出现的问题进行分析，做出判断，形成解决问题的方案。

⑤ 项目的掌控能力。项目经理应组织项目计划的制订，抓好计划的执行，进行有效的控制，在任何时刻都对项目了如指掌。

⑥ 获得项目资源的能力。公司的资源总是相对有限的，项目经理通常面临项目资源短缺的问题。项目经理必须分析项目需要的资源，关注紧缺的和特别的资源。并能借助各种关系，获得项目所需的资源。

⑦ 组织和建设项目团队的能力。项目经理依靠项目团队执行项目，项目团队是为了特定的项目、由项目经理临时组建并领导的。首先，项目经理必须明确项目所需的人才并获得这些人才。项目经理了解项目的目标，在有关专家的帮助下，对项目工作任务进行分解和计划，初步确定实施项目需要的人员安排，然后在部门内、公司范围内以及公司外落实这些人员安排。刚刚组建的项目团队是没有战斗力的，项目经理要把这组人员建设成一个有效的项目团队，让每位成员认同项目的目标，调整个人的发展目标以支持共同的项目目标，促进项目成员之间的交流，使每位成员都有团队精神，特别是让成员相信项目经理的项目计划组织的合理性，认同项目的目标是大家通过努力奋斗可以完成的。在此基础上，根据工作任务的分解，将项目的任务落实到项目的每位成员。

⑧ 沟通协调能力。项目经理的主要工作方式是谈判和沟通。项目中的各种各样的冲突需要项目经理以谈判或沟通来解决。所以项目经理需要具有高超的沟通协调能力。

⑨ 管理能力。管理能力是项目经理的核心能力之一，包括计划、人力资源管理、项目预算、进度安排及其他控制技术。计划能力是对项目经理的最基本的管理技能的要求。在项目开始之前，项目经理必须制订一个项目的总体管理计划，作为项目实施整个过程中的指导性文件。授权也是项目经理管理项目的重要管理手段之一。通过授权，项目经理明确项目成员在项目实施过程中的地位和角色。特别是大型项目中，项目经理通过授权，从项目管理的细节中摆脱出来，充分应对项目的重大事项。

⑩ 行业和技术的概念能力。与早期不同，今天的职业项目经理不一定是相关行业和技术领域的技术专家，而是要求具有基本的技术和行业背景，了解市场，对项目和公司所处的环

境有充分的理解。特别是科技发展使技术越来越复杂，项目涉及的技术层面越来越多，项目经理已不可能掌握所有的技术细节，必须依靠各个方面的技术专家处理技术问题。此时项目经理需要综合各方面技术专家的建议并进行项目决策，项目经理的行业和技术的概念能力是个关键。

（4）经验，即具有一定的工程管理工作经历和经验，特别有同类项目成功的经历。经验法是项目管理中经常使用的一种方法，也是项目经理的常用方法，其前提是要有经验。

（5）身体，即具有良好的身体素质。

4.3.5 项目经理的责任和权力

1．项目经理的责任

作为项目的负责人，项目经理有相应的责任。简言之，他的责任就是通过一系列的领导及管理活动使项目的目标成功实现并使项目利益相关者都满意。这里的项目利益相关者包括一切参加或可能影响项目工作的所有个人或组织，主要有顾客、消费者、业主、合伙人、提供资金者、承包商、社会人员和内部人员。

项目经理的责任可以粗略地分为对所属上级组织的责任和对所管项目及项目组的责任。

（1）项目经理对于所属上级组织的责任。

① 保证项目目标符合上级组织的目标。项目往往从属于更大的组织，项目与组织的其他工作一起配合协调完成组织的目标，因此在项目目标的确定、目标的分解及计划制订、实施的全过程中都要有利于上级组织目标的实现。

② 充分利用和保管上级分配给项目的资源。组织的资源是有限的，保证资源的有效利用是任何管理者的目的。项目不仅充分有效地利用上级分配给项目的资源，使资源的效能得到发挥，而且要从企业总体角度出发优化资源的使用。企业往往不只有一个项目，如何使资源在一个项目内部及项目间有效利用是项目经理的责任。

③ 及时与上级就项目进展进行沟通。项目与上级组织目标的实现息息相关，及时将项目的进展信息（如进度、成本、质量等）向上级汇报，企业就可以从宏观角度进行项目群的管理，同时可以取得上级对本项目各方面的支持。

（2）项目经理对所管项目及项目组的责任。对项目负责是项目经理最主要的责任，主要表现在如下几个方面。

① 明确项目目标及约束。
② 制订项目的各项活动计划。
③ 确定适合项目的组织机构。
④ 招募项目组成员、建设项目团队。
⑤ 获取项目所需资源。
⑥ 领导项目团队执行项目计划。
⑦ 跟踪项目进展，及时对项目进行控制。
⑧ 处理与项目相关者的各种关系。
⑨ 项目考评与项目报告等。

(3) 项目经理对项目团队的责任。项目经理应视项目团队成员为自己的顾客，要使其满意，在项目结束前要考虑团队成员的未来。

2. 项目经理的权利

权责对等是管理的一条原则，权大于责可以导致乱拍板、无人承担相应的后果，而责大于权又会使管理者趋于保守，没有创新精神。项目经理具有在一定约束条件下的权力，也就是说，上级要给项目经理授权，而项目经理获得权力以后，由于生理、心理及时间、精力等的限制，必须通过项目团队完成项目任务，因此他还必须放权于项目团队成员。

在项目的实施中，凡是需要项目经理负责管理的方面，首先就应授予其相应的权限，问题的关键在于，授权程度的大小。项目经理的工作范围涉及和贯穿于项目实施的全过程和所有方面，所以，对其的授权也应贯穿于项目实施的全过程，涉及项目实施的所有方面。

项目经理全周期责任制的确立，使得项目经理的职责开始于客户的需求，结束于帮助客户进行投产试营，从这一项目全周期理论出发，项目经理的权力从客户和承约商缔结契约关系之前就应具备，即使合同中止还应有所延续。这一新变化和新发展必然要求有相应的项目组织管理结构和项目经理负责制与之适应。但是，现实中由于一些具体条件的限制，许多承约商（项目被委托方）在承接项目之后才开始设立项目经理，这显然不利于项目经理全面地了解项目，无益于其及早做好项目启动的准备工作。

从实施项目的全方位来看，项目经理的权限应涉及项目实施的所有生产要素，包括人力、物力、财力、技术、时间以及组织管理等。从我国目前的情况来看，人力、物力、财力的充分自主权还受到体制等多方面的制约。项目管理首先就是人的管理，其核心也是人的管理，从项目周期的全过程和项目实施的阶段性来看，人的因素始终是智能的因素，所以实行项目经理负责制最重要的就是授予项目经理充分的人事权，使之能建立起一支高效率的项目团队。

（1）授权的原则。项目经理的授权需要根据下列原则。

① 根据项目目标的要求授权。一般来说，项目目标要求越高，则授予项目经理的权力也应越大。例如，某个工程项目要求质量很高、建筑工期要求很紧，这就需要授予项目经理足够的权力，以保证项目经理能充分调配项目所需要的机械设备、技术专家、管理骨干，同时有权形成一套激励约束相容的机制，能调动每个项目成员甚至与项目有关的当事人和关系人。只有这样，才能保证工程项目按质按时完成。

② 根据项目风险程度授权。项目风险越大，对项目经理赋予的权力也应越大。风险程度的高低实际上就意味着项目经理承担责任的大小，管理学的基本原理要求权力和责任要具有对称性。只有这样，项目经理才拥有充分的权限，能在变化多端的项目环境中果断地做出决策。相反，项目的风险程度较低，授予项目经理的权力也应适当减小。

③ 根据合同的性质授权。从客户与承约商签订的合同来看，如果合同要求的工程项目技术较复杂、质量要求较高，则对项目经理应授予较多的权力；如果客户在合同中规定了既定的成本约束，则应授予项目经理较为灵活的权限，以便使其能有充分的自主权，做出正确的决策，使得项目的实施不超出成本预算。

④ 根据项目的性质授权。从项目的复杂程度来看，大型复杂的工程项目，则应授予项目经理较大的权限；反之，项目较为简单，项目的目标或目标体系较易实现，则无须授予项目经理过大的权限。

⑤ 根据项目经理授权。不同的项目经理，有不同的领导水平和管理经验，对于那些组织

管理能力较强、经验颇为丰富的项目经理,则应授予其足够的权限,以便其能充分发挥自己的创造性。相反,对于那些领导水平一般、阅历及管理经验不甚丰富的项目经理,则应适当保留部分权力,以免其决策过于草率或把握不准,导致项目风险加大,造成不应有的损失。

⑥ 根据项目班子和项目团队授权。如果项目经理班子成员较多、配备精良,则应授予项目经理较大的权限;如果项目团队的成员较多,那么也应授予项目经理较多的权限。相反,授予的权力可以适当少些。

总之,对项目经理的授权有较高的艺术性。授权过多,会导致项目经理自主权过大,有时会做出不必要甚至错误的决策,增加项目的风险;授权过小,又会限制项目经理行动和决策的自由度,在重大的环境变化下,有时会因权限所制,无法决策,终会导致商机殆尽。对项目经理的授权更要因人而异,对于经验丰富、领导艺术较高的项目经理,则应授予较大的权力。这正如一位杰出的统帅一样,给其的权力越大,越能取得重大的胜利。《三国演义》中有一段"诸葛挥泪斩马谡"的情节,一向知人善用的诸葛丞相因为个人情感色彩太重,授权错误,导致街亭失守,终使整个蜀军战略为之混乱,酿成最凄惨的一幕。

(2)授权的范围。一般来讲,应授予项目经理以下基本权限。

① 项目团队的组建权。项目团队的组建权包括两个方面:一是项目经理班子或管理班子的组建权;一是项目团队成员的选拔权。

项目经理要组建一个制定决策、执行决策的机构,这一机构称为项目的经理班子或管理班子,负责项目各阶段的工作。项目经理班子是项目经理的左膀右臂,因此,授予项目经理组建班子的权力至关重要。这包括:项目经理班子人员的选择、考核和聘用;对高级技术人才、管理人才的选拔和调入;对项目经理班子成员的任命、考核、升迁、处分、奖励、监督指挥甚至辞退等。

建立一支高效协同的项目团队是保证项目成功的另一关键因素。这包括:专业技术人员的选拔、培训和调入,管理人员的配备,后勤人员的配备,团队成员的考核、激励、处分乃至辞退等。

② 财务决策权。实践证明,拥有财权并使其个人的得失和项目的盈亏联系在一起的人,能够较周全地、负责地顾及自己的行为后果,因此,项目经理必须拥有与项目经理负责制相符合的财务决策权,否则项目就难以顺利展开。一般来讲,这一权力包括如下几个方面:

a. 分配权。即项目经理有权决定项目团队成员的利益分配,包括计酬方式、分配的方案原则,如实行计件、计时工资制或效益工资制等。项目经理还有权制定奖罚制度,对超额工作者、效率较高者发放一定的奖金;相反,则可扣除一定的奖金或工资。

b. 费用控制权。项目经理在财务制度允许的范围内拥有费用支出和报销的权力,如聘请法律顾问、技术顾问、管理顾问的费用支出,工伤事故、索赔等项的营业外支出。

c. 资金的融通、调配权力。在客户不能及时提供资金的情况下,资金的短缺势必要影响工期。对于一个项目团队来说,时间也具有价值,因此还应授予项目经理必要的融资权力和资金调配权力。这对某些不能间歇、工期较紧的项目来说尤为重要。

③ 项目实施控制权。资源的配置(如物资的供应、人力及财力的配备)在项目的实施中,可能与项目计划书有所出入。有时项目实施的外部环境会发生一定的变化,使得项目实施的进度无法与预期同步,这时就要求项目经理根据项目总目标,将项目的进度和阶段性目标与资源和外部环境平衡起来,做出相应的决策,以便对整个项目进行有效的控制。

授予项目经理独立的决策权对于项目经理乃至项目目标的实现都至关重要。除了少数重大的战略决策外，大部分问题可以让项目经理自行决策、自行处理。许多问题和商业机会都具有时效性，如果经过冗长、费时的汇报批示，可能会错过时机，甚至可能导致无法挽回的损失。例如，改革开放之初，一位外商来华考察，经过分析觉得与我方合资兴建某一项目的未来市场前景将会相当广阔，中外双方很快达成意向。可是在项目上报决策中，由于有关主管部门太多，决策太慢，在项目申报后半年内，盖了几十枚章，也仍未审批下来，结果，外商在我方仍在仔细研究中已携款归去。在现实中，此类由于决策延误而丧失商机的案例比比皆是，可见授予项目经理独立的决策是何等重要。

（3）项目经理的放权。项目经理在获得权力以后，还要进行放权。放权就是为了实现项目目标而给项目团队赋予权力，即给项目团队的成员权力，以使他们在自己的职责范围内完成预期的工作任务。放权的含义，既包括给项目团队的成员分配任务，也包括给予团队成员完成工作目标的责任及相应的决策权。

项目团队成员在自己的职责范围内，根据工作的需要，被赋予具体的目标任务。为了取得预期的结果，项目团队成员可按自己的方法制订计划，并根据项目经理给予的权力对资源加以控制。

放权对一个项目经理来说是非常必要的。项目经理个人的能力和精力毕竟是有限的，所以他必须向下授权，以发挥团体的战斗力。放权也不是推卸责任，项目经理是项目的最高合法当事人，对项目目标的实现具有最终的责任。所以，每位项目经理都要把集权和放权有效地结合起来，为项目团队的工作创造必要的前提条件。

有效的放权需要有效的沟通。项目经理要使项目团队成员充分认识到权力和责任的对称性，即使团队成员明白他们取得的权力是什么，要履行的职责、要实现的目标又是什么。放权就要选择最合格的团队成员，赋予其一定的权力去执行某项任务，最终实现某一工作目标。项目经理对成员的选择是以个人的素质、技能为基础的，因此，合格的项目经理要想做到有效的放权，首先应充分了解每位项目团队成员的能力和素质。项目经理不仅要了解和掌握项目成员的技能和优点，更要了解和掌握每位团队成员的缺点和他们之间的差异，这样，在进行放权和分配工作任务时就能做到有的放矢、万无一失。

每个人都有一种实现自我价值的愿望，放权有利于项目团队成员接受富于挑战性的任务，使他们能充分发挥自己的积极性和创造性，从而不断地拓展自己的知识技能。每个项目的成功，不仅是项目经理的成功，更是所有实现自我价值的团队成员的成功。

项目经理给团队成员赋予权力，要让他们在执行工作时有相应的决策权，并且不受到任何干扰，这样团队成员就获得了为完成工作任务而采取行动的自由。当然，项目经理也应该理解，每位团队成员在实际工作过程中，也难免会做出错误的决策和行动，从而导致某些工作任务无法实现。作为一名高素质的项目经理，在此时就应该掌握好指挥、监督、批评和奖励的尺度，否则就会影响团队成员的情绪和士气，进而导致工作的瘫痪。在项目团队的工作中，项目经理应充分相信团队中的每位成员，让团队成员们放开手脚，有足够的行动和决策自由。当然，项目经理更应当知道在何时提供必要的指导、建议和一定的鼓励，只有这样，他才能成功地驾驭项目团队朝既定的目标前进。

尽管充分有效的放权有利于项目经理开展工作，但在现实中却存在着许多放权的阻碍。

① 项目经理自我表现欲较强，总想要亲自完成某项任务，并认为自己会比别人做得更好，完成得更快。一个出色的项目经理首先应摒弃这种想法。项目经理的素质和能力纵然高，但个人的精力毕竟是有限的，而且，项目经理的实质工作是进行项目管理，而不是具体实施

众多的工作任务。就像一个出色的军事家一样，他的任务是战略部署和指挥，而不是冲锋陷阵，尽管这位将军曾经非常英勇善战。

② 项目经理可能不太相信团队成员的工作能力或者担心放权过多会失去控制。其实，通过有效的组织管理形式的建立、强有力的项目班子的配备、高效的项目团队的建设，这一问题自然会迎刃而解。

③ 项目团队成员不敢承担责任或者缺乏自信心。在这种情况下，项目经理就应该懂得如何与项目成员进行有效的沟通和交流，鼓励成员们树立自信心，让他们了解项目经理对他们的信任。当项目成员们遇到挫折和失败时，项目经理应给予鼓励。

4.3.6 项目经理责任制

1. 项目经理责任制的定义

项目经理责任制，也称为项目管理责任制，是组织制定的，以项目负责人（项目经理）为主体，确保项目管理目标实现的责任制度。其核心是项目经理承担实现项目管理目标责任书确定的责任。

项目经理责任制有利于项目管理的责、权、利一体化，有利于项目管理的规范化和科学化，有利于项目目标的实现。

2. 项目管理目标责任书

项目管理目标责任书是组织的管理层与项目管理机构（项目经理部）签订的明确项目经理部应达到的成本、质量、进度、安全和环境等管理目标及其承担的责任，并作为项目完成后考核评价依据的文件。

项目管理目标责任书在项目实施前，由组织法定代表人或其授权人与项目管理机构负责人协商制定。

目标责任书通常包括以下内容：
（1）项目管理实施目标；
（2）组织与项目经理部之间的责任、权限和利益的划分；
（3）项目现场质量、安全、环保、文明、职业健康和社会责任目标；
（4）项目设计、采购、施工、试运行等管理的内容和要求；
（5）项目需要资源的获取和核算办法；
（6）法定代表人向项目经理委托的相关事项；
（7）项目管理机构和项目管理机构负责人应承担的风险；
（8）项目应急事项和突发事件处理的原则和方法；
（9）项目管理效果和目标评价的原则、内容和方法；
（10）项目实施过程中相关责任和问题的认定和处理原则；
（11）项目完成后对项目管理机构负责人的奖惩依据、标准和办法；
（12）项目管理机构负责人解职和项目管理机构解体的条件及办法；
（13）缺陷责任期、质量保修期及之后对项目管理机构负责人的相关要求。

4.3.7 项目经理的培养和培训

1. 项目经理的培养

取得实际经验和基本训练之后，对比较理想和有培养前途的对象，应在经验丰富的项目经理的带领下，委任其以助理的身份协助项目经理的工作，或者令其独立主持单项专业项目或小项目的项目管理，并给予适时的指导和考察。这是锻炼项目经理才干的重要阶段。对在小项目经理或助理岗位上表现出较强组织管理能力者，可让其挑起大型项目经理的重担，并创造条件让其多参加一些项目管理研讨班和有关学术活动，使其从理论和管理技术上进一步开阔眼界，通过这种方式使其逐渐成长为经验丰富的项目经理。

2. 项目经理的培训

除了实际工作锻炼之外，对有培养前途的项目经理人选还应有针对性地进行项目管理基本理论和方法的培训。项目经理作为一种通才，其知识面要求既宽又深，除了其已具备的工程专业知识以外，还应进行业务知识和管理知识的系统培训，内容涉及管理科学、行为科学、系统工程、价值工程、计算机及项目管理系统等。

4.4 工程项目团队

4.4.1 项目团队的概念和特征

1. 项目团队与项目管理机构的概念

（1）项目团队。现代项目管理认为：项目团队是一组个体成员为实现一个具体项目的目标而组建的协同工作的队伍。项目团队的根本使命是在项目经理的直接领导下，为实现具体项目的目标，完成具体项目所确定的各项任务而共同努力，并协调一致、有效工作。项目团队是一种临时性的组织，一旦项目完成或终止，项目团队的使命即已完成或终止，项目团队即告解散。

需要注意的是，仅仅把一组人员调集在一个项目中一起工作，并不能形成团队。项目团队不仅仅是指被分配到某个项目中工作的一组人员，更是指一组互相联系的人员同心协力地工作，以实现项目目标，满足客户需求。而要使这些人员发展成为一个有效协作的团队，一方面需要项目经理的努力，另一方面需要项目团队中每位成员积极地投入团队中。一个有效率的项目团队并不一定能决定项目的成功，而一个效率低下的团队，则注定会使项目失败。

（2）项目管理机构。项目管理机构是指根据组织授权，直接实施项目管理的单位。可以是项目管理公司、项目部、工程监理部等。项目管理机构就是一个项目团队。

2. 项目团队的特征

就如项目本身的独特性一样，没有哪两个项目团队会一模一样。但是，我们仍然可以得到这一点，就是项目团队能否有效地开展项目管理活动，主要体现在以下三个方面。

（1）合理的分工与协作。项目团队的使命就是完成特定项目的任务，实现特定项目的既定目标。它没有也不应该有与既定项目无关的其他使命或任务，团队成员既分工又合作。

（2）高度的凝聚力和民主气氛。一个有成效的项目团队，必定是一个有高度凝聚力的团队，能使团队成员积极热情地为项目成功付出必要的时间和努力。

（3）共同的目标。每个组织都有自己的目标，项目团队也不例外，正是在这一目标的感召下，项目团队成员才能凝聚在一起，并为之共同奋斗。

① 项目团队有一个共同愿景。这是团队之所以存在的主要原因，每个成员都很清楚地了解它、认同它，都愿为共同愿景的实现而奉献全部心力、体力和智力。

② 项目团队有着明确的共同目标。这一目标是共同愿景在客观环境中的具体化，并随着环境的变化而有相应的调整，但每个成员也都了解它、认同它，都认为共同目标的实现是达到共同愿景的最有效途径，即团队不能在如何达到共同愿景的问题上有太大的分歧。

③ 团队成员都了解共同目标的实现对组织的重要性。

④ 共同愿景和共同目标包容了个人愿景与个人目标，充分体现了个人的意志与利益，并且具有足够的吸引力，能够引发团队成员的激情。

⑤ 依据实事求是的原则，通过评估与选择，团队能制定并执行有效的策略。

4.4.2 项目团队的任务和目标

向企业或外部客户提供产品或服务是项目团队的基本任务和目标。

具体而言，在项目的进程中，项目团队需要完成下列任务和目标。

（1）规划与实施项目方案。面对任务或问题，所有团队都必须制订相应的计划并努力施行。

（2）进行绩效管理。团队必须自身或与其上级主管单位及周围环境一道来设置工作目标、激励工作行为、评估工作绩效和决定工作奖酬等。

（3）提高能力与绩效。团队要不断地提高自己的工作能力，提高成员间相互合作的技能，改善工作程序，加强各项训练，努力促进自身成熟并取得好成绩。

（4）进行团队外界管理，与外界良好协调。团队只有与外界良好协调，才能保障自身的顺利发展和项目工作的顺利进行，而且团队只有与外界取得协调，才能取得整个组织的成功。

（5）帮助或影响更高层的决策。团队不仅要完成自身分内的工作，而且有义务为更高层的决策提供信息与建议。尤其是事关项目的重大问题时，团队有权利也有责任参与并影响更高层的决策。

4.4.3 项目团队的组建

1. 组建项目团队的原则

项目团队的组织没有固定的模式，应根据项目的不同特点、不同的内外部条件，采用不同的组织形式。但是，无论具体情况如何不同，组织项目团队的总体要求还是应从项目的实际出发，保证项目稳定、高效运行，以成功实现项目目标。创建项目团队应遵循以下原则。

（1）有效管理跨度原则。管理跨度是指一个主管能够直接有效管理下属的机构（人）数。

一个项目经理的管理跨度是有限的，往往要受以下因素的影响。

① 问题的复杂程度。一般而言，项目所要处理的问题难度越大、复杂程度越高，项目经理直接管理的人数就越少。相反，如果处理的是一些日常性、规范性的事务，那么管理者的管理跨度就可能大一些。

② 项目经理及团队成员的能力高低。能力较强的项目经理能够在不降低团队效率的前提下，比相同层次、相同工作的其他项目经理管理较多的人员。同样，一个高度熟练和胜任的团队成员所需要的管理要少一些。这样，项目经理的管理跨度就可以加大。

③ 授权程度。项目经理将管理权授予的越多，他们要亲自处理的具体问题就越少，管理跨度就可以大一些；反之，管理跨度就应该小一些。有的项目经理很不放心把权力交给下属，其实，应该通过训练安排，把一部分权力适当地交给下属，由他们处理某些问题，这样既锻炼了下属，又扩大了管理跨度。

（2）权责对等原则。权是在规定的职位上行使的权利，责是在接受职位、职务后必须履行的义务。在任何工作中，权与责必须大致相当。变动权力时，必须同时变动与权力相应的责任。如果要求一名项目经理履行某些责任，就要授予他充分的权力。如果这些权力已授给他，但该项目经理不能承担相等的责任，就应收回这些权力或者对他的职务做某些变动。

（3）职才匹配原则。项目团队成员的才智、能力与担任的职务应相匹配。每种职位所要求的能力水平不同，因此组织团队应尽可能使才位相称、人尽其才、才尽其用、用得其所。理想的团队组织，必须具备修改和调整的可能性，必须具有灵活性。在遇到缺乏某种工作需要的成员而又一时找不到合适人选时，可以考虑把项目工作重新修改、设计、安排，直到找到适当的人员来担任。

（4）单一指令原则。团队成员只能接受一个上级的命令和指挥，一个成员不能收到多头指挥，否则团队成员就会不知所措。上下级之间的上报下达都要按层次进行，一般情况下不得越级。执行者负执行之责，指挥者负指挥之任，在管理上，尽量实行"一元化"的层次联系，做到政出单门。

（5）效果与效率统一原则。效果是指项目团队的活动要有成效，即"做正确的事"。项目团队不但要能保证项目的进行，同时要有成果。效率是指项目团队在单位时间内取得成果的速度，即"正确地做事"。在单位时间内取得成果的过程中，各种物质资源的利用程度、团队成员的工作效率，都能反映出项目团队的效率。效率不高、反应迟缓，说明这个项目团队的某些方面已经不适应客观要求，需要改进。

2. 项目团队组建的步骤

（1）明确项目团队管理任务；

（2）根据管理任务分解和归类，明确组织结构；

（3）根据组织结构，确定岗位职责、权限及人员配置；

（4）制定工作程序和管理制度；

（5）组织管理层审核认定。

3. 项目组织分解结构

项目组织分解结构（Organization Breakdown Structure，OBS），是关于项目内部组织的，而不是组织要素与其母体组织或其他机构的关系。它是用与工作分解结构相似的方法构建而成的项目的内部组织图表。在 OBS 中,第一级把项目的整体组织作为一个要素看待,第二级显示第一次分解,将项目组织分解为它的主要组织要素,重复该程序直到确定出最低级的组织分解结构要素。这些要素一般为基本的工作团体、专业或那些小项目中执行工作的个人。OBS 层级数目取决于项目的规模、项目的组织和项目所涉及的人员数量,如表 4-2 所示。

表 4-2 OBS 的层级数目

级 别	较 小 组 织	中 等 组 织	较 大 组 织	多项目组织
1	总体组织	总体组织	总体组织	多项目组织
2	部门	分支	公司	单项目组织
3	工作团体	部门	分支	公司
4		工作团体	部门	分支
5			工作团体	部门
6				工作团体

项目内部组织结构形式通常包括内部职能化、分割、内部矩阵结构、项目组织的集中和分散形式。

(1)小型工程项目内部组织,如图 4-6 所示。

小型工程项目内部组织的特点:冲突趋向于最小,积极性很高,协作盛行,团队成员有很强的活力和热情。

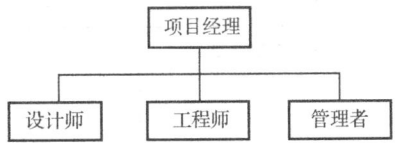

图 4-6 小型工程项目内部组织

(2)中型工程项目内部组织。来自不同部门的个人将由职能团体替代,每个团体通常都有自己的监督人员或经理。在内部项目组织中已经发展了职能化,这个内部项目组织结构是根据职能组织起来的阶梯金字塔形,如图 4-7 所示。

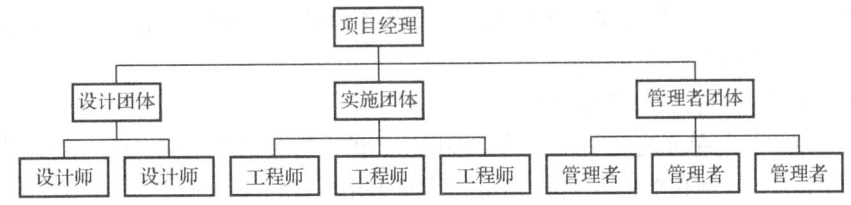

图 4-7 中型工程项目内部组织

特点:存在两个层次的组织,即一个职能组织存在于一个某种形式的外部组织中;团体协作和个人的积极性相对较高,冲突的可能性相对较低。

(3)大型工程项目内部组织。当项目规模变得更大时,在中等项目中运用的传统的职能性组织的金字塔结构会延伸到更大的项目中。中等工程项目内部组织中的职能团体在大型项目中变成了按功能性组织起来的大型团体或部门。项目经理是唯一关键的整合者。

大型工程项目内部组织的几种形式:职能组织、矩阵组织、分割组织和联合组织。

① 职能组织。大型项目职能组织示意图如图 4-8 所示。

项目经理远离作业层面,暗示着冲突的增加,而且整合必须在很大程度上依靠相互调整和项目组织中的非正式的横向团体。

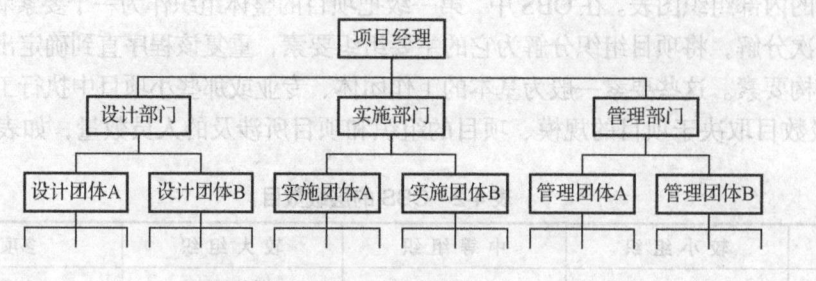

图 4-8 职能组织

② 矩阵组织。为了促进基本团体的整合,一个矩阵关系被放在职能结构上,形成矩阵组织单元,项目工程师或子项目经理从不同的职能团体或部门中集合有用的人到他们的项目中。其示意图如图 4-9 所示。

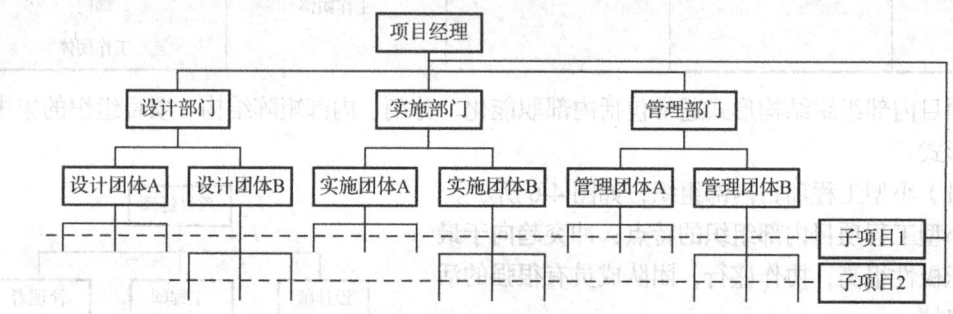

图 4-9 矩阵组织

③ 分割组织。项目被划分为若干独立的组织单元或子项目,每一相同结构引申出的是一个混合功能的专门的项目团队,其中包括分权的衡量,但保留了强大的集中管理。其示意图如图 4-10 所示。

④ 联合组织。在该结构中,每个基本团队都形成了一个小的混合功能的组织单元,将整个项目分为若干部分,形成了一个分散的扁平组织结构。其示意图如图 4-11 所示。该组织形式可以以下列几种方式产生变化:

a. 保留大量上层雇员以增强集权;

b. 在项目中心与单元之间引入新的管理层次,扩大管理组织结构,每一个中间层次的经理或经理们控制、协调和整合若干个小的专门项目团队。

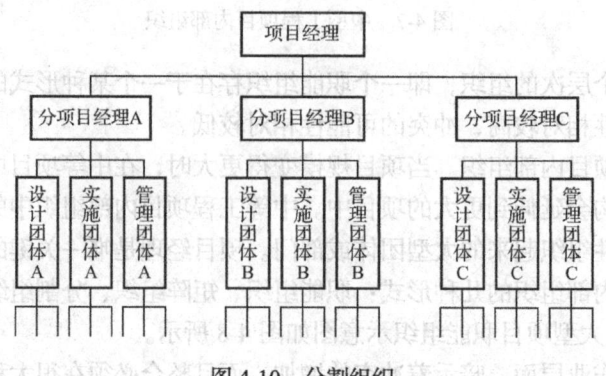

图 4-10 分割组织

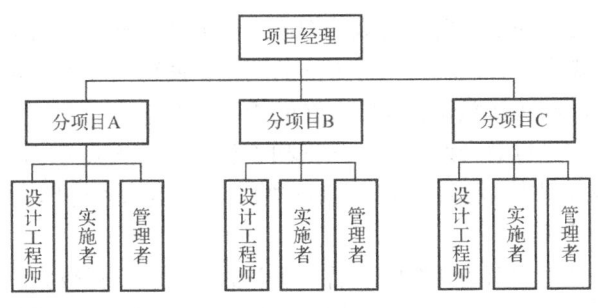

图 4-11 联合组织

4. 责任分配

责任分配的目的：对项目的每项任务分配责任者和落实责任。

责任分配的作用：明确相关机构和人员的责任，便于项目管理部门在项目实施过程中的管理协调。

责任分配的依据：工作分解结构（WBS）和组织分解结构（OBS）。

责任分配的结果：工作责任分配表（责任矩阵），如表 4-3 所示。

表 4-3 工作责任分配表

图例： ▲负责 ●辅助 △承包		责任者（个人或组织）					
工作分解结构							
任务编码	任务名称						
项目负责人审核意见：							

责任分配要点：

（1）层层落实责任。根据 WBS，从项目到具体工作都应落实责任。

（2）合理分配责任。根据每个机构或人员的岗位责任落实责任，所分配的责任是该机构或人员应当承担的责任。

4.4.4 项目团队的建设

1. 团队成长过程

项目团队是由于项目而组建的，因此也是随着项目的进程而不断成长和变化的。这个过程可以描述为 5 个阶段：组建阶段、磨合阶段、正规阶段、成效阶段和解散阶段。

（1）组建阶段。在这个阶段中，项目团队成员从不同职能部门被调集到一起，参与到一个新的岗位和环境中，成员可以说是既兴奋又陌生。这时，应及时向所有成员传达项目团队的目标和他们的使命，让他们及早适应新的环境。同时，应让他们尽快明确各自的工作岗位，熟悉新的工作内容。

（2）磨合阶段。在成员明确团队目标和各自工作后，他们在这个阶段就开始执行被分配的任务。但由于成员之间缺乏了解和有效的沟通，冲突和不和谐的因素开始暴露。成员会因彼此之间存在立场、观念、方法和行为等方面的问题，使得人际关系陷入紧张局面。这时，应加强成员之间的了解和协作意识，缓解存在的矛盾问题。

（3）正规阶段。在经过磨合期的相互熟识和了解后，团队成员之间的关系会逐步确立，大多数矛盾问题会得以解决。然后，成员之间开始有效地沟通和协作，团队凝聚力开始加强，团队工作较为稳定和顺畅。

（4）成效阶段。经历前面的几个阶段后，团队的气氛会变得较为民主和融洽，成员积极性较高，彼此信任度较强，拥有较高的集体荣誉感。这有助于他们之间的进一步合作和沟通，工作效率会变得较高，因此项目的一些重大决策就会在这个阶段顺利做出，项目会取得长足进展。

（5）解散阶段。由于项目的大多数工作已经完成，项目的基本目标已经实现，随着项目的竣工验收，项目团队也面临解散。这时，应肯定团队成员的工作，稳定他们的情绪，积极鼓励他们重新回到原来的岗位工作，以创造新的成绩。

2. 项目团队绩效的影响因素

（1）项目团队的精神。团队精神是项目成员为了团队的整体利益和目标而相互协作、共同努力的意愿与作风。其内涵主要包括以下几个方面。

① 成员对团队有强烈的归属感和一体感。在团队与其成员之间的关系方面，团队精神表现为团队成员对团队的强烈归属感与一体感。团队成员强烈地感受到自己是团队的一员，并且由衷地希望能够把自己的前途与团队的命运联系在一起，愿意为团队的利益与目标尽心尽力。归属感与一体感主要源于团队利益目标与其成员利益目标的高度一致。团队通过一系列的安排使它与其成员结成一个高度牢固的命运共同体，无论是在物质上还是在精神上，团队与其成员都是息息相关的。团队还通过持久而强大的教育宣传及文化氛围，在潜移默化中培养成员对团队的共存共荣意识及深厚久远的情感。

② 团队是个有机整体。在团队成员之间的关系上，团队精神表现为成员间的互相协作从而形成有机的整体。团队成员彼此相互依存、同舟共济、共同奋斗。成员之间一要互敬互重，待人礼貌谦逊；二要相互宽容，能容纳各自的差异性、独特性，在发生过失时，能见大义而容小过；三要彼此信任，以诚待人、一诺千金，相互能深信不疑、委以重任；四要互相帮助，在工作上能互相协作、共同提高，在生活上彼此关怀；五要在利益面前互相礼让。团队成员在互动过程中逐渐形成一系列的行为规范，他们能和谐相处，充满着凝聚力。

③ 团队成员对团队事务全方位投入。在项目团队的事务上，团队精神表现为团队成员对团队事务的尽心尽力及全方位的投入。一方面，在团队发展过程中及处理团队事务时，努力争取团队成员的全方位投入，培养成员的责任感，让成员参与管理，共同决策，以充分调动其积极性、主动性和创造性；另一方面，团队成员把团队的事视为自己的事，工作积极主动、认真勤勉、尽职尽责，充满活力与热情。

团队精神是一个相对的概念。从深度上讲，团队精神有程度的差别。但是通常情况下，团队精神应建立在团队与个人相对统一的基础之上。从广度上讲，一个团队可能只有少数几个人具有团队精神，也有可能是多数人甚至全部成员都具有团队精神。在后一种情况下，团队通常能取得辉煌的成功。当团队中只有少数人具有团队精神时，团队精神可能会逐渐弥漫扩展至整个团队，也可能会逐渐消失，这时，对团队精神的维护与培育就显得格外重要。另外，团队精神还有一个范围。通常，大团队精神要比小团队精神好，团队利益优先是处理团队精神范围问题的一个重要原则。

当一个项目团队缺乏团队精神时就会直接影响团队的绩效和项目的成功。在这种情况下，即使每个项目团队成员都有潜力去高效率地工作，但是整个团队缺乏团队精神，也使得团队难以达到其应有的绩效水平。

（2）项目团队文化。项目团队的文化是其在发展过程中所形成的，为团队成员所共有的思想、作风、价值观念和行为规范，是一个项目团队所特有的信念和行为模式。一个具有文化底蕴的项目团队，就像一个具有文化修养的人一样，处处都显现出自己独特的行为模式。

项目团队的文化涉及组织的各个层次，渗透于项目的各项工作中。一般来说，团队的文化主要包括以下几个方面。

① 团队精神。团队精神是团队文化的表现形式。它是支撑项目团队生存和发展的支柱，是在生产、经营、管理的实践活动中形成的代表广大员工干劲的一种行为。通常可以用言语或队歌等形式表达出来。

② 团队价值观。这是一个团队的基本观念和信念。它是指项目团队所有成员参照一定依据，遵循一定的价值模式对团队的生产经营行为、提供的服务及社会声望和信用等的总看法。它具体地向成员说明什么是成功，并在成员中树立起成功的标准。

③ 团队目标。团队目标是团队文化以团队经营形式表现出来的一种观念形态文化。在实践中，团队目标是作为一种意念、一种符号、一种信息传达给全体成员的。团队目标可以划分为三个层次：整体目标、部门目标、小组目标或成员目标。通过团队目标的实现，团队才可能发展壮大。

④ 团队道德。团队道德是调整成员之间以及项目组织与成员之间关系的思想意识和行为规范的综合，是一种特殊的行为规范，是团队规章的必要补充。通过它，项目成员能在什么是对、什么是错、什么可被接受、什么不可被接受等问题方面取得共识。

⑤ 团队制度。团队制度是项目组织在项目管理的实践活动中所生成和发展起来的一种文化现象。它既是处理相互之间工作关系的各种规章制度、组织形式和行为准则，又是项目组织为实现其赢利目标而要求成员共同遵守的办事规程。

⑥ 团队礼仪。团队礼仪是团队日常已形成的习惯的一系列文化活动的总称。这些礼仪活动体现了组织对成员的期望与要求，包括团队交流和社会礼仪、工作礼仪、管理礼仪等。它以形象化的形式，将团队的价值观灌输给全体成员。可以说，没有团队礼仪，也就没有团队文化。

在一个具有文化底蕴的项目团队中，成员们有强烈的归属感、一体感。好的文化激励着团队成员，成员们努力奋斗、要求上进的精神又大力地促进着团队文化的建设，两者相得益彰。

（3）领导不力。这是指项目经理不能都充分运用职权和个人权利去影响团队成员的行为，并带领和指挥团队为实现项目目标而努力。这是影响项目团队绩效最根本的一个因素。作为一个项目经理一定要不时地问自己一些诸如"我做得怎么样"的问题，并不时地问管理人员和团队成员"我该怎样改进我们的领导工作"等问题，积极征求团队对他的工作反馈意见，努力做好团队的领导工作。因为领导不力不但会影响项目团队的绩效，而且会给整个项目的完成带来灾难性的后果。

（4）目标不明。这是指项目经理未能够使全体成员充分了解项目目标，以及项目的工作范围、质量标准、预算和进度计划等方面的信息。项目经理不但要向团队成员宣传项目的目标和计划，而且要向人们描述项目的未来结果以及带来的好处。项目经理不但需要在各种会议上讲述这些情况，而且要认真回答团队成员提出的各种疑问。如有可能，还要以书面形式把这些情况的说明提供给项目团队中的每位成员。在每次项目进度情况总结会议上，项目经理要定期说明项目目标，要经常了解团队成员对要完成的任务存在的疑问。项目经理一定要努力使项目团队成员清楚地知道项目的目标。

（5）缺乏沟通。缺乏沟通是指项目团队成员们对项目工作中发生的事情知之甚少，项目团队内部和团队与外部之间的信息交流严重不足。这不但会影响一个团队的绩效，而且会造成决策失误。一个称职的项目经理必须采用各种信息沟通手段，使项目团队成员及时了解项目的各种情况，使团队与外界的沟通保持畅通和有效。项目经理能够采用的沟通方法包括会议、个人面谈、问卷、报表和报告等形式。对相关的项目文件，如计划、预算、进度计划以及报告材料，也要不断更新，并及时公告给全体团队成员。项目经理要鼓励团队成员之间积极交流信息，努力合作，并解决问题。

（6）职责不清。项目职责不清是指项目团队成员对他们的角色和责任的认识含糊不清，或者在管理上存在着一些团队成员的职责重复问题。项目经理在开始时就应该使项目团队的每位成员明确自己的角色和职责，以及他们与其他团队成员之间的角色联系和职责关系。项目团队成员可以积极地要求项目经理界定和解决职责模糊不清的地方，以及明显存在的责任重复问题。在项目团队制订项目计划时要利用工作分解结构、职责矩阵、甘特图或网络图等工具明确每个成员的职责。另外，最好把这类文件的复印件发放给每个团队成员，使他们不仅知道自己的职责，还能了解其他成员的职责，以及这些职责是如何有机地构成一体的。

（7）激励不足。激励不足是指项目经理在项目管理中所采用的各种激励措施力度不够，或者缺乏激励机制。这也是很重要的一个影响团队绩效的因素。因为这会使项目团队成员产生消极思想，从而严重地影响团队的绩效。激励不足的项目团队成员可能会对项目目标的追求力度不够，或者对项目工作不太投入。要解决这一难题，项目经理需要采用各种各样的激励措施，包括运用目标的激励作用（向每个成员说明其角色对项目的重要意义）、工作挑战型的激励作用、提高薪酬的激励作用及满足个人职业生涯需要的激励作用等。项目经理应该知道每个成员自己的激励因素，并创造出一个充满激励的工作环境。

（8）规章不全。是指项目团队没有合适的规章去规范整个团队及其成员的行为和工作。在这种情况下，团队成员们会觉得一个团队里每个人的工作都无章可循。这种局面同样会造成项目绩效的低下。一般在项目开始时，项目经理就要制定基本的管理规章和工作规程。每项规章或规程以及制定这些规程的理由都要在会议上向团队做出解释说明，并把规程以书面形式传达给所有团队成员。当然，如果某些规程对项目工作不再有效，项目经理要接受有关废止或理顺规程的建议。

3. 项目团队的矛盾解决方法

即使是在由智者组成的、人人对任务都很负责的团队中，也会有矛盾。虽然很多人不喜欢矛盾，因此假装它们根本不存在，但是不承认矛盾，矛盾并不会自然消除；相反，它们会蔓延，使得下一步的沟通更加困难。

（1）减少矛盾的方法。申明责任和制度，及时讨论、解决出现的问题（而不是听任其发展），认识到成员彼此没有义务对对方的喜怒哀乐负责。一旦出现矛盾，团队宜重新审视责任，同有问题的成员面谈。矛盾常常因为感觉没有得到团队成员的重视或尊重而生，因此，如果建议能以积极肯定的方式提出，很多问题都是可以避免的。提建议的技巧在于，首先应肯定前面大家的努力，适当总结，然后提出假设。

（2）解决矛盾的基本步骤。成功地处理矛盾既要关注问题本身，也要关心对方个体的感受。以下步骤有助于矛盾得到建设性的解决。

① 确定对方是否真的意欲反对。有时，有的成员在压力很大的情况下只是发泄怒气和失落，他们不是真的生对方的气。确定这些人是否只是发泄一下，可以问他："我可以帮你做些什么吗？"

② 核实大家的信息是否准确。有时，在根本没有分歧的情况下，讲话风格不同、对某些符号的解释不同、错误的推理习惯等都会导致矛盾的产生。有时，人们为某一矛盾所困是因为可供选择的解决办法太少。实际上，他们找到的可能只是两极的办法。

（3）怎样对待批评。受到别人的直接指责或攻击后积下的矛盾很难调和。人在受攻击时的本能反应是保护自己或回击对方，然后对方会同样自我保护或反击。矛盾不断加深，感情受到了伤害，问题变得更加复杂和难解决。正如解决矛盾首先要确定各方面真正要达到的目的是否一样，对待批评也要理解批评人的用心。建设性或尽量贴近对方关心的内容的回应方法包括诠释、情感、推理和逐步趋同等。

① 诠释。诠释就是改用自己的话重复批评者的批评言词。这样做的目的在于：确认自己听到的话准确无误；让批评者了解他们的话对你产生了什么影响；告知对方，你对他们的话感受很深。

② 情感。试着感受批评者的心理感受，了解对方言语或非语言所要表达的情感。这样是为了理解对方的情感及批评意见的重要性，没有言明但有可能比直说出来的更重要的那些信息。

③ 推理。以批评意见为基础进行推理时，试着推测出批评意见的言语和非言语性含义，将其由字面稍微引申，从而理解批评者为什么对正在讨论的或正在实施的工作如此反感。这样推理的目的在于：找出相对于表面问题的实质性问题；说出解决矛盾过程中关注的感受。

④ 逐步趋同。应对十分棘手的批评意见时，逐步趋同的方法很有效。逐步解决既可以使矛盾不再扩大（愤怒的言词会导致这种结果），同时可以避免让步于批评者。首先，重复批评意见中你同意的部分（通常是某一事实而非对方就该事实所作的评论等），目的是为了确认。然后，让批评者反应，什么也不要讲。这样做的好处在于：给自己留出时间思考批评意见所指出的要害和关键之处，然后可以有的放矢地回应，而非仅仅是自卫性地反击；暗示对方你听到了他们的批评意见。

4.5 工程项目人力资源管理

4.5.1 人力资源的特点

一个项目的实施需要多种资源，从资源属性角度来看，可包括人力资源、自然资源、资本资源和信息资源，其中，人力资源是最基本、最重要、最具创造性的资源，是影响项目成效的决定性因素。与其他资源相比，人力资源具有如下特点。

（1）人力资源是一种可再生的生物性资源。人力资源以人身为天然载体，是一种"活"的资源，并与人的自然生理特征相联系。这一特点决定了在人力资源使用过程中需要考虑工作环境、工伤风险、时间弹性等非经济和非货币因素。

人力资源具有再生性。人口的再生产和劳动力再生产，通过人口总体和劳动力总体内各个个体的不断替换、更新和恢复的过程得以实现。当然，人力资源的再生性除了遵守一般的生物学规律之外，还受人类意识的支配。

（2）人力资源在经济活动中是居于主导地位的能动性资源。人类不同于自然界其他生物之处在于，人具有目的性、主观能动性和社会意识。人类的这种自我调控功能使其在从事经济活动时，总是处在发起、操纵、控制其他资源的位置上。即它能够根据外部可能性和自身的条件、愿望，有目的地确定经济活动的方向，并根据这一方向具体地选择、运用外部资源或主动地适应外部资源。人力资源与其他被动性生产要素相比，是最积极、最活跃的生产要素，居于主导地位。

因此，在项目实施过程中，比起对其他资源的管理，项目人力资源能否发挥和能在多大程度上发挥潜能，要更依赖于管理人员的管理水平，即能否实现对员工的有效激励，能否达到使整体远大于各个部分之和的管理效果。

（3）人力资源是具有时效性的资源。人力资源的形成、开发、使用都具有时间方面的制约性。从个体看，作为生物有机体的人，有其生命周期；而作为人力资源的人，能够从事劳动的自然时间又被限定在其生命周期的中间一段；能够从事劳动的不同年龄段（青年、壮年、老年）其劳动能力也不尽相同。从社会的角度看，在各个年龄组人口的数量以及数差之间的联系，特别是"劳动人口与被抚养人口"的比例，存在着时效性问题。由此就要考虑动态条件下人力资源的形成、开发、分配、使用的相对平稳性。

4.5.2 项目人力资源管理的定义和特点

1. 项目人力资源管理的定义

项目人力资源管理，是要在对项目目标、规划、任务、进展情况以及各种内外因变量进行合理、有序的分析、规划和统筹的基础上，采用科学的方法，对项目过程中的所有人员，包括项目经理、项目班子其他成员、项目发起方、投资方、项目业主以及项目客户等予以有效的协调、控制和管理，使他们能够同项目管理班子紧密配合，在思想、心理、行为等方面尽可能地符合项目的发展需求，激励并保持项目人员对项目的忠诚与献身精神，最大限度地挖掘项目队伍的人才潜能，充分发挥项目人员的主观能动性，最终实现项目的战略目标。

2. 项目人力资源管理的特点

项目人力资源管理是组织人力资源管理的具体运用。但是，由于组织的存在相对项目来说是长期的、稳定的，而项目是临时性的、突发性的、独特的和短期的，因此与组织人力资源管理相比，项目人力资源管理具有如下特点。

（1）管理的短期性。项目人力资源管理针对项目对人力资源的需求，具有一定的生命周期，表现为满足项目需要。

（2）工作强度的多样性。由于项目进展生命周期中工作负荷不断发生变化，人力资源工作的强度呈现出多样性的特点。

（3）选聘与解聘的非常规性。组织中的人力资源选聘与解聘往往严格依据既定的程序进行，而由于项目自身的不确定性的特点，在项目人力资源选聘与解聘方面往往具有一定的权变与随意性。

（4）绩效考核的效果性。项目绩效考核具有明确的成果性，强调短期考核。

（5）激励的重物质性。对于一般的项目人力资源，往往是临时雇用，缺乏应有的忠诚度，物质激励的效果更为直接有效。

（6）培训的具体性与针对性强。对于项目人力资源的培训，主要针对项目的具体需要，进行特定的工作方法与管理制度规范的培训。

4.5.3 项目人力资源管理的主要内容

项目人力资源管理的主要内容如图 4-12 所示。

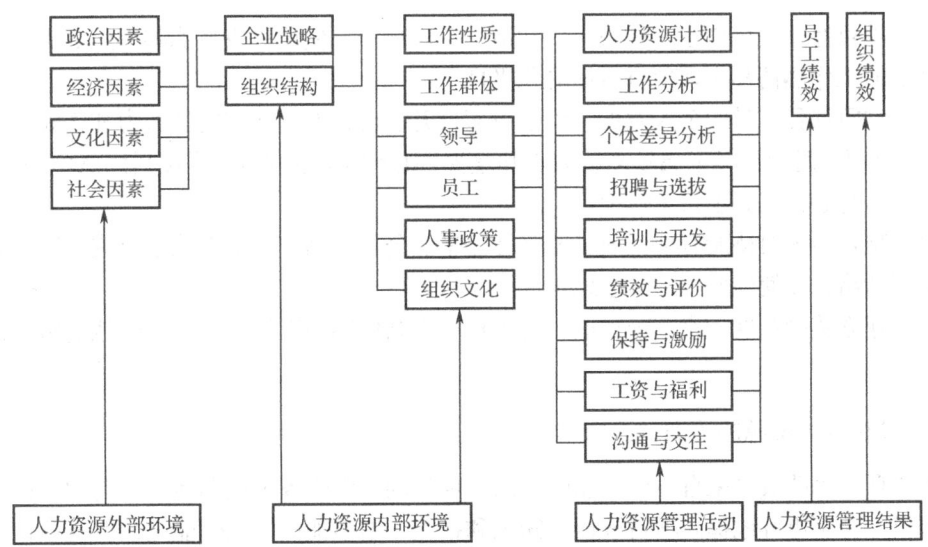

图 4-12 项目人力资源管理的主要内容

1. 相关计划的编制

项目管理机构应编制人力资源管理计划、人力资源需求计划、人力资源配置计划及人力资源培训计划等。

2. 项目人力资源的获取

在项目实施之前，要根据项目的定义、范围、工作分解和需要的岗位等决定项目需要什么样的成员。为了确保取得合适的人力资源，必须进行人力资源的招聘和选择。

（1）项目人力资源的招聘。如果在组织内部进行招聘，方式主要有查阅组织档案，寻找具有与项目相关知识或技能的员工；由于各职能部门的主管对下属较为了解，可以采用职能主管推荐的方式，但这种方式容易受到主管的主观判断，所推荐的人选并不一定适合项目；

在组织内部对项目的工作细节进行张榜，寻找到最适合的人选。如果在组织外部进行招聘，方式主要有依靠雇员的推荐，这同样存在雇员的偏见问题；自荐，这种方式成本较低，但耗时较长；在报纸、杂志或互联网上刊登招聘广告，这种方式可以得到较多应聘者，但效率较低，且应聘人员的综合素质普遍较低，工作表现较差；通过就业代理机构，可以得到较为优秀的人员，但需要花费较高的成本。

（2）项目人力资源的选择。项目人力资源的选择方式有面试和测试。面试的类型有面试者即兴提问、应聘者即兴回答的非结构化面试；面试者事先准备好问题、依照程序进行的结构化面试；根据面试者背景材料、针对面试者的弱点而提出问题的压力面试。测试的类型有考查应聘者综合素质的能力测试；考查应聘者人际关系和应变能力的情景测试；考查应聘者的特征和品质的人格测试；考查应聘者对未来和前途看法的成就测试等。

3. 项目人力资源的激励

要充分利用人力资源，就必须调动项目成员的积极性，发挥他们的最大潜能，这就需要项目管理人员懂得如何去激励项目团队成员。在项目人力资源管理中，可以采取的激励方法和技巧有：

（1）项目经理应该创建一种民主、和谐的工作环境，使项目成员能够得到尊重和信任，调动他们的工作热情和实现项目目标的积极性。

（2）注重项目成员的个人发展，给予更多晋升机会，发挥他们的创造力和主观能动性。

（3）项目经理要给予下属较多的关心和重视，让下属了解到自己在项目团队中的重要性，以使他们全身心投入到项目工作中。

（4）项目经理对待所有项目成员要坚守公平、公正原则，尽量消除项目成员因不公平导致的消极情绪，以使他们全力以赴地工作。

（5）建立奖励制度，肯定项目成员的工作，提高他们的工作热情，增强他们努力奋斗的精神。

4. 项目人力资源的培训

由于项目团队成员来自不同的职能部门，项目的工作任务可能和他们以前的工作不尽相同。所以，为了更好地提高项目成员的知识和技能，增强他们的工作能力，保证项目工作的顺利实施，对项目人力资源的培训就显得格外重要。

项目人力资源的培训主要有文化培训、技能培训和心理咨询。对项目成员进行文化培训主要是让他们了解项目团队的文化和目标，保证他们不会偏离项目工作，不会损害项目团队的利益，增强他们的责任感和使命感；技能培训主要是让成员熟悉和掌握项目工作，提高他们的工作效率，增强他们的工作能力，保证项目实施的进度；心理咨询主要为了帮助项目成员缓解因工作或个人发展而导致的心情沮丧或失去目标等问题，降低他们的挫折感，增强他们的信心，使其树立远大的抱负，以保证项目工作的顺利完成。

5. 项目人力资源的绩效评估

项目成员的分工不同，工作态度不同，就会导致工作成果的不同。为了保证公正、公平的原则，必须对项目成员的工作成果加以区分，以做到奖罚分明，这就需要进行人力资源的绩效评估。

有效的绩效评估系统应注意以下问题:
（1）准确识别和区分。绩效评估要能够准确识别和区分效率高的员工和效率低的员工，否则会挫伤效率较高的员工的工作积极性。
（2）绩效评估要具有可靠性。即当不同的评估者对同一员工评判时，结果要大体一致，不能差距太远。
（3）合理的绩效评估系统。评估系统要得到大多数员工的认可和支持，否则将毫无意义。
（4）绩效评估系统要实用。评估系统不能过于复杂，不能使评估花费大量的时间和费用，尽量使评估系统的收益大于其成本。

本章小结

根据项目经理部与所在组织之间的关系，项目组织的基本形式有3种：职能制、项目制和矩阵制。

项目组织分解结构（Organization Breakdown Structure，OBS），是关于项目内部组织的，而不是组织要素与其母体组织或其他机构的关系。它是用与工作分解结构相似的方法构建而成的项目的内部组织图表。

项目经理是由法定代表人任命，并根据法定代表人授权的范围、期限和内容，履行管理职责，且对项目实施全过程、全面管理的管理者。项目经理在项目中具有举足轻重的地位和作用，必须具有一定的素质和能力，担负相应的责任的同时应具有相应的权力。项目管理责任制是以项目经理为责任主体，确保项目管理目标实现的责任制度。其核心是项目经理承担实现项目管理目标责任书确定的责任。项目管理责任制有利于项目管理的责、权、利一体化；有利于项目管理的规范化和科学化；有利于项目目标的实现。应注重对项目经理的培养和培训。

项目团队是一组个体成员为实现一个具体项目的目标而组建的协同工作的队伍。项目团队的根本使命是在项目经理的直接领导下，为实现具体项目的目标，完成具体项目所确定的各项任务而共同努力，并协调一致、有效地工作。项目团队是由于项目而组建，因此也是随着项目的进程而不断成长和变化的。这个过程可以描述为5个阶段：组建阶段、磨合阶段、正规阶段、成效阶段和解散阶段。

项目人力资源管理是对人力资源的取得、培训、激励、评估等方面所进行的计划、组织、实施和控制等活动的总称。项目人力资源管理的目的就是最有效使用项目人力资源，激发和调动他们的积极性，使项目组织高效率地运作，顺畅地完成项目工作。

复习思考题

（1）简述工程项目组织的定义及需要解决的主要问题。

（2）工程项目的组织形式主要有哪几种？各自的特点、优缺点和适用条件是什么？

（3）某工程项目，项目总投资为15亿元；含有4项单项工程；从设计开始至交付为止，总工期48个月；采用EPC总承包方式。试就该项目的组织问题进行讨论，并提出组织方案。

（4）简述项目管理责任制的概念。

（5）谈谈你对项目团队精神和文化的理解。

（6）项目团队的特点是什么？

（7）对项目经理有哪些主要的素质要求？

（8）项目经理应具有哪些责任和权力？

第5章

工程项目策划

引导案例

某公司决定投资建设一栋高20层、建筑面积为15 000平方米的商贸大楼,商贸大楼的1~5层为商业区,6~20层为办公写字楼。该项目技术上是否可行?经济上是否合理?项目需要多少投资?项目的风险如何?项目如何组织实施?所有这些重要问题在项目开始前就应该进行研究。

本章学习目标

(1)掌握工程项目策划的内容、作用和方法。
(2)掌握工程项目可行性研究的内容、步骤和方法。
(3)了解工程项目评价指标的计算公式,学会如何评价项目。
(4)掌握项目管理策划的相关内容。

5.1 策划

5.1.1 策划的定义与作用

1. 策划的定义

策划是指项目策划人员围绕业主提出的目标,根据现实的情况和信息,对项目进行系统分析,判断项目变化发展的规律,从而选择合理可行的行动方案,以便做出正确决策、提高工作效率的过程。工程项目策划是把建设意图转变成定义明确、系统清晰、目标具体且富有策略性运作思路的高智力系统活动。策划的目的是寻找项目机会、确定项目目标、对项目进行可行性研究,以使项目建立在可靠、优越、坚实的基础上。

2. 策划的作用

(1) 确定项目目标。没有目标和方向,项目将会偏离轨道,无法顺利实施。项目策划就是根据项目性质,对项目进行定义,提出项目发展目标,构建项目整体框架,使原来模糊、复杂的项目变得清晰、明确,以保证随后开展的项目实施过程不会出现偏差。

(2) 用于指导项目管理工作。项目的实施是一个各方要相互配合的系统过程。如果没有明确的指导方针,项目成员将手足无措,项目将陷入混乱之中,无法实施。而策划对项目进行了可行性论证后,就可以成为项目经理及其成员实施项目的指导手册,保证项目顺利实施。

项目前期策划对项目的影响很大,一旦前期策划没有做好,所导致的损失将不可估量。如图 5-1 所示是项目累计投资和影响曲线,项目前期策划的投入较少,但对项目的影响最大。只有前期策划做好,以后的施工过程才能顺理成章,保证投资的效率。

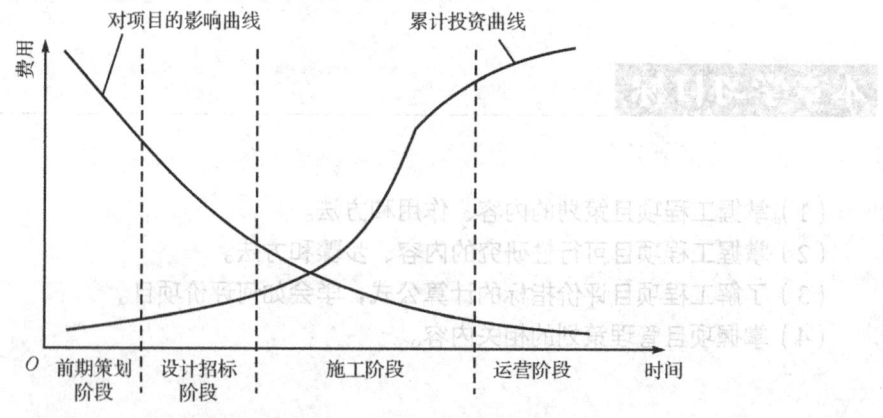

图 5-1 项目累计投资和影响曲线

5.1.2 策划的内容

项目策划是一个系统的、按部就班的、有步骤的过程。策划之所以按步骤进行,主要是为了使做出的策划条理清晰、简明易懂,能够更好地用来指导项目的实施过程。其内容包括以下几个方面。

(1) 项目构思和选择。项目构思就是寻找项目机会，要根据市场行情、社会发展、人们偏好等方面选择能够产生较高回报的投资项目。有时，会产生多个构思，这需要上层管理者深思熟虑后，根据项目情况和组织现状，择优而取。

(2) 项目目标设计。在选择某个项目后，就需要对项目进行全面、系统的调查研究，收集统计资料，评价现状，预测未来。然后根据这些研究结果，确定实施此项目所要达到的预期目标。目标就是说项目完成后，能够产生的功能、作用以及给投资者带来的回报等。

(3) 项目定义。当明确项目目标后，就需要对项目进行定义。项目定义就是对项目性质、用途、范围、构成和其他的基本内容的描述，是对项目目标的详细说明。

(4) 项目建议书。项目建议书是对项目目标、情况、问题、项目定义等工作的说明和细化，同时是后续工作的指标和依据。在项目建议书里，项目目标被转化成具体详细的项目任务。

(5) 项目可行性研究。可行性研究是对项目进行经济和技术等方面的论证，主要目的是考察项目工作能否实现项目目标及实现的程度如何。其结果也将作为项目决策的依据。

(6) 项目评价和决策。得出可行性报告后，就需要对项目进行财务、国民经济和环境等方面的评价，考察项目能否满足这些方面的要求。最后，根据可行性研究和评价结果，对项目进行决策。

(7) 项目管理策划。就项目的管理问题进行策划，形成项目管理规划等文件。

由于项目策划是按部就班进行的，因此策划内容就是策划的过程。整个过程如图 5-2 所示。

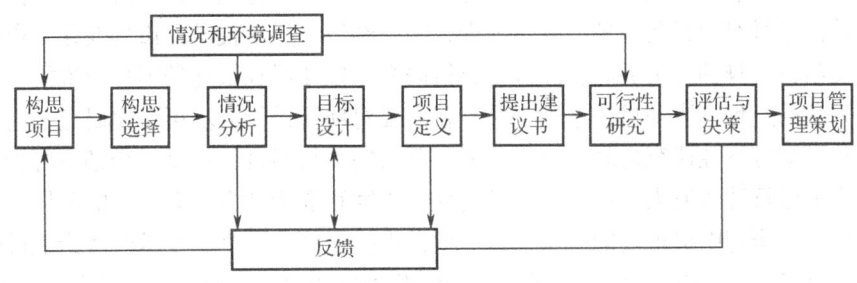

图 5-2　项目管理策划过程

5.1.3　策划的方法

项目策划有多种方法，但每种方法只能解决整个项目的某些方面。要想得出完整、全面、准确、可靠的策划，必须综合运用。

(1) 以科学为依据的策划方法。这要求策划人员对收集到的零散的资料进行整理、归类，使其系统化，从对项目的个别性和特殊性的认识上升到共同性和一般性的认识。通过使用分类比较、归纳演绎和数理统计等科学方法，可以揭开问题的表面现象，让策划人员认识到项目的内在本质和发展规律，使项目的本来面貌浮出水面。

(2) 以经验为手段的策划方法。有时，仅仅依靠分析统计数据的科学方法很难看出项目的本质和规律，这可能是因为数据不完整或不准确。很多时候，策划人员需要依靠自身的经验或专家的经验主观地认识项目。经验虽然是一种主观认识，但它大多是建立在对以往类似项目总结和概括的基础上，有其合理准确的一面，在策划过程中，有较高的利用价值。

（3）以规范为标准的策划方法。很多工程项目，如建筑工程项目，其设计、施工等工作，都有统一发行的规范要求。这些规范是本行业经历多年的经验总结，具有高度的普遍性和广泛的适用性。因此，在对这些行业内的项目进行策划时，一定要遵守规范要求，这样不仅能够节省时间，而且能够在较大程度上保证项目策划的准确性和可靠性。

（4）系统的策划方法。项目策划过程是一个复杂、庞大的工作体系，只依靠一种方法恐怕很难做出完整、准确的策划。因此，在实际策划过程中，要做到具体问题具体分析，多种方法综合运用，相互检验其结果，寻求最准确、最合理的方法，以保证后续工作的顺利开展和项目的圆满完成。

5.2 工程项目可行性研究

5.2.1 项目可行性研究概述

项目可行性研究属于项目策划过程，是指项目决策前，对项目进行技术、经济等方面的论证，主要目的是考察工程项目从技术和经济两个角度来看是否可行，以及选择最合理、最优化的方案。

可行性研究一般包括投资机会研究、初步可行性研究和详细可行性研究三个方面。投资机会研究是指通过对项目所在地的自然地理、国民经济、科学技术、市场变化、资源开发与利用，以及项目自身的优劣势等状况进行分析研究，以便寻找最佳的项目投资机会，也就是选择项目方案的过程。当项目方案确定后，就需要对项目进行初步可行性研究，它介于投资机会研究和详细可行性研究之间，对于大型、复杂的项目而言，却是一个必不可少的过程，其内容和详细可行性研究大致相同，只是研究的深度和准确度方面有一定的差异。详细可行性研究是可行性研究中最重要的一步，是对项目进行全面、深刻的技术经济论证过程，其研究内容包括市场需求、原材料投入、厂址选择、生产能力确定、技术和设备选择、人力估计、投资和成本估算、进度安排、财务和经济评价等。

可行性研究对项目确定和实施有重要的作用，具体表现在：

（1）确定项目方案的依据。可行性研究的结果会对项目的收益、功能、作用等方面的内容做出较为准确、公正的评价，将成为投资者或业主进行项目方案选择的主要依据。

（2）申请贷款的依据。当项目需要向银行和其他金融机构贷款时，这些机构首先要查看贷款者的可行性报告，然后会对其进行全面细致的审查和论证，并确定项目能够带来收益后，才会提供贷款。因此，可行性报告的好坏是项目能否取得贷款的一个重要砝码。

（3）工程建设的基础资料。可行性报告中含有对工程项目所在地的地质、地形、气象、水文、勘探等特征的记录和论证，是工程建设的基础资料，也为日后出现工程事故、追究责任提供依据。

（4）向政府部分申请审批文件的依据。项目在整个施工过程中，都要经过很多政府部门的审批。而政府部门审批项目时，也主要依据可行性报告的内容。可行性报告较差，就很难通过政府审批，项目也就无法进行。

（5）签订合同的依据。项目一般是由多个单位共同完成的，因此，在与承包商签订合同或协议时，双方都要依据可行性研究的结果，才能确定报价的高低、设备的型号和材料的多少等。

（6）项目后续工作的依据。项目可行性研究后，就要进入设计和施工阶段，这些工作都是建立在可行性研究的基础上，如厂址的建设、设备的选择、原材料的投入和人力资源的使用等。如果这些工作没有经过可行性论证，就无法进行。

5.2.2 可行性研究的步骤

可行性研究是一个系统的、反复的、动态的论证过程，任何一步出现问题，都要返回到以上的步骤，检查出现的失误。即使一个很小的错误，也可能导致项目的重大损失，因此，只有保证所有步骤都准确无误，才能最终形成可行性报告，用以指导项目实施。可行性研究的步骤如图 5-3 所示。

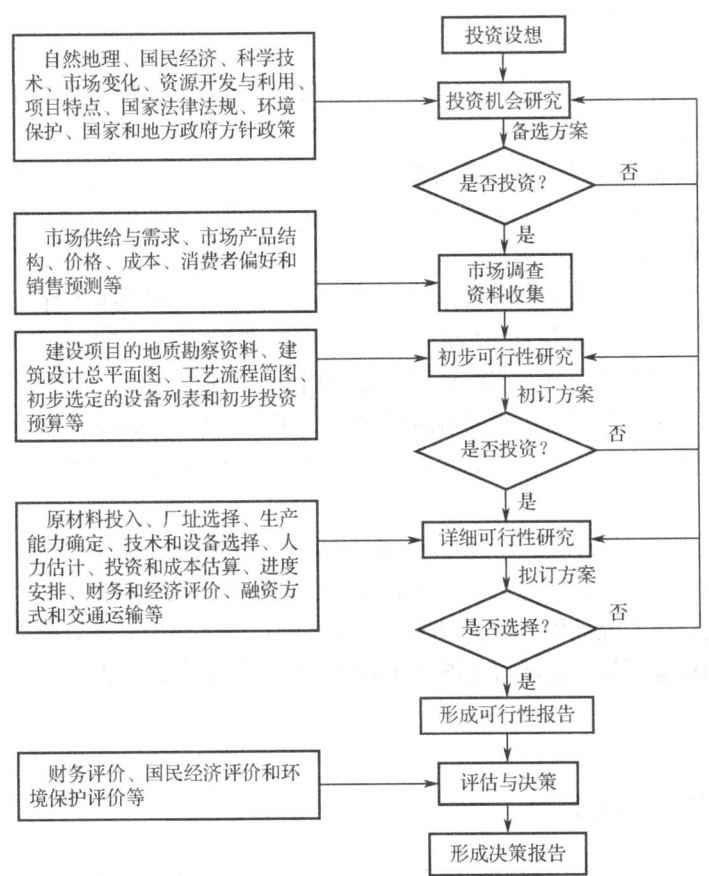

图 5-3　可行性研究的步骤

5.2.3 可行性研究的内容

工程项目不同，可行性报告中设计的研究内容也不尽相同。联合国工业发展组织

（UNIDO）编写的《工业可行性研究手册》提供了一般工业项目可行性研究的内容，主要包括以下几个方面。

（1）实施纲要。对项目可行性研究的结论进行简要描述，并总结可行性研究报告的关键性问题。

（2）项目背景。包括项目发起人及他们启动项目的理由、项目启动过程、项目背景资料和其调查研究工作等。

（3）市场分析和销售预测。市场分析包括市场供给需求情况、市场上产品结构情况、价格与成本状况、产品总体质量状况、产品需求估计、进出口状况和发展趋势等；销售预测包括现有的及潜在的竞争对手的数量、工厂生产能力的确定、生产计划、推销及其广告费用、产品的定价、预期的收入和利润情况等。

（4）原材料投入与供应。包括原材料种类与需求量、现有的和潜在的供应渠道与供应情况、原材料价格及其走势、成本估算方法等。

（5）厂址选择和环境分析。包括建厂地区的选择、土地价格和面积、工厂规模与大小、工厂所在地的交通状况和周边环境状况等。

（6）项目设计和工艺流程。包括项目范围的初步确定、生产所需的技术流程和费用估计、拟用设备的总体布置和费用估计、建筑工程的布局和设计、工艺的遴选与流程设计、生产运营支出的估算和工业产权问题等。

（7）机构设置和管理费用。机构设置包括生产、销售、行政、管理、研发、人力资源、财务会计等部门的组织和设计；管理费用就是设置这些部门所需的费用及其日后在项目正常运行过程中所需的费用。

（8）人力资源。包括人力资源的招聘与雇用、人力资源的种类和数量、人力资源的技能水平和质量高低、人力资源开发与培训的需要程度及费用估计、各类人员的工资和福利等。

（9）实施计划和费用安排。实施计划就是根据项目工作的特点、各工作的相互关系和主要的限制因素等制定项目实施的时间进度安排，即在各个工作段内应该实施哪些工作或者各个工作实施的时间长度。同时，估算在各个时间段内的成本和支出状况，保证时间和费用的相互协调。

（10）财务分析和经济评估。财务分析就是对项目实施过程中涉及的所有成本、投资、收益和利润等财务状况进行分类与汇总，然后进行偿还期限、收益率和净现值等指标的计算与评价，以保证项目在实施过程中财务清晰，收支平衡；经济评价就是对项目进行财务评价、国民经济评价和环境评价，使项目能够满足财务、国民经济和环境方面的要求，保证项目顺利实施。

5.2.4 可行性研究的方法

可行性研究的方法很多，研究对象不同，方法就不同。此处仅介绍德尔菲法、移动平均法和投资估算法。

1. 德尔菲法

德尔菲法（Delphi）是以不记名方式，通过多轮征询专家意见，最终得出预测结果的一种依靠集体经验判断的方法。当采用此种方法时，根据项目大小，一般选择20～50位知识渊博、经验丰富、有较强创造力和洞察力，并且参与较多项目实施和策划过程的专家，在不告知专家名单的情况下，向各位专家发送调查问卷，征询他们的意见。咨询一般进行3~4轮。德尔菲法简单易行，用途广泛，具有匿名性、反馈性和收敛性等特点。

当专家的预测结果收回以后，一般用"中位数"进行数据处理，即分别求出预测结果的中位数、上四分位数和下四分位数。

设参加预测的专家为 n，对项目某一问题各专家预测的值为 $x_i(i=1,2,\cdots,n)$，x_i 由小到大顺序的排序为 $x_1 \leq x_2 \leq \cdots \leq x_n$，则调查结果的中位数为

$$\bar{x} = \begin{cases} \dfrac{x_{n+1}}{2} & (n \text{ 为奇数}) \\ \dfrac{1}{2} \times \left(x_{\frac{n}{2}} + \dfrac{x_{n+2}}{2} \right) & (n \text{ 为偶数}) \end{cases}$$

在小于 $\bar{x}$ 的预测值中再取中位数，即为调查结果的下四分位数，在大于 $\bar{x}$ 的预测值中再取中位数，即为调查结果的上四分位数。上下四分位数之间的区域为四分位区间。四分位区间大小反映专家意见的离散程度。区间越小，说明预测结果越集中，预测效果越好；区间越大，说明预测结果越分散，预测效果越差。本轮预测结束后，调查人员可根据四分位区间的大小和期望结果的准确程度来确定是否需要进行下一轮咨询。

2. 移动平均法

移动平均法是用分段逐点推移的平均方法对时间序列数据进行处理，找出预测对象的历史变动规律，并据此建立预测模型的一种时间序列预测方法。

设实际的预测对象时间序列数据为 y_t（$t=1,2,\cdots,m$），一次移动平均值的计算公式为

$$M_{t-1}^{[1]} = \frac{1}{n}(y_{t-1} + y_{t-2} + \cdots + y_{t-n})$$

$$M_t^{[1]} = \frac{1}{n}(y_t + y_{t-1} + \cdots + y_{t-n+1}) = M_{t-1}^{[1]} + \frac{1}{n}(y_t - y_{t-n})$$

式中，$M_t^{[1]}$ 表示第 t 周期的一次移动平均值；n 表示计算移动平均值所取的数据个数。

当采用移动平均法预测时，时期个数 n 的选取是关键。n 越小，表明近期观测值在预测中的作用越大，预测值反映数据变化的速度也越快，但预测的修匀程度较低。n 越大，反映数据变化的程度越慢，但预测值的修匀程度越高。如果数据围绕一条水平线上下波动，则 n 值的选取较为随意；如果数据反映向上或向下发展的趋势，为提高预测值对数据变化的反映程度，n 的取值应小一些。一般 n 的取值范围为 3~20。

二次移动平均值要在一次移动平均值序列的基础上进行，计算公式为

$$M_t^{[2]} = \frac{1}{n}\left(M_t^{[1]} + M_{t-1}^{[1]} + \cdots + M_{t-n+1}^{[1]} \right) = M_{t-1}^{[2]} + \frac{1}{n}\left(M_t^{[1]} - M_{t-n}^{[1]} \right)$$

3. 投资估算法

投资估算法是将项目与已建成的同类型项目做比较，估计项目投资数额的一种方法。其

计算公式为

$$x = y \left(\frac{c_2}{c_1}\right)^t c_F$$

式中，x 表示项目投资数额；y 表示已建成的同类项目的实际投资数额；t 表示指数，一般取 0.6，但也可根据实际情况进行变动；c_2 表示项目的生产能力；c_1 表示已建成的同类项目的生产能力；c_F 表示价格调整系数。

5.3 工程项目经济评价方法

在工程经济研究中，经济评价是在拟订的工程项目方案、投资估算和融资方案的基础上，对工程项目方案计算期内各种有关技术经济因素和方案投入与产出的有关财务、经济资料数据进行调查、分析、预测，对工程项目方案的经济效果进行计算、评价。

经济评价是工程经济分析的核心内容。其目的在于确保决策的正确性和科学性，避免或最大限度地减少工程项目投资的风险，明了建设方案投资的经济效果水平，最大限度地提高工程项目投资的综合经济效益。为此，正确选择经济评价指标和方法是十分重要的。

5.3.1 经济评价指标体系

评价工程项目方案经济效果的好坏，一方面取决于基础数据的完整性和可靠性，另一方面取决于选择的评价指标体系的合理性。只有选取正确的评价指标体系，经济评价的结果能与客观实际情况相吻合，才具有实际意义。在工程经济分析中，常用的经济评价指标如图 5-4 所示。

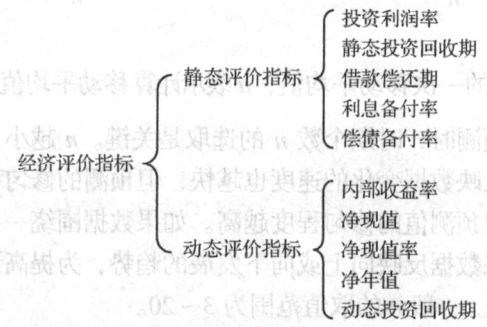

图 5-4 经济评价指标

静态评价指标是在不考虑时间因素对货币价值影响的情况下直接通过现金流量计算出来的经济评价指标。静态评价指标的最大特点是计算简便。它适于评价短期投资项目和逐年收益大致相等的项目。另外，对方案进行概略评价时也常采用静态评价指标。

动态评价指标是在分析项目或方案的经济效益时，要考虑时间因素对货币价值的影响，对发生在不同时间的效益、费用计算资金的时间价值,将现金流量进行等值化后计算评价指标。动态评价指标能较全面地反映投资方案整个计算期的经济效果,适用于详细可行性研究,或对计算期较长以及在终评阶段的技术方案进行评价。

一般在方案比较时以动态评价指标为主。在方案初选阶段,可采用静态评价指标。

在进行工程项目方案经济评价时,应根据评价深度要求、可获得资料的多少和工程项目方案本身所处的条件,选用多个指标,从不同侧面反映工程项目的经济效果。

5.3.2 静态评价指标

1. 投资利润率

投资利润率是指工程项目达到设计生产能力时的一个正常年份的利润总额与项目投入的总资金之比。当项目生产内各年的利润总额变化幅度较大时,应计算项目生产期的年平均利润总额与项目总资金的比率。其计算公式为

$$投资利润率 = \frac{年利润总额或年平均利润总额}{项目总资金} \times 100\%$$

式中,年利润总额=年产品销售收入−年产品销售税金及附加−年总成本费用;年产品销售税金及附加=年消费税+年增值税+年营业税+年资源税+年城市维护建设税+年教育费附加;项目总资金=建设投资+流动资金。

投资利润率可根据损益表中的有关数据计算求得。在财务评价中,将计算投资利润率与行业平均投资利润率对比,以判别项目单位投资赢利能力是否达到本行业的平均水平。

2. 静态投资回收期

静态投资回收期是在不考虑资金时间价值的条件下,以方案的净收益回收项目全部投入资金所需要的时间。自建设开始年算起,静态投资回收期 P_t 的计算公式为:

$$\sum_{t=0}^{P_t}(C_I-C_O)_t=0$$

式中,P_t 表示静态投资回收期;C_I 表示现金流入量;C_O 表示现金流出量;$(C_I-C_O)_t$ 表示第 t 年净现金流量。

当采用上述公式计算时,需要求解高次方程,不易得出结果。在实际工作中,一般采用下面的实用计算公式:

$$P_t = 累计净现金流量开始出现正值的年份数 - 1 + \frac{上年累计净现金流量的绝对值}{当年的净现金流量}$$

将计算出来的静态投资回收期 P_t 与所确定的基准回收期 P_c 进行比较。若 $P_t \leq P_c$,表明项目投入的总资金能在规定的时间内收回,则方案可以接受;但若 $P_t > P_c$,则方案不可行。

3. 借款偿还期

固定资产投资国内借款偿还期是指在国内财政和项目具体财务条件下,以项目投产后可用

于还款的资金偿还固定资产投资国内借款本金和建设期利息所需要的时间。其计算公式为:

$$I_d = \sum_{t=0}^{P_d} R_t$$

式中,I_d 表示固定资产投资国内借款本金和建设期利息之和;P_d 表示固定资产投资国内借款还期;R_t 表示第 t 年可用于还款的资金,包括利润、折旧、摊销和其他可用于还款的资金。

借款偿还期可由资金来源与运用表及国内借款还本付息计算表直接推算,单位为年。详细公式为:

$$借款偿还期 = 借款偿还后开始出现盈余年份数 - 开始借款年份 + \frac{当年偿还借款期}{当年可用于还款的资金额}$$

当借款偿还期满足贷款机构的要求时,即认为项目是有偿还能力的。

4. 利息备付率

利息备付率也称为已获利息倍数,指项目在借款偿还期内各年可用于支付利息的税息前利润与当期应付利息费用的比值。其计算公式为:

$$利息备付率 = \frac{税息前利润}{当期应付利息费用}$$

式中,税息前利润=利润总额+计入总成本费用的利息费用;当期应付利息费用表示计入总成本费用的全部利息。

利息备付率可以按年计算,也可以按整个借款期计算。

利息备付率表示使用项目利润偿还利息的保证倍率。对于正常经营的企业,利息备付率应当大于 2。否则,表示项目的付息能力保障程度不足。利息备付率指标还需要将该项目的指标与其他企业项目的指标进行比较,来分析决定本项目的指标水平。

5. 偿债备付率

偿债备付率指项目在借款偿还期内,各年可用于还本付息的资金与当期应还本付息金额的比值。其表达式为:

$$偿债备付率 = \frac{可用于还本付息的资金}{当期应还本付息金额}$$

式中,可用于还本付息的资金包括可用于还款的折旧和摊销、成本中列支的利息费用和可用于还款的税后利润等;当期应还本付息金额包括当期应还贷款本金和计入成本的利息。

偿债备付率可以按年计算,也可以按项目的整个借款期计算。

偿债备付率表示可用于还本付息的资金偿还借款本息的保证率。正常情况下,该指标应当大于 1,且越高越好。当指标小于 1 时,表示当年资金来源不足以偿付当期债务,需要通过短期借款偿付已到期债务。

5.3.3 动态评价指标

1. 动态投资回收期

动态投资回收期是在计算回收期时考虑了资金的时间价值。其计算公式为:

$$\sum_{t=0}^{P'_t}(C_I-C_O)_t(1+i_c)^{-t}=0$$

式中,P'_t 表示动态投资回收期(年);i_c 表示基准收益率。

当采用上式求解时,不易得出结果。在实际工作中,可采用下面的实用公式:

$$P'_t=累计折现值出现正值的年份数-1+\frac{上年累计折现值的绝对值}{出现正值年份的折现值}$$

假设基准动态投资回收期为 P'_c,若 $P'_t \leq P'_c$,则项目可行,否则不可行。

2. 净现值与净现值率

净现值(NPV)和净现值率(NPVR)都是反映项目赢利能力或对国民经济所作贡献的重要评价指标。净现值是按基准折现率将项目计算期内各年的净现金流量折现到建设期初的现值之和;净现值率是项目的净现值与总投资的现值之比率。其计算公式为:

$$NPV=\sum_{t=0}^{n}(C_I-C_O)_t(1+i_c)^{-t}$$

$$NPVR=\frac{NPV}{I_p}$$

式中,NPV 表示净现值;NPVR 表示净现值率;C_I 表示现金流入;C_O 表示现金流出;$(C_I-C_O)_t$ 表示第 t 年的净现金流量;n 表示计算期;i_c 表示基准收益率,根据项目的财务现金流量表中的数据计算;I_p 表示总投资的现值,即 $I_p=\sum_{t=0}^{m}I_t(1+i_c)^{-t}$,其中 m 为投资年限,I_t 为第 t 年的投资。

净现值是表示项目净效益的绝对指标,净现值率是表示动态分析中单位投资的净效益的比率型指标。这两个指标均既可以用于财务评价,也可以用于国民经济评价。

对于单一项目方案而言,若 NPV≥0,NPVR≥0,则项目可考虑接受,否则项目应予否定。当多方案比选时,若投资差额不大,净现值越大的方案相对较优。

3. 净年值

净年值(NAV)是通过资金等值换算将项目净现值分摊到寿命周期内各年(从第 1 年到第 n 年)。其计算公式为:

$$NAV=NPV(A/P,i_0,n)$$

式中,NPV 表示净现值,计算公式同上;$(A/P,i_0,n)$ 表示资金回收系数;其余符号的意义见净现值计算公式。

判别标准为：若 NAV≥0，则项目在经济效果上可行；若 NAV<0，则项目在经济效果上不可行。

净现值与净年值在项目评价的结论上是一致的。净现值给出的信息是项目在整个寿命周期内获得的超出最低期望盈利的超额收益的现值，而净年值给出的信息是寿命周期内每年的等额超额收益。就项目的评价结论而言，净年值与净现值是等效评价指标。

4．内部收益率

内部收益率（IRR）是指项目在计算期内各年净现金流量现值累计等于零时的折现率，即使项目净现值为零的折现率。其计算公式为：

$$NPV(IRR) = \sum_{t=0}^{n}(C_I - C_O)_t(1+IRR)^{-t} = 0$$

上式中各符号的含义同净现值计算公式。但用上式求 IRR 需求解高次方程，不易求解。在实际公式中，可用下式计算，得到的是近似值：

$$IRR = i_1 + \frac{NPV_1}{NPV_1 + |NPV_2|}(i_2 - i_1)$$

式中，NPV_1 表示折现率 i_1 时的财务净现值（正）；NPV_2 表示折现值 i_2 时的财务净现值（负）。

当采用上面的公式计算时，其计算精度与 i_2-i_1 的值有关。i_2 与 i_1 之间的差距越小，则计算结果就越精确；反之，结果误差就越大。故为保证 IRR 的精度，要求$(i_2-i_1) \leq 0.02$。

内部收益率指标的评价准则是与基准收益率 i_c 比较，当 IRR 大于 i_c 时，项目是可以考虑接受的。在一般情况下，净现值与内部收益率有完全一致的评价结论。

5.4 工程项目管理策划

5.4.1 工程项目管理策划概述

1．项目管理策划的内容

项目管理策划由项目管理规划策划和项目管理配套策划组成。项目管理规划包括项目管理规划大纲和项目管理实施规划。项目管理配套策划包括项目管理规划策划以外的所有项目管理策划内容。

2．项目管理策划的管理过程

项目管理策划包括以下管理过程：
（1）分析、确定项目管理的内容及范围；
（2）协调、研究、形成项目管理策划结果；

（3）检查、监督、评价项目管理策划过程；
（4）履行其他确保项目管理策划的规定责任。

3. 项目管理策划的基本程序

（1）识别项目管理范围；
（2）进行项目工作分解；
（3）确定项目的实施方法；
（4）确定项目需要的各种资源；
（5）测算项目成本；
（6）对各个项目管理过程进行策划。

5.4.2 项目管理规划

1. 项目管理规划的概念

项目管理规划是对项目全过程中的各种管理职能、管理过程和管理要素，进行策划并形成规划文件的活动。

根据管理学的定义，规划是一个综合性的、完整的、全面的总体计划，包括目标、政策、程序、任务的分配、采取的步骤和使用的资源，以及为完成既定的行动方针所需要考虑的其他因素。因此，项目管理规划的目的是确定项目管理的目标、依据、内容、组织、资源、方法、程序和控制措施，以确保项目管理正常有序进行。

2. 项目管理规划的作用

项目管理规划作为指导项目管理工作的纲领性文件，主要体现在两个方面：

（1）项目管理的指南。项目管理规划明确了项目管理目标、组织、程序和方法等，在项目管理过程中应遵照执行。项目经理根据规划进行组织指挥、管理项目。

（2）项目控制和考核的依据。在项目实施过程中，项目管理者应不断掌握项目进展状态，分析项目偏差，则项目管理规划就是依据；项目每进展一个阶段或最终完成，需要进行验收、总结和考核，其重要依据之一就是项目管理规划。

可见，项目管理规划是进行项目管理所必不可少的。项目管理的主要相关方都必须编制与之相适应的项目管理规划，并以此为依据指导项目管理全过程。

3. 项目管理规划的类型

（1）按不同的相关方分类。项目的主要相关方都需要编制各自的项目管理规划，包括由建设单位编制的建设项目管理规划；由设计单位编制的设计项目管理规划；由监理单位编制的监理项目管理规划；由施工单位编制的施工项目管理规划；由咨询单位编制的咨询项目管理规划等。

（2）按编制的深度分类。项目管理规划可分为项目管理规划大纲和项目管理实施规划两种类型。项目管理规划大纲是项目管理工作中具有战略性、全局性和宏观性的指导文件，目的是满足战略、总体控制和经营的需要。项目管理实施规划是具体指导项目管理实施的规划，具有作业性和可操作性。

（3）按范围分类。按范围划分，项目管理规划可分为局部项目管理规划和全面项目管理规划。局部项目管理规划是针对项目管理中的某部分或某专业的问题所编制的规划。全面项目管理规划是针对一个项目的全部规划范围和全部的规划内容所编制的完整的、系统的项目管理规划。每个项目都必须有一个全面的项目管理规划大纲和全面的项目管理实施规划。

5.4.3 项目管理规划的编制

1. 项目管理规划大纲的编制

项目管理规划大纲是项目管理中具有战略性、全局性和宏观性的指导文件。

（1）编制者。项目管理规划大纲应由组织的管理层或组织委托的项目管理单位编制。

（2）编制依据。项目管理规划大纲编制的主要依据是：

① 项目文件，相关法律法规和标准；
② 类似项目经验资料；
③ 实施条件调查资料。

（3）编制步骤。项目管理规划大纲编制的基本步骤：

① 明确项目需求和项目管理范围；
② 确定项目管理目标；
③ 分析项目实施条件，进行项目分解；
④ 确定项目管理组织模式、组织结构和职责分工；
⑤ 确定项目管理措施；
⑥ 编制项目资源计划；
⑦ 形成项目管理规划大纲，并报送审批。

（4）项目管理规划大纲的主要内容。《建设工程项目管理规范》（GB/T 50326—2017）规定，项目管理规划大纲宜包括下列内容：

① 项目概括；
② 项目范围管理；
③ 项目管理目标；
④ 项目管理组织；
⑤ 项目采购与投标管理；
⑥ 项目进度管理；
⑦ 项目质量管理；
⑧ 项目成本管理；
⑨ 项目安全生产管理；
⑩ 绿色建造与环境管理；
⑪ 项目资源管理；
⑫ 项目信息管理；
⑬ 项目沟通与相关方管理；
⑭ 项目风险管理；
⑮ 项目收尾管理。

2. 项目管理实施规划的编制

项目管理实施规划应对项目管理规划大纲的内容进行细化。

（1）编制者。项目管理实施规划由项目经理组织编制。

（2）编制依据。主要依据包括：

① 项目管理规划大纲；

② 相应的法律法规和标准；

③ 项目合同及相关要求；

④ 项目基本情况和环境分析资料；

⑤ 工程合同和相关文件；

⑥ 同类项目相关资料；

⑦ 项目团队的能力和水平。

（3）项目管理实施规划的主要内容。根据《建设工程项目管理规范》（GB/T 50326—2017）的有关规定，项目管理实施规划的主要内容包括：

① 项目概括；

② 总体工作安排；

③ 组织方案；

④ 设计与技术措施；

⑤ 进度计划；

⑥ 质量计划；

⑦ 成本计划；

⑧ 安全生产计划；

⑨ 绿色建造与环境管理计划；

⑩ 资源需求与采购计划；

⑪ 信息管理计划；

⑫ 沟通管理计划；

⑬ 风险管理计划；

⑭ 项目收尾计划；

⑮ 项目现场平面布置图；

⑯ 项目目标控制计划；

⑰ 技术经济指标。

（4）项目管理实施规划文件的基本要求。

① 项目管理规划大纲应得到全面深化和具体化；

② 实施规划的范围应满足实现项目目标的实际需要；

③ 实施项目管理规划的风险处于可以接受的水平。

5.4.4 项目管理配套策划

项目管理配套策划是与项目管理规划相关联的项目管理策划过程，是项目管理规划的支撑措施。

1. 项目管理配套策划的依据

(1) 项目管理规划;
(2) 项目管理制度;
(3) 实施过程需求;
(4) 相关风险程度。

2. 项目管理配套策划的内容

(1) 安排项目管理规划各项规定的具体落实途径;
(2) 明确可能影响项目管理实施绩效的风险应对措施。

本章小结

工程项目策划是将建设意图转变成定义明确、系统清晰、目标具体且富有策略性运作思路的高智力系统活动。策划的目的是寻找项目机会、确定项目目标、对项目进行可行性研究,以使项目建立在可靠、优越、坚实的基础上。

项目策划是一个系统的、按部就班的、有步骤的过程。策划之所以按步骤进行,主要是为了使做出的策划条理清晰、简明易懂,能够更好地用来指导项目的实施过程。其内容包括项目构思和选择、项目目标设计、项目定义、项目建议书、项目可行性研究和项目评价和决策、项目管理策划等。

项目策划有多种方法,但每种方法只能解决整个项目的某些方面。要想得出完整、全面、准确、可靠的策划,必须综合运用的方法有以科学为依据的策划方法、以经验为手段的策划方法、以规范为标准的策划方法和系统的策划方法。

项目可行性研究属于项目策划过程,是指项目决策前,对项目进行技术、经济等方面的论证,主要目的是考察工程项目从技术和经济两个角度来看是否可行,以及选择最合理、最优化的方案。可行性研究一般包括投资机会研究、初步可行性研究和详细可行性研究三个方面。

工程项目方案经济评价指标体系主要包括静态评价指标和动态评价指标两大方面。静态评价指标是在不考虑时间因素对货币价值影响的情况下直接通过现金流量计算出来的经济评价指标。它适于评价短期投资项目和逐年收益大致相等的项目,另外,对方案进行概略评价时也常采用静态评价指标。动态评价指标是在分析项目或方案的经济效益时,要考虑时间因素对货币价值的影响,对发生在不同时间的效益、费用计算资金的时间价值,将现金流量进行等值化后计算评价指标。动态评价指标能较全面地反映投资方案整个计算期的经济效果,适用于详细可行性研究,或对计算期较长及在终评阶段的技术方案进行评价。

工程项目管理策划包括项目管理规划策划和项目管理配套策划。

复习思考题

（1）谈谈你对工程项目前期策划的认识。
（2）简述工程项目可行性研究的内容和步骤。
（3）进行项目可行性研究的方法有哪些？
（4）简述工程项目经济评价指标体系。
（5）工程项目管理策划包括哪些内容？
（6）项目管理规划大纲包括哪些主要内容？
（7）项目管理实施规划包括哪些主要内容？

第6章

工程项目采购管理

引导案例

某投资商计划投资某城市综合体项目,项目构思之后,如何获取专家建议,如何进行可行性研究,如何委托规划设计,如何委托项目监督,如何购买质优价廉的材料设备,如何选择合适的承包商等,这些都是项目采购管理需要解决的问题。

本章学习目标

(1)理解工程项目采购管理的定义及主要过程。
(2)理解工程项目采购计划的依据及内容。
(3)理解工程项目采购的定义、内容和过程。
(4)熟悉工程采购,辨析相关概念。
(5)熟悉服务采购的概念及其程序。
(6)熟悉货物采购的概念。
(7)掌握工程项目招投标的概念、方式和程序。
(8)熟悉投标管理的主要内容。
(9)掌握合同的概念、订立、履行和合同管理的主要内容。

6.1 工程项目采购管理概述

6.1.1 工程项目采购管理定义

项目采购管理包括从执行组织之外获取货物和服务的过程（Process）。为了简便起见，货物和服务统称为"产品"。项目采购管理是项目管理的重要组成部分，一个项目的采购支出一般要占项目投资的 50%～60%，项目采购几乎贯穿于整个项目生命周期，可见项目采购管理对于整个项目管理有着举足轻重的作用。

与其他管理工作相比，项目采购管理有其特殊性，它可以是一门较为独立的学科，同时又可以包含其他知识领域的内容。例如，一个需要采购的新项目，从制订采购计划开始，一直到项目实施完毕的全过程都属于项目采购管理的范围，同时在该过程中又涉及几乎所有其他知识领域的内容。因此，现代项目管理给项目采购管理赋予了更为全新的概念。这里所指的"采购"不仅仅是原来意义上的"货物商品的采购"，而是一个更加广泛的范畴。世界银行将项目采购分为工程采购、货物采购和咨询服务采购，这种分类与《中华人民共和国政府采购法》对项目采购的分类一致。

6.1.2 工程项目采购管理的主要过程

图 6-1 描述了项目采购管理的主要过程。

```
                    项目采购管理
┌──────────────┬──────────────┬──────────────┐
│  1 采购计划  │2 征集申请书计划│  3 征集申请书│
├──────────────┼──────────────┼──────────────┤
│1 输入        │1 输入        │1 输入        │
│ (1) 范围声明 │ (1) 采购管理计划│ (1) 采购单证文件│
│ (2) 产品说明 │ (2) 工作明细表 │ (2) 合格卖方名单│
│ (3) 采购策略 │ (3) 其他计划输出│2 工具和方法   │
│ (4) 市场环境 │2 工具和方法  │ (1) 投标人会议│
│ (5) 其他计划输出│ (1) 标准表格 │ (2) 广告      │
│ (6) 限制因素 │ (2) 专家意见 │3 输出        │
│ (7) 假设因素 │3 输出        │ 意见         │
│2 工具和方法  │ (1) 采购凭证 │              │
│ (1) 采购方式分析│ (2) 评估标准│              │
│ (2) 专家意见 │ (3) 工作明细表│              │
│ (3) 合同类型选择│           │              │
│3 输出        │              │              │
│ (1) 采购管理计划│           │              │
│ (2) 工作明细表│             │              │
└──────────────┴──────────────┴──────────────┘
```

图 6-1 项目采购管理的主要过程

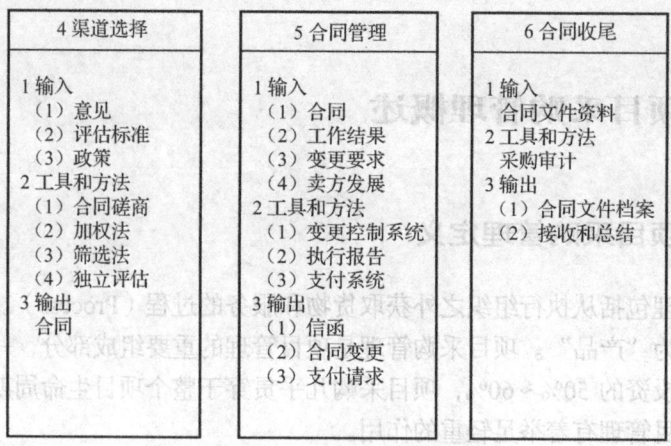

图6-1 项目采购管理的主要过程（续）

6.1.3 采购计划

采购计划（Procurement Plan），是指项目管理人员在了解市场供求情况、认识项目活动过程中，在物资消耗规律的基础上，对项目生命期内采购管理活动所做的预见性的安排和部署。

1．采购计划编制依据

采购计划编制的主要依据包括：
（1）项目合同；
（2）项目设计文件；
（3）项目管理实施规划；
（4）采购管理制度。

2．采购计划的内容

采购计划的主要内容包括：
（1）采购工作范围、采购内容、采购方式、采购时间、采购地点及管理标准；
（2）采购信息，包括产品或服务的数量、技术标准和质量规范；
（3）检验方式和标准；
（4）供方资质审查要求；
（5）采购控制目标及措施。

6.2 工程项目采购

6.2.1 工程采购

1. 工程采购的概念

工程采购，是一种有形的采购，通过招标或其他商定的方式选择工程承包单位，即选定合格的承包商担任项目工程施工任务。例如，修建高速公路、大型水电站的土建工程、地铁隧道工程等，并包括与之相关的服务，如人员培训、设备维修等。

2. 工程采购与政府采购

政府采购法规定，凡是政府机关、事业单位和团体组织等使用财政性资金从事工程建设的，应纳入政府采购法调整范围。政府采购法第四条规定，政府采购实行招投标的，适用招投标法。从美国等发达国家的经验看，工程项目均是政府采购的主要对象之一，在整个政府采购中占相当大的比例。

3. 工程采购与工程招投标

工程采购不等于工程招投标。招投标法颁布以来，人们对工程实行招标的意识日益增强，一种观点认为，工程需要实行招投标，并且须由招投标法调整和规范，没有必要纳入政府采购法重复规范。这种认识显然有失偏颇。招投标法是规范工程招投标活动的一部程序法，实行政府采购的工程，如果采用招投标的方式，毫无疑问应该按照招投标法的程序进行，这其实也是政府采购法的要求。但政府采购法规定了采购方式有5种，招投标法中只涉及5种采购方式中的两种，所以政府采购法在公共工程采购规范方面的注意事项比招投标法多。公共工程没有达到工程招投标限额的，应该受到政府采购法的规范。再者，工程政府采购不包括工程管理的所有事项，现行有关工程管理事项有：计划管理，由计划部门立项并安排投资计划；预算管理，工程立项后，财政部门据此安排投资预算，并对工程财务进行监管；建筑管理，即工程项目的建设由建设部门对工程的设计、施工和监理等事项进行管理。而政府采购处于预算的执行阶段，与工程的计划管理没有冲突，与建筑管理也没有矛盾。政府采购旨在规范采购行为，提高透明度，并没有改变现行建安管理模式。

4. 集中采购与分散采购

所谓集中采购，是指将原来分散在各单位采购的工程集中在一起实行统一采购，而建筑工程有其特殊性，规模大，技术复杂，不确定因素较多，集中在一起进行采购活动，实际运作难度大，可操作性不强，绝大部分不宜实行集中采购。工程规模越大，越应当实行分散采购。但分散采购并不等于自行采购，工程达到招投标法规定投资规模的，应按照招投标法的规定实行招投标。不实行招投标的，应该受到政府采购法的规范，按照政府采购法的规定以竞争性谈判询价采购等方式进行。

6.2.2 服务采购

1. 工程项目咨询服务

咨询服务工作贯穿于项目的整个周期中，具体来说，包括以下几个方面：

（1）对整个项目的可行性研究进行咨询，即对业主人员编制的可行性研究报告进行审查或同业主方人员一起做项目的可行性研究。

（2）对整个项目的总体设计进行评审，或参与总体设计。

（3）就项目中的某一技术方案、技术指标或工艺流程进行咨询。

（4）就项目的某一单项工程的设计方案进行咨询或设计。

（5）编制招标文件特别是招标文件中技术规格部分。世界银行贷款项目一般都必须采用国际竞争性招标来完成，所以编制招标文件包括编写标书，对投标人做资格预审和最后评标，就成为聘请专家的重要因素。

（6）帮助项目单位培训人员，包括聘请专家讲课或派人到咨询人总部去培训。

咨询服务来源于项目的实际需要。常见的咨询服务包括以下几个方面：

（1）项目投资前研究。指在确定项目之前进行的调查研究，其目的在于确定投资的优先性和部门方针，确定项目的基本特性及其可行性，提出和明确项目在政府、政策、经营管理和机构方面所需的变更和改进。

（2）准备性服务。指为了充分明确项目内容和准备实施项目所需的技术、经济和其他方面的工作，通常包括编制详细的投资概算和运营费用概算、工程详细设计、交钥匙工程合同的实施规范、土建工程和设备招标采购的招标文件。还常常包括与编制采购文件有关的服务，还有如保险要求的确定、专利人和承包人的咨询评审、分析投标书，并且提出投标建议等。

2. 工程项目服务采购方式

工程咨询服务的采购通常常用招投标方式进行。

由于工程咨询服务项目往往技术复杂，且项目结果事前难以确定，本书将结合国际通行的工程咨询服务采购的原则、方式和程序，陈述我国工程咨询服务采购应采取的方法和程序。工程咨询服务的采购方式一般可根据服务金额的多少，分为有限竞争选聘、招投标选聘和直接委托等多种方式。以下主要介绍有限竞争选聘方式。

有限竞争选聘方式在国际上被称为"质量加成本"方式。其要求咨询机构在提交项目建议书时采用"双信封"形式，即技术建议书和财务建议书分别密封提交。

有限竞争选聘方式对适用项目的规模标准没有特殊规定。对于使用政府资金资源的项目，有限竞争选聘方式主要分为以下几步。

（1）组建项目委员会和项目评审委员会。由主管项目的政府机构和项目法人组成项目委员会。项目委员会应至少包括三名成员，由该政府机构的主要领导任主任委员。其职责是全面负责选聘工作，编制任务大纲和规定的其他文件，组建项目评审委员会，支持项目评审委员会工作，接受该委员会对项目建议书的评审和排名结果，以及进行合同谈判等。项目评审委员会由项目委员会负责组建。项目评审委员会由部分项目委员会成员和相关领域的外聘专家组成。项目评审委员会人数应为奇数，至少有五名成员，其中三分之二以上为外部专家。

项目评审委员会中既要有技术评审专家又要有财务评审专家。

（2）选择咨询机构。

① 制定资质预审条件。资质预审条件由项目评审委员会制定。在专业协会或行业协会注册的工程咨询公司或咨询工程师可以作为资质预审条件之一。

② 公布项目消息和资质预审条件。项目委员会负责与专业协会或行业协会联系并在指定的报纸、网站或其他媒介上发布项目公告。公告中应明确说明资质预审条件及提交资质证明材料的时间和地址。资质预审条件可包括：与本项目相关的工作业绩；咨询机构的主要业务人员、设施和设备情况；咨询机构从事同类规模项目管理的能力；咨询机构的财务状况；咨询机构的工作负荷情况（因负荷情况将影响该咨询机构在人员、管理和资金等方面的配置）。

③ 确定通过资质预审的咨询机构名单。项目评审委员会应根据资质预审条件评估咨询机构的资质证明材料，并确定通过资质预审的咨询机构名单。通过资质预审的咨询机构将进入项目建议书的提交和评审程序。如果通过资质预审的咨询机构的数量不足三家，项目评审委员会应修订并公布新的资质预审条件，重新进行资质预审，直至三家或三家以上咨询机构通过为止。

④ 短名单方式。为促进其他地区、规模较小或财务和法律地位独立的咨询机构参与竞争，项目评审委员会可在资质预审的基础上形成短名单。进入短名单的条件应包括地域（如各地区应各有几名咨询机构进入短名单）、规模（应有规模不等的咨询机构进入短名单）和所有制形式等。

项目评审委员会应按规定发布项目公告并接收咨询机构提交的意向书和相应的资质证明材料。项目评审委员根据上述短名单条件从提交意向书的咨询机构中选择不多于五家的咨询机构形成短名单，并向进入短名单的咨询机构发送项目文件，邀请其提交项目建议书。

（3）制定任务大纲。由项目委员会负责准备任务大纲，其内容包括项目目的、目标；项目工作的范围；项目背景（包括已经开展了哪些研究）；项目的培训要求；项目所需的服务、调查和数据等；对项目成果的要求（图表、报告、软件等）；政府机构对完成该项目所需人力和时间的初步估计；要求咨询机构提供技术路线、工作计划、进度安排和人员安排等。

如果任务大纲在技术上较为复杂，项目委员会难以独立编制任务大纲，可外聘咨询顾问（编制任务大纲的咨询顾问不得参加项目竞争）编制任务大纲。

（4）制定项目建议书评审标准。

① 项目评审委员会在任务大纲的基础上制定技术建议书的评审标准。项目评审委员会在制定技术建议书评审标准时应考虑咨询机构的工作业绩、技术路线和主要项目成员等关键因素对项目的影响，并确定上述因素的具体分值。

② 项目评审委员会制定财务建议书评审标准。评审标准中应要求不同咨询机构报出的人员报酬（注明时间、单位，该报酬应包括社会保障费用、一般管理费用和其他费用）和直接支出费用具有可比性。对于技术路线未知的项目，可以不考虑财务建议书。

③ 项目评审委员会应确定技术建议书和财务建议书各占的权重，进行综合排名。咨询服务项目的技术路线比较复杂，财务建议书所占的权重往往较小，一般应在 0~20% 之间。

（5）准备项目文件。项目委员会负责准备项目文件，包括：

① 邀请函。其主要内容有政府机构希望以合同形式采购该项咨询服务的基本要求；项目建议书提交的时间、地点、截止日期、收件人和联系方式；主要项目成员不得变更的有效期限；技术建议书和财务建议书分别密封提交的要求及技术建议书和财务建议书的份数；实地

考察的安排（如需实地考察）；合同谈判和项目启动的日期；对项目文件进行答疑的程序；准备项目建议书的费用由咨询机构自理的说明；收到项目文件的信息反馈及明确向政府机构表明参加项目竞争的方式。

② 任务大纲、选聘程序和项目建议书评审标准。

③ 邀请函附件。其主要内容有技术建议书格式，包括工作计划、人员安排、进度安排、人员简历和咨询机构资历等；财务建议书格式；政府机构准备为该项目提供的服务、设施、设备或人员的详细情况说明；政府出资项目选聘咨询顾问的规定；合同样本。

由项目工作小组负责将上述所有文件进行汇总，形成完整的项目文件。

（6）发送项目文件和接收项目建议书。

① 发送项目文件。项目委员会负责向所有符合注册条件、通过资质预审或进入短名单的咨询机构发送项目文件。

② 项目实地考察。在必要的情况下，项目工作小组应安排咨询机构进行项目实地考察。

③ 答疑。项目委员会负责受理并解答关于项目文件，包括任务大纲和其他文件的疑问。所有提问和答复均应以书面形式通知所有准备提交项目建议书的咨询机构。

④ 准备项目建议书。咨询机构应根据项目文件的要求准备项目建议书。咨询机构在准备项目建议书时可参考有关咨询机构（顾问）的注意事项。

⑤ 接收项目建议书。项目委员会接收咨询机构提交的项目建议书并保证其在开启前的安全和保障。

6.2.3 货物采购

货物采购是指业主（或称购货方）为获得货物通过招标的形式选择合适的供应商或成功伙伴，它包含了货物的获得及其整个获取方式和过程。一般来说，货物采购的业务范围包括：确实所需采购货物的性能和数量；供求商场的调查分析；合同的谈判与签订监督实施；在合同执行过程中，对存在问题采取必要的措施；合同支付和纠纷处理等。

> **案例　某工程项目设备的采购**
>
> **采购方式**：本次采购预算资金近500万元，尽管总金额较大，但考虑到主要设备具体要求在前期尚不能确定等原因，经采购管理部门批准，采用竞争性谈判方式采购。
>
> **选择供应商方式**：在市、区政府采购网上面向全社会发布采购信息，凡前来报名的供应商，只要符合资格条件，谈判小组均让其参加谈判。
>
> **评定成交办法**：
>
> （1）参照一些大型项目公开招标的评标办法，采用量化评分的方式，用综合评分法。
>
> （2）为提高效率、避免干扰因素，谈判小组仅对实质性响应采购文件、各方面能够基本满足采购要求的供应商进行评分，凡谈判小组认为不符合要求的供应商，将在谈判过程中告知该供应商并允许其申辩。
>
> （3）供应商得分由商务分和技术分组成。商务分为客观分，技术分为主观分。
>
> （4）商务分由报价分和优惠承诺分组成。报价分的大致计算方式是以所有供应商有效报

价的算术平均值为基准值，若报价为基准值则得分为基准分；若报价低于基准值，每低一个百分点，其得分在基准分的基础上增加 0.5 分，直至最高得分；若报价高于基准值，每高一个百分点，其得分在基准分的基础上减去 1 分，直至最低得分。优惠承诺分是按供应商三种不同优惠承诺情形给出相应的得分。

（5）技术分的分项由供应商基本情况、产品品牌、功能、技术性能、维护、国产化率、售后服务和供应商其他响应情况等八部分组成，由谈判小组各成员独立对供应商评分，取各成员所评分值的算术平均值为供应商的技术得分。

操作步骤：① 采购方编制谈判文件，发布采购信息；② 供应商报名，领取谈判文件；③ 供应商按要求提交首次响应文件；④ 根据采购要求和供应商响应情况，谈判小组逐一与各供应商当面谈判，情况简单的谈一轮，情况复杂的谈两到三轮；⑤ 谈判结束后，先由供应商填写技术得分自评表，再由谈判小组评技术分，评审人员评分时需要参考供应商自评情况，在两者有较大差异时需要注明理由；⑥ 符合要求的供应商在规定的截止时间前提交最后报价文件；⑦ 采购方组织公开报价仪式，先公布各供应商技术得分，再由各供应商宣读自己的商务报价情况；⑧ 谈判小组计算各供应商的最终得分，取得分最高者为候选成交供应商，并在网上公布；⑨ 确定正式成交供应商，签订采购合同；⑩ 供应商履约供货，采购方验货付款。

成交情况：各供应商的得分情况与其被大家认同的竞争力情况基本相符，成交供应商均符合采购要求且报价十分优惠，充分满足了采购人的需求，体现了公正、规范、廉洁。

6.3　工程项目招投标

6.3.1　招投标的概念

招投标是指招标人和投标人经过要约、承诺，择优选定最终形成协议和合同关系的平等主体之间的一种交易方式。招投标是商业经济发展到一定阶段的产物，是一种最高竞争性的采购方式，能为采购者带来经济、有质量的工程、货物或服务。因此，在政府和公共领域推行招投标制，有利于节约国有资金，提高采购质量。招投标具有下述基本特征。

（1）程序规范。按照目前各国做法和国际惯例，招投标程序和条件由招标机构事先拟定，在招投标双方之间具有法律效力的规则通常不能随意改变。当事人双方必须严格按既定程序和条件进行招投标活动。招投标程序由固定的招标机构组织实施。

（2）全方位开放，透明度高。招标的目的是在尽可能大的范围内寻找合乎要求的中标者，一般情况下，邀请供应商或承包商的参与是无限制的。为此，招标人一般要在指定或选定的报刊或其他媒体上刊登招标通告，邀请所有潜在的投标人参加投标；提供给供应商或承包商的招标文件必须对拟采购的货物、工程或服务做出详细的说明，使供应商和承包商有共同的依据来编写投标文件；招标人事先要向供应商或承包商充分透露评价和比较投标文件以及选定中标者的标准（仅以价格来评定，或加上其他的技术性或经济性标准）；在提交投标文件的最后截止日公开开标；严格禁止招标人与投标人就投标文件的实质内容单独谈判，防止不正当的交易行为。

（3）公平、客观。招投标全过程自始至终按照事先规定的程序和条件，本着公平竞争的原则进行。在招标公告或投标邀请书发出后,任何有能力或资格的投标者均可参加投标。招标方不得有任何歧视某一个投标者的行为。同样,评标委员会在组织评标时也必须客观、公正地对待每一个投标者。

(4)交易双方一次成交。一般交易往往在进行多次谈判之后才能成交。招标采购则不同,禁止交易双方面对面地讨价还价。

基于以上特点,招投标对于获取最大限度的竞争,使参与投标的供应商和承包商获得公平、公正的待遇,以及提高公共采购的透明度和客观性,促进采购资金的节约和采购效益的最大化,杜绝腐败和滥用职权,都具有至关重要的作用。

6.3.2 招投标的方式

招投标方式是工程采购的基本方式,不同的方式决定着招投标的竞争程度,是防止不正当交易的重要手段。总体来看,目前世界各国和有关国际组织的有关采购法律、规则都规定了公开招标、邀请招标两种招投标方式。

1. 公开招标

公开招标又称竞争性招标,由招标人在报刊、电子网络或其他媒体上刊登招标公告,吸引众多企业单位参加投标竞争,招标人从中择优选择中标单位的招标方式。按照竞争程度,公开招标可分为国际竞争性招标和国内竞争性招标。

(1)国际竞争性招标(International Competitive Tendering)。国际竞争性招标是指在世界范围内进行招标,国内外合格的投标商均可以投标。要求制作完整的英文标书,在国际上通过各种宣传媒介刊登招标公告。例如,世界银行对贷款项目货物和工程的采购规定了三个原则:必须注意节约资金并提高效率,即经济有效;要为世界银行的全部成员国提供平等的竞争机会,不歧视投标人;有利于促进借款国本国的建筑业和制造业的发展。

世界银行在确定项目的采购方式时都从这三个原则出发,其中国际竞争性招标是采用最多、占采购金额最大的一种方式。它的特点是高效、经济、公平,特别是采购合同金额较大,国外投标商感兴趣的货物工程要求必须采用国际竞争性招标。世界银行根据不同地区和国家的情况,规定凡采购金额在一定限额以上的货物和工程合同,都必须采用国际竞争性招标。对一般借款国来说,10万~25万美元以上的货物采购合同和大中型工程采购合同都应采用国际竞争性招标。我国的贷款项目金额一般都比较大,世界银行对中国的国际竞争性招标采购限额也放宽一些,工业项目采购凡在100万美元以上,均应采用国际竞争性招标来进行。

实践证明,尽管国际竞争性招标程序比较复杂,但确实有很多的优点。首先,由于投标竞争激烈,一般可以对买主有利的价格采购到需要的设备和工程。其次,可以引进先进的设备、技术、工程技术和管理经验。再次,可以保证所有合格的投标人都有参加投标的机会。由于国际竞争性招标对货物、设备和工程的客观的衡量标准,可促进发展中国家的制造商和承包商提高产品与工程建造质量,提高国际竞争力。最后,保证采购工作根据预先指定并为大家所知道的程序与标准公开而客观地进行,因而减少了采购中的不良行为。

当然,国际竞争性招标也存在一些缺陷,主要是:

① 国际竞争性招标费时较多。国际竞争性招标有一套周密而复杂的程序,从招标公告、投标人做出反应、评标到授予合同,一般都要半年到一年以上的时间。

② 国际竞争性招标所需准备的文件较多。招标文件要明确规范各种技术规格、评标标准和买卖双方的义务等内容。招标文件中任何含混不清或未予明确的都有可能导致执行合同意见不一致，甚至造成争执。另外，还要将大量文件译成国际通用文字，因而加大了工作量。

③ 在中标的供应商和承包商中，发展中国家所占份额很少。在世界银行用于采购的贷款总金额中，国际竞争性招标约占60%，其中，发达国家如美国、德国、日本等的标额就占到80%左右。

（2）国内竞争性招标（National Competitive Tendering）。在国内进行招标，可用本国语言编写标书，只在国内的媒体上登出广告，公开出售标书，公开开标。通常用于合同金额较小（世界银行规定：一般在50万美元以下）、采购品种比较分散、分批交货时间较长、劳动密集型、商品成本较低而运费较高、当地价格明显低于国际市场价格等采购。此外，若从国内采购货物或者工程建筑可以大大节省时间，而且这种便利将对项目的实施具有重要的意义，也可仅在国内实行竞争性招标采购。在国内竞争性招标的情况下，如果外国公司愿意参加，则应允许它们按照国内竞争性招标规则参加投标，不应人为设置障碍，妨碍其公平参与竞争。国内竞争性招标的程序大致与国际竞争性招标相同。由于国内竞争性招标限制了竞争范围，通常国外供应商不能得到有关投标的信息，这与招标的原则不符，所以有关国际组织对国内竞争性招标都加以限制。

2. 邀请招标

邀请招标也称为有限竞争性招标或选择性招标（Selective Tendering），即由招标单位选择一定数目的企业，向其发出投标邀请书，邀请它们参加招标竞争。一般都选择3~10个企业参加较为适宜，当然要视招标项目的规模大小而定。由于被邀请参加的投标竞争者有限，不仅可以节约招标费用，而且提高了每个投标者的中标机会。然而，由于邀请招标限制了充分的竞争，因此招投标法法规一般都规定，招标人应尽量采用公开招标。

邀请招标的特点是：

（1）邀请投标不使用公开的公告形式。

（2）接受邀请的单位才是合格投标人。

（3）投标人的数量有限。

邀请招标与公开招标相比，因为不用刊登招标公告，招标文件只送几家，投标有效期大大缩短，这对采购那些价格波动较大的商品是非常必要的，可以降低投标风险和投标价格。鱼粉是采用国际有限竞争性招标的最典型的例子，世界上只有少数几个国家生产鱼粉，如果采用国际竞争性招标，会导致开标后无人投标的结果，这样的情况在实际业务中确有发生。许多商品常常是采用国际招标后无人投标，才改为邀请招标的，这样就会影响招标的效率。例如，在欧盟的公共采购规则中，如果采购金额超过法定界限，必须使用招标形式的，项目法人有权自由选择公开招标或邀请招标，而由于邀请招标有上述优点，所以在欧盟的成员国家中，邀请招标被广泛使用。

6.3.3 招投标的程序

招投标的基本流程如图6-2所示。

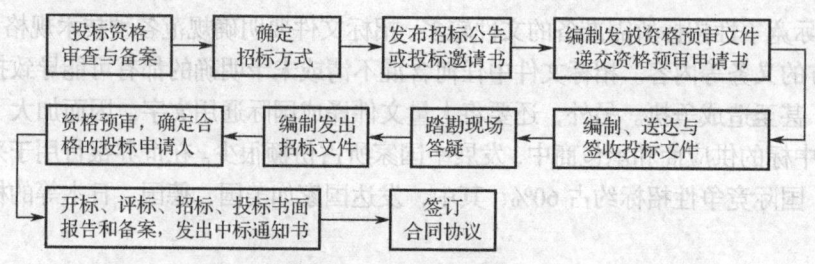

图 6-2　招投标的基本流程

一般来说，招投标需经过招标、投标、开标、评标和定标等程序。

1. 招标过程

公开招标应当发布招标公告。招标公告应当通过报刊或者其他媒介发布，并应当载明下列事项：

（1）招标人的名称和地址；
（2）招标项目的性质和数量；
（3）招标项目的地点和时间要求；
（4）获取招标文件的办法、地点和时间；
（5）对招标文件收取的费用；
（6）需要公告的其他事项。

招标人或招投标中介机构可以对有兴趣投标的法人或者其他组织进行资格预审，但应当通过报刊或者其他媒介发布资格预审通告。资格预审通告应当载明下列事项：

（1）招标人的名称和地址；
（2）招标项目的性质和数量；
（3）招标项目的地点和时间要求；
（4）获取资格预审文件的办法、地点和时间；
（5）对资格预审文件收取的费用；
（6）提交资格预审申请书的地点和截止日期；
（7）资格预审的日程安排；
（8）需要通告的其他事项。

上述预审应当主要审查有兴趣投标的法人或者其他组织是否具有圆满履行合同的能力。有兴趣投标的法人或者其他组织应当向招标人或者招投标中介机构提交证明其具有圆满履行合同的能力的证明文件或者资料。招标人或者招标投标中介机构应当对提交资格预审申请书的法人或者其他组织做出预审决定。

采用邀请招标程序的，招标人一般应当向三家以上有兴趣投标的或者通过资格预审的法人或其他组织发出投标邀请书。

采用议标程序的，招标人一般应当向两家以上有兴趣投标的法人或者其他组织发出投标邀请书。

招标人或者招投标中介机构根据招标项目的要求编制招标文件。招标文件一般应当载明下列事项：

（1）投标人须知；

（2）招标项目的性质和数量；
（3）技术规格；
（4）投标价格的要求及其计算方式；
（5）投标的标准和方法；
（6）交货、竣工或提供服务的时间；
（7）投标人应当提供的有关资格和资质证明文件；
（8）投标保证金的数额或其他形式的担保；
（9）投标文件的编制要求；
（10）提供投标文件的方式、地点和截止日期；
（11）开标、评标和定标的日程安排；
（12）合同格式和主要合同条款；
（13）需要载明的其他事项。

招标人或者招投标中介机构在招标文件中，可以规定投标人在提交符合招标文件要求的投标文件的同时，提交备选投标文件，但应做出说明，并规定相应的评审和比较办法。

招标文件规定的技术规格应当采用国际或者国内公认、法定标准。招标文件中规定的各项技术规格，不得要求或者标明某一特定的专利、商标、名称、设计、型号、原产地或生产厂家，不得怀有偏见或排斥某一有兴趣投标的法人或其他组织的内容。

招标人或者招投标中介机构应当按照招标公告或者投标邀请书规定的时间、地点出售招标文件。招标文件售出后不予退还。除不可抗力原因外，招标人或者招投标中介机构在发布招标公告或者发出投标邀请书后不得终止招标。

招标人或者招投标中介机构需要对已售出的招标文件进行澄清或者非实质性修改的，一般应当在提交投标文件截止日期15天前以书面形式通知所有招标文件的购买者，该澄清或修改内容为招标文件的组成部分。

招标公告发布或投标邀请书发出之日到提交投标文件截止之日，一般不得少于30天。

对于同一招标项目，招标人或者招投标中介机构可以分两阶段进行招标。第一阶段，招标人或者招投标中介机构应当要求有兴趣投标的法人或者其他组织先提交不包括投标价格的初步投标文件，列明关于招标项目技术、质量或其他方面的建议。招标人或者招投标中介机构可以与投标人就初步投标文件的内容进行讨论。第二阶段，招标人或者招投标中介机构应当向提交了初步投标文件并未被拒绝的投标人提供正式招标文件。投标人或者招投标中介机构根据正式招标文件的要求提交包括投标价格在内的最终投标文件。

2. 投标过程

投标人应当按照招标文件的规定编制投标文件。投标文件应当载明下列事项：
（1）投标函；
（2）投标人资格和资信证明文件；
（3）投标项目方案和说明；
（4）投标价格；
（5）投标保证金或者其他形式的担保；
（6）招标文件要求具备的其他内容。

投标文件应在规定的截止日期前密封送达投标地点。招标人或者招投标中介机构对在提交投标文件截止日期后收到的投标文件，应不予开启并退还。招标人或者招投标中介机构应当对收到的投标文件签收备案。投标人有权要求招标人或者招投标中介机构提供签收证明。

投标人可以撤回、补充或者修改已提交的投标文件；但是应当在提交投标文件截止日之前书面通知招标人或者招投标中介机构。

3. 开标过程

开标应当按照招标文件规定的时间、地点和程序以公开方式进行。开标由招标人或者招投标中介机构主持，邀请评标委员会成员、投标人代表和有关单位代表参加。

投标人检查投标文件的密封情况，确认无误后，由有关工作人员当众拆封、验证投标资格，并宣读投标人名称、投标价格和其他主要内容。

投标人可以对唱标进行必要的解释，但解释不得超过投标文件记载的范围或改变投标文件的实质性内容。开标应当进行记录，存档备查。

4. 评标和定标过程

评标应当按照招标文件的规定进行。招标人或者招投标中介机构负责组建评标委员会。评标委员会由招标人的代表及其聘请的技术、经济和法律等方面的专家组成，总人数一般为5人以上单数，其中受聘的专家不得少于2/3。与投标人有利害关系的人员不得进入评标委员会。评标委员会负责评标，并对所有投标文件进行审查，对于与招标文件规定有实质性不符的投标文件，应当决定其无效。

评标委员会可以要求投标人对投标文件中含义不明确的地方进行必要的澄清，但澄清不得超过投标文件记载的范围或改变投标文件的实质性内容。

评标委员会应当按照招标文件的规定对投标文件进行评审和比较，并向招标人推荐1~3个中标候选人。

招标人应当从评标委员会推荐的中标候选人中确定中标人。中选的投标应当符合下列条件之一：

（1）满足招标文件各项要求，并考虑各种优惠和税收等因素，在合理条件下所报投标价格最低；

（2）最大满足招标文件中规定的综合评价标准。

除采用议标程序外，招标人或者招投标中介机构不得在定标前与投标人就投标价格和投标方案等事项进行协商谈判。

招标人或者招投标中介机构应当将中标结果书面通知所有投标人。招标人与中标人应当按照招标文件的规定和中标结果签订书面合同。

6.3.4 招标

招标是指在一定范围内公开货物、工程或服务采购的条件和要求，邀请众多投标人参加投标，并按照规定程序从中选择交易对象的一种市场交易行为。工程项目所涉及的是项目招标。所谓项目招标，是指招标人对自愿参加某一特定项目的投标人进行审查、评比和选定的过程。工程项目的招标，主要根据工程建设目标，对特定工程项目的建设地点、投资目的、任务数量、质量标准和工程进度等予以明确，通过发布广告或发出邀请函的形式，使自愿参加投标的承包商按业主的要求投标，业主根据其投标报价的高低、技术水平、人员素质、施工能力、工程经验、财务状况和企业信誉等进行综合评价，全面分析、择优选择中标者，并与之订立合同。

6.3.5 投标

1. 投标人应具备的条件

（1）投标人应当具备承担招标项目的能力。国家对投标人资格条件或者招标文件对投标人资格条件有规定的，投标人应当具备规定的资格条件。

（2）两个以上法人或者其他组织可以组成一个联合体以一个投标人的身份共同投标。联合体各方均应当具备承担招标项目的相应能力；国家有关规定或者招标文件对投标人资格条件有要求的，联合体各方均应当具备要求的相应资格条件。由同一专业的单位组成的联合体，按照资质等级较低的单位组成资质等级的联合体各方应当签订共同投标协议，明确约定各方拟承担的工作和相应的责任，并将共同投标协议连同投标文件一并提交招标人。中标的联合体各方应当共同与招标人签订合同，就中标项目向招标人承担连带责任，但是共同投标协议另有约定的除外。招标人不得强制投标人组成联合体共同投标，不得限制投标人之间的竞争。

（3）投标人不得相互串通投标报价，不得排挤其他投标人的公平竞争，损害招标人或者他人的合法权益。

（4）投标人不得以低于合理预算成本的报价竞标，也不得以他人名义投标或者以其他方式弄虚作假，骗取中标。所谓合理预算成本，即按照国家有关成本核算的规定计算的成本。

（5）投标人根据招标文件载明的项目实际情况，拟在中标后将中标项目的部分非主体、非关键性工作交由他人完成的，应当在投标文件中载明。

2. 投标的组织

（1）建立投标组织的必要性。进行项目投标，需要有专门的机构和人员对投标的全部活动过程加以组织与管理。实践证明，建立一个强有力的、内行的投标班子是投标获得成功的根本保证。

（2）投标组织人员的基本要求。对于投标人来说，参加投标不仅比报价的高低，而且比技术、经验、实力和信誉，特别是在当前国际承包市场上，越来越多的是技术密集型工程项目，势必要给投标人带来两方面的挑战。一方面是技术上的挑战，要求投标人具有先进的科学技术，能够完成高、新、尖、难工程；另一方面是管理上的挑战，要求投标人具有现代先进的组织管理水平。

（3）投标组织人员的组成。投标人的投标班子应该具备以下三种类型的人才：

① 经营管理类人才。是指专门从事经营管理，制定和贯彻经营方针与规划，负责工作的全面筹划和安排，具有决策水平的人才。这类人才应当知识渊博，视野广阔；具有一定的法律知识和实际工作经验；勇于开拓且有较强的思维能力和社会活动能力；掌握一套科学的研究方法和手段，如科学的调查、统计、分析和预测方法。

② 专业技术类人才。主要是指工程和施工中的各类技术人员，如建筑师、土木工程师、电气工程师、机械工程师和软件工程师等各类专业技术人员。它们拥有本学科最新的专业知识，具备熟练的实际操作能力，以便在投标时能从本公司的实际技术水平出发，考虑各项专业实施方案。

③ 商务金融类人才。是指具有金融、贸易、税法、保险、采购、保函和索赔等专业知识的人才。财务人员要懂税收、保险、涉外财会、外汇管理和结算等方面的知识。

一个投标班子仅仅做到了个体素质良好往往是不够的，还需要各方的共同参与，协同作战，充分发挥群体的力量。

对于工程项目投标班子的组成，除了符合上述要求外，保持投标班子成员的相对稳定，不断提高其素质和水平对于提高投标竞争力至关重要。同时，逐步采用或开发有关投标报价的软件，使投标报价工作更加快速、准确。如果是国际工程（包含境内涉外工程）投标，则应配备懂得专业和合同管理的外语翻译人员。

3. 投标的过程

投标过程是指从填写资格预审表开始，到正式投标文件送交业主为止所进行的全部工作。这一阶段工作量很大，时间紧，一般要完成下列各项工作：填写资格预审调查表，申报资格预审；购买招标文件（资格预审通过后）；组织投标班子；进行投标前调查与现场考察；选择咨询单位；分析招标文件，校核工程量，编制规划；结算价格，确定利润方针，计算和确定报价；编制投标文件；办理投标担保；递交投标文件。

4. 投标文件

（1）投标文件的编制。投标文件是承包商参与投标竞争的重要凭证，是评标、立合同的依据，是投标人素质的综合反映和投标人能否取得经济效益的重要因素。可见，投标人应对编制投标文件的工作特别重视。

投标文件应当对招标文件提出的实质性要求和条件做出响应。投标人要到指定的地点购买招标文件，并准备投标文件。在招标文件中，通常包括招标须知、合同的一般条款、合同特殊条款、价格条款、技术规范和附件等。投标人必须按照这些要求编写投标文件。严格按照招标文件填报，不得对招标文件进行修改，不得遗漏或者回避招标文件中的问题，更不能提出附带条件。

（2）投标文件的组成。投标文件一般由下列内容组成：投标书、投标书附录、投标保证金、法定代表人的资格证明书、授权委托书、具有价格的工程量清单与报价表、辅助资料表、资格审查表（有资格预审的可不采用）、其他资料。

投标文件中的以上内容通常都在招标文件中提供统一的格式，投标单位按招标文件的统一规定和要求进行填报。

招标项目属于建设施工的，投标文件的内容应当包括拟派出的项目负责人与主要技术人员的简历、业绩和拟用于完成招标项目的机械设备等，这样有利于招标人控制工程发包以后所产生的风险，保证工程质量。

（3）投标有效期。投标有效期一般是指从投标截止日起算至公布中标的一段时间。一般在投标须知的前附表中规定投标有效期的时间（如28天）。那么，投标文件在投标截止日期后的28天内有效。在原定投标有效期满之前，如有特殊情况，经招标管理机构同意后，招标单位可以向投标单位书面提出延长投标有效期的要求。此时，投标单位须以书面的形式予以答复，对于不同意延长投标有效期的，招标单位不能因此而没收其投标保证金；对于同意延长投标有效期的，不得要求在此期间修改其投标文件，而且应相应延长其投标保证金的有效期，对投标保证金的各种有关规定在延长期内同样有效。

（4）投标保证金。投标保证金是投标文件的一个组成部分，投标保证金可以是现金、支票、汇票和在中国注册的银行出具的银行保函。对于银行保函，应按招标文件规定格式填写，其有效期应不超过招标文件规定的投标有效期。未中标的投标单位的投标保证金，招标单位应尽快将其退还，一般最迟不得超过投标有效期期满后的 14 天；中标的投标单位的投标保证金，在按要求提交履约保证金并签署合同协议后，予以退还。对于在投标有效期内撤回其投标文件或中标后未能按规定提交履约保证金或签署协议者，将没收其投标保证金。

（5）投标文件的份数和签署。投标文件应明确标明"投标文件正本"和"投标文件副本"，其份数，按前附表规定份数提交。当投标文件的正本与副本不一致时，以正本为准。投标文件均应使用不能擦去的墨水打印或书写，由投标单位法定代表人亲自签署并加盖法人公章和法定代表人印鉴。

全套投标文件应无涂改和行间插字。若有涂改和行间插字，应有投标文件签字人并加盖印鉴。

（6）投标文件的送交和签收。

① 投标文件的密封标志。投标单位应将投标文件的正本和副本分别密封在内层包封内，再密封在一个外层包封内，并在内封上注明"投标文件正本"或"投标文件副本"。外层和内层包封都应写明招标单位和地址、合同名称、投标编号并注明开标时间以前不得开封。在内层包封上还应写明投标单位的邮政编码、地址和名称，以便投标出现逾期送达时能原封退回。如果投标单位在内层包封上未按上述规定密封并加写标志，招标单位将不承担投标文件错放或提前开封的责任，由此造成的提前开封的投标文件将予以拒绝，并退回投标单位。

② 投标截止日期。投标单位应在前附表规定的投标截止日期的时间之前递交投标文件。招标方收到投标文件后，应当签收保存，不得开启。招标单位因补充通知修改招标文件而酌情延长投标截止日期的，招标和投标单位截止日期方面的全部权力、责任和义务，将适用延长后新的投标截止日期。招标人对招标文件要求提交投标文件的截止时间后收到的投标文件，应原样退还。

③ 投标文件的修改与撤回。投标单位在递交投标文件后，可以在规定的投标截止时间之前以书面形式向招标单位递交修改或撤回其投标文件的通知、补充，修改内容为投标文件的组成部分。在投标截止时间之后，则不能修改与撤回投标文件，否则，将没收投标保证金。

5．投标管理

（1）投标决策。在招标信息收集阶段，投标组织应分析、评审项目风险，确认投标组织是否满足投标工程项目需求的能力，并就是否投标进行决策。

（2）编制投标计划。项目投标前，投标组织应进行投标策划，确定投标目标，并编制投标计划。

投标组织应识别和评审与投标项目相关的要求：
① 招标文件和发包方明示的要求；
② 发包方未明示但应满足的要求；

③ 法律法规和标准规范要求；
④ 投标组织的相关要求。

投标计划包括的主要内容：
① 投标目标、范围、要求和准备工作安排；
② 投标工作各过程和进度安排；
③ 投标所需要的文件和资料；
④ 与代理方及合作方的协作；
⑤ 投标风险分析与信息沟通；
⑥ 投标策略与应急措施；
⑦ 投标监控要求。

（3）投标文件评审。投标组织应保证投标文件符合发包方的相关要求，经评审后投标。评审的主要内容包括：
① 商务标满足招标文件的程度；
② 技术标和实施方案的竞争力；
③ 投标报价的经济合理性；
④ 投标风险的分析与应对。

6.4 合同管理

在工程项目采购过程中，各参与方通过合同关系维系成一个整体。因此，合同管理工作贯穿于项目采购过程的始终，对项目采购工作的顺利开展起着举足轻重的作用。

6.4.1 概述

1. 合同的概念

合同是平等主体的自然人、法人、其他组织之间设立、变更、终止民事法律关系的协议。市场经济中，社会各类经济组织或商品生产经营者之间的经济活动，都需要通过合同来实现和连接，需要用合同来维护当事人的合法权益，维护社会的经济秩序。没有合同，整个社会的生产和生活就不可能有效和正常地进行。

项目合同是指项目业主或其代理人与项目承包人或供应人为完成一确定的项目所指向的目标或规定的内容，明确相互的权利义务关系而达成的协议。

2. 合同的分类

项目合同按不同的分类标准，可分为不同的种类。

（1）按签约各方的关系分类。按签约各方的关系，项目合同可分为：
① 工程总承包合同。项目组织与承包商签订合同，合同所包含的范围包括项目建议的全过程（包括土建、安装、水、电、空调等）。

② 工程分包合同。承包商将中标工程的一部分内容包给分包商而签订的总承包商与分承包商间的分包合同。允许分包的内容，一般在合同条件中有规定。例如，FIDIC合同条件就规定"承包商不得将全部工程分包出去……如（工程师）同意分包（指部分分包），也不得免除承包商在合同中承担的任何责任和义务"。也就是说，签订分包合同后，承包商仍应全部履行与业主签订的合同所规定的责任和义务。

③ 货物购销合同。项目组织为从组织外部获得货物而与供应商签订的合同。

④ 转包合同。它是一种承包权的转让。承包商之间签订的转包合同，明确由另一承包商承担原承包商与项目组织签订的合同所规定的权利、义务和风险，而原承包商从转包合同中获取一定的报酬。《中华人民共和国建筑法》明确禁止进行工程转包。

⑤ 劳务分包合同。通常称劳务分包合同为包工不包料合同或包清工合同。分包商在合同实施过程中，不承担材料涨价的风险。

⑥ 劳务合同。劳务合同即承包商或分包商雇用劳务所签订的合同。提供劳务一方不承担任何风险，但也难获得较大的利润。

⑦ 联合承包合同。指两个或两个以上合作单位之间，以承包人的名义，为共同承担项目的全部工作而签订的合同。

（2）按合同计价方式分类。按合同计价方式，项目合同可分为：

① 固定价或总价合同。将各方面非常明确的产品的总价格固定下来。如果对于该产品各方面并不都很明确，则买主和卖主将会有风险。买主可能收不到希望的产品，或者卖主可能要支付额外的费用才能提交该产品。固定价合同还可以增加激励措施，以便达到或超过预定的项目目标。

② 单价合同。付给承包商的报酬按单位服务计算，该合同的总价值是为完成该项目所需工作量的函数。

③ 成本加酬金合同。业主向承包商支付项目的实际成本。这种承包方式的基本特点是按项目实际发生成本加上商定的管理费和利润来确定项目总价。在实践中有4种具体做法。

a. 成本加固定百分比酬金。其计算公式为

$$C = C_d + C_d P$$

式中，C表示合同总价；C_d表示实际发生的项目成本；P表示固定百分比。

从上式看，总价随着实际成本的增加而增加。显然承包商对缩短项目成本无积极性，对顾客（买主）不利，现在较少采用。

b. 成本加固定酬金。项目成本实报实销，但酬金是事先商定的一个固定数目。其计算公式为

$$C = C_d + F$$

式中，F表示固定酬金。

这种承包方式比前一种承包方式进了一步，虽然还不能鼓励承包商关心降低成本，但从尽快取得酬金出发，将会关心缩短项目周期。

c. 成本加浮动酬金。这种承包方式是预先商定项目成本和酬金的预期水平，根据实际成本与预期成本的离差，酬金上下浮动。其计算公式为

$$\begin{cases} C = C_d + F & C_d = C_O \\ C = C_d + F - \Delta F & C_d > C_O \\ C = C_d + F + \Delta F & C_d < C_O \end{cases}$$

式中，C_O 表示预期成本；ΔF 表示酬金的增减部分（可以是百分数，也可以是绝对数）。

d. 目标成本加奖罚。这种承包方式与成本加浮动酬金基本相同，这种办法以项目的粗略估算成本为目标成本，随着项目设计的逐步具体化，劳务数量和目标成本可以加以调整。另外，规定一个百分数，作为计算酬金的比率，最后结算时，根据实际成本与目标成本的关系确定。其计算公式为

$$C = C_d + P_1 \times C_O + P_2 \times (C_O - C_d)$$

式中，C_O 表示目标成本；P_1 表示基本酬金百分数；P_2 表示奖惩百分数。

④ 计量估价合同。计量估价合同以承包商提供的劳务数量清单和单价表为计算依据。

（3）按承包范围分类。按承包范围，项目合同可分为：

① 交钥匙合同。这种合同有时又叫"统包"或"一揽子"合同，整个项目的设计和实施通常由一个承包商承担，签订一份合同。项目业主只对项目概括地叙述一般情况，提出一般要求，而把项目的可行性研究、勘测、设计、施工、设备采购和安装，以及竣工后一定时期内的试运行和维护等，全部承包给一个承包商。

② 设计-采购-施工合同。与交钥匙合同类似，只是承包的范围不包括试生产和生产准备。

③ 设计-采购合同。承包商只负责工程项目设计和材料设备的采购，工程施工由甲方另行委托。如卡洛克公司为我国承建约13套大型化肥项目合同即属此种，美方只负责工程项目设计和设备材料供应，工程施工由我们自己负责，美方负责设备安装指导。

该类合同承包商承包的工作范围较窄，业主管理工作量大，需负责设计、采购和施工的协调。

④ 单项合同。单项合同，如设计合同和施工合同等。设计合同，承包商只承包工程项目设计和实施中的设计技术服务，而大部分工作由业主统一协调控制；施工合同，承包商只能按图施工，无权修改设计方案，承包范围单一。与项目设计和采购等环节形成众多结合部，难以协调。这种设计、施工、分立式项目合同，需要业主有很强的管理能力，同时增大了承包商项目管理工作的难度。

合同类型的选择主要考虑以下因素：

（1）项目实际成本与项目日常风险评价。
（2）双方要求合同类型的复杂程度（技术风险评价）。
（3）竞价范围。
（4）成本价格分析。
（5）项目紧急程度（顾客要求）。
（6）项目周期。
（7）承包商（买主）财务系统评价（是否有能力通过合同实现盈利）。
（8）合作合同（是否允许其他买主介入）。
（9）转包范围的限定。

3. 合同的主要内容

合同的内容由合同双方当事人约定。不同种类的合同其内容不一，简繁程度差别很大。签订一个完备周全的合同，是实现合同目的、维护自己合法权益、减少合同争执的最基本的要求。合同通常包括以下几方面内容。

（1）合同当事人。合同当事人指签订合同的各方，是合同的权利和义务的主体。当事人是平等主体的自然人、法人或其他经济组织。但对于具体种类的合同，当事人还应当具有相应的民事权利能力和民事行为能力。例如，签订建设工程承包合同的承包商，不仅需要工程承包企业的营业执照（民事权利能力），还需要与该工程的专业类别和规模相应的资质许可证（民事行为能力）。

（2）合同标的。合同标的是当事人双方的权利和义务共同指向的对象。它可能是实物、行为、服务性工作和智力成果等。例如，工程承包合同，其标的是工程项目。标的是合同必须具备的条款。无标的或标的不明确的，合同是不能成立的，也无法履行。

（3）标的的数量和质量。标的的数量和质量共同定义标的的具体特征。标的的数量一般以度量衡为计算单位，以数字为尺度；标的的质量是指质量标准、功能、技术要求和服务条件等。没有标的的数量和质量的定义，合同是无法生效和履行的，发生纠纷也不易分清责任。

（4）合同价款或酬金。合同价款或酬金即取得标的（物品、劳务或服务）的一方向对方支付的代价，作为对方完成合同义务的补偿。合同中应写明价款数量、付款方式和结算程序。

（5）合同期限、履行地点和方式。合同期限指履行合同的期限，即从合同生效到合同结束的时间。履行地点指合同标的物所在地，如以承包工程为标的的合同，其履行地点是工程计划文件所规定的工程所在地。由于项目活动都是在一定的时间和空间上进行的，离开具体的时间和空间，项目活动是没有意义的，所以合同中应非常具体地规定合同期限和履行地点。

（6）违约责任。违约责任即合同一方或双方因过失不能履行或不能完全履行合同责任而侵犯了另一方权利时所应负的责任，是合同的关键条款之一。没有规定违约责任，则合同对双方难以形成法律约束力。难以确保圆满地履行，发生争执也难以解决。

（7）解决争执的方法。这是项目合同一般应当具备的条款，不同类型的项目，合同按需要还可以增加许多其他内容。

6.4.2 合同的订立

合同的签订过程也就是合同的形成过程、合同的协商过程。订立合同的具体方式多种多样，可以通过口头或者书面往来协商谈判，可以采取拍卖和招投标等方式。但不管采取什么具体方式，都必然经过两个步骤，即要约和承诺。《合同法》规定："当事人订立合同，采取要约、承诺方式。"

1. 要约

要约在经济活动中又称为发盘、出盘、发价、出价和报价等。要约是当事人一方向另一方提出订立合同的愿望。提出订立合同建议的当事人被称为"要约人"，接受要约的一方被称为"受要约人"。要约的内容必须具体明确，表明只要接受要约人的承诺，要约人即接受要约的法律约束力。要约人提出要约是一种法律行为，它在到达受要约人时生效。在工程招投标中,承包商的投标书是要约。

2. 承诺

承诺即接受要约,是受要约人同意要约的意思表示。承诺也是一种法律行为,承诺人必须按照要约所指定的方式,无条件地同意要约(或新要约)的实质性内容方可生效。

6.4.3 合同的履行与管理

1. 合同的履行

合同的履行是指合同生效后,当事人双方按照合同约定的标的、数量、质量、价款、履行期限、履行地点和履行方式等完成各自应承担的全部义务的行为。全面适当履行合同是双方当事人的义务,因此,合同当事人必须共同按计划履行合同,实现合同所要达到的各类预定的目标。当合同中对有些内容没有约定或约定不明时,双方可以订立补充协议确定。如果不能达成补充协议,根据公平合理的原则,按照如下规定执行:若质量要求不明确,则按照国家标准和行业标准执行;若没有国家标准或行业标准,则按照通常标准或者符合合同目的的特定标准履行。若合同对价款或者报酬规定不明,则应按照订立合同时履行地的市场价格履行;若依法应当执行政府定价或政府指导价,则应按照规定履行。如果合同规定执行政府定价或政府指导价,在合同执行中政府价格调整,则按照交付时的价格计价;若逾期交付标的物,又遇价格上涨,则按照原价格执行;若遇价格下降,则按照新价格执行;对逾期提取标的物或逾期付款的,则进行相反的处理。这体现公平原则,对违约者不利。对履行地点不明确的情况,若合同规定给付货币的,则在接受货币一方所在地履行;若合同规定交付不动产的,则在不动产所在地履行;对其他标的情况,在履行义务一方所在地履行。若履行期限不明确,则债务人可以随时履行,债权人也可以随时要求履行,但应当给对方必要的准备时间。若履行方式不明确,则按照有利于实现合同目的的方式履行。若履行费用的负担不明确,则由履行义务一方负担。

2. 工程合同管理

(1)工程合同管理的概念和内容。工程合同管理就是工程项目主体对工程合同的管理,是项目管理的灵魂。根据合同管理的对象,可将合同管理分为两个层次,一是对单项合同的管理,二是对整个项目的合同管理。

对单项合同的管理,主要指合同当事人从合同开始到合同结束的全过程对某个合同进行的管理,包括合同的提出、合同文本的起草、合同的订立、合同的履行、合同的变更和索赔控制、合同的收尾等工作环节。

对整个项目的合同管理,以业主为例,对整个项目的合同管理包括合同策划和合同控制两项工作。合同策划又可分为合同结构策划、合同文本策划和合同工作安排(工作计划),即对本项目拟订立哪些种类的合同,拟订立多少个相同种类的合同,它们之间的范围如何定义,时间上如何安排,每个合同如何及何时进行招标或采购,招标方式、招标范围、评标办法、合同条件、合同文本的选择、合同管理制度等;合同控制主要包括合同的履行、合同的跟踪、合同界面的协调等。对业主来讲,工程合同管理工作应贯穿于从项目筹建到保修期结束的建设全过程。

（2）合同管理的目标。在项目建设过程中，各参建单位合同管理的目标是不同的，它们站在各自的角度、各自的立场上，为各自企业在本项目上的目标服务。但不管各单位的目标如何，所有参建单位的合同管理都必须服从整个项目的总目标，实现项目的总目标是实现企业目标的前提。站在项目的角度，工程合同管理的目标应该是每个合同的顺利履行和整个项目目标的实现。

① 保证项目总目标的实现，使整个工程在预定的投资、预定的工期范围内完成，达到预定的质量标准，满足项目的使用和功能要求。由于每个合同条款都是围绕项目总目标在本合同中的分解目标制定的，其中包括进度目标、质量目标、合同价款和支付办法，以及双方的责权利关系等。一个项目在建设过程中，有众多的工程合同，每个合同都是实现项目总目标的一个分解目标，如果有一个合同目标不能实现，就会影响整个项目的目标。工程合同管理就是为了保证项目总目标的顺利实现。

② 保证单项合同目标的实现。通过对单项合同进行管理，使每个单项合同目标能够顺利实现。单项合同目标的实现，就是要合同双方能够积极按照合同的约定履行自己的义务，同时也要在自己履行的前提下，防范对方违约。一个成功的合同管理，就是在合同结束时双方都感到满意，即业主对工程、对双方的合作感到满意；而承包商不但取得了预期利润，而且赢得了信誉，双方建立了友好合作关系。

（3）工程合同管理的特点。工程合同管理的主要特点包括：

① 合同管理的复杂性。工程合同是按建设程序展开的，规划设计合同先行，监理施工采购合同在后，工程合同呈现出串联、并联和搭接的关系，工程合同管理也是随着项目的进展逐步展开的。因此，工程合同复杂的界面决定了工程合同管理的复杂性。

项目参建单位和协作单位多，通常涉及业主、勘察设计单位、监理单位、总包单位、分包单位和材料设备供应单位等，各方面责任界限的划分、合同权利和义务的定义非常复杂，合同在时间上和空间上的衔接与协调极为重要。合同管理必须协调和处理好各方面的关系，使相关的各合同和合同规定的各工作范围与工作内容不相矛盾，使各合同在内容上、技术上、组织上和时间上协调一致，才能形成一个完整的、周密的、有序的体系，以保证工程有秩序、按计划实施。因此，复杂的合同关系，也决定了工程合同管理的复杂性。

② 合同管理的协作性。工程合同管理不是一个人的事，往往需要一个专门设立的合同管理班子来管理。从施工合同角度，业主方和施工方所派驻的项目管理班子，从某种程度上讲，都是工程合同的管理者。以业主为例，业主项目管理班子中的每个部门，甚至每个岗位、每个人的工作都与合同管理有关，如业主的招标部门是合同的订立部门，工程管理部门是合同的履行部门等。工程合同管理不仅需要专职的合同管理人员和部门，而且要求参与项目管理的其他各类人员或部门都必须精通合同，熟悉合同管理工作。正是因为工程合同管理是在项目管理班子内部各部门和全员的分工协作、相互配合下进行的，所以合同管理过程中的相互沟通与协调就显得尤为重要，体现出合同管理需各部门、全员分工协作的协作性特点。

③ 合同管理的风险性。工程合同实施时间长，涉及面广，受外界环境如经济、社会、法律和自然条件等的影响大，这些因素一般称为工程风险。工程风险难以预测，难以控制，一旦发生往往会影响合同的正常履行，造成合同延期和（或）经济损失。因此，工程风险管理成为工程合同管理的重要内容。

由于建筑市场竞争激烈，承包商除依靠其他评标指标外，投标报价也是施工投标中能否中标的关键性指标。因此，导致施工合同价格偏低，同时业主也经常利用在建筑市场中的买方优势，提出一些苛刻的条件。加之我国还处于市场经济的初级阶段，因此，合同双方的信用风险也是工程合同管理的重要内容。

④ 合同管理的动态性。由于工程持续时间长，这使得相关的合同，特别是工程施工合同生命期长，工程价值量大，合同价格高；由于合同履行过程中内外干扰事件多，合同变更频繁，合同管理必须按变化了的情况不断调整，这就要求合同管理必须是动态的，必须加强合同控制工作。

（4）合同管理程序。项目合同管理应遵循下列程序：

① 合同评审。合同订立前，组织应进行合同评审，完成对合同条件的审查、认定和评估工作。以招标方式订立合同时，组织应对招投标文件进行审查、认定和评估。

② 合同订立。组织应依据合同评审和谈判结果，按程序和规定订立合同。

③ 合同实施计划。组织应规定合同实施工作程序，编制合同实施计划。合同实施计划的主要内容包括：

    a. 合同实施总体安排；

    b. 合同分解与分包策划；

    c. 合同实施保证体系的建立。

④ 合同实施控制。项目管理机构应按约定全面履行合同，合同控制的日常工作包括：

    a. 合同交底；

    b. 合同跟踪与诊断；

    c. 合同完善与补充；

    d. 信息反馈与协调；

    e. 其他应自主完成的合同管理工作。

⑤ 合同管理总结。项目管理机构应进行合同管理评价，总结合同订立和合同执行过程中的经验和教训，形成总结报告。

（5）工程项目合同的管理过程中常见问题及解决方案。

① 项目合同的变更和转让。合同的变更通常是指由于一定的法律事实而改变合同的内容和标的的法律行为。当事人双方协商一致，就可以变更合同。合同变更应符合合同签订的原则和程序。

债权人可以将合同的权利全部或部分地转让给第三人，但以下情况除外：

    a. 根据合同的性质不得转让；

    b. 按照当事人的约定不得转让；

    c. 按照法律规定不得转让。

债权人转让权利应当通知债务人。未经通知，该转让对债务人不发生效力。

合同当事人一方经对方同意，可以将自己的权利和义务转让给第三人。

如果当事人一方发生合并或分立，则应由合并或分立后的当事人承担或分别承担履行合同的义务，并享有相应的权利。

② 项目合同的解除。合同的解除是指消灭既存的合同效力的法律行为。其主要特征是：合同当事人必须协商一致；合同当事人应负恢复原状之义务；其法律后果是消灭原合同的效力。合同的解除有两种情况：

    a. 协议解除。协议解除是指当事人双方通过协议解除原合同规定的权利和义务关系。有时在订立合同时在合同中约定了解除合同的条件,当解除合同的条件成立时,合同就被解除;有时在履行过程中双方经协商一致同意解除合同。

b. 法定解除。法定解除是合同成立后,没有履行或者没有完全履行以前,当事人一方行使法定解除权而使合同终止。为了防止解除权的滥用,合同法规定了十分严格的条件和程序,有下列情形之一的当事人可以解除合同:因不可抗力因素致使合同无法履行,或不能实现合同目的;在履行期满之前,当事人一方明确表示或者以自己的行为表明不履行主要债务;当事人一方拖延履行主要债务,经催告后在合理期限内仍未履行;当事人一方迟延履行债务或者有其他违约行为致使不能实现合同目的,致使原签订的合同成为不必要;法律规定的其他情形。

从上述可见,只有在不履行主要债务、不能实现合同目的,也就是根本违约的情况下,才能依法解除合同;如果只是合同的部分目的不能实现,或者部分违约,如延迟或者部分质量不合格,一方是不能解除合同的,而应当按违约责任来处理,可以要求违约方按实际履行、采取补救措施、赔偿损失。

合同解除的程序是,若当事人一方依照规定要求解除合同,则应当通知对方,对方有异议的,可以请求人民法院或仲裁机构确认解除合同的效力。如果按法律和行政法规规定解除合同,则需要办理批准、登记等手续。

合同的权利和义务终止,并不影响合同中结算和清理条款的效力。

③ 项目合同的终止。当事人双方依照项目合同的规定,履行其全部义务后,合同即行终止。合同签订以后,是不允许随意终止的。根据我国的现行法律和有关司法实践,合同的法律关系可因下列原因而终止:

a. 合同因履行而终止。合同的履行就意味着合同规定的义务已经完成,权利已经实现,因而合同的法律关系自行消灭。所以,履行是实现合同、终止合同的法律关系的最基本的方法,也是合同终止的最常见原因。

b. 当事人双方混同为一人而终止。法律上对权利人和义务人合为一人的现象,称为混同。既然发生合同当事人合并为一人的情况,那么原有的合同已无履行的必要,因而自行终止。

c. 合同因不可抗力的原因而终止。合同不是由于当事人的过错而是由于不可抗力的原因致使合同义务不能履行的,应当终止合同。

d. 合同因当事人协商同意而终止。当事人双方通过协议而解除或者免除义务人的义务,也是合同终止的方法之一。

e. 仲裁机构裁决或者法院判决终止合同。

④ 项目合同纠纷的处理。合同纠纷通常具体表现在,当事人双方对合同规定的义务和权利理解不一致,最终导致对合同的履行或不履行的后果和责任的分组产生争议。合同纠纷的解决通常有以下几个途径:

a. 协商。这是一种最常见的也是首先采用的解决方法。当事人双方在自愿、互谅的基础上,通过双方谈判达成解决争执的协议。这是解决合同争执的最好方法,具有简单易行、不伤和气的优点。

b. 调解。调解是在第三者(如上级主管部门、合同管理机关等)的参与下,以事实、合同条款和法律为根据,通过对当事人的说服,使合同双方自愿地、公平合理地达成解决协议。如果双方经调解后达成协议,由合同双方和调解人共同签订调解协议书。

c. 仲裁。仲裁是仲裁委员会对合同争执所进行的裁决。我国实行一裁终局制,裁决做出后,合同当事人就同一争执若再申请仲裁或向人民法院起诉,则不再予以处理。仲裁做出裁决后,由仲裁机构制作仲裁裁决书。对仲裁机构的仲裁裁决,当事人应当履行。当事人一方在规定的期限内不履行仲裁机构的仲裁裁决,另一方可以申请法院强制执行。

d. 诉讼。诉讼解决是指司法机关和案件当事人在其他诉讼参与人的配合下为解决案件依法定诉讼程序所进行的全部活动。基于所要解决的案件的不同性质,可以分为民事诉讼、刑事诉讼和行政诉讼。而在项目合同中一般只包括广义上的民事诉讼(民事诉讼和经济诉讼)。

合同当事人因合同纠纷而提起的诉讼一般由各级法院的经济审判庭受理并判决。根据某些合同的特殊情况,还必须由专业法院进行审理。

当事人在提起诉讼以前应该充分做好准备,收集有关对方违约的各类证据,进行必要的取证工作,整理双方往来的所有财务凭证、信函和电报等;同时,向律师咨询或聘请律师处理案件。

当事人在采取诉讼前,应注意诉讼管辖地和诉讼时效问题。

3. 工程合同索赔

(1) 索赔的概念。索赔(Claims)在牛津词典中是指要求承认其所有权或某种权利(Assertion of a Right, Act of Claiming),或者根据保险合约所要求的赔款,也就是指在合同的实施过程中,合同一方因对方不履行或未能履行合同所规定的义务而受到损失,向对方提出赔偿要求。

工程索赔(Construction Claims)是指当事人在合同实施过程中,根据法律、合同规定和惯例,对并非由于自己的过错,而是属于应由合同对方承担责任的情况造成,而且实际发生了损失,向对方提出给予补偿的要求。索赔事件的发生,可以是一定行为造成的,也可以由不可抗力引起的;可以是合同当事人一方引起的,也可以是任何第三方行为引起的。索赔的性质属于经济补偿行为,而不是惩罚。索赔的损失结果与被索赔人的行为并不一定存在法律上的因果关系。它允许承包商获得不是由于承包商的原因而造成的损失补偿,也允许业主获得由于承包商的原因而造成的损失补偿。对于工程承包施工来说,索赔是维护施工合同签约者合法利益的一项根本性管理措施。对于施工合同的双方来说,索赔是维护双方合法利益的权利。它与合同条件中双方的合同责任一样,构成严密的合同制约关系。承包商可以向业主提出索赔,业主也可以向承包商提出索赔。在国际工程施工的实践中,习惯上将承包商向业主的索赔直接称为承包商索赔,简称为"索赔",而把业主向承包商的索赔称为业主索赔,简称为"反索赔"。

在当前建筑市场激烈竞争的环境下,工程任务少,施工单位多。因此,工程施工中的风险绝大部分由承包商来承担,一旦失误,就可能遭受重大的经济损失。承包商在施工过程中必须加强施工索赔,对于实际施工过程中发生的事件,按照工程合同条款的规定,对合同价格进行适当的公正调整,以弥补承包商不应承担的损失,尽可能使工程合同风险的分担程度合理。

(2) 索赔的类型。按索赔的起因,索赔主要有以下几种:

① 工程量变化索赔。承包商对工程量的增加或减少,提出索赔要求。

② 不可预见的物质条件。例如,在施工期间,承包商在现场遇到地质情况与业主提供的资料不同,如出现未预见到的软弱土层,或者有大块孤石等,都属于一个有经验的承包商也无法预见的自然条件和人为障碍。

③ 加速施工索赔。当工程项目的施工遇到非承包商的原因引起的工程拖期时,可以给承

包商延长工期，或要求承包商采取加速施工的措施，而采取加速施工则会增加工程成本，但可以使工程按计划工期建成（工程拖期索赔是由于非承包商的原因，使工程拖期。承包商为了完成合同规定的工程花费了较原来计划更长的时间和更大的开支）。

④ 工程变更索赔。由于业主或工程师指令变更设计、增加或减少或删除部分工程局部的实施计划、变更施工次序等，造成工期延长和费用增加。

⑤ 合同文件错误索赔。由于合同文件错误、遗漏、含混不清导致的索赔。

⑥ 暂停施工或终止合同索赔。由于客观原因或违约而发生暂停施工或终止合同导致的索赔。

⑦ 业主违约索赔。由于业主违约导致承包商的索赔。

⑧ 业主风险索赔。由于施工中发生了应由业主承担的风险而导致承包商的索赔。

⑨ 不可抗力索赔。由于战争、叛乱、罢工、放射性污染和自然灾害等原因导致的索赔。

⑩ 承包商违约索赔。由于承包商违约导致业主的索赔。

⑪ 缺陷责任索赔。由于承包商施工的质量缺陷导致业主的索赔。

⑫ 其他索赔，如汇率变化、物价上涨、法令变更、业主拖付款等引起的索赔。

按索赔的目的，索赔有工期索赔和经济索赔两种。工期索赔是指承包商向业主要求延长工期，合理顺延合同工期。由于合理的工期的延长，可以使承包商免于承担误期罚款（或误期损害赔偿金）。经济索赔是指承包商要求取得合理的经济补偿，即要求业主补偿不应该由承包商自己承担的经济损失或额外费用，或者业主向承包商要求因为承包商违约导致业主的经济损失补偿，也称为"费用索赔"。

按索赔的处理方式，索赔有单项索赔和总索赔两种。单项索赔，也称一事一索赔，是指每一件索赔事项发生后，索赔管理人员针对该事项，在规定的索赔有效期内向工程师提出索赔要求，要求单项解决支付，不与其他索赔事项混在一起。单项索赔通常原因单一，责任划分明确，分析处理比较简单。总索赔，又称一揽子索赔，是指对整个工程中所发生的索赔事项，综合在一起进行索赔。这是在特定的情况下被迫采用的一种索赔方法。

（3）工程索赔的程序。按照我国《建设工程施工合同（示范文本）》的规定，发包人未能按合同约定履行自己的各项义务或发生错误以及应由发包人承担责任的其他情况，造成工期延误和（或）承包人不能及时得到合同价款及承包人的其他经济损失，承包人可以书面形式向发包人索赔。在合同实施阶段中所出现的每一个施工索赔事项，都应按照合同条件的具体规定，抓紧时间进行处理，并与工程进度款的结算同时进行，按月清理。承包商索赔的一般程序如下：

① 提出索赔要求；

② 报送索赔资料和索赔报告；

③ 协商解决索赔问题；

④ 争端裁决委员会调解；

⑤ 仲裁或诉讼。

对于每一项索赔，都应力争友好协商解决。"好的诉讼不如坏的协商"，仲裁和诉讼常常会两败俱伤。索赔处理程序如图6-3所示。

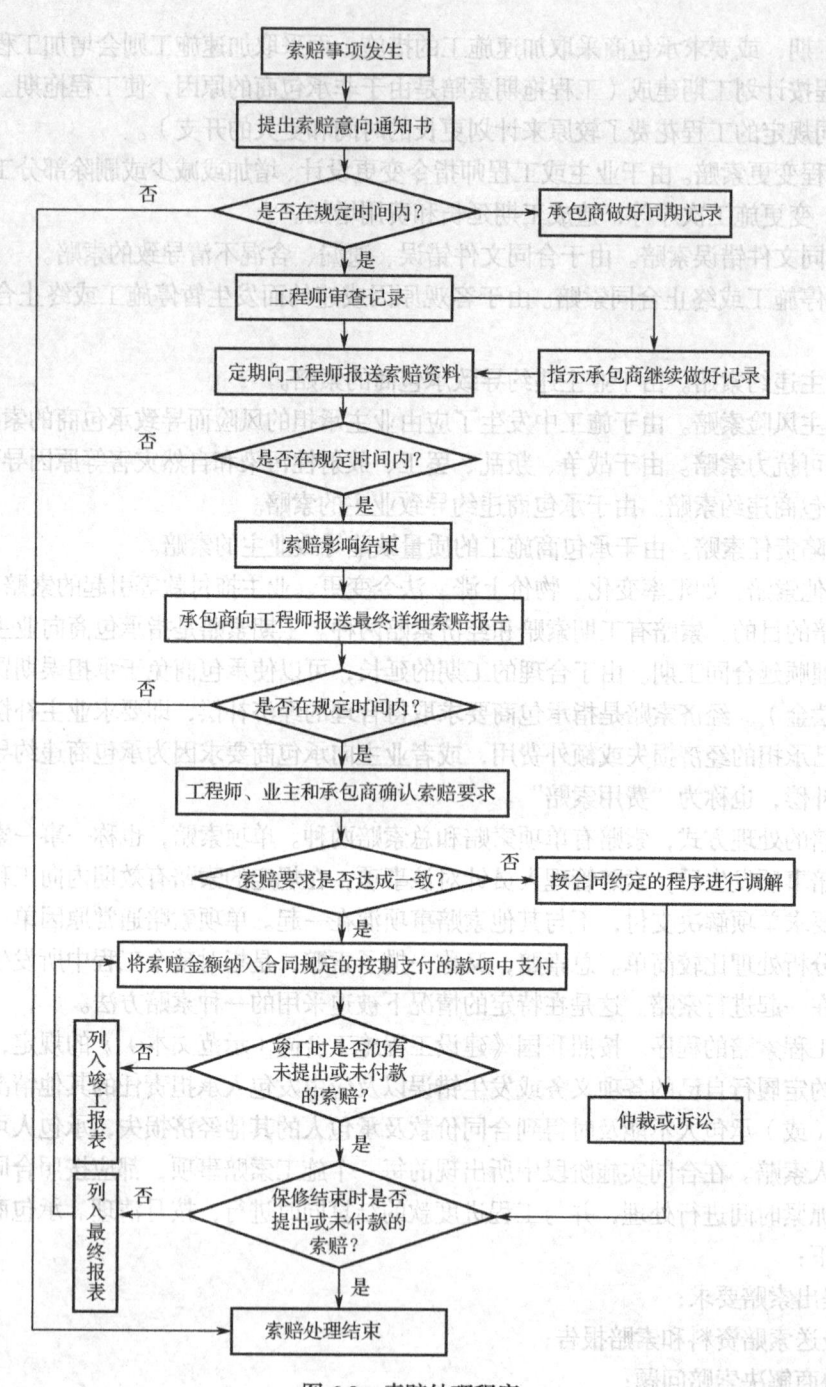

图 6-3 索赔处理程序

✉ 案例

某送变电输电线路工程,合同工期 20 个月,合同价 8 600 万元。在施工过程中,先后发生如下事件:

(1) 挡土墙增加。按照工程联系单和设计变更汇总后,护坡挡土墙的工程增加了 2 500 立方米，护面增加了 32 立方米。

（2）电力线改造。按设计运行要求，三万线所跨的部分电力线路距离不满足安全要求，新增设电力线改线。

（3）新增跨越线路。由于农网改造的实施及当地电业部门新建一些供电和通信线路，使所施工标段新增大量需跨越的线路共 85 条。

（4）光缆供货延迟。由于业主供应光缆不及时，导致承包商不得不在放完导地线以后重新组织人员展放光缆，从而发生二次调遣、二次跨越的费用。

（5）停电损失。由于施工路段需跨越多条小水电主干输电线路，尽管采用了带电跨越方式，但是在搭拆跨越载体时仍需停电作业，因所停电的线路是地方水电企业的经济命脉，地方向承包商索赔巨额经济损失。

（6）临时占地和青苗补偿。由于光缆工程的二次进场和当地政府要求的赔偿次数增加，使青苗补偿的数额超过原投标时的数量。

（7）房屋拆迁。由于投标时间是 2000 年，房屋拆迁单价参照当时的实际水平。但 2001 年当地下发了新的拆迁补偿规定，其赔偿标准已大大超过了投标时的水平，赔偿内容也发生了较大的变化，并且线路实际拆迁面积和户数也有所增加，导致拆迁费用增加。

这些索赔事项在施工中连续出现，对工期和成本造成很大影响，实际工期增加了 15 个月。承包商和工程师商议采取总索赔方式，提出索赔要求。工程师经过仔细审查，确定最后索赔款项，如表 6-1 所示。

表 6-1 索赔款项　　　　　　　　　　　　　　　单位：万元

序号	项目	索赔费用	工程师确认
1	挡土墙增加	275.12	209.82
2	电力线改造	69.9	53.5
3	新增跨越线路	25.6	23.6
4	光缆供货延迟	104.05	73.9
5	停电损失	121.8	80
6	临时占地和青苗补偿	52.53	32
7	房屋拆迁	498.89	428.89
8	工期索赔	18 个月	15 个月

承包商接受了工程师的意见。

6.4.4　合同示范文本

合同示范文本是由工商行政管理部门单独与有关行业主管部门联合制定的具有规范性、指导性的合同文本格式，在合同示范文本中一般都包含了合同的主要条款内容和样式，这样就可以供当事人签约时使用。

在制定《合同法》的过程中，有的委员和部门认为，由于经济贸易活动的多样性，如果当事人缺乏经验，所签合同常易发生难以处理的纠纷。实践中合同的示范文本对于提示当事人在订立合同时更好地明确各自的权利和义务起到了积极作用，对此应当在《合同法》

中做出规定。《合同法》第 124 条规定订立合同可以参照各类合同的示范文本，其目的就是使当事人在订立合同时更加认真、更加规范，尽量减少合同缺款少项、容易引起纠纷的情况。

《合同法》规定："当事人可以参照各类合同的示范文本订立合同。"合同示范文本不是法律法规，它是将各类合同的主要条款和式样等制定出规范的、指导性的文本，在全国范围内积极宣传和推广，引导当事人采用示范文本签订合同，以实现合同签订的规范化。推行合同示范文本的实践证明，示范文本使当事人订立合同更加认真、更加规范，对于当事人在订立合同时明确各自的权利和义务、减少合同约定缺款少项、防止合同纠纷，起到了积极作用。

在建设工程领域，由建设部和国家工商行政管理总局联合颁布了《建设工程施工合同（示范文本）》《建设工程勘察合同（示范文本）》《建设工程设计合同（示范文本）》《建设工程监理合同（示范文本）》等。

本章小结

项目采购贯穿于整个项目周期，是从执行组织之外获取货物和服务的过程（Process），包括工程采购、货物采购和服务采购。

招投标是项目最高竞争性采购方式，是招标人和投标人经过要约、承诺、择优选定、最终形成协议和合同关系的、平等主体之间的一种交易方式，能为采购者带来经济、有质量的工程、货物或服务。

工程项目采购中，各参与方通过合同关系维系成一个整体，合同管理工作贯穿于项目采购过程的始终，对项目采购工作的顺利开展起着举足轻重的作用。

工程合同管理是工程项目主体对工程合同的管理，是项目管理的灵魂，合同管理分为对单项合同的管理和对整个项目的合同管理。

合同管理具有复杂性、协作性、风险性和强烈的动态性，管理人员要对项目合同管理工作进行系统策划。合同纠纷可以通过协商、调解、仲裁、诉讼四种方式解决，仲裁是工程纠纷最常用的解决方式。

工程索赔是指当事人在合同实施过程中，根据法律、合同规定和惯例，对并非由于自己的过错而应由合同对方承担责任的情况造成的实际发生的损失，向对方提出给予补偿的要求。工程索赔有工期索赔和经济索赔两种，索赔须按法定或约定的程序进行，要特别注意时效对索赔成功与否的影响。

工程实践中注意合同示范文本的参考和适用，建设工程领域已颁发《建设工程施工合同（示范文本）》《建设工程勘察合同（示范文本）》《建设工程设计合同（示范文本）》《建设工程监理合同（示范文本）》等示范文本。

复习思考题

（1）简述工程项目采购管理的定义及主要过程。
（2）采购计划包括哪些内容？
（3）什么是工程项目采购？在工程采购中应注意哪些问题？
（4）政府项目采购和招投标有何异同？并用图表表示各自的工作流程。
（5）简述投标管理的主要内容。
（6）合同管理的内容是什么？为什么说合同管理是项目管理的灵魂？
（7）简述合同管理的程序。
（8）结合项目实际，举例分析项目采购管理中应注意的事项和相关技巧。
（9）结合项目实际，分析工程项目合同管理中的常见问题并提出相应的解决策略。

第7章

工程项目进度、费用、质量与安全管理

引导案例

某化肥厂工程是省重点工程项目,是年产合成氨30万吨和尿素52万吨的大型化肥项目,投资额为18.6亿元,其生产工艺合成氨为钴钼加氢、氧化锌脱硫、27千克/平方厘米级蒸汽转化、苯菲尔溶液脱碳、甲烷化精制、140千克/平方厘米合成;尿素为改良C法,造粒塔加粉尘回收系统。

化肥厂厂区为1 020米×392米的长方形,以中央道划为东西两区,道东纵向又分三个区,中央为工艺装置,两侧分别为公用工程区和辅助设施区,道西为360米×55米的散装仓库,离厂区1.5千米的江边为210米×80米的制袋、装袋设施和袋装成品库,中间由皮带运输桥相连。

该项目的构成为合成氨-尿素肥料联合装置,主要为日产1 000吨的合成氨装置、日产1 700吨的颗粒尿素装置及公用工程和辅助设施等的安装、调试。施工日期为2012年11月至2014年4月。

该项目的建设参与单位有十几个承包商和制造厂。施工程序呈交叉多边、多工种平行流水立体交叉。这项工程有以下显著特点。

(1) 竞争激烈。整个施工现场有十几个承包商和制造厂家,从一开始就处于激烈的承包竞争环境中。承包商都是有长期丰富经验的公司。

(2) 工期要求紧。该工程绝对工期只有18个月,同样规模的工程在国内通常规定安装工期从地下管道施工到安装竣工一般是26个月左右。缺乏准备时间,合同一经签订,要求立即动工。

(3) 施工程序是交叉的多边工程。土建安装等多工种平行流水立体交叉作业。

问题 在整个项目的实施过程中,如何有效地进行项目的进度管理、费用管理、质量管理和安全管理?

第7章 工程项目进度、费用、质量与安全管理

本章学习目标

（1）掌握项目进度计划及其类型、项目进度计划的编制方法和编制程序。

（2）掌握进度控制的概念、方法、措施、任务、原理，以及进度计划的实施、进度计划的检查、比较分析与项目进度更新。

（3）掌握投资控制的概念和过程、投资控制中的技术与方法。

（4）掌握成本管理的概念、基本原则、要求和内容。

（5）掌握质量计划编制的依据及其内容。

（6）掌握项目质量控制的特点和步骤，质量因素的控制和项目不同阶段的质量控制。

（7）熟悉质量保证的概念、依据和方法。

（8）熟悉安全管理应处理的五种关系、六项基本原则，安全管理的内容和目标，安全计划与控制，以及安全管理措施。

7.1 进度管理

7.1.1 概述

1. 进度管理定义

一个工程项目能否在预定的时间内完成，这是项目最为重要的问题之一，也是进行项目管理所追求的目标之一。进度管理就是采用科学的方法确定进度目标，编制进度计划和资源供应计划，进行进度控制，在与质量和费用目标协调的基础上，实现工期目标。工期、费用和质量构成了项目的三大目标。其中，费用发生在项目的各项作业中，质量取决于每个作业过程，工期则依赖于进度系列上时间的保证。这些目标均能通过进度控制加以掌握。所以，进度控制是项目控制工作的首要内容，是项目的灵魂。

2. 影响项目进度的因素

在项目进行过程中，很多因素影响项目工期目标的实现，这些因素可称为干扰因素。影响项目工期目标实现的干扰因素主要有人的因素、材料和设备的因素、方法和工艺的因素、资金因素和环境因素等。

对这些因素做进一步分析，大体存在以下几种状况。

（1）错误估计了项目实现的特点和实现的条件。低估了项目的实现在技术上存在的困难；未考虑某些项目设计和实施问题的解决，必须进行科研和实验，而它既需要资金又需要时间；低估了项目实施过程中各项目参与者之间协调的困难；对环境因素、物资供应条件和市场价格的变化趋势等了解不够。

（2）盲目确定工期目标。不考虑项目的特点，不采用科学的方法，盲目确定工期目标，使得工期要么太短，无法实现；要么太长，效率低下。

（3）工期计划方面的不足。项目设计、材料和设备等资源条件不落实，进度计划缺乏资源的保证，以致进度计划难以实现；进度计划编制质量粗糙，指导性差；进度计划未认真交底，操作者不能切实掌握计划的目的和要求，以致贯彻不力；不考虑计划的可变性，认为一次计划就可以一劳永逸；计划的编制缺乏科学性，致使计划缺乏贯彻的基础而流于形式；项目实施者不按计划执行，凭经验办事，使编制的计划徒劳无益，不起作用。

（4）项目参加者的工作失误。设计进度拖延；突发事件处理不当；项目参加各方关系协调不顺等。

（5）不可预见事件的发生。恶劣气候条件；复杂的地质条件等。

以上仅列举了几类问题，而实际出现的问题更多，其中有些是主观的干扰因素，有些是客观的干扰因素。这些干扰因素的存在，充分说明了加强进度管理的必要性。在项目实施之前和项目进展过程中，加强对干扰因素的分析、研究，将有助于进度管理。

3. 进度管理程序

（1）编制进度计划；
（2）进度计划交底、落实管理责任；
（3）实施进度计划；
（4）进行进度控制和变更管理。

7.1.2 进度计划

1. 项目进度计划的类型

项目进度计划是规定各项工作的顺序和开竣工时间以及相互衔接关系的计划，是在确定工程项目计划工期的基础上，根据相应完成的工程量或工作量，对各项工作的顺序、起止时间和相互衔接关系所作的统筹安排。做好项目进度计划并按计划组织实施，是保证项目在预定时间内建成并交付使用的必要工作，也是工程项目管理的主要内容。如果项目进度计划编制得不合理就必然导致资源配置的不均衡，影响经济效益。

根据不同的划分标准，进度计划有不同的种类。

（1）按计划时间来划分，有总进度计划和阶段性计划。总进度计划是控制项目全过程的，阶段性计划包括项目年、季、月（旬）进度计划等。月（旬）计划是根据年、季度施工计划，结合现场条件编制的具体执行计划。

（2）按计划对象来划分，有工程总进度计划、单位工程进度计划和分部分项工程进度计划。总进度计划是以整个建设项目为对象编制的，它确定各单项工程的顺序和开竣工时间以及相互衔接关系，是关于全局性的战略部署；单位工程进度计划是对单位工程中的各分部、分项工程的计划安排；分部分项进度计划是针对项目中某一部分（子项目）或某一专业工种的计划安排。

2. 项目进度计划的编制

（1）目标工期（计划工期）的确定。为了提高进度计划的预见性和进度控制的主动性，在确定进度控制目标（进度目标工期）时，必须全面细致地分析影响项目进度的各种因素，采用多种决策分析方法，制定出一个科学、合理的目标工期。确定目标工期主要根据工程建设总进度目标对工期的要求、相关合同或指令性工期限制、工期定额或类似工程项目的工期（可类比的进度控制数据）、工程的难易程度和工程条件的落实情况，以及企业的组织管理水平和经济效益的要求等。目标工期的确定通常可以采用以下方法。

① 以正常工期为目标工期。正常工期是指与正常工程进度相对应的工期。正常工程进度是根据现有工程条件下制定的方案和企业经营的利润目标确定的，用于保证工程活动必要的劳动生产率。

② 以最优工期为目标工期。最优工期是指总成本最低的工期，它可采用以正常工时为基础，应用工期成本优化的方法求解（见本书 3.4.6 节）。

③ 以合同工期或指令工期为目标工期。通常情况下，建设工程承包合同中有明确的工期要求，或者国家实施的工程任务规定了指令性工期。此时，目标工期可参照合同工期或指令工期，结合企业素质和资源条件确定，并充分估计各种可能的影响因素和风险，适当留有余地，保持一定提前量。这样，即使项目实施中发生不可预见的意外事件，也不会使工期产生太大的偏差。

在确定目标工期时，应充分考虑资源与进度需要的平衡，以确保进度目标的实现；还应充分考虑外部协作条件和项目所处的自然环境、社会环境和施工环境等。

（2）项目进度计划编制的依据。

① 项目的合同文件和相关要求。
② 项目管理规划文件。
③ 资源条件和内部、外部约束条件。
④ 其他相关计划文件。
⑤ 已建成的同类或类似项目的实际进度等。

（3）项目进度计划编制的基本要求。

① 保证拟建项目在合同规定的期限内完成，努力缩短工期。
② 保证工程均衡性和连续性。
③ 尽可能地节约费用。
④ 合理安排机械化作业，充分发挥工程机械的生产效率。
⑤ 合理组织施工，努力减少因组织安排不当等人为因素造成时间损失和资源浪费。
⑥ 保证质量和安全。

3. 进度计划包括的内容

进度计划主要包括以下内容。

（1）编制说明。
（2）进度安排。
（3）资源需求计划。
（4）进度保证措施。

4. 项目进度计划的编制程序

(1) 项目进度计划编制的基本步骤。
① 确定进度计划目标。
② 进行工作结构分解和工作活动定义。
③ 确定工作之间的顺序关系。
④ 估算各项工作投入的资源。
⑤ 估计工作持续时间。
⑥ 编制进度图表。
⑦ 编制资源需求计划。
⑧ 审批并发布。

(2) 总进度计划的编制程序。
① 计算工程量或工作量。
② 确定各单位工程的工期。各单位工程的工期应根据合同工期确定,同时考虑建筑类型、结构特征、施工方法、施工管理水平和施工现场条件等因素。
③ 确定各单位工程的开竣工时间和相互搭接关系。确定整个建设项目中各单位工程的顺序,合理地搭接各项工程,尽量做到均衡施工。
④ 编制初步总进度计划。
⑤ 编制正式总进度计划。总进度计划初步确定后,需要经过检查、调整和修正,主要是看总工期是否符合要求,观察劳动力和物资需要量的进度变动曲线是否均衡且其供应是否能得到保证,并使之趋于合理。
⑥ 总进度计划确定后,应据以编制劳动力、物资和大型工程机械等资源的需用量计划,以便组织供应,保证总进度计划的实现。

(3) 单位工程进度计划的编制程序。
① 划分工作项目。工作项目划分的粗细程度,应根据计划的需要决定,单位工程进度计划中的工作项目应明确到分项工程或更具体,以满足指导施工作业、控制施工进度的要求。
② 确定施工顺序。根据施工方案确定的原则排列各分部分项工程施工顺序,并使之符合施工工艺要求和经济合理原则。
③ 确定工作项目的持续时间。根据工作项目所需的劳动量或机械台班数,以及该工作项目每天安排的人工数或配备的机械台数,计算出各工作项目的持续时间。其计算公式为

$$D = \frac{P}{R} \cdot B$$

式中,D 表示完成工作项目所需的时间,即持续时间(天);P 表示工作项目所需要的劳动量(工日)或机械台班数(台班);R 表示每班安排的工人数或施工机械台数;B 表示每天工作班数。

④ 编制施工进度计划。
⑤ 施工进度计划的检查与调整。主要检查各工作项目的施工顺序、平行搭接和技术间歇是否合理,总工期是否满足合同规定,如果不符合,必须进行调整。同时,要对人工、材料和主要机具等进行检查与调整,以达到均衡施工,取得良好的经济效益。

第 7 章 工程项目进度、费用、质量与安全管理

✉ 案例 某工程项目进度计划编制

某钢厂规划建设两座 3 200 立方米高炉,年产生铁 516 万吨。为满足两座高炉 70% 的烧结矿入炉量,拟建 2 台 360 立方米烧结机。某工程总承包公司通过工程投标,中标该项工程的 EPC 总承包项目。

项目要求:2017 年 9 月 1 日开始,2020 年 6 月完工投产,总工期 34 个月;工程总投资 72 000 万元。

(1) 确定本项目工期目标为 32 个月。

(2) 进行工作结构分解,如图 7-1 所示。

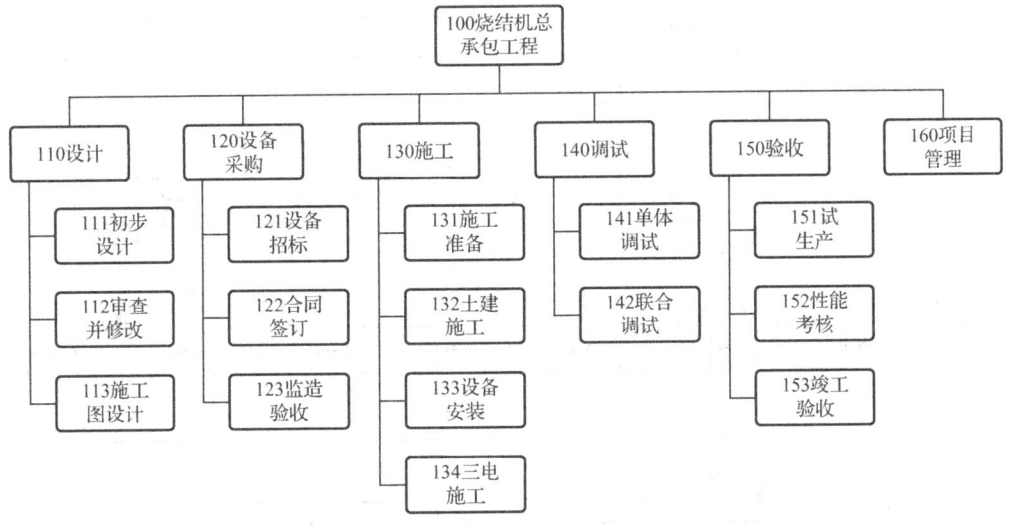

图 7-1 烧结机总承包工程工作结构分解

(3) 确定工作的先后顺序和持续时间,结果如表 7-1 所示。

表 7-1 烧结机总承包工程工作关系表

代 号	WBS	持续时间(月)	紧 前 工 作
110	设计		
111	初步设计	2	
112	审查并修改	1	111
113	施工图设计	3	112
120	设备采购		
121	设备招标	2	113
122	合同签订	1	121
123	监制验收	5	122
130	施工		

续表

代 号	WBS	持续时间（月）	紧前工作
131	施工准备	1	112
132	土建施工	7	113、131
133	设备安装	8	123、132
134	三电施工	4	123、133
140	调试		
141	单体调试	1	134
142	联合调试	1	141
150	验收		
151	试生产	2	142
152	性能考核	1	151
153	竣工验收	1	152
160	项目管理	32	

（4）编制进度网络计划，如图 7-2 所示。

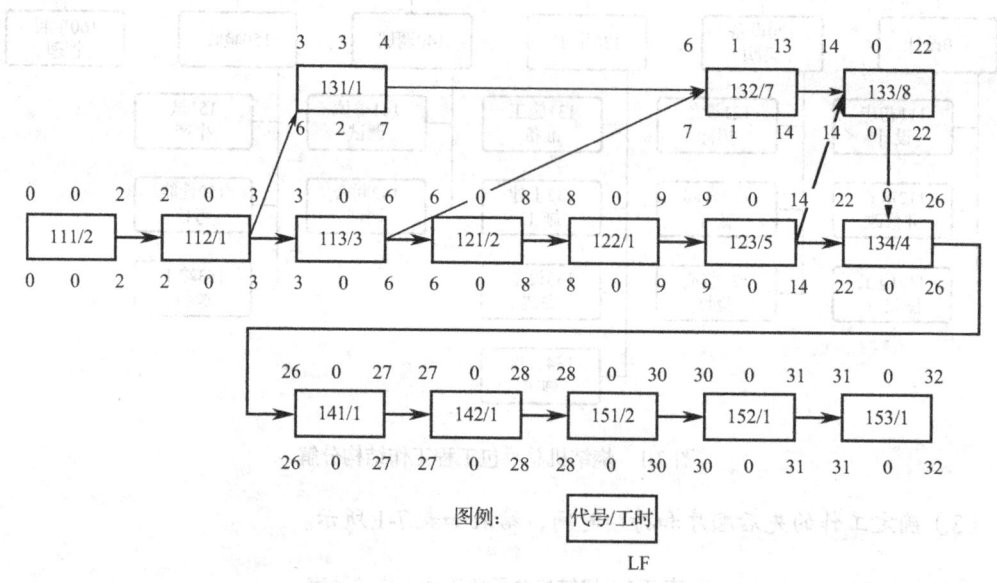

图 7-2 烧结机总承包工程单代号网络计划（注：图中粗箭线为关键线路）

7.1.3 计划执行与控制

1. 进度控制概述

（1）进度控制的概念。项目进度控制是工程项目管理中的重点控制目标之一。它是保证工程项目按期完成，合理安排资源供应、节约工程成本的重要措施。

项目进度控制是指在既定的工期内，编制出最优的工程进度计划，在执行该计划的过程中，经常检查施工实际情况，并将其与计划进度相比较，若出现偏差，便分析产生的原因和对工期的影响程度，制定出必要的调整措施，修改原计划，不断地如此循环，直至工程竣工验收。

项目进度控制应以实现工程合同约定的交工日期为最终目标。

项目进度控制的总目标应进行层层分解，形成实施进度控制、相互制约的目标体系。目标分解可按单项工程分解为交工分目标，按承包的专业或按施工阶段分解为完工分目标，按年、季、月计划期分解为时间分目标。

项目进度控制应建立以项目经理为首的进度控制体系，各子项目负责人、计划人员、调度人员、作业队长和班组长都是该体系的成员。各承担工程任务者和生产管理者都应承担进度控制目标，对进度控制负责。

（2）进度控制的方法。项目进度控制的方法主要是规划、控制和协调。规划是指确定工程项目总进度控制目标和分进度控制目标，并编制其进度计划。控制是指在工程项目实施的全过程中，进行工程实际进度与计划进度的比较，出现偏差及时采取措施调整。协调是指疏通、优化与工程进度有关的单位、部门和工程项目团队之间的进度关系。

（3）进度控制的措施。项目进度控制采取的主要措施有组织措施、技术措施、合同措施、经济措施和信息管理措施等。组织措施主要是指落实各层次的进度控制的人员、具体任务和工作责任；建立进度控制的组织系统；按着工程项目的结构、进展的阶段或合同结构等进行项目分解，确定其进度目标，建立控制目标体系；确定进度控制工作制度，如检查时间、方法、协调会议时间和参加人等；对影响进度的因素进行分析和预测。技术措施主要是指采取加快施工进度的技术方法。合同措施是指对分包单位签订工程合同的合同工期与有关进度计划目标相协调。经济措施是指实现进度计划的资金保证措施。信息管理措施是指不断地收集工程实际进度的有关资料进行整理统计与计划进度比较，定期地向建设单位提供项目进展报告。

（4）进度控制的任务。项目进度控制的主要任务是编制工程总进度计划并控制其执行，按期完成整个工程项目的任务；编制单位工程进度计划并控制其执行，按期完成单位工程的工作任务；编制分部分项工程进度计划，并控制其执行，按期完成分部分项工程的工作任务；编制季度、月（旬）作业计划，并控制其执行，完成规定的目标等。

（5）进度控制基本步骤。项目经理部的进度控制应按下列基本步骤进行。

① 根据工程合同确定的开工日期、总工期和竣工日期确定工程进度目标，明确计划开工日期、计划总工期和计划竣工日期，确定项目分期分批的开、竣工日期。

② 编制工程进度计划，明确各项工作之间的工艺关系、组织关系、搭接关系、起止时间、劳动力计划、材料计划、机械计划和其他保证性计划。

③ 实施工程进度计划，在实施中加强协调。

④ 实施跟踪检查，进行数据记录与统计。进度计划检查的内容主要包括：

a. 工作完成数量。

b. 工作时间的执行情况。

c. 工作顺序的执行情况。

d. 资源使用及其与进度计划的匹配情况。

e. 前次检查出现问题的整改情况。

⑤ 将实际数据与计划进行比较，分析计划执行状态。

⑥ 采取措施，确保各项计划目标的实现。

⑦ 项目竣工验收前进行收尾阶段进度控制；全部任务完成后进行进度控制总结，并编写进度控制报告。

2. 进度控制的原理

（1）动态控制原理。项目进度控制是一个不断进行的动态控制，也是一个循环进行的过程。从项目施工开始，实际进度就出现了运动的轨迹，也就是计划进入执行的动态。当实际进度按照计划进度进行时，两者相吻合；当实际进度与计划进度不一致时，便产生超前或落后的偏差。分析偏差的原因，采取相应的措施，调整原来的计划，使两者在新起点上重合，继续按其进行施工活动，并且充分发挥组织管理的作用，使实际工作按计划进行。但是在新的干扰因素作用下，又会产生新的偏差。进度计划的控制遵循这种动态循环的控制原理。

（2）系统原理。

① 工程项目计划系统。为了对工程项目实际进度进行计划控制，首先必须编制工程项目的各种进度计划，形成工程项目进度计划系统。计划的编制对象由大到小，计划的内容从粗到细。编制时从总体计划到局部计划，逐层进行控制目标分解，以保证计划控制目标落实。执行计划时，从月（旬）作业计划开始实施，逐级按目标控制，从而达到对施工项目整体进度目标的控制。

② 项目进度实施组织系统。工程项目实施的全过程，各专业队伍都是按照计划规定的目标去努力完成一个个任务。工程项目经理和有关劳动调配、材料设备、采购运输等职能部门都按照工程进度规定的要求进行严格管理、落实和完成各自的任务。工程企业从决策层、职能层到项目管理层组成了工程项目实施的完整组织系统。

③ 项目进度控制组织系统。为了实施项目进度控制，需要形成项目进度的检查控制组织系统。从公司经理、项目经理，一直到作业班组都设有专门部门或人员负责检查，统计、整理实际工程进度的资料，并与计划进度进行比较分析和调整。不同层次人员负有不同进度控制职责，分工协作，形成一个纵横连接的工程项目控制组织系统。

（3）信息反馈原理。信息反馈是项目进度控制的主要环节，工程项目的实际进度通过信息反馈给基层项目进度控制的工作人员，在分工的职责范围内，经过对其加工，再将信息逐级向上反馈，直到决策层。决策层整理统计各方面的信息，经比较分析做出决策，调整进度计划，使其符合预定工期目标。

（4）弹性原理。工程项目工期长，影响进度的因素多。根据统计资料和经验，可以估计出影响进度的程度和出现的可能性，并在确定进度目标时，进行风险分析，使得项目进度计划留有余地，具有弹性。在进行项目进度控制时，便可以利用这些弹性，缩短有关工作的时间，或者改变它们之间的搭接关系，检查之前拖延的工期，通过缩短剩余计划持续时间的方法，达到预期的计划目标。

（5）封闭循环原理。项目进度计划控制的全过程是计划、实施、检查、比较分析、确定调整措施、再计划。从编制项目进度计划开始，经过实施过程中的跟踪检查，收集有关实际进度的信息，比较和分析实际进度与计划进度之间的偏差，找出产生原因和解决办法，确定调整措施，再修改原进度计划，形成一个封闭的循环系统。

（6）网络计划技术原理。在项目进度的控制中，利用网络计划技术原理编制进度计划，根据收集的实际进度信息，比较和分析进度计划；利用网络计划的工期优化、工期与成本优化和资源优化的理论调整计划。网络计划技术原理是项目进度控制完整的计划管理和分析计算的理论基础。

3. 进度计划的执行

进度管理的首要工作是制订各种计划。显然，仅有好的计划而不付诸实施，再好的计划也是一纸空文。因此，要使计划起到其应有的效应，就必须采取措施，使之得以顺利实施。可以说，计划是执行的开始，执行是计划的必然。

（1）执行的阻力。进度计划在执行过程中，必然会遇到各种阻力，这就需要根据项目的具体情况预测、分析可能会遇到的障碍，提出消除这些障碍的措施并加以实施。执行的阻力来自多方面，但主要有以下几个方面。

① 人。项目实施人员未能认识到计划的必要性，认为计划仅是形式而并不完全按计划执行或完全不按计划执行，从而造成实施与计划脱节。

② 资源。项目中使用的资源，如材料、设备、劳力和资金等不能按计划提供，或提供资源的数量和质量不能满足要求。

③ 环境。受不利的环境因素的影响，如不良的气候条件和不可预见的地质条件等自然条件的影响，阻碍了计划的执行。

（2）计划执行的准备。计划执行的准备工作主要包括建立组织机构、编制实施计划、培训有关人员。

① 建立组织机构。为保证进度计划得以顺利实施，必须有必要的组织保证。组织机构的主要作用就在于制订实施计划；落实计划实施的保证措施；监测计划的执行情况；分析与控制计划执行状况。概括地说，该组织机构的作用就是实施工期控制。组织机构的形式和规模等应根据项目的具体条件确定，无统一模式。但应做到使工期控制和管理工作层层有人抓，环环有人管。

② 编制实施计划。项目实施复杂多变，所以进度计划的编制，不可能考虑到项目进展过程中的所有变化，不可能一次安排好未来项目实施的全部细节。因此可以说，进度计划是比较概括的，还应有更为符合实际的实施性计划加以补充。根据计划时间的长短，实施计划包括年度、季度、月度计划等。

③ 培训有关人员。为提高计划实施的有效性，应根据项目的特点，对各类人员分层次、分期进行培训，以提高项目参与者的素质，为进度控制打下良好的基础。

（3）保证措施。项目进度受到了众多因素的制约，因此，必须采取一系列措施，以保证项目能满足进度要求。措施是多方面的，不同的项目，不同的条件，措施亦不相同。但无论什么项目，以下措施都是必要的。

① 进度计划的贯彻。进度计划的贯彻是计划实施的第一步，也是关键的一步。

a. 检查各类计划，形成严密的计划保证系统。为保证工期的实现，应编制各类计划，这些计划的关系是高层次的计划是低层次计划的编制依据；低层次计划是高层次计划的具体化。在贯彻执行这些计划时，应首先检查计划本身是否协调一致，计划目标是否层层分解，互相衔接。在此基础上，组成一个计划实施的保证体系，以任务书的形式下达给项目实施者，以保证实施。

b. 明确责任。项目经理、项目管理人员和项目作业人员，应按计划目标明确各自的责任以及相互承担的经济责任、权限和利益。

c. 计划全面交底。进度计划的实施是项目全体工作人员的共同行动，要使相关人员都明确各项计划的目标、任务、实施方案和措施，使管理层和作业层协调一致，将计划变为项目人员的自觉行动。要做到这一点，就应在计划实施前进行计划交底工作。

② 调度工作。调度工作是实现项目工期目标的重要手段。其主要任务是掌握项目计划实施情况，协调各方面关系，采取措施解决各种矛盾，加强薄弱环节，实现动态平衡，保证完成计划和实现进度目标。调度是通过监督、协调和调度会议等方式实现的。

③ 抓关键工作。关键工作是项目实施的主要矛盾，应紧抓不懈。可采取以下措施。

  a. 集中优势按时完成关键工作。为保证关键工作能按时完成，可采取组织骨干力量、优先提供资源等措施。

  b. 专项承包。对关键工作可采用专项承包的方式，即定任务、定人员、定目标。

  c. 采用新技术、新工艺。技术、工艺选择不当，就会严重影响工作进度。采用一项好的、先进的技术或工艺能起到事半功倍的作用。所以，只要被证明是成功的新技术、新工艺，都应积极采用。

④ 保证资源的及时供应。应按资源供应计划，及时组织资源的供应工作，并加强对资源的管理。

⑤ 加强组织管理工作。根据项目特点，建立项目组织和各种责任制度，将进度计划指标的完成情况与部门、单位和个人的利益分配结合起来，做到责、权、利一体化。

⑥ 加强进度控制工作。进度控制是保证项目工期必不可少的环节，应贯穿于项目进展的全过程。

4. 进度计划的检查

在项目的实施过程中，为了进行进度控制，进度控制人员应经常地、定期地跟踪检查工程实际进度情况，主要是收集工程项目进度材料，进行统计整理和对比分析，确定实际进度与计划进度之间的关系。其主要工作包括以下内容。

（1）跟踪检查施工实际进度。为了对施工进度计划的完成情况进行统计、进行进度分析和调整计划提供信息，应对工程进度计划依据其实施记录进行跟踪检查。

跟踪检查工程实际进度是项目进度控制的关键措施，其目的是收集实际进度的有关数据。跟踪检查的时间和收集数据的质量，直接影响控制工作的质量和效果。

一般检查的时间间隔与工程项目的类型、规模、条件和对进度执行要求程度有关。通常可以确定每月、半月、旬或周进行一次。若遇到天气、资源供应等不利因素的严重影响，检查的时间间隔可临时缩短，次数应频繁，甚至可以每日进行检查，或派人员驻现场督阵。检查和收集资料的方式一般采用进度报表方式或定期召开进度工作汇报会。为了保证汇报资料的准确性，进度控制的工作人员要经常到现场察看项目的实际进度情况，从而保证经常地、定期地准确掌握项目的实际进度。

根据不同需要，进行日检查或定期检查的内容包括：检查期内实际完成和累计完成工程量；实际参加项目的人力、机械数量和生产效率；窝工人数、窝工机械台班数及其原因分析；进度偏差情况；进度管理情况；影响进度的特殊原因和分析。

（2）整理统计检查数据。对收集到的项目实际进度数据，要进行必要的整理、按计划控制的工作项目进行统计，形成与计划进度具有可比性的数据、相同的量纲和形象进度。一般可以按实物工程量、工作量和劳动消耗量，以及累计百分比整理和统计实际检查的数据，以便与相应的计划完成量相对比。

（3）对比实际进度与计划进度。将收集的资料整理和统计成具有与计划进度可比性的数

第 7 章 工程项目进度、费用、质量与安全管理

据后,用项目实际进度与计划进度的比较方法进行比较。通常用的比较方法有横道图比较法、S 形曲线比较法、"香蕉"形曲线比较法、前锋线比较法和列表比较法等。通过比较得出实际进度与计划进度相一致、超前、拖后 3 种情况。

(4) 项目进度检查结果的处理。项目进度检查的结果,按照检查报告制度的规定,形成进度控制报告向有关主管人员和部门汇报。

进度控制报告是把检查比较的结果、有关进度现状和发展趋势,提供给项目经理及各级业务职能负责人的最简单的书面形式报告。

进度控制报告是根据报告的对象不同,确定不同的编制范围和内容而分别编写的。一般分为项目概要级进度控制报告、项目管理级进度控制报告和业务管理级进度控制报告。

项目概要级进度控制报告是报给项目经理、企业经理或业务部门以及建设单位或业主的。它是以整个项目为对象说明进度计划执行情况的报告。

项目管理级进度控制报告是报给项目经理和企业业务部门的。它是以单位工程或项目分区为对象说明进度计划执行情况的报告。

业务管理级进度控制报告是就某个重点部位或重点问题为对象编写的报告,供项目管理者和各业务部门为其采取应急措施而使用的。

进度报告由计划负责人或进度管理人员与其他项目管理人员协作编写。报告时间一般与进度检查时间相协调,也可按月、旬、周等间隔时间进行编写上报。

月度进度报告的内容主要包括项目实施概况、管理概况、进度概要的总说明;项目进度、形象进度和简要说明;施工图纸提供进度;材料、物资、构配件供应进度;劳务记录和预测;日历计划;对建设单位、业主和施工者的工程变更指令,以及价格调整、索赔和工程款收支情况;进度偏差的状况和导致偏差的原因分析;解决问题的措施;计划调整意见等。

5. 比较分析与项目进度更新

在项目进展中,有些工作或活动会按时完成,有些会提前完成,而有些工作或活动则可能会延期完成,所有这些都会对项目的未完成部分产生影响。特别是已完成工作或活动的实际完成时间,不仅决定着网络计划中其他未完成工作或活动的最早开始与完成时间,而且决定着总时差。但必须注意的是,并非所有不按计划完成的情况都会对项目总工期产生不利影响。有些可能会造成工期拖延;有些则可能有利于工期的实现;有些对工期不产生影响。这就需要对实际进展状况进行分析比较,以弄清其对项目可能会产生的影响,以此作为项目进度更新的依据。

由于各种因素的影响,项目进度计划的变化是绝对的,不变是相对的。进度控制的核心问题就是能根据项目的实际进展情况,不断地进行进度计划的更新。可以说,项目进度计划的更新既是进度控制的起点,也是进度控制的终点。

(1) 比较与分析。将项目的实际进度与计划进度进行比较分析,以评判其对项目工期的影响,确定实际进度与计划不相符合的原因,进而确定对策。这是进度控制的重要环节之一。进行比较分析的方法主要有以下几种。

① 横道图比较法。横道图比较法是将在项目进展中通过观测、检查、收集到的信息,经整理后直接用横道线并列标于原计划的横道线一起,进行直观比较的方法。例如,将某混凝土基础工程的施工实际进度与计划进度比较,如表 7-2 所示。

表7-2　某混凝土基础工程施工实际进度与计划进度比较表

工作编号	工作名称	工作时间（天）	1	2	3	4	5	6	7	8	9	10
			\multicolumn{10}{c}{项目进度}
1	挖土	3	━	━	━							
2	立模	3				━	━	─				
3	绑扎钢筋	4					━	━	─	─		
4	浇筑混凝土	5						─	─	─	─	─
5	回填土	3								─	─	─

↑ 检查日期（第5天末）

表7-2中细实线表示计划进度，粗实线表示实际进度。在第5天末检查时，挖土已按计划完成；立模比进度计划拖后1天；绑扎钢筋的实际进度与计划进度一致；浇筑混凝土工作尚未开始，比进度计划拖后1天。

通过上述比较，为项目管理者明确了实际进度与计划进度之间的偏差，为采取调整措施提出了明确任务。这是进度控制中最简单的方法。但是，这种方法仅适用于项目中各项工作都是按均匀的速度进行，即每项工作在单位时间内所完成的任务量是各自相等的。

项目完成的任务量可以用实物工程量、劳动消耗量和工作量三种物理量表示。为了方便比较，一般用实际完成量的累计百分数与计划应完成量的累计百分数进行比较。

根据项目中各项工作的速度、进度控制要求和提供的进度信息不同，可以采用以下几种方法。

a. 匀速作业横道图比较法。匀速作业是指项目中每项工作的进展速度都是匀速的，即在单位时间内完成的任务量都是相等的，累计完成的任务量与时间呈直线关系。比较的步骤为：

第一步：编制横道图进度计划，在进度计划图上标出检查日期。

第二步：将检查收集的实际进度数据，按比例用粗实线在计划图中标出。

第三步：按以下规则分析比较实际进度与计划进度。

- 粗实线右端与检查日期相重合，表明实际进度与计划进度一致；
- 粗实线右端在检查日期左侧，表明实际进度拖后；
- 粗实线右端在检查日期右侧，表明实际进度超前。

必须指出的是，该方法只适用于工作从开始到完成的整个过程中，其施工速度是不变的，累计完成的任务量与时间成正比。若工作的施工速度是变化的，则这种方法不能进行工作的实际进度与计划进度之间的比较。

b. 双比例单侧横道图比较法。当工作在不同的单位时间内的进展速度不同时，累计完成的任务量与时间的关系不呈直线关系。在这种情况下，按匀速作业横道图比较法绘制的实际

第7章 工程项目进度、费用、质量与安全管理

进度线,已不能反映实际进度与计划进度完成任务量的比较情况。这时,可采用双比例单侧横道图比较法。

双比例单侧横道图比较法是适用于工作的进度按变速进展的情况下,工作实际进度与计划进度进行比较的一种方法。它是在用与计划进度线不同的线条表示实际进度的同时,标出对应时刻完成任务的累计百分数,并将其与同时刻计划百分数相比较,以判断工作的实际进度与计划进度之间的关系。其比较方法的步骤是:

第一步:编制横道图进度计划,在计划横道线上方标出相应工作主要时间的计划完成任务累计百分比。

第二步:在计划横道线下方标出工作相应日期实际完成任务的累计百分比。

第三步:用不同于计划横道线的线条标出实际进度线,并从开始日期起,同时反映出项目进展过程中工作的连续与间断情况。

第四步:分析比较,确定实际进度与计划进度之间的偏差。其规则如下:

- 当同一时刻上下两个累计百分比相等时,表明实际进度与计划进度一致;
- 当同一时刻上面的累计百分比大于下面的累计百分比时,表明实际进度拖后,拖后的量为两者之差;
- 当同一时刻上面的累计百分比小于下面的累计百分比时,表明实际进度超前,超前的量为两者之差。

值得指出的是,由于工作的施工速度是变化的,因此横道图中进度横线,不管是计划的还是实际的,都表示工作的开始时间、持续天数和完成时间,并不表示计划完成量和实际完成量,这两个量分别通过标注在横道线上方和下方的累计百分比数量表示。实际进度的粗实线是从实际工程的开始日期画起,若工作实际施工间断,亦可在图中将粗实线作相应的空白。

下面举例说明该方法的具体应用。

例1 某项目的准备工作按计划需9天完成。将每天计划完成任务量的百分比、工作的每天实际进度和检查日累计完成任务的百分比标在图7-3中。试分析进度状况。

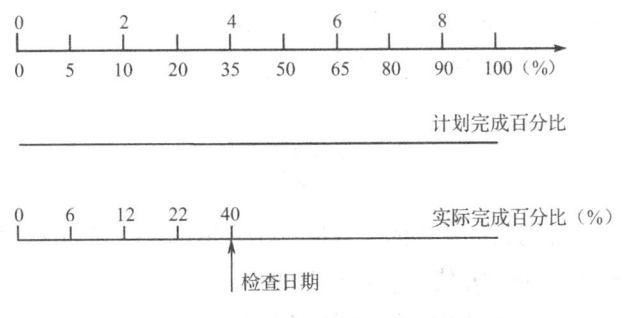

图7-3 双比例单侧横道图

比较步骤:

第一步:编制横道图进度计划,在计划进度横道线上方标出准备工作每天计划完成任务的累计百分比分别是5%、10%、20%、35%、50%、65%、80%、90%和100%。

第二步:在横道图下方标出工作进行第1、2、3天末及检查日期的实际完成任务的百分比分别是6%、12%、22%和40%。

第三步:用粗实线标出实际进度线。由图7-3可知,该工作实际开始时间比计划开始时

间晚半天，工作连续进行。

第四步：比较实际进度与计划进度的偏差。由图7-3可见，从第1天末到第4天末，实际进度比计划进度分别超前1%、2%、2%和5%。

综上所述可知，横道图记录比较法具有以下优点：记录比较方法简单，形象直观，容易掌握，应用方便，被广泛地用于简单的进度监测工作中。但是，由于它以横道图进度计划为基础，因此，带有其不可克服的局限性。例如，各工作之间的逻辑关系不明显；关键工作和关键线路无法确定；一旦某些工作进度产生偏差，难以预测其对后续工作和整个工期的影响，也无法确定调整方法。

② S形曲线比较法。S形曲线比较法与横道图比较法不同，它是以横坐标表示进度时间，纵坐标表示累计完成任务量，而绘制出一条按计划时间累计完成任务量的S形曲线，将项目的各检查时间实际完成的任务量与S形曲线进行实际进度与计划进度相比较的一种方法。

从整个工程项目的全过程而言，一般是开始和结尾阶段，单位时间投入的资源量较少，中间阶段单位时间投入的资源量较多。与其相关，单位时间完成的任务量也是呈同样变化的，如图7-4（a）所示，而随时间进展累计完成的任务量，则应该呈S形变化，如图7-4（b）所示。

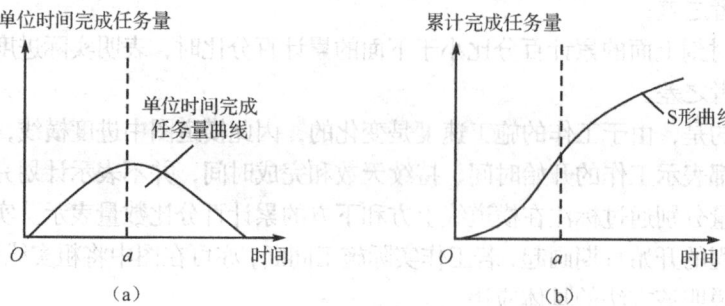

图7-4 时间与完成任务量关系曲线

a. S形曲线绘制。

第一步：计算每单位时间内计划完成的任务量 q_i。

第二步：计算时间 j 的计划累计完成的任务量，即

$$Q_j = \sum_{i=1}^{j} q_i$$

式中，Q_j 表示某时间 j 计划累计完成的任务量；q_i 表示单位时间 i 的计划完成任务量。

第三步：按各规定时间的 Q_j 值，绘制S形曲线。

b. S形曲线比较。在图上直观地进行项目实际进度与计划进度的比较。通常，在计划实施前绘制出计划S形曲线，在项目进行过程中，按规定时间将检查的实际完成情况，绘制在与计划S形曲线同一张图中，即可得出实际进度的S形曲线，如图7-5所示。比较两条S形曲线，即可得到相关信息。

- 项目实际进度与计划进度比较。当实际进展点落在计划S形曲线左侧时，表明实际进度超前；若在右侧，则表示拖后；若正好落在计划曲线上，则表明实际进度与计划进度一致。
- 项目实际进度与计划进度之间的偏差。如图7-5所示，ΔT_a 表示 T_a 时刻实际进度超前

的时间；ΔT_b 表示 T_b 时刻实际进度拖后的时间。
- 项目实际完成任务量与计划任务量之间的偏差。如图 7-5 所示，ΔQ_a 表示 T_a 时刻超额完成的任务量；ΔQ_b 表示在 T_b 时刻少完成的任务量。
- 项目进度预测。如图 7-5 所示，项目后期若按原计划速度进行，则工期拖延预测值为 ΔT_c。

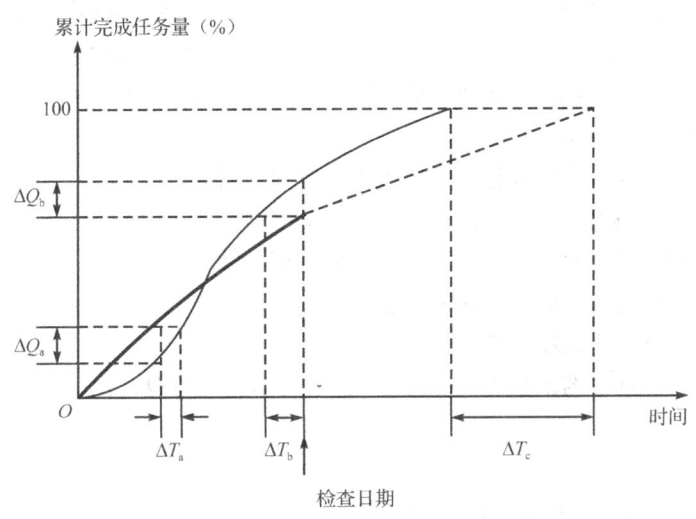

图 7-5　S 形曲线

③ "香蕉"形曲线比较法。"香蕉"形曲线是两条 S 形曲线组合而成的闭合曲线。对于一个项目的网络计划，在理论上总是分为最早和最迟两种开始与完成时间。因此，任何一个项目的网络计划，都可以绘制出两条 S 形曲线，即以最早时间和最迟时间分别绘制出相应的 S 形曲线，前者称为 ES 曲线，后者称为 LS 曲线，如图 7-6 所示。"香蕉"形曲线的绘制方法与 S 形曲线的相同。

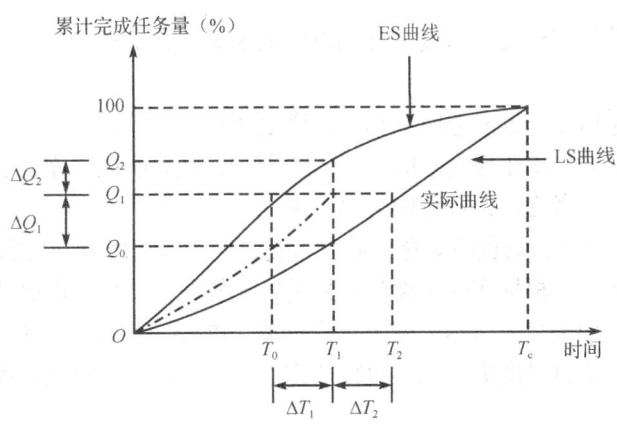

图 7-6　"香蕉"形曲线

在项目实施过程中，根据每次检查的各项工作实际完成的任务量，计算出不同时间实际完成任务量的百分比，并在"香蕉"形曲线的平面内绘出实际进度曲线，即可进行实际进度与计划进度的比较。

"香蕉"形曲线比较法主要进行以下两方面的比较。

a. 时间一定，比较完成的任务量。当项目进展到 T_1 时，实际完成的累计任务量为 Q_1，若按最早时间计划，则应完成 Q_2，可见，实际比计划少完成 $\Delta Q_2 = Q_1 - Q_2 < 0$；若按最迟时间计划，则应完成 Q_0，实际比计划多完成 $\Delta Q_1 = Q_1 - Q_0 > 0$。

由此可以判断，实际进度在计划范围之内，不会影响项目工期。

b. 任务量一定，比较所需时间。当项目进展到 T_1 时，实际完成累计任务量 Q_1，若按最早时间计划，则应在 T_0 时完成同样任务量。所以，实际比计划拖延，其拖延的时间为 $\Delta T_1 = T_1 - T_0 > 0$；若按最迟时间计划，则应在 T_2 时完成同样任务量，所以，实际比计划提前，其提前量是 $\Delta T_2 = T_1 - T_2 < 0$。

由此可以判断，实际进度未超出计划范围，进展正常。

④ 列表比较法。采用非时标网络计划时，在计划执行过程中，记录检查时刻正在进行的工作名称、已耗费的时间和尚需要的时间，然后列表计算有关参数，根据计划时间参数判断实际进度与计划进度之间的偏差。这种方法就称为列表比较法。

列表比较法的分析比较步骤如下。

第一步：计算检查时刻正在进行的工作 i–j 尚需作业时间 D'_{i-j}。

$$D'_{i-j} = D_{i-j} - D''_{i-j}$$

式中，D''_{i-j} 表示工作 i–j 检查时已进行的时间。

第二步：计算工作 i–j 检查时至最迟完成时尚剩余的时间 T'_{i-j}。

$$T'_{i-j} = \text{LF}_{i-j} - T_a$$

式中，T_a 表示检查时间。

第三步：计算工作 i–j 尚有总时差 TF'_{i-j}。

$$\text{TF}'_{i-j} = T'_{i-j} - D'_{i-j}$$

第四步：列表分析工作实际进度与计划进度的偏差，将上述计算结果列入表中，并进行判断。

如果工作尚剩总时差与原有总时差相等，则表明该工作的实际进度与计划进度一致。

如果工作尚剩总时差小于原有总时差，但大于 0，则表明该工作的实际进度比计划进度拖后，产生偏差值为两者之差，但不影响总工期。

若尚剩总时差小于 0，则表明对总工期有影响，应进行进度计划更新。

（2）项目进度更新。根据实际进度与计划进度比较分析结果，以保持项目工期不变、保证项目质量和所耗费用最少为目标，做出有效对策，进行项目进度更新。这是进行进度控制和进度管理的宗旨。项目进度更新主要包括两方面的工作，即分析进度偏差的影响和进行项目进度计划的调整。

① 分析进度偏差的影响。通过前述进度比较方法，当出现进度偏差时，应分析该偏差对后续工作和总工期的影响。主要从以下几方面进行分析。

a. 分析产生进度偏差的工作是否为关键工作。若出现偏差的工作是关键工作，则无论其偏差大小，对后续工作和总工期都会产生影响，必须进行进度计划更新；若出现偏差的工作

第 7 章 工程项目进度、费用、质量与安全管理

为非关键工作,则需要根据偏差值与总时差和自由时差的大小关系,确定其对后续工作和总工期的影响程度。

b. 分析进度偏差是否大于总时差。如果工作的进度偏差大于总时差,则必将影响后续工作和总工期,应采取相应的调整措施;若工作的进度偏差小于或等于该工作的总时差,表明对总工期无影响,但其对后续工作的影响,需要将其偏差与其自由时差相比较才能做出判断。

c. 分析进度偏差是否大于自由时差。如果工作的进度偏差大于该工作的自由时差,则会对后续工作产生影响,应如何调整,应根据后续工作允许影响的程度而定;若工作的进度偏差小于或等于该工作的自由时差,则对后续工作无影响,进度计划可不作调整更新。

经过上述分析,项目管理人员可以确认应该调整产生进度偏差的工作和调整偏差值的大小,以便确定应采取的调整更新措施,形成新的符合实际进度情况和计划目标的进度计划。

② 进行项目进度计划的调整。项目进度计划的调整,一般有以下几种方法。

a. 关键工作的调整。关键工作无机动时间,其中任一工作持续时间的缩短或延长都会对整个项目工期产生影响。因此,关键工作的调整是项目进度更新的重点。有以下两种情况:

- 关键工作的实际进度较计划进度提前时的调整方法。若仅要求按计划工期执行,则可利用该机会降低资源强度和费用。实现的方法是,选择后续关键工作中资源消耗量大或直接费用高的予以适当延长,延长的时间不应超过已完成的关键工作提前的量;若要求缩短工期,则应将计划的未完成部分作为一个新的计划,重新计算与调整,按新的计划执行,并保证新的关键工作按新计算的时间完成。
- 关键工作的实际进度较计划进度落后时的调整方法。调整的目标就是采取措施将耽误的时间补回来,保证项目按期完成。调整的方法主要是缩短后续关键工作的持续时间。

这种方法是指在原计划的基础上,采取组织措施或技术措施缩短后续工作的持续时间以弥补时间损失。

b. 改变某些工作的逻辑关系。若实际进度产生的偏差影响了总工期,则在工作之间的逻辑关系允许改变的条件下,改变关键线路和超过计划工期的非关键线路上有关工作之间的逻辑关系,达到缩短工期的目的。这种方法调整的效果是显著的。例如,可以将依次进行的工作变为平行或互相搭接的关系,以缩短工期。但这种调整应以不影响原定计划工期和其他工作之间的顺序为前提,调整的结果不能形成对原计划的否定。

c. 重新编制计划。当采用其他方法仍不能奏效时,则应根据工期要求,将剩余工作重新编制网络计划,使其满足工期要求。例如,某项目在实施过程中,由于地质条件的变化,造成已完工程的大面积塌方,耽误工期 6 个月。为保证该项目在计划工期内完成,在认真分析研究的基础上,重新编制了网络计划,并按新的网络计划组织实施,最终不仅保证了工期,而且略有提前。

d. 非关键工作的调整。当非关键线路上某些工作的持续时间延长,但不超过其时差范围时,则不会影响项目工期,进度计划不必调整。为了更充分地利用资源,降低成本,必要时可对非关键工作的时差做适当调整,但不得超出总时差,且每次调整均需进行时间参数计算,以观察每次调整对计划的影响。非关键工作的调整方法有三种:一是在总时差范围内延长非关键工作的持续时间;二是缩短工作的持续时间;三是调整工作的开始或完成时间。当非关键线路上某些工作的持续时间延长而超出总时差范围时,则必然影响整个项目工期,关键线路就会转移。这时,其调整方法与关键线路的调整方法相同。

e. 增减工作项目。由于编制计划时考虑不周,或因某些原因需要增加或取消某些工作,

则需重新调整网络计划，计算网络参数。增减工作项目不应影响原计划总的逻辑关系，以便使原计划得以实施。因此，增减工作项目只能改变局部的逻辑关系。增加工作项目，只是对原遗漏或不具体的逻辑关系进行补充；减少工作项目，只是对提前完成的工作项目或原不应设置的工作项目予以删除。增减工作项目后，应重新计算网络时间参数，以分析此项调整是否对原计划工期产生影响。若有影响，应采取措施使之保持不变。

  f. 资源调整。若资源供应发生异常，则应进行资源调整。资源供应发生异常是指因供应满足不了需要，如资源强度降低或中断，影响到计划工期的实现。资源调整的前提是保证工期不变或使工期更加合理。资源调整的方法是进行资源优化。

7.2 费用管理

7.2.1 概述

1. 基本概念

（1）工程项目费用及其管理。工程项目费用是工程项目建设过程中各种消耗的货币表现，在工程管理中其概念用得比较广泛。建设过程中的不同主体均在使用，当然其含义也有差异。和工程项目费用相关的术语较多，如工程项目投资、工程造价、工程项目成本和施工成本等。工程项目费用管理是指在工程建设的各个阶段，对工程项目费用进行预测、计划、执行、检查、协调和控制等的总称。工程项目费用管理在整个工程项目管理中占有重要地位，对工程项目投资效益有重要影响。

（2）投资和工程项目投资。投资一般是指经济主体为获取经济效益而垫付货币或其他资源用于某些事业的经济活动过程。工程项目投资是指某经济实体为获取工程项目将来的收益而垫付资金用于工程项目的经济活动，其所垫付的资金就是工程项目投资。一般认为工程项目投资是指工程项目建设阶段所需要的全部费用总和。也就是工程项目投资为工程项目建设阶段有计划地进行固定资产再生产和形成最低量流动资金的一次费用的总和。工程项目投资是一个从资金形成资产，通过管理资产，提高资产效益，最后资产转为资金的动态增值循环过程，是一个从资金流到物流，再到资金流的动态过程。

（3）工程造价。工程造价即工程的建造价格。在市场经济条件下，工程造价有两种含义。

① 工程造价是指建设一项工程预期开支或实际开支的、形成固定资产的全部费用。显然，这一含义是从投资者（业主）这一角度出发的。从这一意义上说，工程造价就是工程投资，工程项目造价就是工程项目固定资产投资。

② 工程造价是指工程价格，即建成一项工程，预计或实际在土地市场、设备市场、技术劳务市场和承包市场等交易活动中所形成的建筑安装工程的价格与建设工程总价。通常又将工程造价认定为工程承发包价格。

2. 建设项目投资构成和工程造价的构成

建设项目总投资的具体构成内容如图 7-7 所示。

第7章 工程项目进度、费用、质量与安全管理

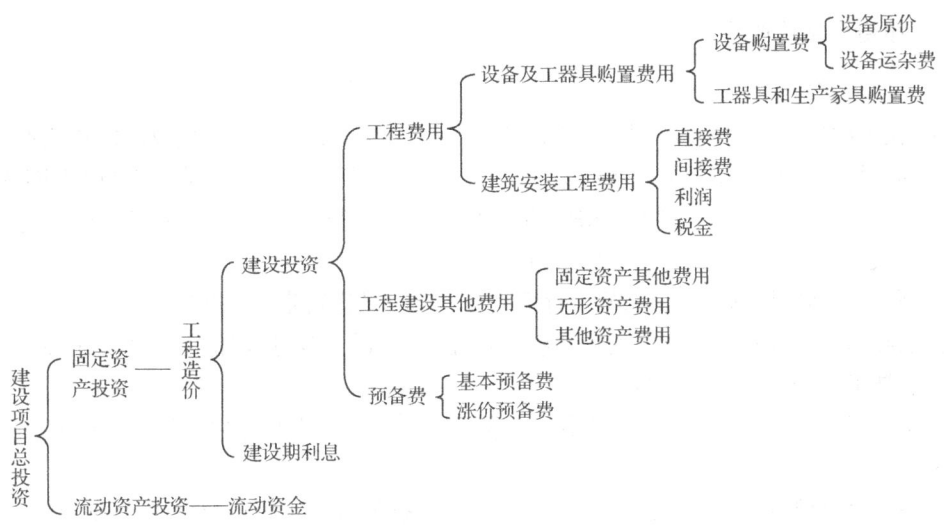

图 7-7 建设项目总投资构成

生产性建设项目总投资包括建设投资、建设期利息和流动资金三部分；非生产性建设项目总投资包括建设投资和建设期利息两部分。其中，建设投资和建设期利息之和对应于固定资产投资，固定资产投资与建设项目的工程造价在量上相等。建设投资包括工程费用、工程建设其他费用和预备费三部分。工程费用是指直接构成固定资产实体的各种费用，可以分为设备及工器具购置费用和建筑安装工程费用。工程建设其他费用是指根据国家有关规定应在投资中支付，并列入建设项目总造价或单项工程造价的费用。预备费是为了保证工程项目的顺利实施，避免在难以预料的情况下造成投资不足而预先安排的一笔费用。

7.2.2 投资控制

1. 基本概念

所谓工程项目的投资控制，就是在投资决策阶段、设计阶段、发包阶段和实施阶段，把工程项目投资的发生控制在批准的投资限额以内，随时纠正发生的偏差，以保证项目投资目标的实现，以求在工程项目中能合理使用人力、物力和财力，取得较好的投资效益和社会效益。

工程项目的投资目标是由投资估算、设计概算、设计预算和承包合同价等随着工程项目建设实践的不断深入而逐步建立起来的，这些有机联系的阶段目标相互制约、相互补充，前者控制后者，后者补充前者，共同组成项目投资控制的目标系统。

对于工程项目的投资控制，控制目标的确立是非常重要的，它是投资控制的组成部分。项目管理中要实现投资估算控制设计概算，设计概算控制设计预算，设计预算控制承包合同价。这实际就是一个强有力的投资控制。投资目标与项目的目标设计对象、系统的策划和工程项目的设计是密不可分的，如果控制目标不正确或目标水平太低，投资高估冒算，或目标水平太低，投资有缺口，那么就不能实现良好的投资控制。

2. 投资控制的过程

（1）项目实施前。

① 在工程项目开始阶段，业主根据项目的使用要求、建设目标、建设规模和技术条件等提出工程项目。这时，项目组织者应会同设计人员、工程人员、造价管理人员共同研究和提出初步投资建议，对拟建项目做出初步的经济评价。应尽早编制相应工程项目的结构分解，并以其各级项目单元为对象进行投资额分项估算。

② 可行性研究阶段，项目目标设计已完成，项目已进行定义，并且项目的地址、技术协作条件已经落实。项目组织者可对项目各种拟建方案进行初步投资估算，并论证每一方案在功能上、技术上和财务上的可行性。

③ 方案建议阶段，应按照不同的设计方案编制估算书，以便业主能确定拟建项目的布局、设计和施工方案。

④ 初步设计阶段，制定投资分项初步概算，根据概算和工程项目建设计划，制定资金支出初步估算表，以保证投资得到最有效的运用，并可用于制定项目投资限额。

⑤ 施工图设计阶段，根据施工图和预算定额测算的工程量及当时的价格，编制分项施工图预算，并将它们与项目投资限额相比较。

⑥ 对不同的设计和材料进行成本研究，以保证工程项目在投资限额范围内进行设计。

⑦ 就工程招标程序及工程投标报价方面的规定、合同战略（承发包模式、分标模式、合同计价方式、合同文本形式）进行仔细安排。这是业主在图纸设计完成后，对工程项目投资所能进行的最强有力的控制，这对业主的工程实际支付情况和承包商的成本控制都具有深刻的影响。

⑧ 针对工程项目可能的分标情况，制定招标文件、工程量清单、合同条款和工程量说明书。这些是拟参加投标的承包商进行投标报价的主要依据，因而通过合理制定这些招标文件就可能有效地限制承包商的报价，从而达到控制工程项目投资的目的。

⑨ 结合工程的特点，确定科学的评标方法，如经评审的最低投标价法和综合评估法等，评标时主要考虑报价、工期、施工方案和质量保证措施等综合因素。选定中标者后，对其投标报价进行分析，计算管理费率、利润率、用工量、各种材料用量/人工和材料的基价等，通过这些分析，还可把握承包商的投标策略。这些信息为业主、项目组织者或工程师对施工索赔管理提供了强有力的保证。

（2）实施阶段。

① 工程开工后，督促、检查承包商严格执行工程合同。审核承包商提交的申请支付报表，综合评价承包商当月的工程完成情况，如工程量和进度完成情况。特别应注意保留金的扣除和应退还的预付款，以及每月的索赔款。

② 定期制定最终成本估计报告书，反映实施过程中存在的问题和投资的支付情况。

③ 严格控制设计变更以及由于业主、项目组织者或工程师工作不当而引起的工程变更，控制变更申请程序。变更是造成承包商索赔的主要人为因素，控制好变更，就能减少承包商的索赔，使工程实际支付尽量控制在承包合同价的范围内。

④ 严格按照合同文件的规定及合同与索赔管理的程序，审核、评估承包商提出的索赔，对承包商不合理的索赔要求进行反击，有时甚至因承包商不能正确履行承包合同而对承包商提出索赔。

⑤ 审核承包商工程竣工报告，根据对竣工工程量的核算和对承包商其他支付要求的审核，确定工程竣工报表的支付金额。

⑥ 做好项目投资控制执行情况的总结。

3. 工程项目投资控制中的技术与方法

（1）工程项目的投资估算。由于工程项目建设周期长，在工程项目策划阶段项目技术系统尚不能明确，建设者在一定时间内拥有的经验知识有限，常常受科学条件和技术条件的限制，而且受客观过程的发展及其表现程度的限制，因而不可能在工程伊始就设置一个科学的、一成不变的投资控制目标，而只能设置一个大致的投资控制目标。这就是投资估算。工程建设投资估算的准确性直接影响工程项目的投资决策、基建规模、工程设计方案和投资经济效果，并直接影响工程项目建设能否顺利进行。

（2）工程项目经济评价。工程项目经济评价，在项目建议书阶段，是审批项目建议书的依据之一；在可行性研究阶段，是项目投资决策的重要依据；在可行性研究报告之后，又作为设计任务中下达的投资限额，它对工程设计概算起控制作用，是进行工程设计招标、优选设计单位和设计方案的依据。工程建设项目的经济评价是在项目可行性研究中，对拟建项目方案计算期内各种有关技术经济因素和项目投入与产出的有关财务、经济资料数据进行调查、分析、预测，对项目的财务、经济数据进行调查、分析、预测，对项目的财务、经济、社会效益进行计算、评价、分析，比较各项目方案的优劣，从而确立和推荐最佳项目方案。

（3）价值工程。价值工程，又称价值分析，是运用集体的智慧和有组织的活动，着重对产品进行功能分析，使之以最低的总成本，可靠地实现产品的必要功能，从而提高产品价值的一套科学的经济分析方法。

价值工程是把技术与经济结合起来的管理技术，价值工程的运用需要多方面的业务知识和业务数据，也涉及许多技术部门和经济部门。所以，必须按系统工程的要求，把有关部门组织起来，通力合作，才能取得理想的效果。

通过对价值工程的应用，能使产量与质量、质量与成本的矛盾得到完美的解决。

对于工程项目，同一建设项目，同一单项、单位工程可以有不同的设计方案，这就会有不同的造价，可采用价值工程进行方案的选择。价值工程既可用于工程项目设计方案的分析选择，也可用于单位工程设计方案的分析选择，还可用于施工方案的选择和施工项目成本的控制。

（4）限额设计。所谓限额设计，就是按照批准的设计任务书和投资估算控制初步设计，按照批准的初步设计总概算控制施工图设计。同时，各专业在保证达到使用功能的前提下，按分配的投资限额控制设计，严格控制技术设计和施工图设计中的不合理变更，保证总投资限额不被突破。限额设计的控制对象是影响工程设计静态投资（或基础价）的项目。

投资分解和工程量控制是实行限额设计的有效途径和主要方法。限额设计是将上一阶段设计审定的投资额和工程量先分解到各专业，然后再分解到各单位工程和分部工程。限额设计的目标体现了设计标准、规模、原则的合理确定和有关概预算基础资料的合理取定，通过层层分解（这种分解最好结合工程项目工作结构分解），实现了对投资限额的控制与管理。同时，也实现了对设计规模、设计标准、工程数量与概预算指标等各个方面的控制。

限额设计分为纵向控制与横向控制。

纵向控制，就是随着不同设计阶段的深入，从可行性研究、初步勘察、技术设计到施工图设计，限额设计都必须贯穿到各个阶段，而在每一阶段还必须贯穿于各专业的每道工序。在每个专业、每道工序，都要把限额设计作为重点工作内容，明确限额目标，实行工序管理。各个专业限额的实现，是实现投资控制的保证，要改变和克服各个环节相互脱节的现象。

横向控制，就是健全和加强设计单位对业主和设计单位内部的经济责任制，而经济责任制的核心是正确处理好责、权、利三者之间的关系。在这三者关系中，责任是核心，必须明确设计单位及其内部各有关人员、各专业科室对限额设计所负的责任，责任的落实越接近个人，效果越明显。为保证设计单位及其设计人员履行责任，应赋予设计单位及其各专业、设计人员一定的权力，权力要与责任相一致。同时，为调动责任者履行其责任的积极性，要建立起限额设计的奖惩机制。

（5）投资偏差分析。在投资控制中，投资的实际值与计划值相比，可能产生偏差。因此，应对产生偏差的原因和纠偏措施进行分析研究，同时应考虑实际进度与计划进度所产生的偏差对投资偏差分析结果的重要影响。在进行投资偏差分析时，要同时对局部偏差和累计偏差进行分析。所谓局部偏差，一是相对于总项目的投资而言，指各单项工程、单位工程和分部分项工程的偏差；二是相对项目实施的时间而言，指每一项目控制周期产生的偏差。累计偏差就是局部偏差的累加，最终的累计偏差就是项目投资的偏差。

7.2.3 项目成本管理

1. 项目成本管理的概念

项目成本管理是根据企业的总体目标和工程项目的具体要求，在工程项目实施过程中，对工程项目成本进行有效的组织、实施、控制、跟踪、分析和考核等管理活动，以达到强化经营管理，完善成本管理制度，提高成本核算水平，降低工程成本，实现目标利润，创造良好经济效益的目的的过程。由此可见，加强工程项目成本管理是工程企业积蓄财力，增强企业竞争力的必由之路。

2. 项目成本管理的基本原则

项目成本管理是企业成本管理的基础和核心，项目经理部在对项目实施过程进行成本管理时，必须遵循以下基本原则。

（1）成本最低化原则。项目成本管理的根本目的在于通过成本管理的各种手段，促进工程项目成本不断降低，以达到可能实现最低的目标成本的要求。但是，在实行成本最低化原则时，应注意研究降低成本的可能性和合理的成本最低化。一方面挖掘各种降低成本的潜力，使可能性变为事实；另一方面要从实际出发，制定通过主观努力可能达到合理的最低成本水平，并据此进行分析、考核评比。

（2）全面成本管理原则。长期以来，在项目成本管理中，存在"三重三轻"问题，即重实际成本的核算和分析，轻全过程的成本管理和对其影响因素的控制；重施工成本的计算分析，轻采购成本、工艺成本和质量成本；重财会人员的管理，轻群众性的日常管理。因此，为了保证不断降低工程项目成本，达到成本最低化目的，必须实行全面成本管理。

（3）成本责任制原则。为了实行全面成本管理，必须对项目成本进行层层分解，以分级、分工、分人的成本责任制作保证。项目经理部应对企业下达的成本指标负责，班组和个人应

第7章 工程项目进度、费用、质量与安全管理

对项目经理部的成本目标负责,以做到层层保证,定期考核评定。成本责任制的关键是划清责任,并要与奖惩制度挂钩,使各部门、各班组和个人都来关心工程项目成本。

(4)成本管理有效化原则。所谓成本管理有效化,主要有两层意思。一是促使项目经理部以最少的投入,获得最大的产出;二是以最少的人力和财力,完成较多的管理工作,提高工作效率。提高成本管理有效性,一是采用行政方法,通过行政隶属关系,下达指标,制定实施措施,定期检查监督;二是采用经济方法,利用经济杠杆和经济手段实行管理;三是用法制方法,根据国家的政策方针和规定,制定具体的规章制度,使人人照章办事,用法律手段进行成本管理。

(5)成本管理科学化原则。成本管理是企业管理学中的一个重要内容,企业管理要实行科学化,必须把有关自然科学和社会科学中的理论、技术与方法运用于成本管理。

3. 项目成本管理的要求

加强成本管理除了充分发挥其自身的管理功能外,还要求做到:

(1)强化项目成本观念。工程企业实行项目管理并以项目经理部作为核算单位,要求项目经理、项目管理班子和作业层全体人员都必须具有经济观念、效益观念和成本观念,对项目的盈亏负责。要搞好工程项目成本管理,必须先对企业和项目经理部人员加强成本管理教育并采取措施。只有在工程项目中培养强烈的成本意识,让参与工程项目管理与实施的每个人员都意识到加强工程项目成本管理,对工程项目的经济效益和个人收入会产生重大的影响,各项成本管理工作才能在工程项目管理中得到贯彻和实施。

(2)增强成本法制观念。在国家规定和颁布的政策、法规与制度中,对有关企业成本的计量原则、范围和方法都有一些明确规定,企业应严格遵守这些法规制度,自觉地规范自身的成本行为。

(3)树立社会经济效益整体意识。企业应当坚持社会主义经营方向,正确处理提高产品质量与降低成本的关系,坚决抵制那些以偷工减料、以劣充优、伪劣假冒等不正当经营手段谋取利润的违法行为,保护消费者权益。当企业利益与国家利益、社会利益发生矛盾时,企业应当以大局为重,服从国家利益和社会利益。

(4)建立健全成本管理责任制。成本管理责任制的建立和健全是有效进行成本管理的保证。企业应建立完善的成本管理组织机构,配备相应的专业人员,明确各部门成本管理职责,推行责任成本管理,贯彻责、权、利相结合的原则,以调动企业各部门、各级生产单位和全体职工成本管理的积极性与责任感。

(5)协调成本管理与其他经营管理的关系。企业成本的变动受到企业技术、组织等多方面因素的制约和作用。成本管理必须与技术改革、材料供应、机械设备配置与改造、调度组织等各方面管理工作相结合,协调与各方面经营管理工作的关系,才能提高企业总体经营管理水平。

4. 项目成本管理的内容

项目成本管理是企业项目管理系统中的一个子系统,具体包括预测、决策、计划、控制、核算、分析和考核等一系列工作环节。它们各自发挥着特定的作用,并以生产经营过程中的成本控制为核心,依靠成本信息的传递和反馈结合为一个有效运转的有机整体。

在项目成本管理子系统中,各方面的管理功能有着一定的内在联系。

（1）项目成本预测。项目成本预测是对项目未来的成本水平及其发展趋势所作的描述与判断。成本是项目经理部和企业进行各种经营决策与各种控制措施的核心因素之一。要对项目做出正确的决策、采取有力的控制措施、编制科学合理的成本计划和施工组织计划，需要对项目在不同条件下未来的成本水平及其发展趋势做出判断。项目成本管理对未来的成本水平及其发展趋势所作的说明与判断，便是项目成本预测。项目成本预测构成了项目成本管理的第一个工作环节。通过成本预测可以寻求降低项目成本、提高经济效益的途径。项目成本预测是进行项目成本决策和编制成本计划的基础。

（2）项目成本决策。成本预测和成本决策是项目成本管理水平高低的重要标志。项目成本决策是对项目生产活动中与成本相关的问题做出判断和选择。它是在项目成本预测的基础上，运用一定的专门方法，结合决策人员的经验和判断能力，对未来的成本水平、发展趋势和可能采取的经营管理措施所做出的逻辑推断与定量描述。

（3）项目成本计划。项目成本计划是对计划期项目的成本水平所作的筹划，是对项目制定的成本管理目标。项目成本计划是项目成本决策结果的延伸，是将成本决策结果数据化、具体化。它是以货币形式编制项目在计划期内的生产费用、成本水平，以及为降低成本所采取的主要措施和规划的书面方案，它是建立项目成本管理责任制、开展成本控制和核算的基础。成本计划是目标成本的一种形式。项目成本计划一经颁布，便具有约束力，可以作为计划期项目成本工作的目标，并被用来作为检查计划执行情况、考核项目成本管理工作业绩的依据，项目成本计划对项目成本控制具有指导性。项目成本计划由项目管理机构负责组织编制。

① 项目成本计划编制的依据主要包括：合同文件；项目管理实施规划；相关设计文件；价格信息；相关定额；类似项目的成本资料。

② 项目成本计划编制的程序主要包括：预测项目成本；确定项目总成本目标；编制项目总体成本计划；项目管理机构和组织的职能部门根据其责任成本范围分别确定的成本目标，并编制相应的成本计划；针对成本计划制定相应的控制措施；由项目管理机构和组织的职能部门负责人分别审批相应的成本计划。

（4）项目成本控制。项目成本控制是指项目在实施过程中，对影响项目成本的各种因素进行规划、调节，并采取各种有效措施，将实施中实际发生的各种消耗和支出严格控制在计划范围内，随时揭示并及时反馈，严格审查各项费用是否符合标准，计算实际成本和计划成本之间的差异并进行分析，消除实施中的损失浪费现象，发现和总结先进经验。通过成本控制，使之最终实现甚至超过预期的成本目标。项目成本控制应贯穿在项目从招投标阶段到项目竣工验收的全过程，它是企业全面成本管理的核心功能，成本失控将阻碍整个成本管理系统的有效运行。因此，必须明确各级管理组织和各级人员的责任与权限。

① 项目成本控制的依据。项目管理机构进行成本控制的主要依据有：合同文件；成本计划；进度报告；工程变更和索赔资料；各种资源的市场信息。

② 项目成本控制的程序主要包括：确定项目成本管理分层次目标；采集项目成本数据，监测成本形成过程；找出偏差，分析原因；制定对策，纠正偏差；调整、改进成本管理方法。

（5）项目成本核算。项目成本核算是利用会计核算体系，对项目实施过程中所发生的各种消耗进行记录、分类，并采用适当的成本计算方法，计算出各个成本核算对象的总成本和单位成本的过程。它包括两个基本环节：一是按照规定的成本开支范围对项目费用进行归集，计算出项目费用的实际发生额；二是根据成本核算对象，采用适当的方法，计算出该项目的总成本和单位成本。项目成本核算是项目成本管理最基础的工作，它所提供的各种成本信息，是成本预测、成本计划、成本控制和成本考核等各个环节的依据。在现代项目成本管理中，成本核算既是对项目所发生耗费进行如实反映的过程，也是对各种耗费的发生进行监督的过程。因此，加强项目成本核算工作，对降低项目成本、提高企业的经济效益有积极的作用。

项目管理机构应根据项目成本管理制度明确项目成本核算的原则、范围、程序、方法、内容、责任和要求，健全项目核算台账，并按规定的会计周期进行项目成本核算。

（6）项目成本分析。项目成本分析是揭示项目成本变化情况及其变化原因的过程。它在成本形成过程中，对项目成本进行的对比评价和剖析总结工作，贯穿于项目成本管理的全过程。项目成本分析主要是利用项目的成本核算资料（成本信息），将项目的实际成本与目标成本（计划成本）、预算成本等进行比较，了解成本的变动情况，同时分析主要经济指标对成本的影响，系统地研究成本变动的因素，检查成本计划的合理性，深入揭示成本变动的规律，寻找降低项目成本的途径。成本分析的目的在于通过揭示成本变动原因，明确责任，总结经验教训，以便在未来的施工生产中，采取更为有效的措施控制成本，挖掘降低成本的潜力。同时，项目成本分析还为项目成本考核提供依据。

① 项目成本分析的依据。主要包括项目成本计划和项目成本核算资料。

② 项目成本分析的内容。主要包括：时间节点成本分析；工作任务分解单元成本分析；组织单元成本分析；单项指标成本分析；综合项目成本分析。

③ 项目成本分析的步骤：a. 选择成本分析方法；b. 收集成本信息；c. 进行成本数据处理；d. 分析成本形成原因；e. 确定成本分析结果。

（7）项目成本考核。所谓成本考核，就是项目完成后，对项目成本形成中的各级单位成本管理的成绩或失误所进行的总结与评价。成本考核的目的在于鼓励先进、鞭策落后，促使管理者认真履行职责，加强成本管理。企业按项目成本目标责任制的有关规定，将成本的实际指标与计划、定额、预算进行对比和考核，评定项目成本计划的完成情况和各责任单位的业绩，并以此给以相应的奖励和处罚。通过成本考核，做到有奖有惩，奖罚分明，才能有效地调动企业的每一个职工在各自的施工岗位上努力完成目标成本的积极性，为降低项目成本和增加企业的积累，做出自己的贡献。

综上所述，项目成本管理系统中每个环节都是相互联系和相互作用的。成本预测是成本决策的前提，成本计划是成本决策所确定成本目标的具体化。成本控制则是对成本计划的实施进行监督，保证决策的成本目标实现，而成本核算又是成本计划是否实现的最后检验，它所提供的成本信息又对下一个项目成本预测和决策提供基础资料。成本考核是实现成本目标责任制的保证和实现决策目标的重要手段。

5. 项目成本管理的程序

项目成本管理的程序是指从成本估算开始，经编制成本计划，采取降低成本的措施，进行成本控制，直到成本核算与分析为止的一系列管理工作步骤。项目成本管理的一般程序如图 7-8 所示。

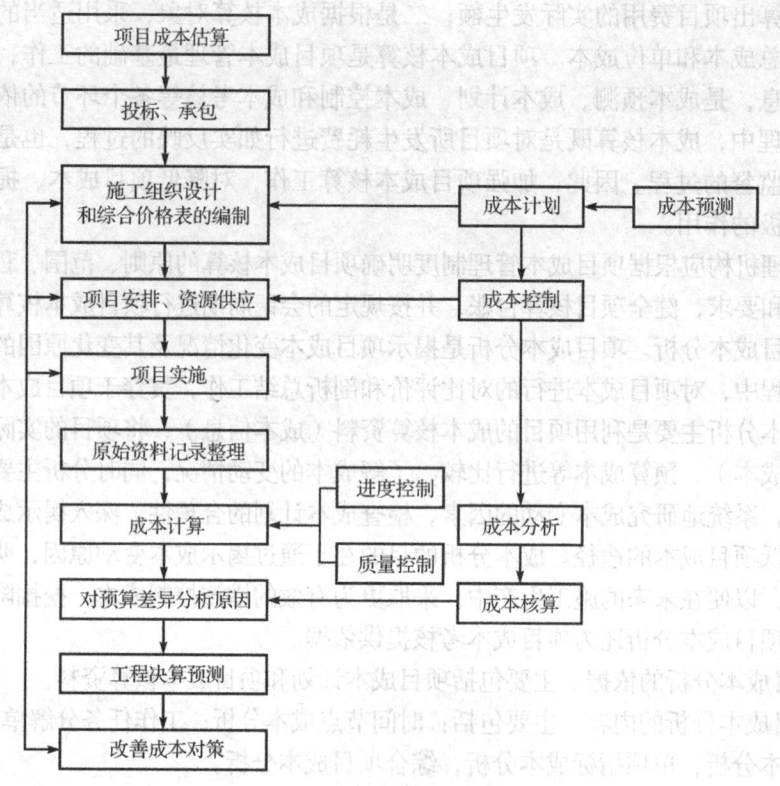

图 7-8 项目成本管理的一般程序

7.3 质量管理

7.3.1 概述

1. 工程项目质量的概念

现代社会人们赋予"质量"以综合的含义。工程项目中质量的概念主要包括两方面。

① 项目产品质量，即项目的最终可交付成果（工程）的质量。工程质量是指工程的使用价值及其属性，是一个综合性的指标，体现符合项目任务书或合同中明确提出的，以及隐含的需要与要求的功能，包括以下几个方面：

a. 工程投产运行后，所生产的产品（或服务）的质量，该工程的可用性、使用效果和产出效益，运行的安全性和稳定性。

b. 工程结构设计和施工的安全性与可靠性。

c. 所使用的材料、设备、工艺和结构的质量，以及它们的耐久性和整个工程的寿命。

d. 工程的其他方面，如造型美观、与环境的协调、项目运行费用的高低、可维护性和可检查性等。

② 项目工作质量。指参与项目的实施者和管理者，为了保证项目质量所从事工作的水平

和完善程度。它反映了项目的实施过程对产品质量的保证程度。项目工作质量体现在两方面：

  a. 项目范围内所有阶段、子项目、项目工作单元的实施质量。

  b. 项目过程中的管理工作和决策工作的质量。

这两方面的质量都必须满足项目目标，任何一个达不到要求，都可能对项目产品、项目的相关者和项目组织产生重大影响，损害项目总目标。

2. 工程项目质量管理的概念

工程项目质量管理的目的是为项目的用户（顾客）和其他项目相关者提供高质量的工程与服务，实现项目目标，使用户满意。使工程项目达到质量目标，保证项目满足其质量要求是项目管理的职责。项目组织的各层次对相应的过程和产品负责，必须对质量做出承诺。项目的质量管理是综合性的工作。项目质量管理过程和目标围绕项目目标与范围，适用于所有项目管理的职能和过程，包括项目决策的质量、项目计划的质量、项目控制的质量，以及战略策划、综合性管理、范围管理、进度管理、成本管理、人力资源管理、组织管理、沟通管理、风险管理和采购管理等过程。在现代工程中，项目质量管理十分困难，尽管人们已经做了很大的努力，但效果不大，问题依然很多。其原因有：

① 由于工程项目是一次性的，在初期对工程质量（功能、技术要求等）的定义不很清晰，质量目标和工期、成本目标的平衡很难做到。

② 工程项目的建设过程是不可逆的，如果出现质量问题，不能重新回到原状态，最终可能导致工期的延长，成本的增加，甚至工程的报废。

③ 工程项目质量管理与通常的企业生产质量管理有很大的区别。对一般的工业产品，用户在市场上直接购置一个最终产品，不介入该产品的生产过程。而工程的建设过程是十分复杂的，它的用户（业主、投资者）必须直接介入其整个生产过程，参与全过程的、各个环节的、对各种要素的质量管理。工程项目质量管理过程是各个方面共同投入的过程，而且是一个不断反馈的过程。

④ 在项目管理目标系统中，当工期拖延、成本超支时，质量目标最容易被放弃。

3. 工程项目质量管理的基本程序

①编制质量计划；②实施质量控制；③开展质量检查和处置；④落实质量改进。

7.3.2 质量计划

项目的质量计划应在项目管理策划过程中编制。质量计划作为对外进行质量保证和对内进行质量控制的依据，体现项目全过程质量管理要求。质量计划的目的主要是确保实现项目的质量目标。它要按照质量目标，确定与项目相关的质量标准，并决定如何满足这些标准。

1. 质量计划编制的依据

质量计划编制的主要依据包括以下内容。

（1）质量方针。它是对项目的质量目标所做出的一个指导性文件。项目经理部应制定自己的质量方针，它应符合业主（投资者）的要求，并使大家达成共识。

(2) 项目情况。包括：

① 项目范围描述。它主要说明业主（或投资者）的需求及项目的主要要求和目标、工程的总体范围和项目的主要阶段。它是项目质量计划确定的主要依据和基础。

② 工程说明。尽管在项目范围描述中有项目最终可交付成果的总体描述，但这里指的是对其技术性的描述。

(3) 项目合同要求。

(4) 项目管理规划。

(5) 相关法律法规和标准规范。包括工程涉及的专业领域的特殊标准和规则、更加详细的技术要求和其他内容。

(6) 质量管理其他要求。

2. 质量计划的内容

质量计划应明确指出所开展的质量活动，并直接指出或间接指出（通过相应程序或其他文件）如何实施所要求的活动。其内容包括：

(1) 质量目标和质量要求。质量目标一般由企业技术负责人和项目经理部管理层经认真分析项目特点、项目经理部情况及企业生产经营总目标后决定。其基本要求是工程项目竣工交付业主（用户）使用时，质量要达到合同范围内的全部工程的所有使用功能符合设计（或更改）图纸要求；检验批、分项、分部、单位工程质量达到施工质量验收统一标准，合格率为100%。

(2) 质量管理体系和管理职责。工程项目质量计划应规定项目经理部管理人员和操作人员的岗位职责。项目经理是工程项目实施的最高负责人，对工程符合设计（或更改）、质量验收标准、各阶段按期交工负责，以保证整个工程项目质量符合合同要求。项目经理可委托项目质量副经理（或技术负责人）负责工程项目质量计划和质量文件的实施及日常质量管理工作。项目生产副经理要对工程项目进度负责，调配人力、物力保证按图纸和规范实施，协调同业主（用户）、分包商的关系，负责审核结果、整改措施和质量纠正措施的实施。其他相关人员在项目质量副经理的直接指导下，负责所管部位全过程的质量，使其符合图纸和规范要求，有更改的符合更改要求，有特殊规定的要符合特殊要求。材料员和机械员对进场的材料、构件、机械设备进行质量验收，以及退货和索赔，对业主或分包商提供的物资和机械设备要按合同规定进行验收。

(3) 质量管理与协调的程序，可以用流程图等形式展示过程的各项活动。

(4) 法律法规和标准规范。

(5) 质量控制点的设置与管理。

(6) 项目生产要素的质量控制。

(7) 实施质量目标和质量要求所采取的措施。

(8) 项目质量文件的管理。

7.3.3 质量控制

1. 质量控制概述

(1) 质量控制定义。质量控制是质量管理的一部分，致力于满足质量要求。质量控制的目标就是确保项目质量能满足有关方面所提出的质量要求（如适用性、可靠性、安全性等）。质量控制的范围涉及项目质量形成全过程的各个环节。项目质量受到质量循环各阶段质量活动的直接影响，任一环节的工作没有做好，都会使项目质量受到损害而不循满足质量要求。质量循环的各阶段是由项目的特性所决定的，根据项目形成的工作流程，由掌握了必需的技术和技能的人员进行一系列有计划、有组织的活动，使质量要求转化为满足质量要求的项目或产品，并完好地交付给用户，还应根据项目的具体情况进行用后服务，这是一个完整的质量循环。为了保证项目质量，这些技术计划必须在受控状态下进行。

（2）质量控制的工作内容。质量控制包括作业技术和活动，即包括专业技术和管理技术两方面。质量控制应贯彻预防为主与检验把关相结合的原则，在项目形成的每一个阶段和环节，即质量循环的每一阶段，都应对影响其工作质量的人、机、料、法、环（4M1E）因素进行控制，并对质量活动的成果进行分阶段验证，以便及时发现问题，查明原因，采取措施，防止类似问题重复发生，并使问题在早期得到解决，减少经济损失。为使每项质量活动都能有效，质量控制对干什么、为何干、如何干、由谁干、何时干、何地干等问题应做出规定，并对实际质量活动进行监控。项目的进行是一个动态过程，所以，围绕项目的质量控制也具有动态性。为了掌握项目随着时间的变化而变化的状态，应采用动态控制的方法和技术进行质量控制工作。

（3）质量控制的基本要求。项目管理机构应在质量控制过程中，跟踪、收集、整理实际数据，与质量要求进行比较，分析偏差，采取措施予以纠正和处置，并对处置效果进行复查。项目质量控制应确保下列内容满足规定要求：

① 实施过程的各种输入；
② 实施过程控制点的设置；
③ 实施过程的输出；
④ 各个实施过程之间的接口。

2. 项目质量控制的特点

项目不同于一般产品，对于项目的质量控制也不同于一般产品的质量控制。其主要特点是：

（1）影响质量的因素多。项目的进行是动态的，影响项目质量的因素也是动态的。在项目的不同阶段、不同环节、不同过程，影响因素也不尽相同；这些因素有些是可知的，有些是不可预见的；有些因素对项目质量的影响程度较小，有些对项目质量的影响程度较大，有些对项目质量的影响则可能是致命的。所有这些，都给项目的质量控制造成了难度。所以，加强对影响质量的因素的管理和控制是项目质量控制的一项重要内容。

（2）质量控制的阶段性。项目需经历不同的阶段，各阶段的工作内容和工作结果都不相同，所以每阶段的质量控制内容和控制重点也不相同。

（3）易产生质量变异。质量变异就是项目质量数据的不一致性。产生这种变异的原因有两种，即偶然因素和系统因素。偶然因素是随机发生的、客观存在的，是正常的；系统因素是人为的、异常的。偶然因素造成的变异称为偶然变异，这种变异对项目质量的影响较小，是经常发生的，是难以避免、难以识别，也难以消除的；系统因素所造成的变异称为系统变异，这类变异对项目质量的影响较大，易识别，通过采取措施可以避免，也可以消除。由于项目的特殊性，在项目进行过程中，易产生这两类变异。所以，在项目的质量控制中，应采取相应的方法和手段对质量变异加以识别与控制。

（4）易产生判断错误。在项目质量控制中，经常需要根据质量数据对项目实施的过程或结果进行判断。由于项目的复杂性、不确定性，造成质量数据的采集、处理和判断的复杂性，所以往往会对项目的质量状况做出错误判断。例如，将合格判为不合格，或将不合格判为合格；将稳定判为不稳定，或将不稳定判为稳定；将正常判为不正常，或将不正常判为正常。这就需要在项目的质量控制中，采用更加科学、更加可靠的方法，尽量减少判断错误。

（5）项目一般不能解体、拆卸。已加工完成的产品可以解体、拆卸，对某些零部件可进行检查。但项目一般做不到这一点。例如，对于已建成的楼房，就难以检查其地基的质量；对于已浇筑完成的混凝土构筑物，就难以检查其中的钢筋质量。所以，项目的质量控制应更加注重项目进展过程，注重对阶段结果的检验和记录。

（6）项目质量受费用和工期的制约。项目的质量不是独立存在的，它受费用和工期的制约。在对项目进行质量控制的同时，必须考虑其对费用和工期的影响，同样应考虑费用和工期对质量的制约，使项目的质量、费用和工期都能实现预期目标。

3．项目质量控制流程

就项目质量控制的过程而言，质量控制就是监控项目的实施状态，将实际状态与事先制定的质量标准作比较，分析存在的偏差和产生偏差的原因，并采取相应对策。这是一个循环往复的过程，对任一控制对象的控制一般都按这一过程进行。该控制过程主要包括以下步骤：

（1）选择控制对象。项目进展的不同时期、不同阶段，质量控制的对象和重点也不相同，这需要在项目实施过程中加以识别和选择。质量控制的对象可以是某个因素、某个环节、某项工作或工序、某项阶段成果等一切与项目质量有关的要素。

（2）为控制对象确定标准或目标。

（3）制订实施计划，确定保证措施。

（4）按计划执行。

（5）跟踪观测、检查。

（6）发现、分析偏差。

（7）根据偏差采取对策。

上述步骤可归纳为四个阶段：计划（Plan）、执行（Do）、检查（Check）和处理（Action）。在项目质量控制中，这四个阶段循环往复，形成PDCA循环。

计划阶段的主要工作任务是确定质量目标、活动计划和管理项目的具体实施措施。本阶段的具体工作是分析现状，找出质量问题和控制对象；分析产生质量问题的原因和影响因素，从各种原因和因素中确定影响质量的主要原因或影响因素；针对质量问题和影响质量的主要因素制定改善质量的措施与实施计划，并预计效果。在制订计划时，要反复分析思考，明确回答以下问题。

（1）为什么要提出该计划，并采取这些措施？为什么应做如此改进？采取措施的原因是什么？

（2）改进后要达到什么目的？有何效果？

（3）改进措施在何处（哪道工序、哪个环节、哪个过程）执行？

（4）计划和措施在何时执行和完成？

（5）计划由谁执行？

（6）用什么方法完成计划？

实施阶段的主要工作任务是根据计划阶段制定的计划措施，组织贯彻执行。本阶段要做好计划措施的交底和组织落实、技术落实和物资落实。

检查阶段的主要工作任务是检查实际执行情况，并将实施效果与预期目标对比，进一步找出存在的问题。

处理阶段的主要工作任务是对检查的结果进行总结和处理。其具体工作包括总结经验，纳入标准，即通过对实施情况的检查，明确有效果的措施，制定相应的工作文件、工艺规程、作业标准和各种质量管理的规章制度，总结好的经验，防止问题再次发生。

将遗留问题转入下一个控制循环。通过检查，找出效果仍不显著或效果仍不符合要求的措施，作为遗留问题，进入下一个循环，为下一期计划提供数据资料和依据。

4. 质量因素的控制

影响项目质量的因素主要有五大方面：人、材料、设备、方法和环境。对这五个方面因素的控制，是保证项目质量的关键。

（1）人的控制。人，是指直接参与项目的组织者、指挥者和操作者。人，作为控制的对象，是要避免产生失误；作为控制的动力，是要充分调动其积极性，发挥其主导作用。因此，应提高人的素质，健全岗位责任制，改善劳动条件，公平合理地激发劳动热情；应根据项目特点，从确保质量出发，在人的技术水平、人的生理缺陷、人的心理行为和人的错误行为等方面控制人的使用；更为重要的是提高人的质量意识，形成人人重视质量的项目环境。

（2）材料的控制。材料主要包括原材料、成品、半成品和构配件等。对材料的控制主要通过严格检查验收，正确合理地使用，进行收、发、储、运的技术管理，杜绝使用不合格材料等环节来进行控制。

（3）设备的控制。设备包括项目使用的机械设备和工具等。对设备的控制，应根据项目的不同特点，合理选择，正确使用、管理和保养。

（4）方法的控制。这里所指方法，包括项目实施方案、工艺、组织设计和技术措施等。对方法的控制，主要通过合理选择、动态管理等环节加以实现。合理选择就是根据项目特点选择技术可行、经济合理、有利于保证项目质量、加快项目进度、降低项目费用的实施方法。动态管理就是在项目进行过程中正确应用，并随着条件的变化不断进行调整。

（5）环境的控制。影响项目质量的环境因素较多，有项目技术环境，如地质、水文和气象等；项目管理环境，如质量保证体系和质量管理制度等；劳动环境，如劳动组合和作业场所等。根据项目特点和具体条件，应采取有效措施对影响质量的环境因素进行控制。例如，在建筑工程项目中，就应建立文明施工和文明生产的环境，保持材料工件堆放有序，道路畅通，工作场所清洁整齐，施工程序井井有条，为确保工程质量和安全创造良好条件。

5. 项目不同阶段的质量控制

项目的不同阶段对其质量起着不同的作用，有着不同的影响，所以其质量控制的重点也不相同。

（1）项目决策阶段的质量控制。项目决策阶段包括项目的可行性研究和项目决策。项目的可行性研究直接影响项目的决策质量和设计质量。所以，在项目的可行性研究中，应进行方案比较，提出对项目质量的总体要求，使项目的质量要求和标准符合项目所有者的意图，并与项目的其他目标相协调,与项目环境相协调。项目决策是影响项目质量的关键阶段,项目决策的结果应能充分反映项目所有者对质量的要求和意愿。在项目决策过程中,应充分考虑项目费用、时间和质量等目标之间的对立统一关系,确定项目应达到的质量目标和水平。

(2)项目设计阶段的质量控制。项目设计阶段是影响项目质量的决定性环节,没有高质量的设计就没有高质量的项目。在项目设计过程中,应针对项目特点,根据决策阶段已确定的质量目标和水平,使其具体化。设计质量是一种适合性质量,即通过设计,应使项目质量适应项目使用的要求,以实现项目的使用价值和功能;应使项目质量适应项目环境的要求,使项目在其生命周期内安全、可靠;应使项目质量适应用户的要求,使用户满意。实现设计阶段质量控制的主要方法是方案优选、价值工程等。

设计阶段的质量控制流程:
① 按照设计合同要求进行设计策划;
② 根据设计需求确定设计输入;
③ 实施设计活动,并进行设计评审;
④ 验证和确认设计输出;
⑤ 实施设计并进行控制。

(3)项目实施阶段的质量控制。项目实施是项目形成的重要阶段,是项目质量控制的重点。项目实施阶段所实现的质量是一种符合性质量,即实施阶段所形成的项目质量应符合设计要求。

项目实施阶段是一个从输入转化到输出的系统过程。项目实施阶段的质量控制,也是一个从对投入品的质量控制开始,到对产出品的质量控制为止的系统控制过程,如图7-9所示。

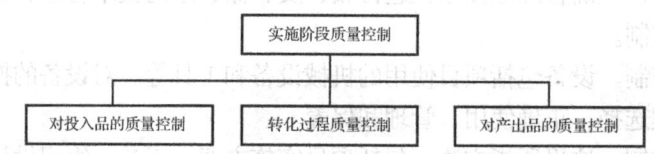

图7-9 项目实施阶段的质量控制过程

项目实施阶段的不同环节,其质量控制的工作内容不同。根据项目实施的不同时间阶段,可以将项目实施阶段的质量控制分为事前质量控制、事中质量控制和事后质量控制。

① 事前质量控制。在项目实施前所进行的质量控制就称为事前质量控制,其控制的重点是做好项目实施的准备工作,且该项工作应贯穿于项目实施全过程。其主要工作内容有:

a. 技术准备。熟悉和审查项目的有关资料和图样;调查分析项目的自然条件和技术经济条件;确定项目实施方案和质量保证措施;确定计量方法和质量检测技术等。

b. 物质准备。对项目所需材料、构配件的质量进行检查与控制;对永久性生产设备或装置进行检查与验收;对项目实施中所使用的设备或装置应检查其技术性能,不符合质量要求的不能使用;准备必备的质量检测设备、机具和质量控制所需的其他物质。

c. 组织准备。建立项目组织机构和质量保证体系;对项目参与人员分层次进行培训教育,提高其质量意识和素质;建立与保证质量有关的岗位责任制等。

d. 现场准备。不同的项目,现场准备的内容亦不相同。例如,建筑施工项目的现场准备包括控制网和水准点标桩的测量;"五通一平",生产、生活临时设施等的准备;组织机具和材料进场；拟订有关试验、试制和技术进步项目计划等。

② 事中质量控制。在项目实施过程中所进行的质量控制就是事中控制。事中质量控制的策略是：全面控制实施过程，重点控制工序或工作质量。其具体措施是：工序交接有检查；质量预控有对策；项目实施有方案；质量保证措施有交底；动态控制有方法；配制材料有试验；隐蔽工程有验收；项目变更有手续；质量处理有复查；行使质控有否决；质量文件有档案。

实施过程中采购质量控制流程：a. 确定采购程序；b. 明确采购要求；c. 选择合格的供应单位；d. 实施采购合同控制；e. 进行进货检验和问题处置。

实施过程中施工质量控制流程：a. 施工质量目标分解；b. 施工技术交底与工序控制；c. 施工质量偏差控制；d. 产品或服务的验证、评价和防护。

③ 事后质量控制。一个项目、工序或工作完成形成成品或半成品的质量控制称为事后质量控制。事后质量控制的重点是进行质量检查、验收和评定。

（4）项目最终完成阶段的质量控制。项目最终完成后，应进行全面的质量检查评定，判断项目是否达到其质量目标。对于工程类项目，还应组织竣工验收。

6. 工序质量控制

（1）工序质量控制的概念。工序是指一个（或一组）工人在一个工作地（如一台机床）对一个（或若干个）劳动对象连续完成的各项生产活动的总和。项目就是由一系列相互关联、相互制约的工序构成的。要控制项目质量，首先应控制工序质量。

工序质量包括两方面内容：一是工序活动条件的质量；二是工序活动效果的质量。就质量控制而言，这两者是互为关联的。一方面要控制工序活动条件的质量，使每道工序投入品的质量符合要求；另一方面应控制工序活动效果的质量，使每道工序所形成的产品（或结果）达到其质量要求或标准。工序质量控制，就是对工序活动条件和活动效果进行质量控制，从而达到对整个项目的质量控制。

工序质量控制的原理是，采用数理统计方法，通过对工序样本数据进行统计、分析，来判断整个工序质量的稳定性。若工序不稳定，则应采取对策和措施予以纠正，从而实现对工序质量的有效控制，其基本步骤如下所述。

① 检测。采用必要的检测工具和手段，对工序样本进行检测。

② 分析。采用数理统计方法对所得数据进行分析，为正确判断工序质量状况提供依据。

③ 判断。根据分析结果，判断工序状态。例如，数据是否符合正态分布状态；是否在控制图的控制界限之间；是否在质量标准规定的范围之内；是属于正常状态还是异常状态；是由偶然因素引起的质量变异，还是由系统因素引起的质量变异等。

④ 对策。根据判断的结果，采取相应的对策。若出现异常情况，则应查找原因，予以纠正，并采取措施加以预防，以达到控制工序质量的目的。

工序质量控制的基本原则是：

① 严格遵守工序作业标准或规程。

② 主动控制工序活动条件的质量。

③ 及时控制工序活动效果的质量。

④ 合理设置工序质量控制点。

（2）工序质量控制点的设置。工序质量控制点是指在不同时期工序质量控制的重点。质量控制点的涉及面较广，根据项目的特点，视其重要性、复杂性、精确性、质量标准和要求等，质量控制点可能是材料、操作环节、技术参数、设备、作业顺序、自然条件和项目环境等。质量控制点的设置，主要视其对质量特征影响的程度和危害程度加以确定。工程质量控制点可归纳为以下几类：

① 人的行为。某些工序应控制人的行为，避免因人的失误造成质量问题。例如，对高空作业、水下作业等，都应从人的生理、心理和技术能力等方面对操作者进行考核、控制。

② 物的状态。某些工序则应以物的状态作为控制的重点。例如，加工精度与机具有关；计量的准确性与计量设备、仪表有关；危险源与失稳、腐蚀和振动等因素有关。因此，根据不同工序的特点，有的应以控制机具设备为重点，有的应以防止失稳、倾覆、腐蚀等危险源为重点，有的则应以作业场所为控制重点。

③ 材料的质量和性能。材料的质量和性能是直接影响工程质量的主要因素。某些工序应将材料的质量和性能作为控制的重点。例如，预应力筋加工，就要求钢筋匀质、弹性模量一致，含硫量和含磷量不能过大，以免产生热脆和冷脆。

④ 关键的操作。某些操作直接影响工程质量，因此应作为控制的重点。例如，预应力筋张拉，在操作中如不进行严格控制，就不可能可靠地建立预应力值。

⑤ 施工顺序。某些工序或操作，必须严格控制相互之间的先后顺序，否则就会影响工程质量。例如，冷拉钢筋，就应先对焊后冷拉，否则，就会失去冷强。

⑥ 技术间隙。有些工序之间的技术间隙时间性很强，如不严格控制就会影响质量。例如，分层浇筑混凝土，必须待下层混凝土未初凝时将上层混凝土浇完。砖墙砌筑后，应有6~10天的时间让墙体充分沉陷、稳定、干燥后才能抹灰，抹灰层干燥后才能喷白、刷浆。

⑦ 技术参数。某些技术参数与质量密切相关，必须严格控制。如混凝土的水灰比、外加剂掺量等技术参数直接影响混凝土质量，应作为质量控制点。

⑧ 常见的质量通病。常见的质量通病，如渗水、漏水、起壳、起砂和裂缝等，都与工序操作有关，均应事先研究对策，提出预防措施。

⑨ 新工艺、新技术、新材料的应用。新工艺、新技术、新材料虽已通过鉴定、试验，但操作人员缺乏经验时，应将其工序操作作为重点严加控制。

⑩ 质量不稳定、质量问题较多的工序。通过对质量数据的统计分析，表明质量波动、不合格品率较高的工序，应设置为质量控制点。

⑪ 特殊土地基和特种结构。对于湿陷性黄土、膨胀土等特殊土地基的处理，以及大跨度结构、高耸结构等技术难度较大的施工环节和重要部位，应加以特别控制。

⑫ 施工工法。施工工法中对质量产生重大影响的问题，如液压滑模施工中支撑杆失稳问题、混凝土被拉裂和坍塌问题、建筑物倾斜和扭转问题、大模板施工中模板的稳定和组装问题等，均为控制的重点。

质量控制点的设置是保证项目质量的有力措施，也是进行质量控制的重要手段。在工序质量控制过程中，首先应对工序进行全面分析、比较，以明确质量控制点；然后应分析所设置的质量控制点在工序进行过程中可能出现的质量问题或造成质量隐患的因素并加以严格控制。

7. 工程项目质量控制中应注意的问题

工程项目投资耗费大量的人工、材料、能源，投资者希望在预定时间内工程项目能充分发挥经济效益和社会效益。工程项目还会因质量、安全等问题影响国计民生和社会的安定，所以我国各个企业都十分重视工程项目的质量管理。但事实上，我国工程项目的质量和质量管理工作效果不容乐观。因此，在实际的工程项目管理工作中有以下几个问题值得注意。

（1）受到客观条件的限制，工程项目管理不是追求最高的质量和最完美的工程，而是追求符合预定目标的、符合合同要求的工程。工程质量是项目管理人员按照工程项目在当前经济、技术、组织条件下，以及对未来一定时间内经济、技术、组织形势的预测所提出的工程使用功能的要求来确定项目目标系统，并为实现目标系统进行设计的。它一般是经过与工期、费用优化后确定的，符合工程的整体效益目标。如果追求高质量就会损害其他两个目标，而最终会损害工程效益。在我国工程管理实践中，业主常常不在事前调查研究，深思熟虑，经常在实施后提出这样或那样的设计变更，这是令项目管理人员头疼的事。

对于项目管理人员来说，其目标就是在符合项目功能、工期和费用要求的情况下，尽可能地追求高质量，并一次成功，通过有效的项目管理来减少损失和失误。

（2）项目的管理质量就是项目过程管理质量。ISO 10006 是项目管理质量指南。但该标准所列举的十组项目管理过程，没有质量管理过程。通篇几乎没有涉及质量管理的说明和指南。但事实上，这十组项目管理过程都对最终形成项目质量起到十分关键的作用，所以在国外的一些项目管理系统中，人们较少地谈质量管理，但这并不说明他们不重视质量管理。

（3）要减少重复的质量管理工作。在项目管理网络和项目管理组织中，通过项目组织设计，参加工程项目的组织及其各部门、施工队、个人都处于不同的组织层次，有不同的责任和义务，各负其责。操作人员负责实际操作质量；中间管理人员负责监控，检查发现操作质量问题，并提出各种可行的解决方案，最终向上报告；项目经理负责全面的协调，划分操作人员的工作界面，并对实际质量问题的解决做出决策，并向企业决策层、业主或项目组织者、监理工程师报告；业主及其管理人员或监理工程师负责重大质量问题的监控与处理。他们的质量管理工作相互衔接，但不应重复。如果各层管理人员不放心其他人员的工作和工作能力，越俎代庖，不但事倍功半，而且容易引起秩序的混乱、时间的延长和信息的泛滥，甚至因此导致更多的质量问题，增加工程管理成本。

（4）质量管理是一项综合性的管理工作，除了工程项目的各个工程以外，还需要有良好的社会质量环境、一个质量管理的素质基础。

① 企业的基础管理工作，如标准化工作、质量管理教育、职员的质量意识和信息工作等。

② 企业、项目管理人员、操作人员的文化与专业素质、技术水平和职业道德。

③ 整个社会的价值观念、国民素质。一个浮躁、急功近利、不讲信用的社会是不可能产生高质量的工程的。

（5）注意工程合同对质量管理的作用。

① 合同中对质量要求的说明文件，如图纸、规范和工作量表等应正确、清楚、详细、没有矛盾，应给各方面一个清晰的质量目标。应有定量化的、可执行的、可检查的指标，防止质量问题引起争执。

② 在合同中应规定承包商的质量责任，划分界限，赋予项目组织者（如监理工程师）绝对的质量检查权，并定义检查方法、手段和检查结果的处理方式。

③ 在合同中定义材料设备的采购、图纸设计、工艺使用的认可和批准制度，即采购前先送样品认可，图纸使用前批准。

④ 招标过程中要审查承包商参加项目的工作人员情况。在合同中定义对承包商的雇员要

求，赋予项目组织者可撤换不合格工作人员的权利。

⑤ 在合同中对分包进行严格的定义，以防止承包商转包或变相转包工程。

（6）项目质量管理的技术性很强，需要运用许多质量管理工具，但它又不等同于技术工作。质量控制应着眼于质量控制程序的建立，质量、工期、成本目标的平衡与协调，质量保证体系的建立，以及工作监督、检查、跟踪、诊断的程序和管理制度，以减少技术工作的错误和不完备性，保证技术工作的有效性。

（7）质量控制的目标不是发现质量问题，而是应尽可能地避免质量问题的发生。

（8）注意吸收过去同类项目的成功经验和反面教训。

7.3.4 质量保证

1. 质量保证的概念

质量保证是质量管理的一部分，致力于提供质量要求会得到满足的信任。由该定义可知，"质量保证"是一个专用名词，具有特殊的含义，与一般概念"保证质量"有较大区别。保证满足质量要求是质量控制的任务，就项目而言，用户不提质量保证的要求，项目实施者仍应进行质量控制，以保证项目的质量满足用户的要求。用户是否提出质量保证要求，这对项目实施者来说是有区别的。用户不提质量保证要求，项目实施者在项目进行过程中如何进行质量控制就不需要让用户知道，用户与项目实施者之间只是提出质量要求与提供项目验收这样一种交往关系。如果项目较简单，其性能完全可由最终检验反映，则用户只需要把住"检验"关，就能得到满意的项目成果，而不需要知道项目实施者是如何操作的。但是，随着技术的发展，项目越来越复杂，对其质量要求也越来越高，项目的有些性能已不能通过检验来鉴定。就这些项目来说，用户为了确信项目实施者所完成的项目达到了所规定的质量要求，就要求项目实施者证明项目设计和实施等各个环节的主要质量活动确实做得很好，且能提供项目合格的证据，这就是用户提出的"质量保证要求"。针对用户提出的质量保证要求，项目实施者就应开展外部质量保证活动，对用户提出的设计和项目实施等全过程中的某些环节的活动提供必要的证据，以使用户放心。

质量保证的内涵已不是单纯地为了保证质量。保证质量是质量控制的任务，而"质量保证"则是以保证质量为基础，进一步引申到提供"信任"这一基本目的。要使用户能"信任"，项目实施者应加强质量管理，完善质量体系，对项目有一套完善的质量控制方案和办法，并认真贯彻执行，对实施过程和成果进行分阶段验证，以确保其有效性。在此基础上，项目实施者应有计划、有步骤地采取各种活动和措施，使用户能了解其实力、业绩、管理水平和技术水平，以及对项目在设计、实施各阶段主要质量控制活动和内部质量保证活动的有效性，使对方建立信心，相信完成的项目能达到所规定的质量要求。所以，质量保证的主要工作是促进完善质量控制，以便准备好客观证据，并根据对方的要求有计划、有步骤地开展提供证据的活动。美国质量管理专家朱兰在《质量计划与分析》一书中指出，"保证"一词的含义非常类似于"保险"一词。保证和保险都是试图得到某种保护以避免灾祸，而进行少量的投资。就保险来说，这种保护是在万一出现了灾害或事故之后，能得到一笔损失赔偿费。而就保证而言，这种保护反映为所得到的信息。这种信息为下述两种信息之一。

(1)使对方确信万无一失。例如,项目满足用户要求,过程正在正常进行,工艺规程正被遵循等。

(2)向对方提供并非一切如意和某种故障可能正在酝酿之中的早期报警。通过这种早期报警,对方可以预先采取措施,以防止故障或事故的发生。

可见,质量保证的作用是从外部向质量控制系统施加压力,促使其更有效地运行,并向对方提供信息,以便及时采取改进措施,将问题在早期加以解决,以避免更大的经济损失。

内部质量保证是为使企业领导"确信"本企业完成的项目能满足质量要求所开展的一系列活动。企业领导对项目质量负全责,一旦出现质量事故,则要承担法律和经济责任。而项目的一系列质量活动是由项目经理部或项目团队进行的,虽然项目团队明确了职责分工,也有相应的质量控制方法和程序。但是,是否严格按程序进行,这些方法和程序是否确实有效,企业领导需要组织一部分独立的人员(国外称质量保证人员)对直接影响项目质量的主要质量活动实施监督、验证和质量审核活动(内部质量保证活动),以便及时发现质量控制中的薄弱环节,提出改进措施,促使质量控制能更有效地实施,从而使领导"放心"。所以,内部质量保证是企业领导的一种管理手段。

2. 质量保证的依据

(1)项目质量计划。

(2)项目实际质量的度量结果。对项目各项活动质量的测量、测试,这种实际质量的度量结果应与质量标准进行对比分析,以便更好地控制质量。

(3)项目质量的工作说明。项目质量的工作说明是指对于项目质量管理具体工作的说明,以及对项目质量保证与控制方法的说明。

3. 质量保证的方法——质量审核

质量审核是确定质量活动和有关结果是否符合计划的安排,以及这些安排是否有效实施并适合于达到预定目标的、有系统的、独立的检查。

质量审核是一个大的概念,它包括质量管理体系审核、产品质量审核、过程质量审核、内部质量审核(内部质量管理体系审核、内部产品质量审核、内部过程质量审核)等内容。

(1)质量管理体系审核。质量管理体系审核是确定质量管理体系及其各要素活动和有关结果是否符合有关标准和文件,质量管理体系文件中的各项规定是否得到有效的贯彻并适合于达到质量目标的系统的、独立的审查。

质量管理体系审核的特点,就其审核的内容来说是其"符合性""有效性""适合性",就审核的方式来说是其"系统性"和"独立性"。

质量管理体系的审核可以分为文件审核和现场审核两个阶段。在文件审核阶段,主要对质量管理体系文件,如质量手册和各种体系程序文件是否符合特定标准或合同要求进行审核。这种审核有时也称为符合性审核。在现场审核阶段,要对实际的质量管理体系活动是否与质量保证标准、质量手册或程序文件的规定相一致进行审核,以及对是否得到有效的实施进行审核。这就是"有效性"的含义。

"系统性"的含义就是说审核工作要求正规化,有程序可遵循。为了求得审核的客观性和公正性,对审核样本的选定、客观依据的收集、市场结论的得出等都要有一套行之有效的程序和方法,这些已成为一套正规的国际通行做法。

"独立性"的含义就是说进行质量管理体系审核的审核员应独立于被审核的部门或组织之外，即审核应由与被审对象无直接责任关系的人员进行。

（2）产品质量审核。产品质量审核就是抽取已经验收合格的产品，进行定量（或定性）检查、分析其符合规定质量特性的程度。

产品质量审核的目的是通过对产品的客观评价获得出厂产品的质量信息，以确定产品质量水平。产品审核的结果可作为质量管理体系是否有效、过程是否处于受控状态的验证。产品审核的依据是产品的标准或技术规范。产品质量审核应由具有资格并经组织管理者授权的内部审核员进行。

（3）过程质量审核。过程质量审核是通过对过程的检查、分析，评价过程质量控制的正确性、有效性的活动。

过程质量审核是指产品形成的各个阶段、各个环节的输入，经过过程活动达到增值的效果。过程质量的审核对象包括所有过程，既可以是一个大过程，也可以是一个大过程中的子过程。如果审核对象是一个具体工序，此时也可称为工序质量审核。

（4）内部质量审核（包括内部质量管理体系审核、内部产品质量审核、内部过程质量审核）。内部质量审核是供方组织（项目组织）的自我审核，也称为第一方审核。第二方审核是指顾客对供方的审核，第三方审核是指具有第三方性质的认证机构对申请认证组织进行的审核。第二方、第三方审核又称为外部质量审核。

内部质量管理体系审核的目的是评价质量管理体系的符合性、有效性，依据是质量手册及其程序文件，采用现场评审方法，审核结果是使质量管理体系要素得到改进，执行者是内审员。

内部质量审核应有计划、有系统地进行。一般在每年适当时间要制订全年审核计划，内部质量审核可以集中在一段时间进行，也可以逐要素、逐部门分别进行。战略管理体系建立运行初期审核次数多些，当体系结构有重大变化或发生重大不合格时，要及时审核。

4．质量保证的结果——质量改进与提高

当实施质量管理体系时，项目经理应确保质量管理体系能推动和促进持续的质量改进。项目经理通过总结经验不断地寻求改进质量的机会。

7.4 安全管理

7.4.1 概述

项目的安全管理，就是在项目实施过程中，组织安全生产的全部管理活动。通过对项目实施安全状态的控制，使不安全的行为和状态减少或消除，以使项目工期、质量和费用等目标的实现得到充分的保证。

项目安全管理的基本要求有以下几点。

（1）组织应建立安全生产管理制度，坚持以人为本、预防为主，确保项目处于本质安全状态。

第7章　工程项目进度、费用、质量与安全管理

（2）组织应根据有关要求确定安全生产管理方针和目标，建立项目安全生产责任制度，健全职业健康安全管理体系，改善安全生产条件，实施安全生产标准化建设。

（3）组织应建立安全生产管理机构，配备合格的项目安全管理负责人和管理人员，进行教育培训并持证上岗。

（4）安全管理的中心问题是保护项目实施过程中人的安全与健康，保证项目顺利进行。安全管理过程中，应正确处理五种关系，坚持六项基本原则。

正确处理五种关系：

① 安全与危险并存。安全与危险在同一事物的运动中是相互独立的，也是相互依存的。因为有危险，才需要进行安全管理，以防止危险的发生。安全与危险并非是等量并存，而是随着事物的运动变化而不断变化。

② 安全与项目实施过程的统一。在项目实施过程中，如果人、物和环境等都处于危险状态，则项目无法顺利进行。所以，安全是项目实施的客观要求，项目有了安全保障才能持续、稳定地进行。

③ 安全与质量的包含关系。从广义上看，质量包含安全工作质量，安全概念也包含着质量，交互作用，互为因果。安全第一，质量第一，这两种说法并不矛盾。安全第一是从保护生产要素的角度出发，而质量第一则是从关心产品成果的角度出发。安全为质量服务，质量需要安全保证。

④ 安全与速度互保。速度应以安全作为保障，安全就是速度。在项目实施过程中，应追求安全加速度，尽量避免安全减速度。当速度与安全发生矛盾时，应暂时减缓速度，保证安全。

⑤ 安全与效益兼顾。安全技术措施的实施，会改善作业条件，带来经济效益。所以，安全与效益是完全一致的，安全促进了效益的增长。当然，在安全管理中，投入应适当，既要保证安全，又要经济合理。

坚持六项基本原则：

① 管生产同时管安全。安全寓于生产之中，并对生产发挥促进与保证作用。管生产同时管安全，不仅对各级领导人员明确了安全管理责任，而且也向一切与生产有关的机构和人员明确了业务范围内的安全管理责任。

② 坚持安全管理的目的性。安全管理的内容是对生产中的人、物和环境因素的管理，有效地控制人的不安全行为和物的不安全状态，消除或避免事故，达到保护劳动者的安全与健康的目的。没有明确目的的安全管理是一种盲目行为，在一定意义上，盲目的安全管理，只能纵容、威胁人的安全与健康的状态，向更为严重的方向发展或转化。

③ 必须贯彻预防为主的方针。安全生产的方针是"安全第一、预防为主"。安全第一是从保护生产力的角度和高度，表明在生产范围内安全与生产的关系，肯定安全在生产活动中的位置和重要性。进行安全管理不是处理事故，而是在生产活动中，针对生产的特点，对生产要素采取管理措施，有效地控制不安全因素的发展与扩大，把可能发生的事故消灭在萌芽状态，以保证生产活动中人的安全与健康。

④ 坚持"四全"动态管理。安全管理不是少数人和安全机构的事，而是一切与生产有关的人的共同的事。安全管理涉及生产活动的各方面，涉及从开工到竣工交付的全部生产过程，涉及全部生产时间，涉及一切变化着的生产因素。因此，生产活动中必须坚持全员、全过程、全方位、全天候的动态安全管理。

⑤ 安全管理重在控制。进行安全管理的目的是预防、消灭事故，防止或消除事故伤害，保护劳动者的安全与健康。在安全管理的主要内容中，虽然都是为了达到安全管理的目的，但是对生产要素状态的控制，与安全管理目的关系更直接，显得更为突出。因此，对生产中人的不安全行为和物的不安全状态的控制，是动态的安全管理的重点。

⑥ 在管理中发展提高。既然安全管理是在变化着的生产活动中的管理，是一种动态管理，那么其管理就意味着是不断发展、不断变化的，以适应变化的生产活动，消除新的危险因素。然而更为需要的是不间断地摸索新的规律，总结管理、控制的办法与经验，指导新的变化后的管理，从而使安全管理不断上升到新的高度。

7.4.2 实施安全管理

1. 安全管理的内容

安全生产管理的内容主要包括三个方面。

（1）对劳动者的管理。通过依法制定有关安全的政策、法规，给予劳动者的劳动安全和身体健康以法律保障，以约束劳动者的不安全行为，消除或减少主观上的安全隐患。

（2）对劳动手段与劳动对象的管理。采取改善施工工艺，改进设备性能，以消除和控制生产过程中可能出现的危险因素，并通过安全技术保证措施，达到规范物的状态，以消除和减轻其对劳动者的威胁和造成的财产损失。

（3）对劳动条件（施工环境）的管理。防止、控制施工中高温、严寒、粉尘、噪声、震动、毒物对劳动者安全与健康影响的医疗、保健、防护等一系列措施，改善和创造良好的劳动条件，防止职业伤害，保护劳动者身体健康和生命安全。

2. 安全目标

施工项目安全目标是在项目施工过程中，安全工作所要达到的预期效果。

施工项目安全目标应根据项目施工的特点制定，应具有先进性和可行性。施工项目总的安全目标值包括项目施工过程控制伤亡事故发生的指标、控制交通安全事故的指标、尘毒治理要求达到的指标和控制火灾发生的指标等。

项目总的安全目标确定后，还要按层次进行安全目标分解，形成安全目标体系，即施工项目总的安全目标；项目经理部下属各单位、各部门的安全目标；施工班组安全目标；个人安全目标。在安全目标体系中，总目标值是最基本的安全指标，而下一层的目标值应略高一些，以保证上一层安全目标实现。例如，项目总安全目标要求重大伤亡事故为零，中层的安全目标就应除此之外还要求重伤事故为零，施工队一级的安全目标还应进一步要求轻伤事故为零，班组一级要求险肇事故为零，个人则做到违章为零。

3. 安全生产管理计划

针对项目的特点进行安全策划，规划安全作业目标，确定安全技术措施，最终所形成的文件称为安全生产管理计划。安全生产管理计划应在项目开始实施前制订，在项目实施过程中不断加以调整和完善。安全生产管理计划是进行安全控制和管理的指南，是考核安全控制和管理工作的依据。

安全生产管理计划应满足事故预防的管理要求,并符合下列要求。

(1)针对项目危险源和不利环境因素进行辨识与评估的结果,确定对策和控制方案;

(2)对危险性较大的分部分项工程编制专项施工方案;

(3)对分包人的项目安全生产管理、教育和培训提出要求;

(4)对项目安全生产交底、有关分包人制定的项目安全生产方案进行控制的措施;

(5)应急准备与救援预案。

安全生产管理计划应针对项目特点、项目实施方案和程序,依据安全法规和标准等加以编制。其主要内容包括以下几点:

(1)项目概括,包括项目的基本情况和可能存在的主要的不安全因素等。

(2)安全控制和管理目标。应明确安全控制和管理的总目标和子目标,并且目标要具体化。

(3)安全控制和管理程序,主要应明确安全控制和管理的工作过程与安全事故的处理过程。

(4)安全组织机构,包括安全组织机构形式和安全组织机构的组成。

(5)职责权限。根据组织机构状况,明确不同组织层次、各相关人员的职责和权限,进行责任分配。

(6)规章制度,包括安全管理制度、操作规程和岗位职责等规章制度的建立,应遵循的法律法规和标准等。

(7)资源配置。针对项目特点,提出安全管理和控制所必需的材料、设施等资源要求,以及具体的配置方案。

(8)安全措施。针对不安全因素,确定相应措施。

(9)检查评价。明确检查评价方法和评价标准。

(10)奖惩制度。明确奖惩标准和方法。

安全生产管理计划的结果是形成包括安全生产管理计划所有内容在内的文件。

4. 安全控制

在项目实施过程中,通过采用计划、组织、技术和控制等手段,依据并适应项目进行中人、物和环境等因素的运动规律,使其既能充分发挥自身作用,又有利于控制安全事故的行为过程称为安全控制。安全控制的目的是保证项目实施中能避免危险、避免事故、避免造成人身伤亡和财产损失。安全是为质量服务的,质量应以安全为保证。

(1)安全控制的工作内容。项目实施过程中存在着许多不安全因素,控制人的不安全行为和物的不安全状态是安全控制的重点,其主要内容包括以下几点。

① 进行安全立法、执法和守法。项目实施人员首先应熟悉相关的法律法规,并在项目实施过程中严格执行;同时,应针对项目的特点,制定自己的安全管理制度,并以此为依据,对项目实施过程进行经常性的、制度化和规范化的管理。按照安全法规的规定进行工作,使安全法规变为行动,产生效果。

② 建立安全控制体系。建立安全控制组织机构,形成安全组织系统;明确各部门和人员的职责,形成安全控制责任系统;配备必要的资源,形成安全控制要素系统。最终形成具有安全控制和管理功能的有机整体。

③ 进行安全教育与训练。进行安全教育与训练,能增强人的安全生产意识,提高安全生

产素质，有效地防止人的不安全行为，减少人的失误。安全教育与训练是进行人的行为控制的重要方法和手段。因此，进行安全教育与训练时要适时、宜人，内容合理，方式多样，形成制度。组织安全教育与训练应做到严肃、严格、严密、严谨，讲求实效。

④ 采取安全技术措施。针对项目实施中已知的或已出现的危险因素，采取的一切消除或控制的技术性措施，统称为技术性措施。针对项目的不安全状态的形成与发展，采取安全技术措施，将物的不安全状态消除在生产活动进行之前，或引发事故之前，这是安全管理的重要任务之一。安全技术措施是改善生产工艺，改进生产设备，控制生产因素不安全状态，预防与消除危险因素对人产生伤害的有效手段。安全技术措施包括为使项目安全实现的一切技术方法与措施，以及避免损失扩大的技术手段。安全技术措施应针对具体的危险因素或不安全状态，以控制危险因素的生成与发展为重点，以控制效果的好坏作为评价安全技术措施的唯一标准。

⑤ 进行安全检查与考核。安全检查与考核的目的是及时发现、处理、消除不安全因素，检查执行安全法规的状况等，从而进行安全改进，清除隐患，提高安全控制水平。

安全检查的形式有定期安全检查、突击性安全检查和特殊检查。定期安全检查是指列入安全管理活动计划，有较一致时间间隔的安全检查；突击性安全检查是指无固定检查周期，对特别部门、特殊设备等进行的安全检查；特殊检查是指对预料中可能会带来新的危险因素的新安装设备、新采用的工艺、新完成的项目，以发现危险因素为专题的安全检查。

安全检查的内容主要是查思想、查管理、查制度、查现场、查隐患、查事故处理。

⑥ 作业标准化。在操作者产生的不安全行为中，由于不熟悉正确的操作方法，坚持自己的操作习惯等原因所占比例较大。按科学的作业标准规范人的行为，有利于控制人的不安全行为，减少人的失误。

实施作业标准化的首要条件是制定作业标准。

作业标准的制定应采取技术人员、管理人员和操作者三结合的方式，根据操作的具体条件制定，并坚持反复实践、反复修订后加以确定的原则。

作业标准应明确规定操作程序、步骤，并尽量使操作简单化、专业化；作业标准必须符合生产和作业环境的实际情况，不能将作业标准通用化；作业标准还应考虑人的身体运动特点和规律，作业场地布置、使用工具设备、操作幅度等，应符合人机学的要求。

（2）安全控制的方法和工具。不同的项目，其安全控制的方法和工具可能有所不同，但有两种方法是通用的。

① 安全系统工程。安全是项目目标之一，但该目标并不是孤立存在的，它与其他目标之间存在着相互统一又相互矛盾的关系。项目实施的各个环节、各个要素都有可能产生不安全因素。所以，安全管理和控制是一个系统工程。安全系统工程就是采用系统的理论、观点和方法对安全进行管理与控制。这是安全管理和控制中的一种重要方法。

② 安全心理学。不安全行为是人表现出来的，是与人的心理特征相违背的、非理智的行为。人的自身因素是人的行为内因，环境因素是人的行为外因。非理智行为是引发安全事故的重要因素。非理智行为的产生是由侥幸、逆反和凑巧等心理所支配的。安全心理学就是运用心理学原理研究人的心理特征及其受环境因素影响变化的规律，以达到控制人的非理智行为的目的。

第7章 工程项目进度、费用、质量与安全管理

5. 安全管理措施

（1）落实安全责任，实行责任管理。工程项目经理承担控制、管理施工生产进度、成本、质量、安全等目标的责任。因此，必须同时承担进行安全管理、实现安全生产的责任。

① 建立、完善以项目经理为首的安全生产领导机构，有组织、有领导地开展安全管理活动，承担组织、领导安全生产的责任。

② 建立各级人员安全生产制度，明确各级人员的安全责任。抓制度落实、抓责任落实，定期检查各安全责任落实情况。

③ 工程项目应通过监察部门的安全生产资质审查，并得到认可。

④ 负责施工生产中物的状态审验与认可，承担物的状态漏验和失控的管理责任。

⑤ 一切管理、操作人员均需与工程项目签订安全协议，做出安全保证。

⑥ 安全生产责任落实情况的检查，应认真、详细地记录，作为分配、补偿的原始资料之一。

一般地，每个工程项目应根据具体情况，成立以项目经理为主的安全生产委员会或领导小组。同时，根据建设工程的性质、规模和特点，配备规定数量的专职和兼职安全管理员，督促检查各类人员贯彻执行安全管理，协助项目经理推动安全管理工作，保证施工管理顺利进行。

（2）安全教育。

① 安全事故诱因分析。诱发安全事故的主要原因有人的不安全行为、物的不安全状态和管理上的缺陷，因此安全教育既要从提高安全意识方面，也要从增强安全技术知识方面进行有的放矢的教育和培训。

a. 人的不安全行为。不安全行为是人表现出来的，与人的心理特征相违背，属非正常行为。人在生产活动中，曾引起或可能引起事故的行为，必然是不安全行为。人出现一次不安全行为，不一定就会发生事故造成伤害，然而不安全行为，一定会导致事故。即使物的因素作用是事故的主要原因，也不能排除隐藏在不安全状态背后的、人的行为失误的转换作用。

b. 物的不安全状态。人机系统把生产过程中发挥一定作用的机构、物料、生产对象和其他生产要素统称为物。物都具有不同形式、性质的能量，存在出现能量意外释放，引发事故的可能性。由于物的能量可能释放引起事故的状态，称为物的不安全状态。这是从能量与人的伤害间的联系所给出的定义。如果从发生事故的角度，也可把物的不安全状态看作曾引起或可能引起事故的物的状态。

在生产过程中，物的不安全状态极易出现。所有的物的不安全状态都与人的不安全行为或人的操作、管理失误有关。往往在物的不安全状态背后，隐藏着人的不安全行为或失误。物的不安全状态既反映了物的自身特性，又反映了人的素质和人的决策水平。物的不安全状态的运动轨迹，一旦与人的不安全行为的运动轨迹交叉，就是发生事故的时间与空间。因此，物的不安全状态是发生事故的直接原因。正确判断物的具体不安全状态，控制其发展对预防、消除事故有直接的现实意义。

② 安全教育的主要内容。项目经理部应切实加强现场工作人员的安全教育，本着"谁使用谁负责安全"的原则，实施培训考核上岗制，建立健全培训档案制度。安全教育贯穿于整个项目建设过程，教育的主要内容包括：

a. 安全思想教育。教育操作人员具有良好的自我保护意识，时时处处注意安全，防患于未然。

b. 安全技术教育。教育操作人员了解其施工生产的一般流程，安全生产一般应注意的事项，工种、岗位安全生产知识，重点熟悉安全生产技术和安全技术操作规程等。

c. 安全法制和纪律教育。让操作人员充分了解安全生产法规和责任制度、安全生产规章制度、职工守则、劳动纪律、安全生产奖惩条例。

（3）安全检查。

① 查思想、查管理、查制度、查隐患、查事故处理。

a. 工程项目的安全检查以自检形式为主，是对项目经理至操作人员、生产全过程、各个方位的全面安全状态的检查。检查的重点以劳动条件、生产设备、现场管理、安全设施和生产人员的行为为主。发现危及人的安全因素时，必须果断地消除。

b. 各级生产组织者，应在全面安全检查中，通过作业环境状态和隐患，对照安全生产方针和政策，检查对安全生产认识的差距。

c. 对安全管理的检查，主要是：安全生产是否提到议事日程上；业务职能部门、全体人员是否在各自业务范围内落实了安全生产责任。专职安全人员是否在位、在岗；安全教育是否落实，教育是否到位；工程技术、安全技术是否结合为统一体；安全控制措施是否有力，控制是否到位，有哪些消除管理差距的措施；事故处理是否符合规则。

② 安全检查的组织。

a. 制定安全检查制度，按制度要求的规模、时间、原则、处理和保障全面落实。

b. 成立以第一责任人为首、业务部门和全体人员参加的安全检查组织。

c. 安全检查必须做到有计划、有目的、有准备、有整改、有总结、有处理。

③ 安全检查的准备。

a. 思想准备。发动全员开展自检，自检与制度检查结合，形成自检自改、边检边改的局面。使全员在发现危险因素方面得到提高，在消除危险因素中受到教育，从安全检查中受到锻炼。

b. 业务准备。确定安全检查的目的、步骤和方法。成立检查组，安排检查日程。分析事故资料，确定检查重点，把精力侧重于事故多发部位和工种的检查。规范检查记录用表，使安全检查逐步纳入科学化、规范化轨道。

④ 安全检查的形式。

a. 定期安全检查。指列入安全管理活动计划，有较一致时间间隔的安全检查。

b. 突击性安全检查。指无固定检查周期，对特别部门、特殊设备和小区域的安全检查，属于突击性安全检查。

c. 特殊安全检查。对预料中可能会带来新的危险因素的新安装的设备、新采用的工艺、新建或改建的工程项目，投入使用前，以"发现"危险因素为专题的安全检查，称作特殊安全检查。

⑤ 消除危险因素的关键。安全检查的目的是发现、处理、消除危险因素，避免事故伤害，实现安全生产。对于一些由于种种原因而一时不能消除的危险因素，应逐项分析，寻求解决办法，安排整改计划，尽快予以消除。

第7章 工程项目进度、费用、质量与安全管理

案例 某项目安全生产管理

某大厦建设工程项目坐落在某市最繁华中心区,大厦共35层,高133米,建筑面积73 000平方米,1~8层设计为大型超级商场,营业面积达20 000平方米。业主要求9层结构完工后1~8层超级商场先装修开业,实行边施工边营业方法,续建9层以上的楼层。该工程难点为:大厦周围车辆和人员流量大,每天进入百货大厦购物者达几万人次;施工场地少;工程建设期间不能全封闭现场等。由于公司领导和项目部全体员工对安全生产高度重视,制定了周密的安全措施,并贯彻落实。经过两年半努力,顺利完成百货大厦建设任务,且施工期间未发生一例安全伤亡事故和火灾事故。该项目安全生产管理的具体做法如下。

1. 制定完善的施工组织设计安全防护措施

(1)编制适合该工程并对施工有指导性的施工方法和安全技术措施。
(2)编制夜间施工安全技术措施。
(3)编制防火与治安管理、文明施工管理措施。
(4)编制各专业工种(木工、铁工、砼工、瓦工、起重工、机械工、水电工、棚工等)的安全操作规程。
(5)编制专题施工方案(脚手架搭设、高空作业、施工设备装拆、施工用电、电焊作业等)的安全技术措施。

2. 建立以领导为主的安全生产监督机构

(1)项目部成立以项目经理为领导,各部门主管负责人参加的安全、防火领导小组。
(2)每班作业配置3~5名专职安全员巡查安全生产执行、安全防护设施维护、防火制度执行情况,对违章作业员工有权停止生产,经整改符合要求才复工。
(3)每周定期召开一次由项目经理主持的安全生产、防火会议,各部门汇报执行安全生产情况;解决遇到的困难;协调各专业工种的安全生产运作;提出下周施工安全要求和措施的落实。

3. 实施准用证和安全验收制度

(1)井架物料提升机安装后,经公司设备管理部门验收合格签证,并报市安全监督机构检测及发准用证方可使用;井架加高后由项目部设备主管、质安员检查验收。
(2)塔式起重机、施工电梯安装后经公司设备管理部门验收合格签证,并报市安全监督机构检测及发准用证方可使用;顶升加高后由项目部主管、质安员检查验收。
(3)施工现场临时用电实施安装后,经项目部机电主管、质安员检查验收方可使用。
(4)落地式外脚手架搭设和每阶段加高后,经公司质安部门检查验收方可使用。
(5)施工现场安全立网、平网由安全监督机构检测核发准用证后方可使用。
(6)模板工程安装完毕后经项目部木工主管、质安员检查验收方可进行下道工序。
(7)现场动火先向公司防火部门申请,批准后并配备监护人员方可动火。
(8)对员工进行"三级"安全教育和严格执行"三检"制度。

（9）新进场员工必须进行4小时安全学习，并了解工作环境、明确工作责任、熟悉现场安全防火要求，经考核合格才安排工作；专业工种主管对员工进行本工种安全操作规程宣讲学习并签名记录入卡；建立班前安全交底制度，班组每天对员工进行施工要求、工作环境的安全交底，以日记方式记录备查。

（10）严格执行"三检"制度，即日检，每日当班各工种人员对安全生产进行自检，并把有关情况记录到交接班本上；周检，以班组长牵头组织检查并做记录；月检，由项目经理带队，各部门主管参加，并按JGJ 59—1999《建筑施工安全检查标准》评分。发出安全隐患整改通知书，限期整改将反馈记录保存备查。

（11）每季对安全生产、防火工作做得好的员工进行表彰和奖励，对违章作业和破坏安全防护措施的员工进行通报批评、罚款直至辞退。

4. 加强安全防护措施保障安全生产

（1）在大厦入口和周围安装两度安全防护层，第一度是钢结构支撑组成防护棚，棚顶满铺3毫米钢板。第二度距离第一度防护棚1米高架设柔性安全网起缓冲作用。确保工地施工坠落工具和材料杂物不会击穿安全防护棚。

（2）外墙排栅脚手架外侧设置密目式安全网；每间隔3层设置平网防护、排栅脚手架内立杆与建筑物之间每层设置平网防护；安装外墙排栅脚手架规定要高出建筑物施工层4米。

（3）外墙施工必须用筻底盆回收余料和建筑材料。

（4）高空作业工具如扳手、胶钳、铁件用绳子与身体连接，以防失手坠落。

（5）"四口"和临边防护统一用钢筋（钢管）制作安装并加密目式安全网，电梯口、楼梯口和通道口做好防护后安装低压36V照明灯警示。

该公司在施工安全生产中，树立"生产必须安全，安全促进生产"的理念，采取可靠的安全防护措施，找出施工中各种不安全因素并力争消除，做到防患于未然，切实保障了建筑生产安全顺利进行。

本章小结

本章全面叙述了工程项目的四大目标（进度、费用、质量和安全）管理。

项目进度计划是规定各项工程的施工顺序和开竣工时间以及相互衔接关系的计划，是在确定工程施工项目目标工期的基础上，根据相应完成的工程量，对各项施工过程的施工顺序、起止时间和相互衔接关系所作的统筹安排。

目标工期的确定方法主要有以正常工期为目标工期、以最优工期为目标工期、以合同工期或指令工期为目标工期。

项目进度控制应以实现施工合同约定的交工日期为最终目标。项目进度控制的总目标是确保工程项目的既定目标工期的实现，或者在保证质量和不因此而增加费用的条件下，适当缩短工期。项目进度控制的总目标应进行层层分解，形成实施进度控制、相互制约的目标体系。

项目进度控制应建立以项目经理为首的进度控制体系，各子项目负责人、计划人员、调度人员、作业队长和班组长都是该体系的成员。各承担施工任务者和生产管理者都应承担进度控制目标，对进度控制负责。

我国现行费用的构成主要划分为设备及工器具购置费用、建筑安装工程费用、工程建设其他费用、预备费、建设期贷款利息、固定资产投资方向调节税等几项。

工程项目的投资控制，就是在投资决策阶段、设计阶段、发包阶段和实施阶段，把工程项目投资的发生控制在批准的投资限额以内，随时纠正发生的偏差，以保证项目投资目标的实现，以求在工程项目中能合理使用人力、物力和财力，取得较好的投资效益和社会效益。

项目成本管理是企业成本管理的基础和核心，项目经理部在对项目实施过程进行成本管理时，必须遵循成本最低化原则、全面成本管理原则、成本责任制原则、成本管理有效化原则和成本管理科学化原则。

工程项目的质量计划应由项目经理主持编制。质量计划作为对外质量保证和对内质量控制的依据文件，应体现工程项目从分项工程、分部工程到单位工程的系统控制过程，同时也要体现从资源投入到完成工程质量最终检验和试验的全过程控制。

质量控制的工作内容包括了作业技术和活动，即包括专业技术和管理技术两方面。质量控制应贯彻预防为主与检验把关相结合的原则，在项目形成的每一个阶段和环节，即质量循环的每一阶段，都应对影响其工作质量的人、机、料、法、环（4M1E）因素进行控制，并对质量活动的成果进行分阶段验证，以便及时发现问题，查明原因，采取措施，防止类似问题重复发生，并使问题在早期得到解决，减少经济损失。为使每项质量活动都能有效，质量控制对干什么、为何干、如何干、由谁干、何时干、何地干等问题应做出规定，并对实际质量活动进行监控。

安全管理的中心问题是保护项目实施过程中人的安全与健康，保证项目顺利进行。安全管理过程中，应正确处理五种关系，坚持六项基本原则。

复习思考题

（1）如何确定工程目标工期？
（2）简述进度控制的基本原理。
（3）对项目的实际进度与计划进度进行比较分析的方法有哪些？简述这些方法的具体应用。
（4）我国现行工程项目的费用构成包括哪些内容？
（5）什么是限额设计？
（6）简述项目成本管理的基本原则和要求。
（7）简述项目质量计划包括的内容。
（8）项目在进行质量控制时一般遵循哪些步骤？
（9）简述项目安全管理的基本要求。

第8章

工程项目综合管理

引导案例

新世界东逸花园高层商住楼工程由两栋 26 层商住楼组成,其中地下室 2 层、裙楼 3 层、塔楼 23 层,总建筑面积 48 734 平方米,项目由香港新世界中国地产发展有限公司投资,工程造价为 11 250 万元人民币。该工程于某年 7 月开工,总工期 700 天。项目质量目标:符合国家建筑工程质量验收标准,以及客户提出的高于国标或超出国标的指标。项目安全目标:无死亡、重伤事故,轻伤频率控制在 5‰ 以下。售后服务目标:高于国家的售后服务目标 5%。客户满意目标:客户满意度得分在 90 分以上。

项目经理认为,要想实现项目目标,必须就下列问题进行认真思考和策划:如何进行项目的生产要素管理、范围管理、风险管理、沟通与信息管理、干系人管理、冲突管理、现场管理及项目文化建设。

本章学习目标

(1)掌握工程项目生产要素管理的概念及优化配置和动态管理的方法。
(2)熟悉工程项目物流管理的概念。
(3)熟悉工程项目范围管理的概念。
(4)掌握工程项目风险管理的概念及方法。
(5)掌握工程项目沟通与信息管理的相关内容。
(6)掌握工程项目干系人管理的基本内容。

（7）了解项目冲突管理、现场管理、环境管理文明施工和项目文化建设的相关知识。

8.1 生产要素管理

8.1.1 生产要素管理概述

1. 项目生产要素

项目生产要素是指形成生产力的各种要素，即投入到项目中的劳动力、材料、机械设备和技术等诸要素的总称。科学技术是第一生产力，先进的生产技术一旦被劳动者掌握，并借助于劳动工具作用于劳动对象，便形成相当于科学技术水平的生产力。人是生产力中活的因素，也是必要因素。人推动着科学技术的进步，制造劳动工具并作用于劳动对象，从而最终形成生产力。资金也是生产力的要素之一，投入到生产力中的生产要素都是需要支付资金的。在市场经济条件下，资金已经成为生产必不可少的条件。

2. 项目生产要素管理概念

项目生产要素管理就是要解决项目需要哪些生产要素，应如何配置，如何使用，从而实现生产要素的优化配置。项目生产要素的优化配置就是使投入的生产要素的搭配适当，协调地在项目中发挥作用，以有效地形成生产力，力争使项目最优地实现。项目的实施过程是一个动态的过程，随着项目的发展，各种资源的数量和比例也处在不断变化之中。因此，对生产要素的优化组合也应该适应各阶段的具体情况而相应地变动，也就需要对生产要素进行动态管理。

通过编制生产要素的供应计划，并根据生产要素的特性采取有效的措施进行动态配置和协调组合以节约生产要素，进而发挥最大作用，并及时地进行生产要素使用效果分析、总结并为项目管理提供储备和反馈信息，以指导生产要素管理。

8.1.2 生产要素的优化配置

1. 生产要素优化配置的内容

（1）劳动力的优化配置。劳动力是工程项目活动的主体，是构成生产力的主要因素。对劳动力的管理主要是对项目形成过程中的各个环节和各个方面的人员进行合理的计划、组织、指挥、协调、控制等。

① 劳动力优化配置的内容。对劳动力优化配置的关键在于合理的安排、正确的使用，关键之关键是调动劳动者的积极性，提高效率。

② 劳动力优化配置的依据。劳动力优化配置的原则首先是项目。不同的项目需要不同数量和种类的劳动力，劳动力的优化配置需要根据项目的具体情况和项目的工作结构分解加以确定。项目进度计划也是劳动力优化配置的重要依据。劳动力资源的时间安排主要取决于项目进度计划。劳动力优化配置还要同时寻求劳动力配置与进度计划之间的综合平衡和优化。

在此基础上，项目劳动力优化配置的依据还包括劳动力的来源。

③ 劳动力优化配置的原则。项目经理应遵从充分利用、提高效率、降低成本的原则，根据项目进度计划、劳动力需求计划和供应计划进行合理配置。劳动力优化配置应尽量考虑以下因素：

a. 将劳动力需要计划具体落实，以防疏漏。必须根据具体情况进行劳动力的安排。

b. 配置劳动力要积极可靠，使其有超额完成的可能，并能激励工人的热情和积极性。尽量保持劳动力和劳动组织的稳定，防止频繁调动。当确实需要调整时，要敢于改变原建制进行优化组合。

c. 尽量使工种的组合及技工与普工的搭配比例适当、配套，以保证施工作业的需要。

d. 力争劳动力配置均匀，使劳动资源强度适当，以达到节约的目的。

（2）材料的优化配置。合理使用和有效节约材料是材料管理的一项重要工作，因此生产要素的材料管理需要进行编制材料计划、订货采购、运输库存管理、供应加工使用回收等一系列的组织管理工作。项目的材料管理工作的主要环节是项目材料的计划和供应。

项目需要的主要材料和大宗材料一般由企业物资部门订货或从市场中采购，按计划供应给项目经理部，项目经理部需要向物资采购部门提供主要材料的需求计划。项目所需的特殊材料和零星材料可按承包人授权由项目经理部采购，项目经理部需要事先编制采购计划。材料优化配置的主要方法有 ABC 分类法、存储理论和价值工程。

① ABC 分类法。ABC 分类法又称重点管理法，是运用数理统计的方法，对事物的构成因素进行分类排队，以抓住事物的主要矛盾的一种定量的科学分类管理技术。应用这种方法需要将被分析对象分为 A、B 和 C 三类。通过分析，对起决定性影响的 A 类事物进行重点管理。这样既能保证重点，又能照顾到一般，以利于达到最经济有效地使用材料的目的。

ABC 分类法的分类标准是：

a. A 类。数量很少，仅占总数的 5%～10%，但价值或资金却占总价值的 70%～80%。

b. B 类。数量较多，占总数的 10%～20%，但价值或资金却占总价值的 20% 左右。

c. C 类。数量很多，约占总数的 70%，但价值只占总价值的 5% 左右。

在材料管理中，ABC 分类法的步骤如下：

a. 计算项目各种材料所占用的资金总量。

b. 根据各种材料的资金占用的多少，从大到小按顺序排列，并计算各种材料占用资金占总材料费的百分比。

c. 计算各种材料占用资金的累积金额及其占用的总金额的百分比，即计算金额的百分比，也就是计算金额累计百分比。

d. 计算各种材料的累积数及累计百分比。

e. 绘 ABC 分析图。以累积品种百分数为横坐标，累计占用资金百分比为纵坐标，按 ABC 分析列示的对应关系，在坐标图上取点，并连接各点成曲线，即绘成 ABC 分析图。

由于物资的重要性往往不仅反映在物资的某一方面，如价格高低或占用资金多少，还与资源取得的难易、物资对生产的影响等因素有关。因而，其分类也可以采用其他标准或结合多种影响因素统一分类。同时，A、B 和 C 三类物资所占百分比数，也需要根据所管库存物资的具体情况加以规定。

A、B 和 C 三类物资区分以后，再权衡管理力量与经济效果，对三类对象进行有区别的管理。对重点的 A 类物资，要严格控制，尽可能降低订购量，减少库存量，一般采用定期库存控制法进行管理。对于 B 类物资的管理，可适当放宽一些，可用选择补充库存制度进行控制。对 C 类物资的管理，可适当加大订购批量、提高保险储备量、采用定量库存控制进行控制。例如，库存量等于或低于再订购点时，就补充订购，以减少日常的管理工作。

② 存储理论。项目所需材料是分批采购还是一次采购？若分批采购，分成几批，每批采购量是多少？这些问题都是在确定材料采购计划时必须加以考虑的。不同的方案，其效果可能截然不同。存储理论就可用于解决此类问题。在材料管理中，存储理论用于确定材料的经济存储量、经济采购批量、安全存储量和订购点等参数。研究和应用存储理论对于科学采购、节约仓库面积、加速资金周转等都有重要意义。这也就是存储优化问题。

③ 价值工程。价值工程又称价值分析，是挖掘降低成本潜力，对成本进行事前控制，促使产品或项目降低成本的一种方法，是以最低费用可靠的实现产品或项目的必要功能所进行的技术性、经济性和组织性的综合分析活动。价值分析的基本公式：价值=功能/成本。价值工程的主要目的是寻求降低成本，提高功能即提高材料价值的主要途径。例如，功能不变，成本降低，如使用岩棉板代替聚苯板保温即属于此类情况；在功能受影响不大的情况下，大大降低成本，如在工程中使用滑动模板以节省模板料和模板费用即属于此类；既降低成本，又提高功能，如在工程项目中，使用大模板做到以钢代木、代架、代操作平台即属于此类情况。

（3）机械设备的优化配置。项目机械设备管理就是要在机械寿命的全过程中，项目经理部根据项目的具体情况科学优化和选择各种机械设备，采取各种形式的技术措施和组织措施，消除一切使机械遭到损坏、使人身健康与安全受到威胁、使环境遭到污染的因素或现象，避免机械事故发生，实现安全生产。

（4）资金的优化配置。项目经理部要从合理筹集资金、确保资金占用和资金成本最低预算来考虑各部门之间的资金余缺，充分利用组织的闲置资金。此外，还应结合银行贷款利率的变动趋势，进行多渠道融资，并合理安排短期借款和其他融资形式之间的结构比例，以确保资金占用和资金成本最低；合理使用资金、加强资金使用过程的控制；加强各公司应收账款的管理和货款回笼期限的考核。此外，货款的回笼期限也是不容忽视的问题，要避免企业因垫付而增加资金的流出，严控回笼期限，减少应收款项的拖欠时间。

8.1.3 生产要素的动态管理

1. 劳动力管理

劳动力优化配置的目的是保证项目进度计划的实现，使人力资源充分利用，降低工程成本。

（1）劳动力的来源。不同的组织需要的劳动力不同，所以也会从适合的劳动力来源处获得劳动力。目前我国工程企业常采用"两层分离"方式获取劳动力，即项目管理层和劳务作业层两层分离，劳务作业层来自于工程企业外部，通常通过招标的方式确定。

（2）劳动力的动态管理。由于项目任务和条件的变化，劳动力的安排要与之相适应，以避免劳动力的配置失衡或与项目要求脱节。劳动力动态管理的必要性就在于它不断地对劳动力进行跟踪平衡和协调，以实现不同阶段的劳动力动态的优化组合。

项目经理部应能够对进入现场的劳动者下达任务书，并进行动态管理。通过跟踪平衡与协调及时对劳动力进行补充和减负，加强对劳务人员的教育培训，加强对劳务人员的作业检查，进行适当的激励，以提高劳动效率。保证作业质量是项目管理的重要任务之一。

劳动力动态管理的原则：劳动力的动态管理要以劳动合同和各项目的劳动计划为依据；以企业内部劳务的动态平衡和日常的调度为手段；以企业内部达到劳动力优化组合和作业人员的积极性得到充分调动为目的。劳动力的动态管理工作自始至终贯穿于项目管理的过程中。

2. 材料管理

（1）材料供应。项目材料的供应方式与项目有关，也与材料的供应市场有关，不同的项目需要有不同的材料供应方式。例如，工程项目的材料供应方式有包工不包料（所需的材料由业主负责供应，工程企业只承包工程的用工）、包工包料（工程企业不仅承包工程的用工而且承包全部材料的申请、订货、运输和供应）、业主和承包商共同负责等。

项目需要的主要材料和大宗材料一般由企业物资部门订货或从市场中采购，按计划供应给项目经理部，项目经理部需要向物资采购部门提供主要材料的需求计划。项目所需的特殊材料和零星材料可按承包人授权由项目经理部采购，项目经理部需要事先编制采购计划。项目材料供应方式的选择要达到材料供应环节尽量少，避免层层设仓库，加快材料流通，减少积压浪费，致力于材料节约和降低成本、提高材料利用效率的目的。

（2）材料的供应体制。我国目前的材料供应体制主要有以下三个方面。

① 材料的供应权主要集中在企业法人层次上。企业根据国家的法律规定取得了物资采购权之后，通过建立统一的企业内部采购机构，为了便于各项目材料的动态配置和平衡协调，又便于服务于各项目的材料需求，达到节约材料的费用，降低工程成本的目的，就要对项目所需要的主要材料和大宗材料实行统一计划、统一采购、统一供应、统一协调、统一核算，材料的大多数采购要通过企业层次的材料机构进入企业。企业的材料采购机构要明确企业各项目对材料的需要，同时面向材料市场，这样才能扭转企业多渠道供料、多层次采购的状态，从而使材料管理贯穿于项目管理的全过程，进而建立统一的企业内部材料市场，使企业法人的材料供应不能被其他供应方式所代替，也不能被项目管理组织所代替。

② 企业建立内部材料市场。企业内部市场型的生产方式，促使企业的生产经营方式的转变，企业必须以经济效益为中心，在专业分工的基础上，把商品市场的契约关系、交换方式、价格调节和竞争机制等引入企业，建立企业材料市场。在企业内部的材料市场上，企业材料部门是卖方，项目管理层是买方，双方的利益通过签订合同加以明确。除了主要材料由内部材料市场供应外，周转材料、大型工具等均采用租赁方式，小型和随手工具采取支付费用方式，由班组在内部市场自行采购。

③ 项目管理组织拥有部分材料采购供应权。企业内部市场建立后，作为买方的项目经理部的材料管理的最主要任务是满足特殊材料的需求，调动项目管理层的采购权，与企业材料部门签订供应合同，控制材料使用，加强现场管理，设计材料节约方案，完工后组织材料结算与回收等。材料的采购应做到计划外材料、特殊材料和零星材料层次互补，不留缺口。

（3）材料的现场管理。项目经理是现场材料管理的全面领导者和责任者，项目经理部主管材料人员是施工现场材料管理的直接责任人，班组材料成员在主管材料员的指导下，协助班组长组织并监督本班组合理领用、退料。材料的现场管理是指对项目所需的各类材料，自进入项目现场至项目完成为止的全过程进行的管理。

（4）材料的动态管理。材料计划仅仅是在项目初始阶段应用的，随着项目的进展，各方面变化会相应地引起材料的数量和质量的变化，因此就需要对初始的材料计划进行修改，即对材料供应进行动态管理。在材料的使用过程中,项目经理部要根据项目的进度,编制加工制品的计划作为材料现场管理的依据;按一定的周期对材料计划的执行情况进行检查,不断改进材料的供应工作。

3. 设备管理

(1)机械设备的选择。机械设备的合理选择是设备管理的首要环节,其原则是切合需要、实际可能、经济合理。选择机械设备的主要方法有综合分析法、简单评分法、加权评分法、单位工程量成本比较法、界限使用时间判断法和等值成本法。

① 综合分析法。如果有多种机械的技术性能满足要求,还应对各种机械的多种特性进行综合考虑,包括工作效率,工作质量,使用费和维修费,能源消耗量,占用的操作人员和辅助人员,安全性运输、安装、拆卸和操作的难易程度与灵活性,在同一现场服务的项目多少,机械完好性,维修难易程度,对气候条件的适应性,对环境保护的影响程度等。

② 简单评分法。按照一定的评分规则对每种设备的各个特性分别进行评分,总分最高者即为所选设备。

③ 加权评分法。设备的各个特性的重要程度可能并不完全相同,而简单评分法的不足之处是按照各特性的重要程度都相同来考虑的,加权评分法则考虑了各特性的重要程度的差异,给不同的特性赋予不同的权重,使综合评分更具有科学性。

例1 有4台设备的技术性能均满足要求,在选择时考虑13个特性,根据每个特性的重要程度给予不同的权重,组织相关人员对每台设备进行评分,根据分数高低选择设备。结果如表8-1所示。

表8-1 综合加权评分表

序号	特性	权重	综合评分(评价分×权重)			
			设备1	设备2	设备3	设备4
1	工作效率	0.20	90×0.20	85×0.20	80×0.20	85×0.20
2	工作质量	0.15	85×0.15	85×0.15	80×0.15	85×0.15
3	使用费和维修费	0.10	80×0.10	90×0.10	85×0.10	80×0.10
4	能源耗费量	0.10	85×0.10	85×0.10	80×0.10	85×0.10
5	占用人员	0.05	85×0.05	85×0.05	80×0.05	80×0.05
6	安全性	0.05	90×0.05	90×0.05	90×0.05	85×0.05
7	稳定性	0.05	80×0.05	85×0.05	80×0.05	85×0.05
8	服务项目多少	0.05	85×0.05	90×0.05	85×0.05	80×0.05
9	完好性	0.05	90×0.05	80×0.05	80×0.05	85×0.05
10	维修难易	0.05	80×0.05	85×0.05	85×0.05	85×0.05
11	安、拆、用的难易和灵活性	0.05	85×0.05	85×0.05	85×0.05	80×0.05
12	对气候的适应性	0.05	85×0.05	80×0.05	80×0.05	80×0.05
13	对环境的影响	0.05	80×0.05	85×0.05	85×0.05	85×0.05
	总分	1.00	85.25	85.5	82	83.5

由此,我们选择设备2作为施工机械比较合理。

④ 单位工程量成本比较法。设备在使用过程中发生的费用分为两类：可变费用和固定费用。可变费用随设备的工作时间而变化，如操作人员的工资、燃料动力费、小修理费和直接材料费等；固定费用是按一定的项目工期分摊的费用，如折旧费、大修理费、投资应付利息和固定资产占用费等。考虑这两类费用的机械设备单位工程量成本计算公式为

$$C_U = \frac{R + PX}{QX}$$

式中，C_U 表示单位工程量成本；R 表示操作时间固定费用；X 表示操作时间；P 表示单位时间操作费；Q 表示单位时间产量。

例2 有两种挖土机械均满足施工需要，预计每月使用时间各为 130 小时，有关经济资料如表 8-2 所示。问选择哪一种挖土机械为好？

表 8-2 两种挖土机械的有关经济资料

机 种	月固定费用（元）	每小时操作费（元）	每小时产量（立方米）
A	7 000	30.8	45
B	8 400	28.0	50

A 机和 B 机的单位工程量成本计算为

A 机的单位工程量成本 $= \dfrac{7\,000 + 30.8 \times 130}{130 \times 45} = 1.88$（元/立方米）

B 机的单位工程量成本 $= \dfrac{8\,400 + 28.0 \times 130}{130 \times 50} = 1.85$（元/立方米）

B 机的单位工程量成本低于 A 机，故应选择 B 机。

⑤ 界限使用时间判断法。单位工程量成本使用时间的制约，若计算出两种机械设备的单位工程量成本相等时的使用时间，并根据该时间进行选择，则会更简单，也更可靠。这种方法就称为界限使用时间判断法。

若 A 机和 B 机的固定费用分别是 R_a 和 R_b，单位时间产量分别是 Q_a 和 Q_b，每小时的操作费分别是 P_a 和 P_b，界限使用时间是 X_0。则两机的单位工程量成本相等时可表示为

$$\frac{R_a + P_a X_0}{Q_a X_0} = \frac{R_b + P_b X_0}{Q_b X_0}$$

解此式得

$$X_0 = \frac{R_b Q_a - R_a Q_b}{P_a Q_b - P_b Q_a}$$

上式即为界线使用时间的计算公式。可见，使用时间高于和低于该时间，单位工程量成本的变化会使使用机械的决策得到相反的结果。

为了分析使用时间的变化对决策的影响，假使两机的单位时间产量相等，则使用时间和费用的关系可简化为图 8-1 所示的图形。

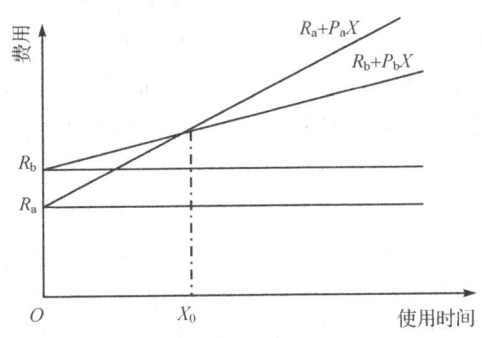

图 8-1 使用时间和费用关系

由图 8-1 可知，若 $R_a<R_b$，$P_a>P_b$，且机械的使用时间少于 X_0，则选择 A 机为优；使用时间多于 X_0 时，则选择 B 机比较合理。反之，当 $R_a>R_b$，$P_a<P_b$ 时，则选择 B 机；当使用时间多于 X_0 时，则选择 A 机比较合理。所以，采用这种方法选择机械设备，首先应计算界限使用时间，然后根据实际项目需要的预计使用时间做出选择机械设备的决策。

⑥ 等值成本法。若设备在项目中使用时间较长，且涉及购置费用，则在选择设备时往往涉及设备的原值和资金的时间价值等问题。这时可采用等值成本法进行选择。

等值成本法，又称折算费用法，是通过计算折算费用，进行比较选择，低者为优。该方法的计算公式为

年折算费用＝每年按等值分摊的设备投资×每年的设备利用率

若考虑资金的时间价值，则

年折算费用＝（原值-残值）×资金回收系数＋残值×利率＋年度使用费

其中资金回收系数为

$$\alpha = \frac{i(1+i)^n}{(1+i)^n - 1}$$

式中，α 表示资金回收系数；i 表示利率；n 表示计利期。

（2）机械设备的保养与维修。

① 机械设备的磨损。机械设备的磨损有三个阶段，在机械设备的使用初期，包括制造或修理中的磨损和使用初期的走合磨损，这类磨损称为磨合磨损。机械在使用过程中，正常的磨损不可避免，但这样的磨损一般都比较小，且处在比较平稳的状态；在负荷加大的情况下，机械设备的磨损会发生急增的情况，从而导致机械的事故性磨损，造成修理困难和经济损失。

② 机械设备的保养。为了保证机械设备的良好状态，提高设备运转的可靠性和安全性，必须进行机械设备的保养。例行保养是进行清洁、润滑、紧固松动的螺丝等正常的管理工作；另一种保养是每隔一定时间进行的强制保养，机械设备运行一定的时间，不管其所处的状态好坏，任务轻重，都必须进行强制保养，以预防设备可能发生的不可修补的损坏。

③ 机械设备的修理。机械设备的修理是对机械设备的自然损耗进行修复，排除机械运转

故障，对损坏的零部件进行更换、修复，包括对机械设备进行全面的检查修理，保证零部件质量和配合而进行的修理，也包括更换和修复主要零部件与数量较多的其他磨损件，并校正机械设备基准，恢复机械设备精度、性能和效率，保证其能使用到下一次修理时。另外，为了排除操作人员无力排除的故障或一般事故性故障，有时还要进行零星修理。

4. 资金管理

项目资金管理是指项目经理部根据项目实施过程中的资金运行规律，进行资金收支预测、编制资金计划、资金使用、资金核算与分析等一系列的资金管理工作。进行资金使用管理是项目资金管理的主要环节。项目资金管理的目的是保证收入、节约支出、加强周转、防范风险和提高经济效益。

资金的筹措、使用和收支状况都会对项目的进行产生重大影响，在项目进行过程中，必须对项目的资金进行严格的管理。

项目管理机构应编制资金需求计划、收入计划和使用计划。

（1）资金的收入预测。一般情况下，资金的收入都是按照合同的规定，从项目预付款开始，按照项目进度开始收取进度款，直到项目结束结算。为了有效地把握项目的资金，便于对资金进行管理，加快资金周转，合理利用资金，应该按照合同规定的项目资金的付款方式，并结合工程变更，建立资金收入预测表。

（2）资金的支出预测。项目资金支出与其进度计划、费用控制计划和资源计划等有关。随着项目的进度，预测出每隔一定的时间项目支出的各项费用，使整个项目的资金支出情况尽量在预测的控制范围之内。资金的支出预测与项目费用计划的编制是密切相关的，因此在预测项目资金支出的过程中要考虑项目费用计划。从资金的收入和支出对比情况可以有效地监测项目的进度。

（3）项目资金管理的要点。项目资金管理应以确保收入、节约支出、防范风险和提高经济效益为目的；企业应在财务部门设立项目专用账号进行项目资金收支预测，统一对外收支与预算；项目经理部应编制年、季、月度资金收支计划，上报企业主管部门审批实施；项目经理部应按照企业授权，配合企业财务部门及时进行资金的计收；项目经理部应坚持项目的资金分析，进行计划收支与实际收支对比，找出差异，分析原因，改进资金管理；项目经理部按公司的用款计划控制资金的使用，以定收支，节约开支。

（4）资金的筹措。项目资金的筹措方式有很多种，主要有自有资金、财政资金、银行信贷资金、发行各种债券和股票，以及利用外资等。

一般情况下，项目所需的资金主要由项目发包方提供，但也会出现承包方提供资金的情况。承包方提供资金主要有预收预付款、项目已完部分的结算款和自有资金等。对资金筹措的管理有利于项目管理方对项目可能发生的情况进行有效的准备，并对已有的资金进行合理的安置和利用，以最佳的方式实现资金的价值。

5. 项目技术管理

（1）项目技术管理定义。项目技术管理是项目经理部在项目运作的过程中，对项目技术活动过程和技术工作的各种要素进行管理的总称。技术活动过程是指技术计划、技术运用和技术评价等，技术工作的各要素包括技术人才、技术装备、技术规程和技术资料等。技术作用的发挥，除取决于技术本身的水平外，很大程度上还依赖于技术管理水平。没有完善的项目技术管理，再先进的技术也难以发挥作用。

（2）项目技术管理的基本要求。项目管理机构应实施项目技术管理策划，确定项目技术管理措施，进行项目技术应用活动。项目管理机构应根据项目规模设定项目技术负责人，或在企业总工程师和技术管理部门的指导下，建立技术管理体系。项目管理机构的技术管理应执行国家技术政策和企业的技术管理制度。项目管理机构可自行制定特殊的技术管理制度，并报企业总工程师审查。除此之外，项目管理机构还负责进行项目技术开发管理、技术经济分析与评价。

（3）项目技术管理工作的内容。技术管理工作主要包括编制项目技术管理规划；实行技术责任制；执行技术标准与技术规程；制定技术管理制度；开展主要技术工作的管理；技术创新等。

① 编制项目技术管理规划。项目技术管理规划是承包人根据招标文件要求和自身能力编制的、拟采用的各种技术和管理措施，以满足发包人的招标要求。项目技术管理规划应明确下列内容：

    a. 技术管理目标与工作要求；

    b. 技术管理体系与职责；

    c. 技术管理实施的保障措施；

    d. 技术交底要求，图纸自审、会审，施工组织设计与施工方案，专项施工技术，新技术的推广与应用，技术管理考核制度；

    e. 各类方案、技术措施审报流程；

    f. 根据项目内容与项目进度需求，拟编制技术文件、技术方案、技术措施计划及责任人；

    g. 新技术、新材料、新工艺、新产品的应用计划；

    h. 对设计变更及工程洽商实施技术管理制度；

    i. 各项技术方案、技术文件、技术措施的资料管理与归档。

② 技术责任制。实行技术责任制就是要针对具体项目工作将技术责任落实到人。项目的技术负责人要直接领导项目组织内的施工人员、技术人员和有关职能人员的技术工作，负责贯彻执行技术法规、标准和上级的技术规定，制定施工技术管理制度；组织有关人员熟悉图纸以及分项工程和单位工程的施工方案，组织按施工组织设计施工；向项目组织人员进行技术交底，搞好队组间的协作与工序衔接；审定施工组织设计；参加施工技术组织设计计划等责任。

③ 执行技术标准与技术规程。技术标准与技术规程是技术工作的指南，执行技术标准与技术规程就是按照标准与规程开展技术工作，在项目实行的过程中要明确项目的工作及项目的标准与规程，然后组织项目人员进行学习。

④ 制定技术管理制度。项目技术管理制度规定项目实施过程中各项工作的程序和处理方法等制度性问题。在项目实施过程中主要的技术管理制度包括为了充分理解设计意图，熟悉设计要点与问题而建立的学习与会审制度；为了规定项目实施细则，着重单位工程施工组织设计及分部分项工程方案而建立的施工组织设计管理制度。另外，还有技术交底制度，施工项目材料、设备检验制度，工程质量检验和验收制度，技术组织设计措施计划制度，工程施工技术资料管理制度等。

⑤ 项目主要技术工作的管理。学习设计文件与进行图纸会审是进行工程质量控制、成本控制和进度控制的一种重要而有效的方法。首先由设计单位介绍设计意图和图纸、设计特点、

对施工的要求，然后由施工单位提出图纸中存在的问题与对设计单位的要求，通过协商讨论解决问题。图纸审查的内容比较多，如设计是否有证，地质勘察资料是否齐全，设计地震烈度是否符合当地的要求，总平面图与施工图的几何尺寸、平面位置和标高等是否一致，施工图中所列的标准图册是否具有，施工安全是否有保证等。

整个工程和分部分项工程在施工前必须进行技术交底。在交底时不仅要领会设计的意图，还要贯彻上级技术领导的意图和要求，对易发生质量事故与工伤事故的工程单位要特别注明。技术交底必须满足施工规范、规程、工艺标准、检验评定标准和建设单位的合理要求，技术交底的资料必须以文件的形式并列入技术档案。

⑥ 技术创新。技术创新是以市场为导向，将科技潜力转化为营销优势的创新活动，涉及从新创意到技术开发、产品研制、生产制造、市场营销和服务的全过程。

8.1.4 工程项目物流管理

市场竞争实质上已不是单个企业之间的较量，而是供应链与供应链之间的竞争。供应链运作的表象是物流、信息流和资金流（通常所说的"三流"），由于物流与信息流、资金流存在本质上的区别，在实际运作中一般可以借助信息网络和中间机构（如银行）实现信息的交换与资金的流动。但物流往往更多地表现为商品实体在时间和空间上的移动，受自身性质的约束，其实施的成本和难度很高，成为供应链快速、有效运行的主要障碍，特别是在电子商务高速发展，客户个性化需求日趋明显的形势下，物流瓶颈越来越突出。根据"木桶原理"，供应链上任何一个成员物流效率的降低都会降低整个供应链的竞争力，因而供应链物流管理是一个非常重要的研究领域。

1. 供应链物流管理的概念

一般物流管理的主要对象是采购/销售物流和生产物流，追求局部利益最大化；而供应链物流管理的范围不仅包括采购/销售物流和生产物流，还包括回收物流、退货物流和废弃物流等反向物流。并且，采购/销售物流不仅是单阶段的物流（如供应商到制造商、制造商到批发商、批发商到零售商、零售商到消费者的相对独立的采购/销售物流活动），而且包括供应链渠道内成员从原材料获取到最终客户产品分销整个过程的采购/销售物流活动。

供应链物流管理指的是用供应链管理思想实施对供应链物流活动的组织、计划、协调与控制。作为一种共生型物流管理模式，供应链物流管理强调供应链成员组织不再孤立地优化自身的物流活动，而是通过协作（Cooperation）、协调（Coordination）与协同（Collaboration），提高供应链物流的整体效率。

2. 供应链物流管理的组成

供应链物流管理由三部分组成：

（1）前向物流与反向物流，包括运输、仓储、包装、装卸搬运、配送等。

（2）前馈与反馈的信息流，涉及订单、交付、运输等活动的信息交换。既包括供应信息、需求信息，也包括共享信息，这是与传统物流管理不同处之一。在传统物流系统中，需求和供应信息都是逐级传递，非直接合作的企业相互之间信息不畅，导致的直接后果就是客户需求反应慢、丧失市场机会、库存增加或缺货等。

(3)管理和控制,包括采购、营销、预测、库存管理、计划、销售和售后服务。

供应链物流管理注重总的物流成本与客户服务水平之间的关系,利用系统理论和集成思想,把供应链成员内各职能部门和成员间相关职能部门有机地结合在一起,从而最大限度地发挥出供应链整体优势,增强供应链整体的竞争力,最终达到供应链成员整体获益的目的。

3. 供应链物流管理的特点

与一般物流管理相比较,供应链物流管理具有以下特点:

(1)分析问题的角度不同。供应链物流管理是从整个供应链的角度出发,寻求供应链物流成本与客户服务之间的均衡。

(2)管理的内容不同。供应链物流管理涉及整个供应链所有成员组织,管理内容包括从初始供应物流到终端的分销物流和反向物流。

(3)侧重点不同。供应链物流管理更侧重于供应链成员企业间接口物流活动的管理优化,这也是供应链物流管理的利润空间所在。管理难度更高,管理思想和方法更丰富。供应链物流管理涉及众多成员企业的协调与合作,无论从纵向(长度)还是横向(宽度)考虑,供应链物流管理更复杂,难度更高。因此,供应链物流管理需要应用更多的管理思想和方法,如系统理论与集成思想、准时制(JIT)、快速反应(QR)、有效客户反应(ECR)等。

4. 基于知识管理的物流管理

信息化对物流的发展发挥了重要作用,但它不能给物流系统带来创新价值,唯有知识管理才具有创新功能,使物流系统发生质的变化。物流信息化注重信息技术的利用和信息收集、处理、传递,管理对象主要是业务信息。但信息管理只能"使信息成为行动的基础方式",不能使信息通过个人或组织的自身知识的作用而成为更有效的行为。任何员工接收信息后,必须结合自身经验、教训,经过思考方能做出行为决策。对于同种信息,不同人做出的决定不同,产生效益的程度也不同。可见,对企业决策起实质影响的是人的经验、教训和思维方式等看不见、摸不着的隐性知识,这是物流信息化利用信息技术无法收集的。同时,物流员工也难以利用物流信息系统借鉴、倾听员工获得的教训,参考最好的实践经验和物流专业知识进行知识复用和知识创新。因此,为了给物流决策提供更有价值的知识,提高员工知识水平和业务运作效率,企业必须充分利用人的自身知识,不仅要将它以可见、规范的形式在物流系统里传递,还要发挥自身知识的作用以挖掘信息中隐藏的隐性知识。这种管理理念的转换要求管理对象从以显性知识(业务信息)为主转向以隐性知识(自身知识)为主,即转向知识管理。

8.2 范围管理

8.2.1 概述

1. 项目范围的概念

项目范围是指为了成功达到项目的目标,项目所规定要完成的工作。简单地说,确定项目范围就是为项目界定一个界限，划定哪些方面是属于项目应该做的，哪些方面是不应该包括在项目之内的，定义项目管理的工作边界，确定项目的目标和主要的项目可交付成果。

2. 范围管理及其目的

项目范围管理是项目管理的一部分，包括规划范围管理、收集需求、定义范围、创建WBS、确认范围和控制范围等活动。范围管理的目的是：

（1）按照项目目标、用户和其他相关者的要求确定应完成的工程活动，并详细定义、计划这些活动。

（2）在项目过程中，确保在预定的项目范围内有计划地进行项目的实施和管理工作，完成规定要做的全部工作，既不多余又不遗漏。

（3）确保项目的各项活动满足项目范围定义所描述的要求。

3. 范围管理的作用

确定了项目范围也就定义了项目的工作边界，明确了项目的目标和主要的项目可交付成果。项目的可交付成果往往又被划分为较小的、更易管理的不同组成部分。因此，确定项目范围对项目管理来说可以产生如下作用：

（1）提高费用、时间和资源估算的准确性。项目的工作边界定义清楚了，项目的具体工作内容明确了，这就为项目所需的费用、时间和资源的估计打下了基础。

（2）确定进度测量和控制的基准。项目范围是项目计划的基础，项目范围确定了，就为项目进度计划和控制确定了基准。

（3）有助于清楚地分派责任。确定了项目范围也就确定了项目的具体工作任务，并为进一步分派任务打下了基础。

正确地确定项目范围对项目成功非常重要，如果项目的范围确定得不好，有可能造成最终项目费用的提高，因为项目范围确定得不好会导致意外的变更，从而打乱项目的实施节奏，造成返工，延长项目完成时间，降低劳动生产率，影响项目组成员的干劲。

8.2.2 规划范围管理

规划范围管理是创建范围管理计划，以下描述将定义、确认和控制项目范围的过程。

1. 规划范围管理的依据

（1）项目管理计划；

（2）项目章程；

（3）事业环境因素；

（4）组织过程资产。

2. 规划范围管理的输出

规划范围管理的输出是范围管理计划和需求管理计划。

（1）范围管理计划。范围管理计划是项目管理计划的组成部分，主要描述如何定义、制定、监督、控制和确认项目范围。

① 范围管理计划的作用。范围管理计划的作用主要在于：

a. 确定并描述为完成项目目标所需的各项任务范围，落实责任体系。

b. 是项目实施的依据和指南。依据范围管理计划，可以保证有秩序地组织项目实施，合理、科学地协调各工种、各单位、各专业之间的关系，充分利用时间和空间。

c. 可以确立项目组各成员和工作的责任范围与地位，以及相应的职权，以便按要求去指导和控制项目的工作，减少风险。

d. 可以促进项目组成员及项目委托人和管理部门之间的交流与沟通，增加顾客满意度，并使项目各工作协调一致，并在协调关系中了解哪些是关键因素。

e. 可作为分析、协商和记录项目范围变化的基础，也是约定时间、人员和经费的基础。

② 范围管理计划的要求

范围管理计划作为一个重要的项目阶段，在项目过程中承上启下，因此，必须按照批准的项目总目标、总任务进行详细计划；计划文件经批准后作为项目的工作指南，必须在项目实施中贯彻执行，必须防止计划的失误和失败。所以，对范围计划有特殊的要求。

a. 范围管理计划必须符合项目总目标，受总目标的控制。计划者首先必须详细地分析目标，弄清任务。如果对目标和任务理解有误，或不完全，必然会导致计划的失败。例如，对一个工程的承包商和供应商来说，必须弄清楚招标文件和合同文件的内容，正确地、全面地理解业主的要求。

b. 系统性要求。范围管理计划本身是一个系统，由一系列子计划组成，各个子计划不是孤立存在的，彼此之间相对独立，又紧密相关。从而使制订出的项目范围管理计划也具有系统的目的性、相关性、层次性、适应性和整体性等基本特征，使项目范围管理计划形成有机协调的整体。

c. 动态性要求。这是由项目的寿命周期决定的。一个项目的寿命周期短则数月，长则数年，在这期间，项目环境常处于变化之中，导致范围管理计划的实施偏离项目基准计划。因此，项目范围管理计划要随着环境和条件的变化而不断调整与修改，以保证完成项目目标。这就要求项目计划要有弹性，以适应不断变化的环境。

d. 相关性要求。范围管理计划是一个系统的整体，构成项目计划的任何子计划的变化都会影响到其他子计划的制订和执行，进而最终影响到项目范围管理计划的正常实施。制定项目范围管理计划要充分考虑各子计划间的相关性。

③ 范围管理计划的形式与内容。

a. 范围管理计划的形式。范围管理计划作为一个阶段，位于项目批准以后，项目实施之前。而作为一个项目管理的职能工作，它贯穿于工程项目生命周期的全过程。在项目实施过程中，项目范围管理计划有许多版本，随着项目的进展不断地得到细化、具体化，同时又不断地得到修改和调整，形成一个前后相继的体系。

范围管理计划按计划制订的过程，可分为概念性计划、详细计划和滚动计划三种形式。

概念性计划：概念性计划通常称为自上而下的计划。概念计划的任务是确定初步的工作分解结构（WBS），并根据图中的任务进行估计，从而汇总出最高层的项目计划。在项目计划中，概念性计划的制订规定了项目的战略导向和战略重点。

详细计划：详细计划通常称为由下而上的计划。详细计划的任务是制定详细的工作分解结构图，该图需要详细到为实现项目目标必须做的每一项具体任务。然后由下而上再汇总估计，成为详细项目计划。在项目计划中，详细计划的制订则提供了项目的详细范围。

滚动计划：滚动计划意味着用滚动的方法对可预见的将来逐步制订详细计划。滚动计划具有十分明显的优点。首先，它可使项目组织始终有一个切合实际的计划作为指导，有助于提高计划的质量，提高准确性。其次，它可使长期计划、中期计划和短期计划之间相互紧密衔接，从而能够及时地调节由于项目环境的变化而引起的偏差。最后，它可以加强计划的灵活性，提高项目组织的应变能力。

b. 范围管理计划的内容。范围管理计划将就以下管理过程做出规定：

制定详细项目范围说明书；

根据详细项目范围说明书创建 WBS；

维护和批准 WBS；

正式验收已完成的项目可交付成果；

处理对项目详细范围说明书的变更。

（2）需求管理计划。需求管理计划是项目管理计划的组成部分，描述如何分析、记录和管理需求。需求管理计划的主要内容包括：

① 如何规划、跟踪和报告各种需求活动；

② 如何启动变更，如何分析其影响，如何进行追溯、跟踪和报告，以及变更审批权限；

③ 需求优先级排序过程；

④ 项目测量指标。

8.2.3 收集需求

需求是指根据合同或法律法规等要求，项目必须满足的条件和能力。需求包括项目发起人、客户和其他干系人的已量化且书面记录的需要和期望。这些需求应该足够详细地探明、分析和记录，并将其包含在范围基准中，以便在项目实施过程中进行测量。收集需求是为实现项目目标而确定、记录并管理干系人的需要和需求的过程。其主要作用是，为定义和管理项目范围奠定基础。

1. 收集需求的依据

（1）范围管理计划；

（2）需求管理计划；

（3）干系人管理计划；

（4）项目章程；

（5）干系人登记册。

2. 收集需求的输出

收集需求的主要输出是需求文件。需求文件描述各种单一需求将如何满足与项目有关的业务需求。需求文件的内容主要包括：

（1）业务需求。包括与项目业务相关的各种需求。

（2）干系人需求。包括项目主要干系人就该项目的各种需求。

（3）解决方案需求。包括：功能和非功能需求；技术和标准合规性需求；质量需求；报告需求。

（4）项目需求。包括与项目相关的各种需求。

8.2.4 定义范围

定义项目范围是进行项目详细描述的过程。其主要作用是，明确所收集的需求哪些将包含在项目范围之内，哪些将排除在项目范围之外，从而明确项目的边界。

1. 定义范围的依据

（1）项目目标的定义和批准的文件，如项目建议书、可行性研究报告、项目任务书和招标文件。

（2）产品范围描述；项目产品描述文件，如项目的功能描述文件、规划文件、设计文件、规范和可交付成果清单（如设备表、工程量表等）。

（3）环境调查资料，如法律规定、政府或行业颁布的与本项目有关的各种标准、现场条件、周边组织的要求等。它们确定了对工程实施的要求。

（4）限制条件和制约因素，如项目的总计划、上层组织对项目的要求、总实施策略等。它们决定了项目实施的约束条件和假设条件，如预算的限制、资源供应的限制和时间的约束等。

（5）其他项目的相关历史资料，特别是关于过去同类项目的经验教训的资料。

2. 定义范围的输出

定义范围的主要输出是项目范围说明书。项目范围说明书是对项目范围、主要可交付成果、假设条件和制约因素的描述。项目范围说明书描述了整个范围，包括项目范围和产品范围。项目范围说明书详细描述了项目可交付成果，以及为创建这些成果而必须开展的工作。详细的项目范围说明书主要包括以下内容：

（1）项目范围描述；
（2）验收标准；
（3）可交付成果；
（4）项目的除外责任；
（5）制约因素；
（6）假设条件。

3. 工程项目定义范围的过程

在工程项目进行的过程中，项目范围的定义，以及项目的范围文件是一个相对的概念。项目建议书、可行性研究报告、项目任务书，以及设计和计划文件、招标文件、合同文件都是定义和描述项目范围的文件，并为项目的进一步实施（设计、计划、施工）提供了基础。它们是一个前后相继、不断细化和完善的过程。前期文件作为后面范围确定的依据。如起草招标文件，就是确定项目的范围（招标范围），它的依据是项目任务书和设计文件、计划文件；而项目任务书又是按照可行性研究报告和项目建议书确定的一份项目范围文件。

通常，定义项目的范围需经过以下过程：

（1）项目目标的分析。

(2)项目环境的调查与限制条件分析。

(3)项目可交付成果的范围和项目范围确定。

(4)对项目进行结构分解工作。

(5)项目单元的定义。将项目目标和任务分解落实到具体的项目单元上,从各个方面(质量和技术要求、实施活动的责任人、费用限制、工期、前提条件等)对它们进行详细的说明和定义。这个工作应与相应的技术设计、计划、组织安排等工作同步进行。

(6)项目单元之间界面的分析,包括界限的划分与定义、逻辑关系的分析和实施顺序的安排。将全部项目单元还原成一个有机的项目整体。这是进行网络分析和项目组织设计的基础工作。

4. 工程项目定义范围的影响因素

按照项目的定义,工程项目的范围就是工程项目所有活动的组合,即工程项目行为系统的范围。按照项目系统的逻辑过程,工程项目由目标形成可交付的成果(工程系统),由可交付的成果决定项目的行为系统,即项目的范围。但工程项目与其他类型的项目不同,工程项目的范围是由多方面因素决定的,如图 8-2 所示。

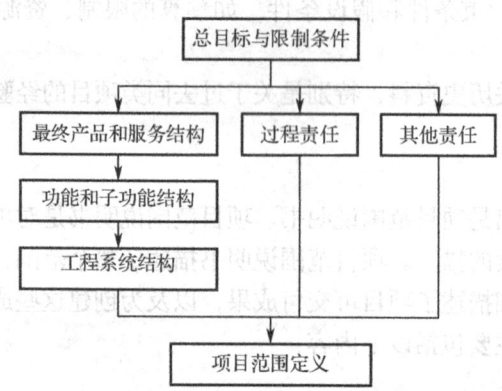

图 8-2 工程项目范围确定的因素

(1)项目的总目标、项目的环境条件和上层系统对项目的制约条件决定项目的总体范围。

(2)确定最终可交付成果(工程系统)的结构。工程系统的结构是通过以下过程确定的:

① 按照市场和用户要求确定项目最终产品的范围或服务的要求,并对这些产品或服务进行详细描述。

项目产品范围所定义的是要提交给用户的产品。产品描述必须解释和说明项目最终产品或最终服务的性质、质量、数量。

② 由最终产品和服务的结构可以确定工程系统的功能与子功能结构,列出功能表(各子系统、各部分的功能定义),并进行功能描述。工程的功能和子功能就是为提供最终产品服务的。按照功能定义可以确定工程技术系统的要求(范围、规范、质量标准)。

③ 按照项目的总目标、用户的要求、产品或服务的功能要求和环境的要求确定整个工程系统的结构,即项目的可交付成果的范围和结构。

工程技术系统应保证功能的完备性,应包括实现这些功能和子功能,以及保证工程系统安全、稳定、高效率运行所必需的硬件(如结构工程、设备、各种设施)和软件(信息资料、运行程序或服务）。对它进一步分解就可以形成工程系统结构图表（如工程量表、设备表、采购供应表等）。

一个工程可以分解成许多独立的子系统，如一座工厂可分解为多个车间，每个车间又可细分为土建工程、设备工程、给排水工程和系统工程等。

（3）由项目的过程责任决定项目的工作范围。工程项目的目标和工程技术系统必须经历项目实施的各个阶段，形成项目工作。例如，一个工程项目的范围可能包括详细的可行性研究、规划、设计、施工准备、施工、竣工交付、运营维护。这是上层组织委托给项目任务承担者的，由项目的任务书（或合同）定义。

在各个阶段所需要的工程活动不仅由工程技术系统的范围和结构确定，而且受预算/投资、时间、进度、地点、实施方案和施工方法的影响。

（4）由项目实施和管理的其他责任决定的项目工作范围。有些项目的工作或工程活动是由其他责任产生的，如按照环境保护法，需要采取环境保护的措施，以及对周边建筑物的保护措施。有些项目工作是为实施过程服务的，不作为最终可交付的成果，如在项目过程中临时设施的搭设等。

5. 工程承包项目范围的确定

工程承包项目范围（承包商应完成的工作任务）由以下因素确定。

（1）工程技术系统（可交付成果）的确定。工程承包项目的最终可交付成果与合同有关。

① 对单价合同，业主在招标文件中提供比较详细的图纸、工程说明（规范）、工程量表和合同文件等。相应的承包工程项目的可交付成果由以下两个方面的因素确定：

a. 工程量表。工程量表是可交付成果清单，是对可交付成果数量的定义和描述。

b. 技术规范。技术规范主要描述了项目的各个部分在实施过程中采用的通用技术标准和特殊标准，包括设计标准、施工规范、具体的施工做法、竣工验收方法和试运行方式等内容。

② 对"设计－采购－施工"总承包合同，在招标文件中业主提出"业主要求"。它主要描述业主所要求的最终交付工程的功能，相当于工程的设计任务书。它从总体上定义工程的技术系统要求，是工程范围说明的框架资料。承包商必须根据业主的要求编写详细的项目范围说明书（在承包商的项目建议书中），并提出报价。

（2）合同条款。工程承包合同文件既确定了施工项目范围，又确定了约束条件，如预算费用和开工日期。

① 承包商的项目范围包括由合同条件定义的工程项目实施过程责任，如承包包括拟建工程的施工详图设计、土建工程、项目的永久设备和设施的供应与安装、竣工保修等。

② 由承包商的合同责任产生的工作和活动，如为运输大件设备要加固通往现场的道路，为了保证实施和使用的安全性而进行的试验研究工作等。

（3）因环境制约产生的活动，如由现场环境、法律等产生的施工项目环境保护的工作任务，为了保护周边的建筑，或为保护施工人员的安全和健康而采取的保护措施以及购买保险等。

这些活动构成了承包商的工程项目范围。

8.2.5 创建 WBS

创建工作分解结构（WBS）是将项目可交付成果和项目工作分解成较小的、易于管理的组件的过程。其主要作用是，对项目的工作内容提供一个结构化的视图。相关内容在本书第3章已做陈述，在此不再赘述。

8.2.6 确认范围

确认范围是正式验收已完成的项目可交付成果的过程。其主要作用是，使验收过程具有客观性；同时，通过验收每个可交付成果，提高最终项目获得验收的可能性。

1. 确认范围的依据

（1）项目管理计划；
（2）需求文件；
（3）核实的可交付成果；
（4）工作绩效数据。

2. 确认范围的输出

（1）验收的可交付成果；
（2）变更请求；
（3）工作绩效信息；
（4）项目文件更新。

8.2.7 控制范围

控制范围是监督项目范围状态，管理范围基准变更的过程。其主要作用是，在整个项目期间保持对范围基准的维护。

在项目的生命周期中，存在着各种因素不断干扰着项目的进行，项目总是处于一个变化的环境之中。项目管理得再好，采用的管理方法再科学，也免不了会发生变化。根据项目管理的哲学思想，这种变化是绝对的。对于项目管理者来说，关键的问题是能够有效地预测可能发生的变化，以便采取预防措施，以实现项目的目标。但实际上很难做到这一点，更为实际的方法则是通过不断的监控、有效的沟通和协调、认真的分析研究，力求弄清项目变化的规律，妥善处理各种变化。

1. 项目变化的规律

项目的变化是不可避免的，问题的关键是能够掌握项目变化的规律，有效地进行对项目变化的控制。项目变化的规律可能因项目而异，但通常情况下，项目变化一般受以下因素的影响。

（1）项目的生命周期。项目的生命周期越长，项目的变化就越多，特别是项目的范围就越容易发生变更。

（2）项目的组织。项目的组织越科学、越有力，则越能有效制约项目的变化。反之，缺乏强有力的组织保障的项目则较易发生变化。人员的流动、协调的困难、管理的随机性等都会使项目容易产生较大的变化。

(3）项目经理的素质。高素质的项目经理善于在复杂多变的项目环境中应付自如,正确决策,从而使项目的变化不会造成对项目目标的影响。反之,则在这样的环境中,往往难以驾驭和控制项目。

（4）外部因素。引起项目变化的因素不仅来源于项目自身,更多的则是来源于项目的外部。例如,不良的天气,原材料、设备的供应,法律纠纷,团队成员的消极态度,以及有关方面的干预等因素都会使项目发生变化。

当然,除了上述因素以外,还有其他若干因素。例如,项目要采用新技术、新方法,就可能会发生变化;计划出现错误,项目需要变化;项目中原定的某项活动不能实现,项目也需要变化;项目的设计不合理,项目更需要变化等。

项目的变化更多的是来源于顾客的要求和项目团队对项目或服务的改进。随着项目的进展,顾客会越来越清楚地认识到一些在项目初期未能认识到的问题,因此会不断提出更改的要求。项目团队在项目实施过程中,也有可能不断改进技术或发现一些新的方法、工艺或材料。

2. 项目变化对项目产生的影响

毫无疑问,项目的变化会对项目产生影响,这种影响有的可能有利于项目目标的实现,但更多的则是不利于项目目标的实现。

一般来说,项目的变化会对项目带来以下影响:

（1）项目的目标。项目的变化可能会造成项目工期的延长或缩短,项目费用的增加或减少,项目质量的降低或提高。这种影响是项目管理人员最为关心的问题,也是最重要的。

（2）生产要素。项目的变化可能会导致对项目所需材料、设备或工具等生产要素的更新。

（3）项目组织。项目的变化也可能会导致项目组织的变更。

项目的变化可能会对以上三个方面都产生影响,但更多的是对有些方面会产生影响,而对另一些方面则不会产生影响。这就需要项目管理人员针对具体情况做出具体分析,以便识别项目的变化对项目所产生的影响。

为了保证项目的顺利实现,处理项目变化的最根本的措施是变更。范围变更就是针对项目的变化状况,以实现项目的既定目标为前提,所采取的应变措施。

范围变更是一项复杂工作。对于可预见的项目变化,可以采取预防措施,以消除变化对项目的影响;而更多的则是项目的变化无法预测,因此也就无法事先采取对策,以使项目发生合理的变更。

范围的变化要求范围变更,这种变更会发生在项目实施过程中的任一阶段。但根据项目的生命周期理论,项目的变更越早,损失就会越小;变更越迟,变更的难度就越大,损失也就越大。项目在失控的状态下,任何微小变化的积累,最终都可能会导致项目质量、费用和进度的变更,这是一个从量变到质变的过程。

在项目进行过程中,项目的变更可能是由顾客引起的,也可能是由项目团队引起的或是由不可预见事件的发生引起的。下面举例分别说明。

（1）顾客引起的变更。例如,购房者向建筑商建议,房间应该更大些,窗户的位置应重新设置。这是由顾客引起的变更。这些变更类型代表着对最初项目范围的变更,将会对项目的进度和费用产生影响。不过,影响程度却取决于做出变更的时间。如果在房子的设计图纸尚未完成时,改变房子的大小和窗户的位置就比较容易;但是,如果房子的主体已完成,窗户也已安装好，要作上述变更，则对项目的进度和费用将会产生很大的影响。

（2）项目团队引起的变更。例如，在项目实施过程中，项目团队发现项目设计方案不合理，则提出设计变更建议。

（3）项目经理引发的变更。

（4）计划的不完善引起的变更。在项目计划过程中，忽略了某些环节而引起的变更。例如，在建造房屋时，客户或承包商未将安装下水道列入工作范围，则应进行范围变更。

（5）不可预见事件引发的变更。例如，地质条件的变化使得原先的设计方案不能满足要求，则需要进行设计变更；暴风雨延缓了项目实施过程，则需要进行进度变更。

3. 范围变更的控制

范围变更会对项目产生影响，所以必须对其严格控制。

（1）范围变更控制的基本要求。

① 关于变更的协议。在项目早期，项目承约人和客户之间，项目经理和项目团队之间应就有关变更方式、过程等问题进行协商，并形成文件或协议。

② 谨慎对待变更请求。对任何一方提出的变更请求，其他各方都应谨慎对待。例如，承约方对客户提出的变更，在未对这种变更可能会对项目的工期、费用产生何种影响做出判断前，就不能随便同意变更。而应估计变更对项目进度和费用的影响程度，并在变更实施前得到客户的同意。客户同意了对项目进度和费用的修改建议后，所有额外的任务、修改后的工期估计、原材料和人力资源费用等均应列入计划。

③ 制订变更计划。无论由客户、承约商、项目经理、项目团队成员，还是由不可预见事件的发生引起的变更，都必须对项目计划涉及的范围、预算和进度等进行修改。一旦这些变更被各方同意，就应形成一个新的基准计划。

④ 变更的实施。变更计划确定后，应采取有效措施加以实施，以确保范围变更达到既定的效果。其步骤如下：

a. 明确界定范围变更的目标。范围变更的目的是适应项目变化的要求，实现项目预期的目标。这就要求明确范围变更的目标，并围绕着该目标进行变更，做到有的放矢。

b. 优选变更方案。变更方案的不同影响着项目目标的实现，一个好的变更方案将有利于项目目标的实现，而一个不好的变更方案则会对项目产生不良影响。这就存在着变更方案的优选问题。

c. 做好变更记录。范围变更的控制是一个动态过程，它始于项目的变化，而终于范围变更的完成。在这一过程中，拥有充分的信息、掌握第一手资料是做出合理变更的前提条件。这就需要记录整个变更过程，而记录本身就是范围变更控制的主要内容。

d. 及时发布变更信息。范围变更最终要通过项目团队成员实现，所以，范围变更方案一旦确定以后，应及时将变更的信息和方案公布于众，使项目团队成员能够掌握和领会变更方案，以调整自己的工作方案，朝着新的方向去努力。同样，变更方案实施以后，也应通报实施效果。

（2）范围变更控制的几个主要问题。不同类型的范围变更控制，其变更控制实施的前提、控制的工具和技术、变更控制的作用等各有不同。现以项目范围变更控制为例，作简单叙述。

项目范围变更控制是指为使项目向着有利于项目目标实现的方向发展而变动和调整某些方面因素而引起项目范围发生变化的过程。项目范围变化和控制不是孤立的，它与项目的工期、费用和质量密切相关。因此，在进行项目范围变更控制的同时，应全面考虑对其他因素的控制。

① 项目范围变更控制实施的基础和前提。

a. 进行工作任务分解。建立工作任务分解结构是确定项目范围的基础和前提。

b. 提供项目实施进展报告。提供项目实施进展报告就是提供与项目范围变化有关的信息，以便了解哪些工作已经完成，哪些工作尚未完成，哪些问题将会发生，这些将会如何影响项目的范围变化等。

c. 提出变更要求。变更要求的提出一般以书面的形式，其方式可以是直接的也可以是间接的。变更要求的提出可以来自项目内部，也可以来自项目外部；可以是自愿的，也可以是被迫的。

d. 项目管理计划。项目管理计划应对变更控制提出明确要求和有关规定，以使变更控制做到有章可循。

② 项目范围变更控制的工具和技术。

a. 项目范围变更控制系统。该系统用于明确项目范围变更处理程序，包括计划范围文件、跟踪系统和偏差控制与决策机制。项目范围变更控制系统应与全方位变化控制系统相集成，特别是与输出产品密切相关的系统集成。这样才能使范围变更的控制与其他目标或目标变更控制的行为相兼顾。当要求项目完全按合同要求运行时，项目范围变更控制系统还必须与所有相关的合同要求相一致。

b. 项目进展报告。项目进展报告应反映已经发生的项目范围变化，而且应说明导致项目范围变化的原因。

c. 计划调整。为有效进行项目范围的变更与控制，应不断进行项目工作任务的再分解，并以此为基础，建立多个可供选择和有效的计划更新方案。

③ 项目范围变更控制的作用。

a. 合理调整项目范围。范围变更是指对已经确定的、建立在已审批通过的 WBS 基础上的项目范围所进行的调整与变更。项目范围变更常常伴随着对成本、进度、质量或项目其他目标的调整和变更。

b. 纠偏行动。由于范围的变化所引起的范围变更偏离了计划轨迹，产生了偏差。为保证项目目标的顺利实现，就必须进行纠正。所以，从这个意义上来说，范围变更实际上就是一种纠偏行动。

c. 总结经验教训。导致项目范围变更的原因、所采取的纠偏行动的依据和其他任何来自变更控制实践中的经验教训，都应该形成文字、数据和资料，以作为项目组织保存的历史资料。

8.3 风险管理

8.3.1 概述

1. 风险的概念

关于风险的定义有很多，但最基本的表达是：在给定情况下和特定时间内，那些可能发生的结果之间的差异，差异越大则风险越大。这个定义强调结果的差异。而另一个具有代表性的定义则强调：不利事件发生的不确定性，认为风险是不期望发生事件的客观不确定性。

还有一些项目风险管理专家对工程项目风险的定义为：工程项目风险是所有影响工程项目目标实现的不确定因素的集合。

一般来说，风险具备下列要素：

(1) 事件（不希望发生的变化）。

(2) 事件发生的概率（事件发生具有不确定性）。

(3) 事件的影响（后果）。

(4) 风险原因。

2. 风险的种类

工程项目投资巨大、工期长、参与者众多，整个建设过程都存在着各种各样的风险。例如，业主可能面临着工程师失职、设计错误、承包商施工组织不力等人为风险，以及恶劣气候、地震、水灾等自然风险。

从产生风险原因的性质可将风险分成以下几类。

(1) 政治风险。政治风险指工程项目所在地的政治背景与变化可能带来的风险。稳定的政治环境，会对工程建设产生有利的影响；反之，将会给各市场主体带来顾虑和阻力，加大工程项目的风险。

(2) 经济风险。经济风险指国家或社会一些大的经济因素的变化带来的风险。例如，通货膨胀引起材料价格和工资的大幅度上涨，外汇比率变化带来的损失，国家或地区有关政策法规如税收保险等变化而引起的额外费用等。

(3) 自然风险。自然风险指自然因素带来的风险。例如，工程项目实施过程中出现超标准洪水、暴雨、地震、飓风等。

(4) 技术风险。技术风险指一些技术条件的不确定性可能带来的风险。例如，勘察资料未能全面正确反映或解释工程的地质情况，采用新技术，设计文件和技术规范的失误等。

(5) 商务风险。商务风险指合同条款中有关经济方面的条款和规定可能带来的风险。例如，支付、工程变更、风险分配、担保、违约责任、费用和法规变化、货币和汇率等方面的条款。这类风险包含条款中写明分配的、由于条款有缺陷而引起的或者撰写方有意设置的，如"开脱责任"等。

(6) 信用风险。信用风险指合同一方的业务能力、管理能力和财务能力等有缺陷或者没有圆满履行合同而给另一方带来的风险。

(7) 其他风险。例如，工程项目所在地公众的习俗和对工程项目的态度，当地运输和生活供应条件等，都可能带来一定的风险。

3. 风险产生的原因

风险在任何工程项目中都存在。风险会造成工程项目实施的失控现象，如工期延长、成本增加、计划修改等，最终导致工程经济效益降低，甚至项目失败。现代项目风险产生的原因有以下几个。

(1) 现代工程项目的特点是规模大、技术新颖、结构复杂、技术标准和质量标准高、持续时间长、与环境接口复杂，导致实施和管理的难度增加。

（2）工程的参加单位和协作单位多。即使一个简单的工程也涉及业主、总包、分包、材料供应商、设备供应商、设计单位、项目管理公司（监理公司）、运输单位、保险公司等十几家甚至几十家单位。各方面责任界限的划分，权利和义务的界定异常复杂，设计、计划和合同文件等出错和矛盾的可能性较大。

（3）由于工程实施时间长，涉及面广，受外界环境的影响大，如经济条件、社会条件、法律和自然条件的变化等。这些因素是难以预测、不能控制的，但都会妨碍项目正常实施，造成经济损失。

（4）现代建设项目科技含量较高，是研究、开发、建设、运行的结合，而不仅仅是传统意义上的建筑工程。项目投资管理、经营管理和资产管理的任务加重，难度加大。

（5）由于市场竞争激烈和技术更新速度加快，产品从概念到市场的时间缩短。人们面临着必须在短期内完成建设（如开发新产品）的巨大压力。

（6）新的融资方式、承包方式和管理模式不断出现，使工程项目的组织关系、合同关系、实施和运行程序越来越复杂。

（7）项目所需资金、承包商、技术、材料和设备、咨询服务的国际化，如国际工程承包、国际投资和合作，增加了项目的风险。

（8）项目管理必须服从企业战略，满足用户和相关者的需求。现在，企业、投资者、业主和社会各方面对工程项目的期望、要求与干预越来越多。

许多领域，由于其项目风险大，风险的危害性大，被人们称为风险型项目领域。

在我国的许多项目中，由风险造成的损失是触目惊心的，许多工程案例说明了这个问题。特别是在国际工程承包领域，人们将风险作为项目失败的主要原因之一。

4. 工程项目风险的特点

分析现代工程项目的许多案例，可以看出，工程项目风险具有以下特点。

（1）风险的多样性，即在一个项目中有许多种类的风险存在，如政治风险、经济风险、法律风险、自然风险、合同风险和合作者风险等。这些风险之间有复杂的内在联系。

（2）项目风险的普遍性，即一般工程项目中都有风险存在。对一个工程项目，风险在整个项目生命期中都存在，而不仅在实施阶段。例如，在目标设计中可能存在构思的错误，重要边界条件的遗漏，目标优化的错误；可行性研究中可能有方案的失误，调查不完全，市场分析错误；工程设计中存在专业不协调，地质条件不确定，图纸和规范错误；施工中物价上涨，实施方案不完备，资金缺乏，气候条件变化；运行中市场变化，产品不受欢迎，运行达不到设计生产能力，操作失误等。

（3）风险影响常常不是局部的，而是全局的。例如，反常的气候条件造成工程的停滞，则会影响整个后期计划，影响后期所有参加者的工作，它不仅会造成工期的延长，而且会造成费用的增加，造成对工程质量的危害。即使局部的风险，其影响也会随着项目的发展而逐渐扩大。例如，一个活动受到风险干扰，可能影响与它相关的许多活动。所以，在项目中，风险影响随时间推移有扩大的趋势。有许多人在商海中经过大风大浪，但到最后因不重视风险而可能在阴沟里翻船。

（4）项目风险具有客观性、偶然性和可变性，同时又有一定的规律性。由于工程项目的环境变化、项目的实施遵循一定的规律，所以风险的发生和影响也有一定的规律性，是可以进行预测的。重要的是人们要有风险意识，重视风险，对风险进行全面的控制。

5. 全面风险管理的概念

在现代项目管理中，风险管理问题已成为研究的热点之一。无论在学术领域，还是在应用领域，人们对风险都做了很多研究，风险管理已成为项目管理的一大职能，作为 PMBOK 的十大知识体系之一。

人们对风险的研究历史悠久。刚开始人们用概率论和数理统计方法研究风险发生的规律，后来又将风险引入网络，提出不确定型网络（PERT 网络），并提出决策树方法，在计算机上采用仿真技术等，研究风险的规律。现在它们仍是风险管理的基本方法。

直到近十几年来，人们才在项目管理系统中提出全面风险管理的概念。它首先是在软件开发等项目中应用的。全面风险管理是用系统的、动态的方法进行风险控制，以减少项目过程中的不确定性。

（1）项目全过程的风险管理。

① 在项目目标设计阶段就应开展风险确定工作，对影响项目目标的重大风险进行预测，寻找目标实现的风险和可能的困难。风险管理强调事前的识别、评价和预防措施。

② 在可行性研究中，对风险的分析必须细化，进一步预测风险发生的可能性和规律性，同时必须研究各风险状况对项目目标的影响程度，即项目的敏感性分析。

③ 在设计和计划过程中，随着工程设计的深入，实施方案也逐步细化，项目的结构分析逐渐清晰。这时风险分析不仅要针对风险的种类，而且必须细化（落实）到各项目结构单元直到最低层次的工作包上。要考虑对风险的防范措施，如风险准备金的计划、备选技术方案，以及在招标文件（合同文件）中应明确规定工程实施中的风险如何分担。

④ 在工程实施中加强风险的控制。这里包括：

a. 建立风险监控系统，能及早发现风险，及早做出反应。

b. 及早采取预定的措施，控制风险的影响范围和影响量，以减少项目的损失。

c. 在风险状态下，采取有效措施保证工程正常实施，保证施工秩序，及时修改方案、调整计划，以恢复正常的施工状态，减少损失。

d. 在阶段性计划调整过程中，需要加强对近期风险的预测，并纳入近期计划中，同时要考虑计划的调整和修改会带来新的问题和风险。

⑤ 项目结束，应对整个项目的风险和风险管理进行评价，以作为以后进行同类项目的经验和教训，形成一个前后连贯的管理过程。

（2）对全部风险的管理。在每一阶段进行风险管理都要罗列各种可能的风险，并将它们作为管理对象，不能有遗漏和疏忽。

（3）全方位的管理。

a. 对风险要分析其对各方面的影响，如工期、成本、施工过程、合同、技术和计划的影响。

b. 所采用的对策措施必须考虑综合手段，即从合同、经济、组织、技术和管理等各个方面确定解决方法。

c. 风险管理包括风险分析、风险辨别、风险文档管理、风险评价和风险控制等全过程。

（4）全面的组织措施。对已被确认的、有重要影响的风险应落实专人负责风险管理，并赋予相应的职责、权限和资源。在组织上全面落实风险控制责任，建立风险控制体系，将风险管理作为项目各层次管理人员的任务之一。让大家都有风险意识，都做风险的监控工作。

6. 工程项目风险管理的特点

（1）工程项目风险管理尽管有一些通用的方法，如概率分析方法、模拟方法和专家咨询法等。但一旦要研究具体项目的风险，则必须与该项目的特点相联系。例如，可以从以下几个方面考虑：

① 该项目复杂性、系统性、规模、新颖性、工艺的成熟程度。

② 项目的类型，项目所在的领域。不同领域的项目有不同的风险，有不同风险的规律性、行业性特点，如计算机开发项目与建筑工程项目就有截然不同的风险。

③ 项目所处的地域，如国度和环境条件。

对风险管理，过去同类工程项目的资料、经验和教训是十分重要的。

（2）风险管理需要大量地占有信息，了解情况，要对项目系统和系统的环境有十分深入的了解，并要进行预测。所以，不熟悉情况是不可能进行有效的风险管理的。

（3）虽然现在人们通过全面风险管理，在很大程度上已经将过去凭直觉、凭经验的管理上升到理性的、全过程的管理，但风险管理在很大程度上仍依赖于管理者的经验和过去工程的经历，对环境的了解程度和对项目本身的熟悉程度。在整个风险管理过程中，人的因素影响很大，如人的认识程度、人的精神和创造力。所以，有的人可能无事忧天倾，有的人则天塌下来也不怕。风险管理中要注意对专家经验和教训的调查分析，这不仅包括他们对风险范围和规律的认识，而且包括对风险的处理方法、工作程序和思维方式。并在此基础上将其系统化、信息化、知识化，用于对新项目的决策支持。

（4）风险管理在项目管理中属于一种高层次的综合性管理工作，它涉及企业管理和项目管理的各个阶段和各个方面，涉及项目管理的各个子系统。所以，风险管理必须与合同管理、成本管理、工期管理和质量管理联成一体，形成集成化的管理过程。

（5）风险管理的目的，并不是消灭风险。在工程项目中大多数风险是不可能由项目管理者消灭或排除的，而是在于有准备地、理性地进行项目实施，减少风险的损失。

7. 风险管理的主要工作

项目风险管理是对项目风险进行识别、分析和应对的系统的过程。

（1）风险管理计划编制。它是项目计划的一部分，决定如何安排项目风险管理活动。

（2）风险识别。确定可能影响项目的风险的种类，即可能有哪些风险发生，并将这些风险的特性整理成文档。

（3）风险分析。对项目风险发生的条件、概率和风险事件对项目的干扰进行分析，并评估它们对项目目标的影响程度，按它们对项目目标的影响顺序排列。

（4）制定风险对策措施，编制风险应对计划，制定一些程序和技术手段，用来提高实现项目目标的概率和减少风险的威胁。

（5）项目实施中的风险控制。在项目的整个生命期各阶段进行风险预警；在风险发生的情况下，实施降低风险计划，保证各对策措施的应用和有效性；监控残余风险；识别新的风险，更新风险计划，以及评价这些工作的有效性等。

8.3.2 风险管理计划

风险管理计划是项目管理计划的组成部分,描述将如何安排与实施项目的风险管理活动。项目管理机构应在项目管理策划时编制项目风险管理计划。

1. 风险管理计划编制依据

（1）项目范围说明；
（2）招标文件与工程合同；
（3）项目工作分解结构；
（4）项目管理策划的结果；
（5）组织的风险管理制度；
（6）其他相关信息和历史资料。

2. 风险管理计划内容

项目风险管理计划的主要内容包括：
（1）风险管理目标；
（2）风险管理范围；
（3）采用的风险管理方法、工具、措施和数据；
（4）风险跟踪的要求；
（5）风险管理的责任和权限；
（6）必需的资源和费用预算。

8.3.3 风险识别

项目管理机构应在项目实施前和实施过程中进行风险识别。

1. 风险识别的程序

风险识别是项目风险管理的第一步，也是最重要的一个步骤，是整个风险管理系统的基础。

识别风险的过程包括对所有可能的风险来源和结果进行实事求是的调查，一般按以下程序进行：

（1）收集与风险有关的信息。
（2）确定风险因素。确认不确定性的客观存在。这项工作包括两项内容。首先要辨认所发现或推测的因素是否存在不确定性。如果是确定无疑的，则无所谓风险。例如，承包商已知工程所在国/地的物价高昂而仍然决定投标，则物价高昂便不会成为风险，因为承包商已经准备了对付高昂物价的办法，有备而投标。其次要确认这种不确定性是客观存在的，是确定无疑的，而不是凭空想象的。
（3）编制项目风险识别报告。其主要工作包括：
① 建立初步清单。建立初步清单是识别风险的起点。清单中应明确列出客观存在的和潜

在的各种风险,包括影响各种生产率、操作运行、质量和经济效益的各种因素。人们通常凭借工程项目管理者的经验对其进行判断,并通过对一系列调查表进行深入分析、研究后制定。

② 确立各种风险事件并推测其结果。根据初步清单中开列的各种重要的风险来源,推测与其相关联的各种合理的可能性,包括盈利和损失、人身伤害、自然灾害、时间和成本、节约或超支等方面。

③ 对潜在风险进行重要性分析和判断。对潜在风险进行重要性分析和判断通常采用二维结构图(风险预测图),如图 8-3 所示。

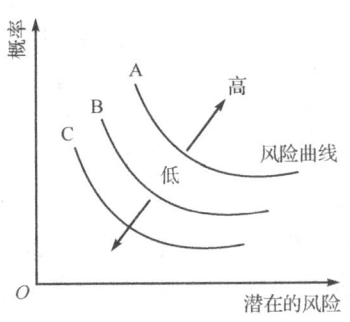

图 8-3 风险预测图

图 8-3 中,纵坐标表示不确定因素发生的概率,横坐标表示不确定事件潜在的危害。通过这种二维图形可评价某一潜在风险的相对重要性。鉴于风险的不确定性,并且与潜在的危害性密切相关,因而可通过一种由曲线群构成的风险预测图来表示。曲线群中每一曲线均表示相同的风险,但不确定性或者说其发生的概率与潜在的危害有所不同,因此各条曲线所反应的风险程度也就不同。曲线距离原点越远,风险就越大。

④ 进行风险分类。通过对风险进行分类,不仅可以加深对风险的认识和理解,而且也辨清了风险的性质,从而有助于制定风险管理的目标。

风险分类有多种方法,正确的分类方法是依据风险的性质和可能的结果及彼此间可能发生的关系进行风险分类。常见的分类方法是以由若干个目录组成的框架形式,每个目录中都列出不同种类的风险,并针对各个风险进行全面调查。这样可避免仅重视某一风险而忽视其他风险的现象。表 8-3 所示是一个以工程项目承包为例的风险分类表,分类框架由 6 个风险目录组成,各个目录中又列出了典型风险。

表 8-3 风险分类表

风 险 目 录	典 型 风 险
不可预见损失	洪水、地震、火灾、狂风、塌方
有形的损失	结构破坏、设备损坏、勤务人员伤亡、材料或设备发生火灾或被偷窃
财务和经济	通货膨胀、能否得到业主资金、汇率浮动、分包商的财务风险
政治和环境	法律和法规的变化、战争和内乱、注册和审批、污染和安全规则、没收、禁运
设计	设计失误、忽略、错误、规范不充分
与施工有关的事件	气候、劳务争端和罢工、劳动生产率、不同的现场条件、失误的工作、设计变更、设备缺陷

⑤ 形成风险识别报告。风险识别报告的主要内容包括:a. 风险源的类型、数量;b. 风

险发生的可能性；c. 风险可能发生的部位及风险的相关特征。

2. 风险识别的方法

风险识别是一项复杂的工作，需要做大量细致的工作，要对各种可能导致风险的因素去伪存真，反复比较；要对各种倾向、趋势进行推测，做出判断；还要对工程项目的各种内外因素及其变量进行评估。因此，风险识别工作并非一朝一夕一气呵成，而必须有科学系统的方法来完成。

在工程项目风险管理实践中，通常可采用以下方法来发现并具体描述各项风险。

（1）分析问询。通过向有关专家、当事人提出一系列有关财产和经营的问题，以了解相关风险因素，并获得各种信息。值得注意的是，所提出的问题应具有指导性和代表性，所问询的人士应能提供准确的信息，凭主观想象或推测的信息不能作为决策依据；问询面应尽可能广泛，所提问题应有一定深度，还应尽可能具体。

（2）分析财务报表。财务报表有助于确定一个特定的工程项目可能遭受的损失以及在何种情况下会遭受这些损失。通过分析资产负债表、营业报表和有关补充材料，可以识别企业当前的所有资产、责任和人身损失风险。将这些报表和财务预测、预算结合起来，可以发现未来风险。

（3）现场考察。现场考察对于识别风险非常重要。通过直接考察现场可以发现许多客观存在的静态因素，也有助于预测、判断某些动态因素。例如，在工程投标报价前的现场踏勘，可以使承包商对拟投标的工程基本做到心中有数，特别是对于工程实施的基本条件和现场及周围环境可以取得第一手材料。现场考察是风险的不可缺少的手段。现场考察除要求获取直接资料外，还应设法获取间接资料，而且要对所掌握的资料认真研究以便去伪存真。

（4）各部门相互配合。风险识别不能仅靠一个部门完成，应由各相关部门系统地、连续地相互配合。风险识别贯穿于工程项目建设的始末，要求各责任部门鼎力相助，共同分析判断。

（5）参考统计记录。参考以前的统计记录对判断在未来有可能重复出现的风险事件极为有益。特别是在工程项目的投标报价阶段，查询竞争对手在历次投标中的报价记录和得标概率，对于提高自己投标的命中率，避免因报价而导致的风险尤为重要。

（6）环境分析。详细分析工程项目经营活动过程中的外部环境与内在风险的联系，也是风险识别的重要环节。分析外部环境时应着重分析五项因素：项目的资金来源、业主的基本情况、可能的竞争对手、政府管理系统和材料供应情况。

（7）向外部咨询。向有关行业或专家进一步咨询。业主或投资者需要委托咨询公司完成可行性研究报告；承包商在投标报价前需要向保险公司、材料设备供应商询价。风险管理人员或企业决策人自然也需要向外部咨询。

向外部咨询应建立在以自己识别为主的前提下。因为外部咨询人员所提供的情况往往带有共性，而带有共性的风险对于不同的人不一定都是风险。向外部咨询只是为了进一步完善或核实自己的风险识别工作。

8.3.4 风险评估

识别工程项目所面临的各种风险以后，应分别对各种风险进行评估，从而进行比较，以确定各种风险的相对重要程度。

1. 风险评估的内容

风险评估的内容主要包括:
(1) 风险因素发生的概率,即风险发生的可能性;
(2) 风险损失量或效益水平的估计;
(3) 风险等级评估。

2. 风险发生概率的确定

风险评估的最主要的工作之一是确定每个风险的发生概率。发生概率的确定不仅能比较准确地评估风险,还有助于风险管理决策。

(1) 概率。既然被视为风险,则它必然在必然事件(概率=1)和不可能事件(概率=0)之间。它的发生有一定的规律性,但也有不确定性,其概率在 0~1 之间变化,如果某一结果发生的可能性为 0,即该结果的发生概率为 0,则该结果不可能发生;如果该结果发生的概率接近 1,则该结果很可能发生。

(2) 发生概率的确定方法。常采用主观概率和客观概率两种方法加以确定。主观概率指人们凭主观推断而得出的概率,例如对某项承包工程,人们往往根据一些风险因素,从定性推断承揽该工程会发生几种亏损的可能性。客观概率则是人们在基本条件不变的前提下,对类似事件进行多次观察,统计每次观察结果及其发生的概率,进而推断出类似事件发生的可能性。

3. 风险损失量或效益水平的估计

风险损失量或效益水平的估计比其发生的频率更为重要。例如,工程完全毁损虽然只有一次,但这一次足以造成致命损伤;而局部塌方虽有多次或发生频率较为频繁,却不致使工程全部毁损。

(1) 风险损失量的估计。风险的影响是一个非常复杂的问题,有的风险影响面较小,有的风险影响面则很大,甚至可能引起整个工程的中断或报废。

由于风险对目标的干扰常常首先表现在对工程实施过程的干扰上,所以风险的影响分析,一般通过以下分析过程:

① 考虑正常状况下(没有发生该风险)的情况,如这时的工期、费用和收益。

② 将风险加入这种状态,看有什么变化,如实施过程、劳动效率、消耗和各个活动有什么变化。

③ 上述两者的差异为风险的影响。所以,这实质上是一个新的计划、新的估价,但风险仅是一种可能,所以通常又不必十分精确地进行估价和计划。

风险损失量的估计常采用两种方法:

① 用货币单位估计风险的损失量,根据风险的具体情况,估计所导致的费用损失。

风险发生后的费用损失通常包括:风险处理费用、风险损失费用、风险存在引起的费用等,如图 8-4 所示。

② 专家评估。采用该方法首先需要确定评估标准,专家根据项目背景、经验和评估标准判断风险对项目的影响程度。

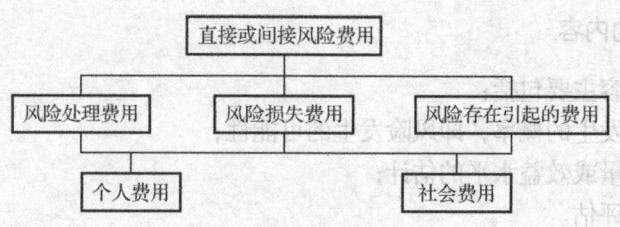

图 8-4 风险费用图

例如，某项目风险对项目目标影响程度的评估标准如表 8-4 所示。

表 8-4 风险影响程度评估标准

项目目标	很低（0.05）	低（0.1）	一般（0.2）	高（0.4）	很高（0.8）
费用	费用增长不明显	费用增长小于 5%	费用增长 5%~10%	费用增长 10%~20%	费用增长大于 20%
进度	进度拖延不明显	进度拖延小于 5%	进度拖延 5%~10%	进度拖延 10%~20%	进度拖延大于 20%
功能	很难发现功能减弱	影响到次要功能	影响到主要功能	客户无法接受	产品无法使用
质量	很难发现质量降低	应用会受到影响	客户投诉增加	客户无法接受	无法使用

（2）效益水平的估计。这是针对积极风险而言，根据风险状况评估风险发生后所导致的工期缩短、利润提升、质量提高等收益水平。

4．风险等级评估

风险因素非常多，涉及各个方面，但人们并不是对所有的风险都十分重视。否则，将大大提高管理费用，而且谨小慎微，反过来会干扰正常的决策过程。因此应对项目的风险进行等级划分，以区分轻重缓急。

（1）风险位能。通常对一个具体的风险，它如果发生，则损失为 V；发生的可能性为 P，则风险的期望值 R（风险量）为

$$R = PV$$

例如，一种自然环境风险如果发生，则损失达 20 万元，而发生的可能性为 0.1，则

$$R = 20 \times 0.1 = 2$$

引用物理学中位能的概念，损失期望值高的，则风险位能高。可以在二维坐标上做等位能线（损失期望值相等），则具体项目中的任何一个风险可以在图上找到一个表示其位能的点，如图 8-5 所示的 A、B 和 C 点。

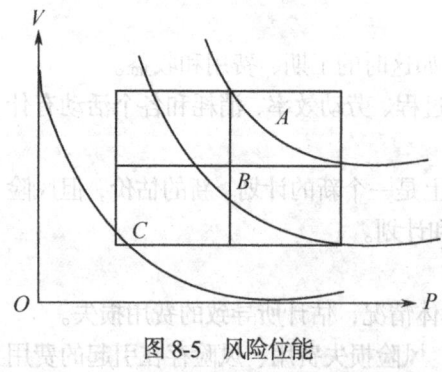

图 8-5 风险位能

（2）ABC 分类法。将项目的风险进行分类。

A 类：高位能的，即损失期望值很大的风险。通常发生的可能性很大，而且一旦发生，损失也很大。

B 类：中位能的，即损失期望值一般的风险。通常发生的可能性不大，损失也不大，或

可能性很大但损失极小，或损失比较大但可能性极小。

C类：低位能，即损失期望值极小的风险。发生的可能性极小，即使发生，损失也很小。

在风险管理中，A类是重点，B类要顾及到，C类可以不考虑。当然，有时不用ABC分类的形式，而用级别的形式划分，如1级、2级、3级等，其意义是相同的。

5. 风险评估报告

风险评估的结果必须用文字、图表的形式形成风险评估报告，作为风险管理的文档保存。这个结果不仅是风险评估的成果，而且应作为风险管理的基本依据。风险评估报告的主要内容包括：

（1）各类风险发生的概率；
（2）可能造成的损失量或效益水平、风险等级确定；
（3）风险相关条件因素。

风险评估报告可以按照分析的对象进行编制，如以项目单元（工作包）作为对象，如表8-5所示。这是对工作包的风险研究，可以作为对工作包说明的补充分析文件。

表8-5 以项目单元（工作包）作为对象的风险评估报告

工作包号	风险名称	风险会产生的影响	原因	损失		可能性	损失期望	预防措施	评价等级 A、B和C
				工期	费用				

风险评估报告也可以按风险结构进行分析研究，如表8-6所示。

表8-6 按风险结构进行研究的风险评估预告

风险编号	风险名称	风险的影响范围	导致发生的边界条件	损失		可能性	损失期望	预防措施	评价等级 A、B和C
				工期	费用				

此外，风险应在各项任务单（工作包说明）、决策文件、研究文件和报告指令等文件中予以说明。

8.3.5 风险应对

项目管理机构应根据风险评估报告确定针对项目风险的应对策略。

对分析出来的风险可以接受，或想办法消除、减小或转移。合同双方对自己承担的风险（明确规定的和隐含的）应有准备和对策，应有计划，应充分利用自己的技术、管理、组织的优势和过去的经验。当然，不同的人对风险有不同的态度，也有不同的对策。

1. 消极风险的应对策略

消极风险，也称为负面风险，常采用的应对策略有：

（1）风险规避。风险规避是指采取措施避开某些风险，例如，放弃明显导致亏损的项目；对于风险超过自己的承受能力，成功把握不大的项目，不参与投标，不参与合资；预测到后期风险很大，必然有更大的亏损，而不得不采取中断项目的措施；采用某种方案会存在风险，则选择有弹性的、抗风险能力强的技术方案，而不采用新的、未经过工程检验的、不成熟的施工方案。

（2）风险减轻。风险减轻是指采取措施降低风险发生的概率或危害程度。

（3）风险转移。风险转移是指通过合同或非合同的方式将风险转嫁给另一个人或单位的一种风险处理方式。风险转移是对风险造成的损失的承担的转移。

（4）风险自留。风险自留也称为风险承担，是指企业自己非理性或理性地主动承担风险，即指一个企业以其内部的资源来弥补损失。

（5）保险。对一些无法排除的风险，如常见的工程损坏、第三方责任、人身伤亡和机械设备的损坏等可以通过购买保险的办法解决。当风险发生时由保险公司承担（赔偿）损失或部分损失。其前提条件是必须支付一笔保险金，对任何一种保险要注意其保险范围、赔偿条件、理赔程序和赔偿额度等。

（6）要求对方提供担保。这主要针对合作伙伴的资信风险。例如，由银行出具投标保函，预付款保函和履约保函，在 BOT 项目中由政府出具保证。

（7）风险准备金。风险准备金是从财务的角度为风险作准备。在计划（或合同报价）中额外增加一笔费用。例如，在投标报价中，承包商经常根据工程技术、业主的资信、自然环境和合同等方面风险的大小，以及发生的可能性（概率）在报价中加上一笔不可预见风险费。

当然风险越大，风险准备金越高。从理论上说，准备金的数量应与风险损失期望值相等，即为风险发生所产生的损失与发生的可能性（概率）之积。

（8）采取合作方式共同承担风险。任何项目都不可能完全由一个企业或部门独立承担风险，而须与其他企业或部门合作。

① 有合作就有风险的分担。但不同的合作方式，风险不一样，各方的责权利关系不一样。例如，借贷、租赁、分包、承包、合伙承包、联营和 BOT 项目，它们有不同的合作紧密程度，有不同的风险分担方式，有不同的利益分享方式。

② 寻找抗风险能力强的、可靠的、有信誉的合作伙伴。双方合作越紧密，则要求合作者越可靠。例如，合资者为政府、规模大且可靠的信誉良好的公司、金融集团等，双方合作后，项目的抗风险能力会大大增强。

③ 通过合同分配风险。在许多情况下通过合同排除（推卸）风险是最重要的手段。合同规定风险分担的责任及谁对风险负责。例如，承包商要减少风险，则在承包合同中要明确规定：业主的风险责任，即哪些情况应由业主负责；承包商的索赔权力，即要求调整工期和价格的权力；工程付款方式、付款期，以及对业主不付款的处置权力；对业主违约行为的处理权力；承包商权力的保护性条款；采用符合惯例的、通用的合同条件；注意仲裁地点和适用法律的选择。

（9）采取其他方式。例如，在现代工程项目中采用多领域、多地域、多项目的投资以分散风险。因为理论和实践都证明，对于多项目投资，当多个项目的风险之间不相关时，其总风险最小，所以抗风险能力最强。这是目前许多国际投资公司的经营手段，通过参股、合资、合作，既扩大了投资面，扩大了经营范围，扩大了资本的效用，能够进行独自不能承担的项目，又能与许多企业共同承担风险，进而降低了总经营风险。

上述风险的预测和对策措施应包括在项目计划中，对特别重大的风险应提出专门的分析报告。对做出的风险对策措施，应考虑是否可能产生新的风险，因为任何措施都可能带来新的问题。

2. 积极风险的应对策略

积极风险,也称为正面风险。常用的应对策略包括:
(1) 为确保机会的实现,消除该机会实现的不确定性;
(2) 将积极风险责任分配给最能为组织获取机会利益的一方;
(3) 针对积极风险或机会的驱动因素,采取措施提高机遇的发生概率。

8.3.6 风险监控

1. 风险的可控性

风险的可控性,是指人对风险影响的可能性,如有的风险是人们(业主、项目经理或承包商)可以控制的,而有的风险却不可以控制。

可控的,如承包商对招标文件的理解风险、实施方案的安全性和效率风险、报价的正确性风险等;不可控的,如物价风险、反常的气候风险和不可抗力等。

2. 风险监控和预警

风险监控和预警是项目控制的内容之一。在工程中不断地收集和分析各种信息,捕捉风险前奏的信号。例如,通过天气预测警报;股票信息;各种市场行情,价格动态;政治形势和外交动态;各投资者企业状况报告等进行风险预测。

在工程中通过工期和进度的跟踪、成本的跟踪分析、合同监督、各种质量监控报告和现场情况报告等手段,了解工程风险。

风险一经发生就应积极地采取措施,及时控制风险的影响,降低损失,防止风险的蔓延。在风险发生时,执行风险应对计划,保证工程的顺利实施,包括:控制工程施工,保证完成预定目标,防止工程中断和成本超支;迅速恢复生产,按原计划执行;尽可能修改计划、修改设计,按照工程中出现的新的状态进行调整;争取获得风险的赔偿,如向业主、保险单位、风险责任者提出索赔等。

3. 风险的分配

一个工程项目总的风险有一定的范围和规律性,这些风险必须在项目参加者(如投资者、业主、项目经理、各承包商、供应商等)之间进行分配。对已被确认的有重要影响的风险应指定专人负责风险管理,并赋予相应的职责、权限和资源。

每个参加者都必须有一定的风险责任,这样才有管理和控制的积极性与创造性。风险分配通常在任务书、责任证书、合同和招标文件等中定义,在起草这些文件的时候都应对风险做出预计、定义和分配。只有合理地分配风险,才能调动各方面的积极性,才能有高效益的项目。正确的风险分配有如下好处:

① 可以最大限度地发挥各方风险控制的积极性。任何一方如果不承担风险,则他就没有管理的积极性和创造性,项目就不可能优化。
② 减少工程中的不确定性,风险分配合理就可以比较准确地计划和安排工作。
③ 业主可以得到一个合理的报价,承包商报价中的不可预见风险费较少。

对项目风险的分配，业主起主导作用，因为业主作为买方，负责起草招标文件和合同条件，确定合同类型，确定管理规则；而承包商和供应商等处于从属的地位。但业主不能随心所欲，不能不顾主客观条件把风险全部推给对方，而对自己免责。风险分配有以下基本原则。

（1）从工程整体效益的角度出发，最大限度地发挥各方的积极性。项目参加者如果不承担任何风险，则他就没有任何责任，就没有控制的积极性，就不可能做好项目工作。例如，若对承包商采用成本加酬金合同，承包商没有任何风险责任，则承包商会千方百计地提高成本以争取工程利润，最终损害工程的整体效益。

如果让承包商承担全部风险责任也不行。他会提高报价中的不可预见风险费。如果风险不发生，则业主多支付了费用；如果风险发生，则这笔不可预见风险费又不足以弥补承包商的损失，承包商没有合理利润或者亏本，那他履约的积极性不高，或者想方设法降低成本、偷工减料、拖延工期，要求业主多支付，想方设法索赔，最终损害工程整体效益。而业主因不承担任何风险，便随便决策，随便干预，不积极地对项目进行战略控制，风险发生时也不积极地提供帮助，则同样会损害项目整体效益。

从工程的整体效益的角度出发，分配风险的准则是：

① 谁能有效地防止和控制风险或将风险转移给其他方面，就由谁承担相应的风险责任；

② 风险承担者控制相关风险是经济的、有效的、方便的、可行的，只有通过他的努力才能减少风险的影响；

③ 通过风险分配，加强责任，能更好地进行计划，发挥双方管理的和技术革新的积极性等。

（2）体现公平合理，责权利平衡。

① 风险责任和权力应是平衡的。风险的承担是一项责任，即承担风险控制和风险产生的损失责任。但风险承担者应有控制和处理风险的权力。例如，银行为项目提供贷款，由政府作担保，则银行风险很小，他只能取得利息，而如果银行参加 BOT 项目的融资，银行承担很大的项目风险，则银行有权力参加运营管理和重大的决策，并参与利润的分配；承包商承担施工方案的风险，则他就有权选择更为经济、合理、安全的施工方案；业主指定工程师，指定分包商，则应承担相应的风险。

同样，享有一项权力，就应该承担相应的风险责任。例如，业主起草招标文件，就应对它的正确性（风险）负责。

如果采用成本加酬金合同，业主承担全部风险，则他就有权选择施工方案，干预施工过程；而采用固定总价合同，承包商承担全部风险，则承包商就应有相应的权力，业主不应多干预施工过程。

② 风险与机会对等。风险承担者，同时应享受风险控制获得的收益和机会收益。例如，承包商承担物价上涨的风险，则物价下跌带来的收益也应归承包商所有；若承担工期风险，拖延要支付误期违约金，则工期提前就应奖励。

③ 承担的可能性和合理性。给承担者以预测、计划、控制的条件和可能性，给他以迅速采取控制风险措施的时间和信息等条件，否则对他来说风险管理成了投机。例如，要承包商承担招标文件的理解、环境调查、实施方案和报价的风险，则必须给他一个合理的做标时间，业主应向他提供现场调查的机会，提供详细且正确的招标文件，特别是设计文件和合同条件，并及时回答承包商在做标中发现的问题。这样他才能理性地承担风险。

（3）符合工程项目的惯例，符合通常的处理方法。一方面，惯例一般比较公平合理，较好地反映双方的要求;另一方面,合同双方对惯例都很熟悉,工程更容易顺利实施。如果明显地违反国际(或国内)惯例,则常常显示出一种不公平、一种危险。

所以,合同要一方承担某一风险,该方应具备的相应条件是:能最有效地控制导致风险的事件,该风险在其控制范围内;能通过一些手段(如保险、分包)转移风险;一旦风险发生,能进行有效的处理;享有管理该风险所取得的大部分经济利益;能够通过风险责任发挥其在计划、工程控制中的积极性和创造性;风险的损失由于他的作用而减少。

8.4 沟通管理与项目信息管理

8.4.1 沟通管理

在一个项目实施过程中,管理者每天工作的时间中有 80%左右是与他人进行直接沟通。也就是说,他们每小时中都有 48 分钟左右的时间是花在开会、打电话、与员工接触和进行非正式的交谈上。不仅管理者如此,项目小组成员也如此,他们每天的大多数时间要花在与其他成员的交流、与客户的磋商以及向项目小组管理人员的汇报中。因此,沟通对于项目实施的好坏起着至关重要的作用。

1. 沟通的定义

沟通是指两个或两个以上的人交流并理解信息的过程,其目的常常是激励和影响他人的行为。沟通并不只是传达信息,有效的沟通应该是:当两个人相互作用时,他们互相都站在对方的立场来考虑问题,努力使自己对世界的感悟与对方的感知相同,尽量预测对方会做出何种反应。

2. 沟通的过程

沟通包括两个主体,即信息发送者和信息接收者。信息发送者是指将其思想或观念传达给别人的人;而信息接收者是指接收并理解别人传达给自己信息的人。

当沟通进行时,发送者通过信号将信息进行编码,然后将这些信号通过某些沟通渠道发送到接收者那里。沟通渠道可以是书面报告、电话、电子邮件、微信或面谈等。当信息到达接收者那里后,接收者开始信息解码,以理解发送者想要表达的思想。但由于发送者和接收者知识、态度和能力等方面的影响,发送者和接收者在信息编码与解码过程中,理解时会产生一些错误;当信息在沟通渠道中传递时,也会因为某些原因产生传递错误,这些都叫做噪声干扰。

最后,当信息接收者对发送者的信息做出反应时,就出现了反馈。没有反馈的沟通是单向沟通,有了反馈的沟通是双向沟通。反馈能够增强沟通效果,使信息发送者了解信息接收者是否正确理解了信息。所以,反馈在沟通中起到非常重要的作用。整个沟通过程如图 8-6 所示。

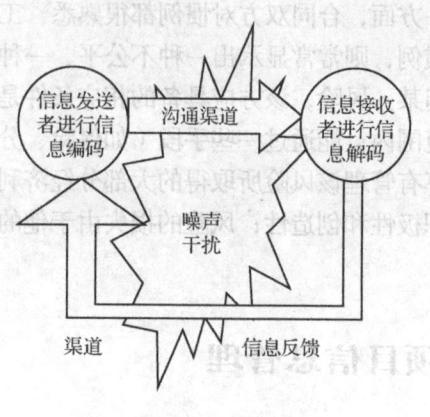

图 8-6 沟通过程

3. 沟通的方式

（1）正式沟通和非正式沟通。正式沟通是指通过组织规程所规定的渠道进行信息传递和交流的方式，如下级向上级的汇报、例会及与其他组织之间正式的信函来往。非正式沟通是指正式沟通之外的沟通方式，如员工私下的交谈、书信来往和流言蜚语等。正式沟通的信息准确性高，沟通效果好，但速度较慢；非正式沟通方便，速度较快，信息量大，但信息容易失真。

（2）上行沟通、下行沟通和平行沟通。上行沟通就是下级向上级的汇报和信息的传递，即自下而上的沟通。下行沟通就是上级向下级发布消息、传递命令等信息传递的沟通，即自上而下的沟通。平行沟通是组织中各部门之间、各部门成员之间的信息交流的沟通方式。上行沟通一般是组织规定的例行过程，通过这种沟通，上级才能正确了解组织运行状况，做出正确决策；上级应加大下行沟通的力度，这样会让下级体会到上级对自己的关心，提高他们工作的积极性；同时，各部门、各成员之间应经常进行平行沟通，这样才能让信息在组织内流动畅通，减少部门与成员之间的矛盾和冲突。

（3）单向沟通和双向沟通。单向沟通和双向沟通的区别就在于信息接收者是否有反馈过程。反馈在沟通中非常重要，只有接收者进行积极的反馈，发送者才能了解到他传递的信息被接收者理解的程度，有助于增强沟通效果。

（4）书面沟通和口头沟通。书面沟通就是通过书面形式进行的信息传递过程，如通知、文件、汇报、备忘录、信函和电子邮件等。口头沟通就是运用口头表达的方式进行的信息交流过程，如交谈和演讲等。书面沟通的优点在于所传递的信息可以保存，供以后随时查阅，但这种方式容易产生理解偏差，且传递速度较慢；口头沟通传递速度快，信息容易被理解，但信息保存时间较短，很快就会被忘记。

（5）言语沟通和非言语沟通。言语沟通就是通过人说话和语言的方式进行沟通；非言语沟通就是指通过人的动作和行为等非语言方式来传递信息的过程。当进行言语沟通时，非言语沟通大多数情况下是无意识和下意识的。因此，沟通者要学会将语言信息和非语言信息协调一致，保证在交流过程中信息传递的准确性，以免让对方产生歧义。

4. 沟通的渠道

（1）正式沟通渠道。在项目团队中，对团队成员之间沟通的研究主要有两个方面：一是团队沟通集中化的程度；二是团队工作任务的性质。在集权化的团队里，成员之间的沟通是通过单个个体来实现的，其目的是解决问题或者制定决策；在分散化的团队里，各成员之间自由沟通。正式沟通渠道主要有轮式、Y 式、环式和全通道式，如图 8-7 所示。各种正式沟通渠道在沟通中的优缺点如图 8-8 所示。

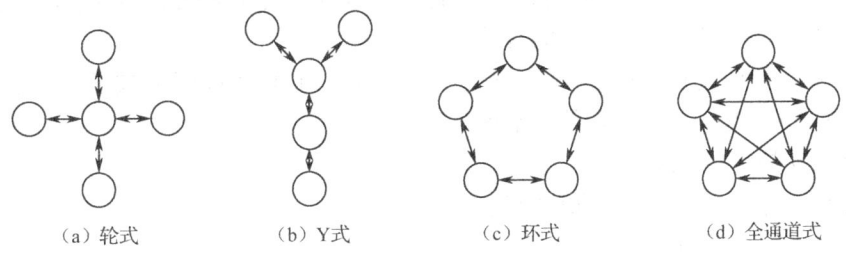

图 8-7　正式沟通渠道

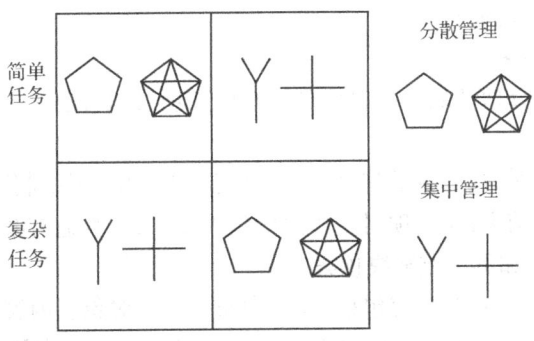

图 8-8　正式沟通渠道的优缺点

（2）非正式沟通渠道。非正式沟通渠道存在于正式沟通渠道以外，和正式沟通渠道并存，其成员之间可以进行任意沟通。其主要方式有偶然式、流言式和集束式，如图 8-9 所示。

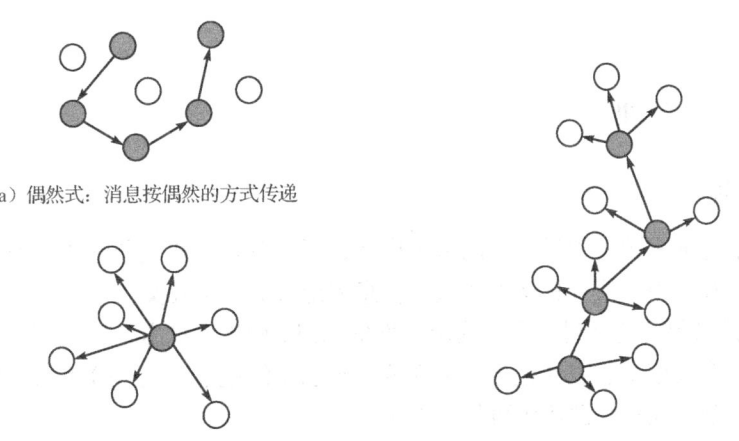

图 8-9　非正式沟通渠道

5. 工程项目沟通管理实施要点

组织应建立项目沟通管理机制,健全项目协调制度,确保组织内部与外部各个层面的交流与合作。项目管理机构应将沟通管理纳入日常管理计划,沟通信息,协调工作,避免和消除在项目运行过程中的障碍、冲突和不一致性。项目各相关方应通过制度建设、完善程序,实现相互之间沟通的零距离和运行的有效性。

(1) 工程项目沟通管理程序。项目管理机构应制定沟通程序和管理要求,明确沟通责任、方法和具体要求。项目沟通管理的基本程序:

① 项目实施目标分解;
② 分析各分解目标自身需求和相关方需求;
③ 评估各目标的需求差异;
④ 制订项目沟通管理计划;
⑤ 明确沟通责任人、沟通内容和沟通方案;
⑥ 按既定方案进行沟通;
⑦ 总结评价沟通效果。

(2) 工程项目沟通管理计划。项目管理机构应在项目运行前,由项目负责人组织编制项目沟通管理计划。

① 沟通计划编制的依据。主要包括:a. 合同文件;b. 组织制度和行为规范;c. 项目相关方需求识别与评估结果;d. 项目主体之间的关系;e. 沟通方案的约束条件、假设及适用的沟通技术;f. 冲突和不一致解决预案。

② 沟通计划的内容。主要内容包括:a. 沟通范围、对象、内容与目标;b. 沟通方法、手段和人员职责;c. 信息发布时间与方式;d. 项目绩效报告安排及沟通需要的资源;e. 沟通效果检查与沟通管理计划的调整。

(3) 工程项目沟通的主要方式。项目管理机构可采用信函、邮件、文件、会议、口头交流、工作交底以及其他媒介沟通方式与项目相关方进行沟通,重要事项的沟通结果应书面确认。

8.4.2 项目信息管理

1. 项目信息

(1) 项目信息的来源。项目信息的来源广泛,通过各种正式或非正式的渠道获得的信息有其各自的特点和应用价值。具体可将项目信息来源分为以下几类。

① 记录。记录得到的项目信息多为历史性的信息,如施工日志、项目后评价、文件报告、项目变更记录、会议记录、统计报告和报刊等未经加工的记录。经过分析加工得到有助于决策的项目信息,项目信息来源比较可靠、稳定。

② 抽样调查。如果对积累来的所有信息都进行调查,可能会造成资金和时间的浪费,这将不利于项目的决策。所以,抽样调查就显示了其在效率方面的优势。常用的信息抽样调查包括机械抽样、随机抽样、分层分级抽样和整体抽样。

③ 业务会议。这是指通过召开各种会议,用座谈的形式获取项目信息。这样可以在总体

设想的基础上进一步扩大信息来源,并对信息进行综合评价和修正。

④ 直接观测。管理者直接到现场观测或测量项目的具体的实施情况,可以收集到用于控制的信息。虽然这样收集信息比较直接客观,但往往受管理者能力高低的影响。

⑤ 个人交谈。组织个人交换意见的方式有利于消除顾虑,增进沟通。个人交谈获得的信息的可靠程度的大小取决于个人间的信赖程度。

(2) 项目信息的分类。项目信息在组织之间或组织内部流通,从而形成各种信息流。按照信息流的不同流向,项目信息可分为以下几种。

① 自上而下的项目信息。这类信息从高层项目管理层流向中低层项目管理层,从而将决策性信息通过信息流流向下级的决策执行者。通过诸如管理目标、规定、条例等此类信息的传递,使下级更加明确上级决策及其工作的目标。

② 自下而上的项目信息。将由下级收集的关于目标进展程度、质量、成本、安全和消耗等各方面的信息反馈给上级,以帮助上级对目标实现进行控制,达到最终实现目标的目的。

③ 横向流动的项目信息。横向流动的信息是指项目管理班子中同级的各部门或部门人员之间相互交流的信息。缺少横向流动的项目信息,组织各部门之间相互封闭隔离是不能保证项目目标的实现的。各部门由于分工而产生,依靠相互的沟通协作而凝聚力量,保证横向流动的项目信息流通的顺畅是组织信息工作的重要内容。

④ 以项目管理办公室为集散中心的项目信息。以汇总分析传播信息为任务的项目管理办公室是专门负责组织之间或组织内部信息沟通的部门,由于其专业性使得信息的准确性、可靠性和及时性都得到了保证,也就更加有利于决策者做出正确决策。

⑤ 项目管理班子与环境之间进行流动的信息。组织的生存与环境有着千丝万缕的联系,政府、建设单位、供应单位和银行等的活动都直接或间接地影响着组织的活动。所以,组织要及时地把握周围环境的变化,注重周围环境的协调,确保组织的生存有稳定的环境。

(3) 项目信息的传递。项目信息的传递也是项目信息管理的重要内容,组织需要建立信息传递的渠道,同时完善信息传递的相关机制,以使项目信息可以在组织之间和组织内部及时地传递。信息传递还要确保信息在传递的过程中保持完整和准确。只有这样,项目信息才会发挥其应有的作用,这是项目信息管理的最终目的所在。

项目的组织形式决定了信息的流通路线。正如项目信息的来源有很多种,项目信息的传递也有自上而下、自下而上和横向流通等路线。信息传递的载体也有多种,在组织之间有很多日常需要的信息,一般都会有专人负责传递,在项目信息文件分发之前,首先要确定需要分发的文件、制定的时间和发送的对象。另外,项目信息还可以通过通信和召开会议的方式传递,这样的方式有助于组织人员对信息的理解,但往往会延长信息流通的时间。

(4) 项目信息的加工。组织收集到的信息都视为未经过加工的原始信息,还要经过一定的设备、技术、手段和方法对其进行处理后才能成为可供利用或存储的信息资料。对原始信息的加工主要包括分类整理、分析和计算等工作。在项目管理班子中,对自上而下的信息应进行逐层浓缩,而对自下而上的信息则进行逐层细化,同时应注意不同详略程度和不同类别的信息适合不同的管理层次。

(5) 信息的储存与使用。信息具有时间价值,信息也会在不同的时段给决策者以帮助。信息的储存应该有专门的部门和人员负责并存储于一定的载体上,以供随时利用。为此应该对积累的信息做适当的处理和维护,以使信息处于准确、及时、安全和保密的状态。应用计算机对数据进行存储,大大方便了信息的处理与应用,日益被更多的信息管理部门所采用。

信息管理是一个连续的、动态的过程，特别是在竞争激烈的信息时代，组织要不断地发展，要融入于每时每刻都在变化的时代，就必须注重信息管理工作。

2. 项目管理信息系统

（1）项目管理信息系统的定义。项目管理信息系统是为了达到对项目管理的目的，以计算机网络通信、数据库作为技术支持，对整个生命周期中产生的各种数据，及时、正确、高效地进行管理，为项目所涉及的各类人员提供必要的、高质量的信息服务的系统。

项目管理信息系统的运行，可以达到设计信息沟通的渠道，建立信息管理的组织和制定有效的信息管理制度的目的。项目管理信息系统具有集中统一数据，有预测和控制能力，能从全局出发辅助决策的特点。

（2）项目管理信息系统的开发。项目管理信息系统的主要功能是使管理部门能够评价项目如何实现目标。它包括规划、分析、设计、控制和评价项目的各子系统。项目管理信息系统针对涉及项目费用、进度和实施方向等方面的信息进行加工工作，同时分析出有助于决策的有用信息，最后给出与资源的利用或问题的解决有关的指令。

（3）项目管理信息系统的总体规划。首先，采集信息管理系统作为项目管理的基本手段，不仅提高了信息处理的效率，而且在一定程度上规范了项目管理工作流程，增强了项目管理的工作效率和目标控制工作的有效性。但项目管理信息系统是一个开发周期长、工作复杂、技术含量高的工作，系统开发工作的好坏直接影响到整个项目管理系统的开发。所以，为了给今后的系统分析、系统设计和系统实施打下基础，必须从总体上把握系统的目标功能框架，提出实施方案，继而研究论证这个总体方案的可行性。这样就能给项目管理信息系统的设计打下一个好的基础。

（4）项目管理信息系统的设计。信息系统设计阶段的工作主要解决"怎么做"的问题，其目标是进一步实现系统分析阶段提出的系统模型。首先确定系统的总体结构，在此基础上，进行计算机模型、模块设计、数据库设计、输入输出设计、编写系统设计报告等工作。项目管理信息系统的设计首先要将系统分为各个子系统。划分子系统的方法主要有按功能划分和采用系统输入或输出图的方式划分。功能模块的设计主要是采用结构化的方法，该方法适用于任何软件系统的软件结构设计。

项目管理信息系统包括九大子系统：

① 造价管理子系统。该子系统的主要功能有：根据施工图编制工程量表；根据建筑工程、安装定额自动生成计价表；对各种费用和取费基数进行统计汇总，进而生成建筑、安装工程的单位工程造价和工料汇总表；最后编制概预算书；根据各单位的不同情况建立定额台账，对不同定额标准进行定额维护和管理；通过一系列综合概预算表等数据表的对比分析进行工程造价分析，进行取费定额维护和管理。

② 进度管理子系统。该子系统的主要功能有：确定各工作之间的关系，创制单代号图；生成双代号图，进行工作的最早开始时间、最早结束时间、最迟开始时间、最迟结束时间、自由时差和总时差的计算，从而确定总工期；生成年度网络图；生成横道图，横道图具有简单、易懂的特点，也是进行进度控制的一种比较传统的方法；根据进度图等进行资源的计划和优化配置，它也是进行控制的重要依据；统计汇总、打印报表以及提供各种辅助工具等，使得用户可以根据需要进行选择。

③ 设备管理子系统。该子系统主要以库存管理、计划管理和合同管理为主，辅以报表、

计划等功能。该子系统的主要功能有：根据进度计划和实际的进展情况及时调整采购计划和管理对象，另外还可以生成设备报表和核算统计；计划管理主要是根据现有情况和计划，自动进行计划的变动，并在设备出库时，将设备的实际价格报送概预算，作为工程决算的依据；合同管理和报表管理等。

④ 材料管理子系统。该子系统也是以计划管理、库存管理和合同管理模块为中心，辅以报表、计划、合同的统计分析等各项功能。该子系统的主要功能为：库存管理是本系统的基础部分，其他部分从这里取得数据，结合项目的进度和计划来自动地修改或制订材料的采购计划，本系统通过各种材料单据完成材料的出入库管理；本系统的关键部分是计划管理模块，应用此模块可以根据日常库存的需要，减少盲目采购，尽量减少库存资金。

⑤ 合同管理子系统。该子系统的主要功能有：合同通用文档资料管理，订立合同前的外部或内部信息的采集、归类、查询，本功能将按照国家、行业、地方指导经济合同签约的政策、法律、法规、标准或规定和企业内部、外部收集到的有关制度、规定及相关的资料信息建立文档数据库；全部经济合同及合同附件数据库用来建立和维护来自合同文本及有关信息、合同执行过程中产生的有关变更以及补充查询资料；经济合同履行过程中的数据管理；经济合同终结、工程竣工价款结算、信息维护和管理；各类经济合同台账和附件资料的输出管理。

⑥ 财务管理子系统。该子系统的主要功能有：进行账套的初始化设置，包括设置科目、设置账簿、凭证分类、录入期初余额和设置部门等内容；根据日常事务填制记账凭证，并对记账凭证进行审核；根据填制、审核后的凭证，自动登入账簿，对账簿中的数据，可以按照总账和明细账两种方式随时进行对账；对于会计工作中的大量数据，可采用多种方式查询记账凭证、科目余额，还可以按部门查询部门明细账和部门汇总表；完成包括登记现金日记账、银行存款日记账等在内的日常的出纳业务；进行数据的远程发送与接收，生成外部凭证并接受外部凭证；进行操作的人员管理，分配人员的权限，设置财务人员的工作口令，为系统的安全性、保密性提供保障。

⑦ 投资控制子系统。该子系统的主要功能有：编制各项预算批准的总预算，根据实际需要，记录各项预算的变更情况，对预算进行汇总，生成各项预算的月申请变更表；逐月逐项编制现金的流动计划，并对每月的现金流进行汇总，生成现金流年计划和现金流总计划，即截止到当年的现金流计划投资总量；根据现金流的实际发生情况，编制预算项目明细账，对明细账进行汇总，生成月投资情况和月总投资情况；根据对工程预算计划数据和实际数据的统计汇总，生成各种统计报表。

⑧ 档案管理子系统。该子系统的主要功能有：在档案管理中，以某一工程为管理实体，在案卷编号时对案卷工程分专业实行统一的编码；开工报告的功能用于记录开工工程的大体概况和计划进度情况，需要设计出一个符合标准的模板，该模板记录的内容包括原材料证书、设计变更、施工记录、质量评定、观察记录、事故处理、竣工验收等各个方面的内容；实现远程登记和登记存档的功能；实现了本系统所形成的所有文档、图形、表格的智能化检索功能，本功能仅适用于本工程的用户，保证了数据的安全访问，并用于维护系统的各种设施；本系统数据备份和恢复以及接收数据的功能。

⑨ 工程质量管理子系统。该子系统的主要功能有：可以新建或选择一个新的工程，并快速了解工程的名称、地理位置、设计容量、总工期等，可调阅工程发生时的照片图像等；记录、查看、管理中心总站下属的中心站几个工程的质检工作、质检人员和质量保证体系；可结合工程实际，应用于虽然与电力部标准的验评项目不同，但是与实际质检工作相符合的验

评项目；以质量验评结果为基础，统计质量曲线，分析质量合格情况，为管理决策部门提供工程建设过程中的质量动态信息；用户在做日常记录的同时能快速地随时生成工程竣工时需要的竣工资料；另外，常见的打印设置、用户管理、数据备份和恢复都可以再次运行。

3. 建筑信息模型（BIM）

（1）定义。建筑信息模型，即 BIM（Building Information Modeling）技术，是 Autodesk 公司在 2002 年率先提出的，目前已经在全球范围内得到业界的广泛认可，它可以帮助实现建筑信息的集成，从建筑的设计、施工、运行直至建筑全寿命周期的终结，各种信息始终整合于一个三维模型信息数据库中，设计团队、施工单位、设施运营部门和业主等各方人员可以基于 BIM 进行协同工作，有效提高工作效率、节省资源、降低成本、以实现可持续发展。BIM 的核心是通过建立虚拟的建筑工程三维模型，利用数字化技术，为这个模型提供完整的、与实际情况一致的建筑工程信息库。该信息库不仅包含描述建筑物构件的几何信息、专业属性及状态信息，还包含了非构件对象（如空间、运动行为）的状态信息。借助这个包含建筑工程信息的三维模型，大大提高了建筑工程的信息集成化程度，从而为建筑工程项目的利益相关方提供了一个工程信息交换和共享的平台。

BIM 技术是一种应用于工程设计、建造、管理的数据化工具，通过对建筑的数据化、信息化模型整合，在项目策划、运行和维护的全生命周期过程中进行共享和传递，使工程技术人员对各种建筑信息作出正确理解和高效应对，为设计团队以及包括建筑、运营单位在内的各方建设主体提供协同工作的基础，在提高生产效率、节约成本和缩短工期方面发挥重要作用。

美国 BIM 标准（NBIMS）对 BIM 的定义，由三部分组成：

① BIM 是一个设施（建设项目）物理和功能特性的数字表达；

② BIM 是一个共享的知识资源，是一个分享有关这个设施的信息，为该设施从概念到拆除的全生命周期中的所有决策提供可靠依据的过程；

③ 在设施的不同阶段，不同利益相关方通过在 BIM 中插入、提取、更新和修改信息，以支持和反映其各自职责的协同作业。

（2）特点。BIM 具有以下四个特点：

① 可视化。可视化即"所见所得"的形式，对于建筑行业来说，可视化的真正运用在建筑业的作用是非常大的，例如经常拿到的施工图纸，只是各个构件的信息在图纸上采用线条绘制表达，但是其真正的构造形式就需要建筑业从业人员去自行想象了。BIM 提供了可视化的思路，让人们将以往的线条式的构件形成一种三维的立体实物图形展示在人们的面前；现在建筑业也有设计方面的效果图，但是这种效果图不含有除构件的大小、位置和颜色以外的其他信息，缺少不同构件之间的互动性和反馈性。而 BIM 提到的可视化是一种能够同构件之间形成互动性和反馈性的可视化，由于整个过程都是可视化的，可视化的结果不仅可以用效果图展示及报表生成，更重要的是，项目设计、建造、运营过程中的沟通、讨论、决策都在可视化的状态下进行。

② 协调性。协调是建筑业中的重点内容，不管是施工单位，还是业主及设计单位，都在做着协调及相配合的工作。一旦项目的实施过程中遇到了问题，就要将各有关人士组织起来开协调会，找各个施工问题发生的原因及解决办法，然后做出变更，做出相应补救措施等来解决问题。在设计时，往往由于各专业设计师之间的沟通不到位，出现各种专业之间的碰撞

问题。例如暖通等专业中的管道在进行布置时，由于施工图纸是各自绘制在各自的施工图纸上的，在施工过程中，可能在布置管线时正好在此处有结构设计的梁等构件在此阻碍管线的布置，像这样的碰撞问题的协调解决就只能在问题出现之后再进行解决。BIM 建筑信息模型可在建筑物建造前期对各专业的碰撞问题进行协调，生成协调数据，并提供出来。BIM 还可以解决例如电梯井布置与其他设计布置的协调、防火分区、地下排水布置与其他设计布置的协调等。

③ 模拟性。BIM 技术能模拟设计出的建筑物模型，还可以模拟不能够在真实世界中进行操作的事物。在设计阶段，BIM 可以对设计上需要进行模拟的一些东西进行模拟实验。例如，节能模拟、紧急疏散模拟、日照模拟、热能传导模拟等；在招投标和施工阶段可以进行 4D 模拟（三维模型加项目的发展时间），也就是根据施工的组织设计模拟实际施工，从而确定合理的施工方案来指导施工。同时还可以进行 5D 模拟（基于 4D 模型加造价控制），从而实现成本控制；后期运营阶段可以模拟日常紧急情况的处理方式，例如，地震人员逃生模拟及消防人员疏散模拟等。

④ 优化性。工程项目设计、施工、运营的过程就是一个不断优化的过程，在 BIM 的基础上可以做更好的优化。优化受三种因素的制约：信息、复杂程度和时间。没有准确的信息，做不出合理的优化结果，BIM 模型提供了建筑物的实际存在的信息，包括几何信息、物理信息、规则信息，还提供了建筑物变化以后的实际存在信息。BIM 及与其配套的各种优化工具提供了对复杂项目进行优化的可能。

4. 工程项目信息管理要点

（1）组织应建立项目信息管理制度，及时、准确、全面地收集信息，安全、可靠、方便、快捷地存储、传播信息，有效、适宜地使用信息。

（2）信息管理的内容。主要内容包括：

① 信息计划管理；

② 信息过程管理；

③ 信息安全管理；

④ 文件与档案管理；

⑤ 信息技术应用管理。

（3）信息管理计划。项目信息管理计划应纳入项目管理策划过程。项目信息管理计划的内容主要包括：

① 项目信息管理范围；

② 项目信息管理目标；

③ 项目信息需求；

④ 项目信息管理手段和协调机制；

⑤ 项目信息编码系统；

⑥ 项目信息渠道和管理流程；

⑦ 项目信息资源需求计划；

⑧ 项目信息管理制度与信息变更控制措施。

（4）项目过程管理。项目信息过程管理包括：信息的采集、传输、存储、应用和评价的过程。

（5）信息安全管理。项目管理机构应实施全过程安全信息管理，建立完善的信息安全管理制度，实施信息安全管理流程。项目信息安全应进行分级、分类管理，采取信息安全管理措施：

① 设立信息安全岗位，明确责任分工；
② 实施信息安全教育，规范信息安全行为；
③ 采用先进的安全技术，确保信息安全状态。

（6）文件与档案管理。项目管理机构应配备专职或兼职的文件档案管理人员；项目管理过程中所产生的文件档案应及时收集与整理，并按规定进行标志、归档；项目文件与档案管理宜采用信息系统，重要文件与档案应有纸质备份；应保证项目文件档案的真实、准确和完整。

（7）信息技术应用管理。项目信息系统应包含项目所有的管理数据，为用户提供各方面信息，实现信息共享、协同工作、过程控制和实时管理。

8.5 项目干系人管理

8.5.1 项目干系人管理过程

项目干系人是指能够影响项目决策、活动或结果的个人、群体或组织，以及受项目决策、活动或结果影响的个人、群体或组织。每个项目都有干系人，并受项目消极或积极的影响，或者能对项目产生消极或积极的影响。有些干系人对项目的影响有限，而有些干系人则可能对项目产生重大影响。正确识别及管理项目干系人，关系到项目的成败。项目干系人管理的基本过程如图 8-10 所示。

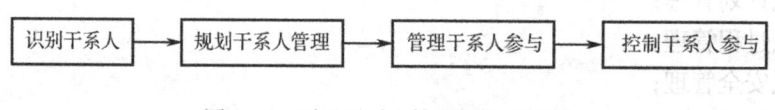

图 8-10 项目干系人管理的基本过程

8.5.2 识别干系人

识别能够影响项目决策、活动或结果的个人、群体或组织，以及被项目决策、活动或结果影响的个人、群体或组织，并分析和记录其参与度、利益、相互依赖、影响力及对项目成功的潜在影响等相关信息的过程。该过程的主要作用在于，帮助项目经理建立对各干系人或干系人群体的适度关注。

1. 识别干系人的依据

（1）项目章程；
（2）采购文件；
（3）事业环境因素；
（4）组织过程资产。

2. 识别干系人的过程

（1）识别项目所包括的所有干系人。项目管理机构应基于自身的角色识别干系人，包括外部干系人和内部干系人。例如，工程总承包方的外部干系人包括：建设单位、监理单位、分包方、政府相关部门、银行、保险、公安、法院、媒体、项目所在地居民等；内部干系人包括：公司领导层、公司职能层等。

（2）识别干系人的需求和期望。项目管理机构应识别所有干系人对该项目的需求和期望。

（3）识别干系人对项目的影响。项目管理机构应识别所有干系人对项目产生的各种影响。

项目的每个相关方都需要进行干系人识别，当然，不同的相关方所需要识别的具体内容有所不同。例如，建设单位应分析和评估其他各干系人对项目质量、安全、进度、造价、环保等方面的理解和认识，分析各方对资金投入、计划管理、现场条件以及其他方面的需求；勘察、设计单位应分析、评估建设单位、施工单位、监理单位及其他相关方对勘察设计文件的理解和认识，分析其对文件质量、过程跟踪服务、技术指导和辅助管理工作的需求；施工单位应分析和评估建设单位以及其他相关方对技术方案、工艺流程、资源条件、生产组织、工期、质量和安全保障及现场文明的需求；分析和评估供应、分包和技术咨询单位对现场条件提供、资金保证以及相关配合的需求；监理单位应分析和评估建设单位的各项目标需求、授权和权限，分析和评估施工单位及其他相关单位对监理工作的认识和理解、提供技术指导和咨询服务的需求；专业承包、劳务分包和供应单位应分析和评估建设单位、施工单位、监理单位对服务质量、工作效率和相关配合的具体要求。项目管理机构在分析和评估其他相关方需求的同时，也应对自身需求进行分析和评估，明确定位，与其他相关单位的需求进行有机融合。

3. 识别干系人的输出

识别干系人的主要输出是干系人登记册，用于记录已识别的干系人的所有详细信息，干系人登记册的内容主要包括：

（1）基本信息，包括名称、项目角色等信息。

（2）评估信息，包括主要需求、主要期望、对项目的潜在影响、与项目生命期各阶段的相关性。

（3）干系人分类。

8.5.3 规划干系人管理

规划干系人管理是基于干系人的识别，制定合适的管理策略，以有效调动干系人参与整个项目生命周期的过程。其主要作用是，为与项目干系人的互动提供清晰且可操作的计划，以支持项目利益。

1. 规划干系人管理的依据

（1）项目管理计划；
（2）干系人登记册；
（3）事业环境因素；

（4）组织过程资产。

2. 规划干系人管理的结果

（1）干系人管理计划。干系人管理计划是项目管理计划的组成部分，为有效调动干系人参与而规定所需的管理策略。干系人管理计划的主要内容包括：

① 干系人登记册中的相关内容；
② 关键干系人的所需参与程度；
③ 干系人变更的范围和影响；
④ 干系人之间的相互关系；
⑤ 干系人沟通需求；
⑥ 对各干系人的管理策略；
⑦ 更新和优化干系人管理计划的方法。

（2）项目文件更新。可能需要更新的项目文件包括：项目进度计划；干系人登记册等。

8.5.4 管理干系人参与

管理干系人参与是在整个项目生命周期中，与干系人进行沟通和协作，以满足其需要和期望，解决实际出现的问题，并促进干系人合理参与项目活动的过程。其主要作用在于：帮助项目经理提升来自干系人的支持，并将干系人对项目的负面影响降到最低，通过管理干系人参与，确保干系人清晰地理解项目目标、收益和风险，从而推动项目成功。

管理干系人参与的主要活动：

（1）调动干系人适时参与项目，以获取或确认其对项目成功的持续承诺；
（2）通过协商和沟通，管理干系人的期望，确保实现项目目标；
（3）预测干系人在未来可能提出的问题，并制定相应对策；
（4）澄清和解决已识别出的问题。

1. 管理干系人参与依据

（1）干系人管理计划；
（2）沟通管理计划；
（3）组织过程资产。

2. 管理干系人参与结果

（1）问题日志。在管理干系人参与过程中可以编制并不断更新问题日志。
（2）变更请求。在管理干系人参与过程中可能会对项目提出变更请求。变更请求可能包括针对项目本身的纠正或预防措施，以及针对与干系人互动的纠正或预防措施。
（3）项目管理计划更新。
（4）项目文件更新。

8.5.5 控制干系人参与

控制干系人参与是全面监督干系人之间的关系，调整策略和计划，以调动干系人参与的过程。其主要作用是，随着项目进展和环境变化，维持并提升干系人参与的效果和效率。

1. 控制干系人参与依据

（1）项目管理计划；
（2）问题日志；
（3）工作绩效数据；
（4）项目文件。

2. 控制干系人参与结果

（1）工作绩效信息；
（2）变更请求；
（3）项目管理计划更新；
（4）项目文件更新。

8.6 项目冲突管理

8.6.1 冲突的定义

冲突是指两个和两个以上的人由于意见或观点的不同而产生的对立或争执。虽然冲突导致争执和对立，但在项目实施过程中，冲突是不可避免的。只有意见不一致，才能发现项目的缺陷和问题，才能通过大家的讨论做出正确的决策，保证项目实施的进度和质量。但冲突也不能太过激烈，否则会造成成员之间的剧烈矛盾，降低成员间的信任度和整个团队的凝聚力，导致项目实施过程中的低效率。这样不仅不能解决问题，反而造成更大的混乱，危及项目的进程和组织的发展。

8.6.2 冲突产生的原因

（1）项目成员之间会因为个性、观念、前途和自身私事等产生矛盾与对抗心理，当这些矛盾加剧时，容易造成冲突。
（2）当团队的凝聚力不高时，内部容易发生内讧，导致小帮派的出现。这些小帮派为自身成员的利益着想，彼此间容易发生对立和冲突。
（3）在项目团队中，当项目成员对目标不能达成共识时，他们仅仅从自身利益出发，必然在一定程度上违背项目目标，造成与项目经理之间的冲突。
（4）由于项目经理和项目成员的知识、水平、经验的不同，他们对计划和决策的认识也不尽相同，这往往成为冲突发生最主要的原因。

（5）如果团队内部没有做好权力划分和工作分解，容易造成职权不分、责任不明、工作混乱的局面，这导致成员间相互推卸责任，造成冲突。

（6）如果项目团队没有良好的管理信息系统，就会造成团队内部信息不畅通的问题，导致冲突的产生。

（7）如果项目经理过于独断专行，不能容忍不同意见或批评，容易造成上下级之间的对立和冲突。

8.6.3 冲突的解决

由于冲突的产生不可避免，为了缓解冲突，采取正确的解决方式对组织建设和项目的顺利实施至关重要。主要有以下几种方法。

（1）回避。为了避免冲突，从冲突发生的环境中撤离出来。这是一种消极的解决方式。

（2）对抗。当发生冲突时，据理力争，用证据或事实表明自己才是正确的。这是一种积极的方式，但要确定双方还处于理智的状态下，否则，结果可能更糟糕。

（3）调停。当冲突双方无法分出胜负时，可以借助其他项目成员或项目经理做出评判，但要保证评判人是站在公平、公正的立场上。

（4）妥协。当冲突双方势均力敌时，双方可以都后退一步，寻求一个折中方案或都满意的解决方式。

（5）正视。冲突各方勇敢地面对冲突，通过协商、谈论等手段，共同寻找解决冲突的有效措施。这是解决冲突最好的方法，但要求冲突各方保持冷静、理智的心情，不能怀有个人的偏见和对其他成员的成见。

8.7 现场管理及环境管理与文明施工

8.7.1 现场管理

1. 现场管理的概念

诸如施工场地、生产厂房等从事生产经营活动的场所叫做现场。现场管理是用科学的管理制度、标准和方法对现场的各生产要素进行合理的、科学的安排，并与各种环境保持协调的关系。项目的现场管理是项目管理的重要内容，现场管理的目标是做到市容规范、文明作业、安全有序、不损害公众的利益，另外，有很多组织还会提出自己的现场管理的目标。

2. 现场管理的原则

（1）动态管理原则。项目管理的动态性决定了项目现场管理的动态性。项目的生产要素不断地发生动态组合，而且外界的环境也在不断变化，所以对项目现场进行动态管理很有必要。

（2）基础性管理原则。任何一项工作的展开都需要做好基础性的工作，项目现场管理也不例外。现场管理的基础性工作包括标准化工作、计量工作、原始记录、业务核算、统计工作等。没有基础性工作的坚实基础，就不会有后续工作的顺利进行，所以管理者应该充分重视现场管理工作。

（3）综合性管理原则。项目管理是各种功能的综合，既包括生产要素的管理，又包括组织协调和现场的文明管理。所以，在项目现场管理的过程中应该本着目标管理的原则，全面地进行管理，以达到项目最优化的目的。同时，依靠团队的凝聚力把项目的现场管理工作做好。

3. 现场管理的内容

现场管理的内容复杂，包括物料管理、计划管理、设备管理、工具管理、人员管理等各个方面。

（1）现场实行"定置管理"。现场管理的对象比较多，所以应该科学地进行施工平面的设计，使人流、物流、信息流畅通有序，现场环境整洁，文明生产，各项临时设施、大型机械等有合理的空间，有利于资源和环境的保护，有利于节约。

（2）加强工艺管理，优化工艺路线和工艺布局，提高工艺水平，严格按工艺要求组织生产，使生产处于受控状态，通过对现场的不断检查，随时发现现场和工艺方面的缺点，保证产品质量。

（3）以生产现场组织体系的合理化、高效化为目的，不断优化生产劳动组织，合理进行劳动分工，消除无效劳动和时间浪费，提高劳动效率。

（4）健全各项规章制度、技术标准、管理标准、工作标准、劳动和消耗定额、统计台账等管理基础工作，做到制度化、标准化、分级管理、分工负责、定期检查、严格考核。

（5）建立和完善管理保障体系，把生产、消耗、工艺、质量、财务等各项管理工作进行系统协调，有效控制投入产出，提高现场管理的运行效能；同时也要制定相关的制度以保证现场的文明施工，做到交通畅达，居民不受干扰，场容和环境卫生符合要求。

（6）搞好班组建设和民主管理，开展群众性、经常性的合理化建议和技术革新活动，做好思想政治工作，充分调动职工的积极性和创造性，培养一支觉悟高、技术硬、纪律严的职工队伍。

4. 现场管理的方法

现场管理的工作面广、量大、综合性强，是一个复杂的系统工程，采用何种管理方法进行现场管理要根据现场管理的具体内容选择。开展现场管理工作，要有计划、有步骤，循序渐进地进行。一般可分为三个阶段：

（1）治理整顿。按照标准化的要求制定各种制度，着重解决生产现场"脏、乱、差"，物品摆放无序，安全通道不畅，纪律松弛，责任不清等问题，逐步建立起良好的生产环境和生产秩序。

（2）专业到位。应用各种核算方法对现场进行业务核算、统计核算和会计核算，使得各项基础工作和专业管理真正在生产现场得以有机结合和落实。必须做到管理重心下移，促进各专业管理的现场到位。

（3）优化提高。在考核核算的基础上要对现场进行优化，优化现场管理的实质是改善，改善的内容就是目标与现状的差距，不断积累经验来促进今后工作的提高。

5. 现场管理的措施

目前被广泛应用的项目现场管理方法主要有开展 6S 活动、定置管理、目视管理等。现场管理的措施应视具体的内容而定。

（1）6S 活动。6S 活动是指对施工现场中各生产要素所处的状态不断地进行整理（Seiri）、整顿（Seiton）、清扫（Seiso）、清洁（Seiketsu）、素养（Shitsuke）、安全（Safety）活动。6S 活动是符合现代化大生产特点的一种科学管理方法，是提高现场管理效果的一项有效措施和手段。

6S 活动的目的：提高产品质量，降低乃至消除不合格品率；提高生产率，消除生产故障；保障企业安全生产；降低生产成本，提高企业效益；改善员工的精神面貌。

整理（Seiri）：将工作场所内的物品分类，并把不要的物品坚决清理掉。将工作场所的物品区分为经常用的放置在工作场所容易取到的位置，以便随手可以取到；不经常用的储存在专有的固定位置；不再使用的清除掉。其目的是腾出更大的空间，防止物品混用、误用，创造一个干净的工作场所。

整顿（Seiton）：把有用的物品按规定分类摆放好，并做好适当的标志，杜绝乱堆放、物品混淆不清、该找的东西找不到等无序现象的发生，以便使工作场所一目了然，这样可以有整齐明快的工作环境，可以减少寻找物品的时间，可以消除过多的积压物品。具体方法是对放置的场所按物品使用频率进行合理的规划，如经常使用物品区、不常使用物品区、废品区等。将物品分在上述场所时应分类摆放且摆放整齐，并对这些物品在显著位置做好适当的标志。

清扫（Seiso）：将工作场所内所有的地方，工作时使用的仪器、设备、工量具、模具、材料等打扫干净，使工作场所保持一个干净、宽敞、明亮的环境。其目的是维护生产安全，减少工业灾害，保证品质。方法如清扫地面、墙上、天花板上的所有物品；仪器设备、工模具等的清理、润滑，对破损的物品进行修理；防止污染，对水源污染、噪声污染进行治理。

清洁（Seiketsu）：经常性进行整理、整顿、清扫工作，并对以上三项进行定期与不定期的监督检查措施。"6S" 工作责任人负责相关的 "6S" 责任事项；每天上下班花 3~5 分钟做好 6S 工作；经常性地进行自我检查、相互检查、专职定期或不定期检查等。

素养（Shitsuke）：努力提高员工的素质，使每个员工都养成良好的习惯，遵守规则，积极主动。例如，遵守作息时间；工作时精神饱满；仪表整齐；保持环境的清洁等。

安全（Safety）：重视成员安全教育，每时每刻都有安全第一观念，防患于未然。目的：建立及维护安全生产的环境，所有的工作应建立在安全的前提下。

"6S" 之间彼此关联，整理、整顿、清扫是具体内容；清洁是指将上面的 "3S" 实施的做法制度化、规范化，并贯彻执行及维持结果；素养是指培养每位员工养成良好的习惯，并遵守规则做事，开展 "6S" 容易，但长时间的维持必须靠素养的提升；安全是基础，要尊重生命，杜绝违章。

（2）定置管理。定置管理是对生产现场中的人、物、场所三者之间的关系进行科学的分析研究，使之达到最佳结合状态的一门科学管理方法。它以物在场所的科学定置为前提，以完整的信息系统为媒介，以实现人和物的有效结合为目的，通过对生产现场的整理、整顿，把生产中不需要的物品清除掉，把需要的物品放在规定位置上，使其随手可得，促进生产现场秩序化、标准化、规范化，达到高效生产、优质生产、安全生产，并体现现场文明施工水平。定置管理是"6S"活动的一项基本内容，是"6S"活动的深入和发展。

合理定置的主要依据是有关现场管理的法律、法规、标准、管理办法、设计要求、施工组织设计、自然条件、材料设备等需要量，以及进场计划和运输方式等。合理定置应保证施工能顺利进行，尽量减少施工用地；应尽量减少临时设施的工程量，充分利用原有建筑物及给排水、道路等，以减少临时设施费；应合理布置施工现场的运输道路及各种材料堆放加工厂、仓库位置，尽量使场内运输距离最短和减少二次运输，以降低运输费用；要按照有关规定，一次定置到位；要进行多方案比较，择优选择，做到有利于项目目标的实现，使人、物、场所之间形成最佳结合，创造良好的施工环境。

定置管理的内容很多，但这里所说的内容就是根据不同位置进行设计的定置内容。生产厂区的定置内容，如根据工厂占地，合理设计厂区定置图，对场所和物件实行全面定置；对易燃、易爆、有毒、易变质、易发生伤人和污染环境的物品及重要场所、消防设施等实行特殊定置；对绿化区域和卫生区实行责任定置等；对物品临时停滞区域定置；对工段、班组及工序、工位、机台定置。库房定置内容，如设计库房定置图，悬挂在库房的醒目处；对易燃、易爆、有毒及污染环境、限制储存物实行特别定置；限期储存物品要用特定的信息表示接近储存期。开展定置管理的步骤如下。

① 进行工艺研究。工艺研究是定置管理开展程序的起点，它是对生产现场现有的加工方法、机器设备、工艺流程进行详细研究，确定工艺在技术水平上的先进性和经济上的合理性，分析是否需要和可能用更先进的工艺手段及加工方法，从而确定生产现场产品制造的工艺路线和搬运路线。工艺研究是一个提出问题、分析问题和解决问题的过程。

② 对人、物结合的状态分析。人、物结合状态分析，是开展定置管理中最关键的一个环节。在生产过程中必不可少的是人与物，只有人与物的结合才能进行工作。而工作效果如何，则需要根据人与物的结合状态来定。人与物的结合是定置管理的本质和主体。定置管理要在生产现场实现人、物、场所三者最佳结合，首先应解决人与物的有效结合问题，这就必须对人、物结合状态进行分析。

在生产现场，人与物的结合有两种形式，即直接结合和间接结合。直接结合是指需要的物品能随即拿到手，不存在由于寻找物品而发生时间的耗费。例如，加工的原材料、半成品就在自己岗位周围，工检量具、储存容器就在自己的工作台上或工作地周围，随手即得。间接结合是指人与物呈分离状态，为使其结合则需要信息媒介的指引。信息媒介的准确可靠程度影响着人和物结合的效果。

③ 开展对信息流的分析。信息媒介就是人与物、物与场所合理结合过程中起指导、控制和确认等作用的信息载体。由于生产中使用的物品品种多、规格杂，它们不可能都放置在操作者的手边，如何找到各种物品，需要有一定的信息来指引；许多物品在流动中是不回归的，它们的流向和数量也要由信息来指导和控制；为了便于寻找和避免混放物品，也需要由信息来确认。因此，在定置管理中，完善而准确的信息媒介是很重要的，它影响到人、物、场所的有效结合程度。

建立人与物之间的连接信息，是定置管理这一管理技术的特色。是否能按照定置管理的要求，认真地建立、健全连接信息系统，并形成通畅的信息流，有效地引导和控制物流，是推行定置管理成败的关键。

④ 定置管理设计。定置管理设计，就是对各种场地（厂区、车间、仓库）和物品（机台、

货架、箱柜、工位器具等）如何科学、合理定置的统筹安排。定置管理设计主要包括定置图设计和信息媒介物设计。

⑤ 定置实施。定置实施是理论付诸实践的阶段，也是定置管理工作的重点。其包括三个步骤，即清除与生产无关之物；按定置图实施定置；放置标准信息名牌。总之，定置实施必须做到有图必有物，有物必有区，有区必挂牌，有牌必分类；按图定置，按类存放，账（图）物一致。

⑥ 定置检查与考核。定置管理的一条重要原则就是持之以恒。只有这样，才能巩固定置成果，并使之不断发展。因此，必须建立定置管理的检查、考核制度，制定检查与考核办法，并按标准进行奖罚，以实现定置管理长期化、制度化和标准化。

定置管理的检查与考核一般分为两种情况。一是定置后的验收检查，检查不合格的不予通过，必须重新定置，直到合格为止。二是定期对定置管理进行检查与考核。这是要长期进行的工作，它比定置后的验收检查工作更复杂、更重要。

（3）目视管理。目视管理是一种符合建筑业现代化施工要求和心理需要的科学管理方法，它实际上就是现场观看的管理，是利用形象直观、色彩适宜的各种视觉感知信息组织现场施工活动，达到提高生产效率，保证工程质量，降低工程成本的目的。它是现场管理的一项内容，是实现文明施工的一项重要措施，是谋求改善施工现场环境的一个科学的管理办法。

① 目视管理的特征。目视管理以视觉显示为基本手段，以公开化为基本原则，尽可能向所有人员全面地提供所需要的信息，形成一个让所有人都自觉参与完成项目目标的管理系统。目视管理形象、直观、简便、适用、透明，便于项目参与人员的自我管理和自我控制。这种方法可以贯穿施工现场管理的各项专业管理之中，具有其他方法不可替代的作用。

② 目视管理的内容。目视管理以施工现场的人、物及其环境为对象，贯穿于施工全过程，存在于施工现场的各个专业管理之中，并且应覆盖作业者、作业环境和作业手段。其内容主要有：

a. 将施工任务和完成情况制成图表，公布于众，使每个项目参与者了解该信息。工程项目经理部应编制施工进度计划，并按月提出旬、日作业计划，以施工任务书的形式，定时、定人、定量、定质、定项，将计划分解下达到施工班组。施工进度计划和网络计划图任务完成情况应公布于众，使各项人员都能看到各项计划指标完成过程中的问题和发展趋势，以及解决问题的方法和措施，促使其按要求去完成任务，调动其积极性。

b. 看板、挂板或写后张贴现场的各项制度、操作规程、各种标准、施工现场管理实施细则等。将有关的规章制度、操作规程、标准等，采用看板、挂板或写后张贴在墙上公布，以便项目参与人员能遵照执行。与岗位有直接关系的部分，应分别展示在岗位上。例如，施工现场的各项管理制度板和施工现场平面布置图应置于工地入口处；管理人员名单、岗位责任制等应展示在工地办公室；各种仓库、食堂、工地临时宿舍等制度板应挂在相应的墙上；所有机械操作规程等应挂在相应的操作室或站内。

c. 以清晰的、标准化的视觉显示信息落实定置设计，实现合理定置。为确定各种大小型临时设施、拟建工程和物品的放置位置，可采用完善而准确的视觉信号显示手段，如标志线、标志牌、标志色等，将这些位置标示出来，以防止误置或物品混放。显然，这使得目视管理也和定置管理融为一体，并为定置管理创造了客观条件。

d. 标牌显示。施工现场管理岗位责任人将施工现场分区、片或栋号管理，落实责任人，并将责任人名单用标牌显示，以落实岗位责任制，激发岗位责任人员的责任心，同时有利于监督。例如,在大门口设置标牌,注明工程的名称、建设单位、设计单位、项目经理等人的姓名,以及开工日期和完工日期等,这就是一种标牌显示形式。

e. 形象直观、使用方便的施工现场作业控制手段。我国建筑业最常用的施工作业控制手段有点、线控制,施工图控制,通知书控制,看板控制,旗语、手势等信息传导信号控制等。采用这些与现场工作状况相适应的简便手段进行施工作业控制,有利于施工项目的进度、费用、质量和安全管理。

f. 利用各种安全色、安全标志等进行现场管理。安全色和安全标志是清晰、标准化的视觉信息,形象直观,使用方便。在现场的管理过程中,科学、合理、巧妙地运用色彩,准确地使用各种标志,对创造良好的施工秩序,预防事故的发生具有重要作用。

g. 张榜公布施工现场管理的各种检查结果。现场管理中,有定期的和日常的检查。将每次检查的结果绘制成图表,或在黑板、专栏上公布,有利于激励先进,鞭策落后,提高现场管理的水平。

h. 采用先进、科学的信息显示手段。采用计算机、电视机、广播、仪表等现代化传递信息手段,可以大大提高现场管理的先进性和科学性,提高现场管理的效果。

8.7.2　环境管理与文明施工

1. 环境管理

组织应明确环境管理目标,建立环境管理制度,确定环境管理的责任部门,明确管理内容和考核要求,实施环境影响评价,配置相应资源,落实环境管理措施。

项目环境管理的基本过程如图 8-11 所示。

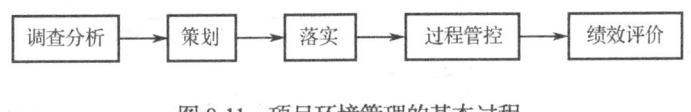

图 8-11　项目环境管理的基本过程

(1)调查分析。工程项目实施前,项目管理机构应就项目环境问题进行调查、分析,包括:

① 项目现场和周边环境状况;
② 项目实施可能对环境产生的影响。

(2)环境管理策划。项目管理机构应进行项目环境管理策划,明确环境管理目标,编制项目环境管理计划。

(3)落实。项目管理机构应根据环境管理计划进行环境管理交底,实施环境管理培训,落实环境管理手段、设施和设备;实行环境保护目标责任制。环境保护目标责任制是指将环境保护指标以责任书的形式层层分解到有关部门和人员,并列入岗位责任制,形成环境保护监控体制。项目经理是环境保护第一责任人,是项目环境保护自我监控体系的领导者和责任者。

(4)过程管控。项目管理机构应加强检查和监控工作。项目对环境的影响程度,需要通过不断的检查与监控加以掌握,只有掌握了项目环境的具体状况,才能采取有针对性的措施。例如,在工程项目进行过程中,就应加强对项目现场的粉尘、噪声、废气、污水等的检测和监控工作,并根据污染情况采取措施加以消除。对项目现场环境应进行综合治理,一方面是采取措施控制污染,另一方面是应与外部的有关单位、人员和环保部门保持联系,加强沟通。要统筹考虑项目目标的实现与环境保护问题,使两者达到高度的统一。作为项目管理者要掌握国家、地区、行业和企业在环境保护方面颁布的有关法律、法规,并在项目实施的过程中注意应用。在进行项目的同时要提出有针对性的措施,在项目进行过程中,应按计划实施这些措施,并根据具体情况加以调整。在防止大气污染方面采取的技术措施有施工现场的垃圾渣土要及时清理出现场;施工现场的道路采用渣土等材料,并尽可能地利用永久性的道路,对于临时性道路的清洁工作也应该形成制度,防止粉尘飞扬;水泥等易飞扬的细颗粒散体材料,应于室内存放;工地上可能产生烟的设备,要采取消烟防尘措施等。在防止水源污染方面采取的措施有禁止有毒有害废弃物作土方回填;施工现场的废水污水要经过沉淀池沉淀后再排入城市污水管道或河流;现场存放油料,必须对库房地面进行防渗处理;化学药品、外加剂等要妥善保管,库内存放等。防止噪声污染的措施包括严格控制噪声污染,最大限度地减少扰民噪声;必须在人口稠密区进行时必须严格控制作业时间;在传播途径上控制噪声,利用吸声、隔声、隔振、阻尼等减少噪声。

(5) 环境管理绩效评价。组织应在项目实施过程中和项目完成后,进行环境管理绩效评价。

2. 文明施工

文明施工的具体要求如表 8-7 所示。

表 8-7 文明施工的具体要求

类 别	项目名称	具体要求
文明施工与环境保护	安全警示标志牌	在易发伤亡事故(或危险)处设置明显的、符合国家标准要求的安全警示标志牌
	现场围挡	现场采用封闭围挡,高度不小于1.8米;围挡材料可采用彩色、定型钢板,砖、砼砌块等墙体
	五板一图	在进门处悬挂工程概况、管理人员名单及监督电话、安全生产、文明施工、消防保卫五板;施工现场总平面图
	企业标志	现场出入的大门应设有本企业标志
	场容场貌	道路畅通;排水沟、排水设施通畅;工地地面硬化处理;绿化
	材料堆放	材料、构件、料具等堆放时,悬挂有名称、品种、规格等标牌;水泥和其他易飞扬细颗粒建筑材料应密闭存放或采取覆盖等措施;易燃、易爆和有毒有害物品应分类存放
	现场防火	消防器材配置合理,符合消防要求
	垃圾清运	施工现场应设置密闭式垃圾站,施工垃圾、生活垃圾应分类存放。施工垃圾必须采用相应容器或管道运输
临时设施	现场办公生活设施	施工现场办公区、生活区与作业区分开设置,保持安全距离;工地办公室、现场宿舍、食堂、厕所、饮水、休息场所符合卫生和安全要求
	施工现场临时用电 配电线路	按照 TN-S 系统要求配备五芯电缆、四芯电缆和三芯电缆;按要求架设临时用电线路的电杆、横担、瓷夹、瓷瓶等,或电缆埋地的地沟;对靠近施工现场的外电线路,设置木质、塑料等绝缘体的防护设施

续表

类别	项目名称	具 体 要 求
安全施工	配电箱开关箱	按三级配电要求，配备总配电箱、分配电箱、开关箱三类标准电箱，开关箱应符合一机、一箱、一闸、一漏，三类电箱中的各类电器应是合格品；按两级保护的要求，选取符合容量要求和质量合格的总配电箱和开关箱中的漏电保护器
	接地保护装置	施工现场保护零线的重复接地应不少于三处
	楼板、屋面、阳台等临边防护	用密目式安全立网全封闭，作业层另加两边防护栏杆和18厘米高的踢脚板
	通道口防护	设防护棚，防护棚应为不小于5厘米厚的木板或两道相距50厘米的竹笆。两侧应沿栏杆架用密目式安全网封闭
临边洞口交叉高处作业防护	预留洞口防护	用木板全封闭；短边超过1.5米长的洞口，除封闭外四周还应设有防护栏杆
	电梯井口防护	设置定型化、工具化、标准化的防护门；在电梯井内每隔两层（不大于10米）设置一道安全平网
	楼梯边防护	设1.2米高的定型化、工具化、标准化的防护栏杆，1厘米高的踢脚板
	垂直方向交叉作业防护	设置防护隔离棚或其他设施
	高空作业防护	有悬挂安全带的悬索或其他设施；有操作平台；有上下的梯子或其他形式的通道
其他（由各地自定）		

注：本表所列建筑工程安全防护、文明施工措施项目，是依据现行法律法规和标准规范确定。如修订法律法规和标准规范，本表所列项目应按照修订后的法律法规和标准规范进行调整。

8.8 项目文化建设

1. 工程项目文化与项目人才管理

美国加利福尼亚大学的管理学教授威廉·大内认为，企业的生产效率不能单纯依赖奖金或管理制度，而是应当注重调动人的内在积极性，即追求成功的信念与不断成长的业绩。

工程项目的人力管理与一般企业的人力管理不同。企业的人力多数都是固定的，变化量不大，有永久性的基地，有一定的组织体制，有固定生产模式的生产流程，有固定的人员岗位和操作程序等。而工程项目的人力则是变量，有工程项目才能征集人力、组织队伍。队伍的大小和各类专业人员的多少都要依据工程项目的规模和内容而定，完工的人员陆续离队，开工的人员相继进场，流动性很大。要把这些人员组织在一起，形成群体功能，必须实行动态管理，发挥项目文化的作用。主要包括培养团队精神、培养队伍作风、鼓励员工参与、营造宽松环境、开发员工智慧。

2. 工程项目经理与项目文化建设

中国改革开放的深入发展、社会主义市场经济的加速成熟和项目管理的广泛启动，造就出一大批项目的组织者——项目经理。一个高水平的项目经理应具备下列素质：品格高尚，做事认真；博学聪慧，勤奋热情；机智敢为，宽容镇定；诚信可靠，公正廉明。

在社会主义市场经济时代，世界经济走向全球化，竞争日趋激烈，项目经理领导能力的强弱关系到项目的成功与失败。实际上，实现项目的目标要靠员工们集体完成。人才是项目成功和项目开发的关键所在。作为项目经理，要最大限度地调动员工的积极性，使其参与项目的实施，给员工以实现自我人生价值的希望。项目经理要善待自己的属下，通过建立完善的激励机制，深度挖掘人才的潜力。用人不疑，疑人不用；用人之长，容人之短；坚持用人唯贤，绝不任人唯亲。项目经理要争当伯乐、慧眼识英雄，善于发现"千里马"，并且给人创造享受成就感的机会。

3. 工程项目文化的结构

（1）工程项目文化的物质层。工程项目文化的物质层也叫物质文化。它由项目全体人员共同创造的产品和各种物质设施等构成，是以物质形态显现出来的表层项目文化。

工程项目的产品是有形的，属于物质文化。它的布局、造型、特色和外包装会给人一种美的文化享受。优良工程的质量水平和售后服务更会让用户得到情感上的满足，同时也是一个无须粉饰的广告。物质文化还包括先进的技术和使用现代化的设备与机具。它们是物质文化的保证。新技术、新设备、新材料、新工艺一定会开发出新项目，在国内外市场上具有足够的竞争力。

（2）工程项目文化的行为层。工程项目文化的行为层也叫行为文化，是全体员工在经营管理、施工劳动和学习娱乐中产生的活动文化，是项目员工的工作作风、精神面貌和人际关系的动态体现，是团队精神和价值观的折射。

① 项目经理的行为是项目行为文化建设的重头戏，起着导向作用。项目经理是工程项目的统帅，遇到困难临危不惧、沉着镇定、发挥自己丰富的想象力、集思广益、勇敢、顽强地去战胜困难，增强员工实现项目奋斗目标的信心和决心。

② 先进模范人物是项目的中坚力量，在工程项目行为文化建设中占有重要地位。他们集中体现了项目的价值，使项目的价值观"人格化"，成为员工学习的榜样。先进模范人物产生于员工内部，他们在各自的岗位上做出了突出的成绩和贡献，把他们作为员工的效仿对象，很有现实教育意义。

③ 项目员工是工程项目的主体，员工群体行为体现着项目队伍的精神风貌和文明程度。因此，员工群体行为的培育和塑造是项目文化建设的重要组成部分。要想培育、塑造员工好的群体行为，必须做好思想政治工作，加强纪律教育，鼓励员工学知识、学技术，引导员工把自己的工作与项目的奋斗目标联系起来，把项目工作看作实现自己人生价值的重要组成部分。

（3）工程项目文化的制度层。工程项目文化的制度层也叫制度文化，包括项目组织机构和项目规章制度。《诸葛亮·兵要》上说："有制之兵，无能之将，不可以败；无制之兵，有能之将，不可能胜。"可见制度文化的重要性。

项目制度文化是为了实现工程项目自身的目标对员工的行为给予一定限制的文化。它具有共性和强制的行为规范要求。一定制度的建立会影响着人们选择新的价值观念，制度文化也成了新的精神文化的载体和基础。项目文化总是沿着"精神文化—制度文化—新的精神文化"的轨迹不断发展、丰富和提高。

（4）工程项目文化的精神层。工程项目文化的精神又叫精神文化。精神文化相对物质文化、行为文化来讲是更深层次的文化现象，在整个工程项目文化系统中处于核心地位，是物质文化、行为文化的升华，属于上层建筑范畴。

工程项目精神文化鲜明地反映出工程项目经理的事业追求、主攻方向和调动员工积极性的基本指导思想。为了项目的成功，需要全体员工透射出强烈的向心力和凝聚力，将全部的力量和智慧投入到项目的工作中去。精神文化恰好能发挥这方面的巨大功能。

本章小结

工程项目围绕项目目标，界定了项目范围，完成了项目风险分析后，要加强生产要素的优化配置，加强项目的动态管理，保障组织内外信息的畅通，努力创建安全文明的工作环境。

项目生产要素的优化配置就是使投入的生产要素的搭配适当、协调地在项目中发挥作用，以有效地形成生产力，力争项目目标的最优实现。

在项目运行过程中，要加强项目参与方的沟通，最大限度地提高信息共享度，强化项目组织内外的沟通管理；要管理好项目干系人；要开发项目管理信息系统，构建基于网络的信息交流平台；要利用先进的信息管理手段（如BIM技术）支撑项目信息管理；要有效管理项目冲突。

现场管理是用科学的管理制度、标准和方法对现场的各生产要素进行合理科学的安排，并与各种环境保持协调的关系，现场管理要遵照一定的方法，按照一定的程序有序进行。

工程项目实践中，要注意安全文明施工，采取合理的环境保护措施，注意构建适合企业和项目组织的文化，提高项目管理的综合水平。

复习思考题

（1）工程项目的生产要素有哪些？各自应如何管理？
（2）简述劳动力优化配置的原则和依据。
（3）项目材料优化配置的方法和措施有哪些？并简单举例说明。
（4）简述现代项目物流管理的特点和组成。
（5）举例说明项目信息的来源和相应的分类。
（6）项目管理信息系统主要有哪几个子系统？各子系统具有的功能主要有哪些？
（7）如何有效管理项目的冲突？

(8）简述项目干系人管理的基本过程。
(9）沟通的主要方式是什么？
(10）简述项目环境管理的基本过程。
(11）什么是"6S"管理？
(12）简述工程项目文化的结构。

参考文献

[1] 王祖和，等. 现代工程项目管理[M]. 北京：电子工业出版社，2013.

[2] 中国项目管理研究委员会. 中国项目管理知识体系[M]. 北京：电子工业出版社，2008.

[3] 中国工程项目管理知识体系编写委员会. 中国工程项目管理知识体系（第2版）[M]. 北京：中国建筑工业出版社，2011.

[4] 白思俊，等. 现代项目管理[M]. 北京：机械工业出版社，2010.

[5] 王祖和. 项目质量管理（第2版）[M]. 北京：机械工业出版社，2018.

[6] 王祖和，王海鑫. 工程质量持续改进[M]. 北京：中国电力出版社，2014.

[7] 中国项目管理研究委员会. 中国现代项目管理发展报告（2016）[M]. 北京：中国电力出版社，2016.

[8] 国际项目管理协会. 国际项目管理专业资质认证标准[M]. 北京：电子工业出版社，2006.

[9] 中华人民共和国国家标准. 建设工程项目管理规范（GB/T50326—2017）[M]. 北京：中国建筑工业出版社，2017.

[10] 中华人民共和国国家标准. 建设项目工程总承包管理规范（GB/T50358—2017）[M]. 北京：中国建筑工业出版社，2017.

[11] Project Management Institute. A Guide to the Project Management Body of Knowledge, Third Edition(PMBOK® Guide). ANSI/PMI 99-001-2017.

反侵权盗版声明

电子工业出版社依法对本作品享有专有出版权。任何未经权利人书面许可,复制、销售或通过信息网络传播本作品的行为,歪曲、篡改、剽窃本作品的行为,均违反《中华人民共和国著作权法》,其行为人应承担相应的民事责任和行政责任,构成犯罪的,将被依法追究刑事责任。

为了维护市场秩序,保护权利人的合法权益,我社将依法查处和打击侵权盗版的单位和个人。欢迎社会各界人士积极举报侵权盗版行为,本社将奖励举报有功人员,并保证举报人的信息不被泄露。

举报电话:(010)88254396;(010)88258888
传　　真:(010)88254397
E-mail:　　dbqq@phei.com.cn
通信地址:北京市海淀区万寿路 173 信箱
　　　　　电子工业出版社总编办公室
邮　　编:100036